U0920616

胜利油田
电力管理总公司志

（2003～2012）

《胜利油田电力管理总公司志》编审委员会 编

图书在版编目（CIP）数据

胜利油田电力管理总公司志. 2003～2012 / 《胜利油田电力管理总公司志》编审委员会编. -- 北京：企业管理出版社, 2013.7
ISBN 978-7-5164-0423-2

Ⅰ. ①胜… Ⅱ. ①胜… Ⅲ. ①油田－电力工业－工业史－东营市－2003～2012 Ⅳ. ①F426.22

中国版本图书馆CIP数据核字(2013)第151329号

书　　名：胜利油田电力管理总公司志 2003～2012
作　　者：本书编委会
责任编辑：杜敏
书　　号：ISBN 978-7-5164-0423-2
出版发行：企业管理出版社
地　　址：北京市海淀区紫竹院南路17号　　邮编：100048
网　　址：http://www.emph.cn
电　　话：总编室（010）68701719 发行部（010）68414644 编辑部（010）68414643
电子信箱：80147@sina.com
印　　刷：济南天舜彩色印刷有限公司
经　　销：新华书店
规　　格：180毫米 ×255毫米　16 开本　印张23.75　367千字　印数2600册
版　　次：2013年 7月 第1版　2013年7月 第1次印刷
定　　价：152 .80 元

《胜利油田电力管理总公司志（2003-2012）》
编审委员会

主　任：贾志毅　刘　军

副主任：王从军　张鹏程　勾松波　刘仁臣　殷树军
郑志华　孙会浩　章　胜　崔永谦　杜正旺
刘文波　贾　杰　刘玉林

委　员：穆美玲　陈文民　丁克建　赵寿炜　孟瑞祥
孙福涛　王炳国　贾光辉　靖　伟　尚长泉
马玉岭　郭　雷　连胜利　翟化仁　高全军
许雁飞　钱德强　张　利　张金武　张晓龙
苗建忠　马奎君　丁志强　马　军　王世俊
宋保国　仲崇山

《胜利油田电力管理总公司志（2003～2012）》编辑办公室

主　　　编：王从军

副　主　编：穆美玲　马玉岭　郭　雷　连胜利

执行副主编：孙青珍　黄向东

编　　　辑：李沅罡　李　峥　董继国　宋保国　徐丽华
苏红燕　李玉群　王　欣　杨　建　吴洪胜
林才川　叶　涛　雷晓庆　王纳新　颜世杰
于　海　王福刚

编　　　务：焦守铭　迟　影　石　磊　阚艳秋　朴秀兰

序

盛世修志，志载古今。《胜利油田电力管理总公司志》（2003～2012年）在油田电力专业化管理30周年之际编辑出版了。该志书以翔实的历史资料、纯朴的语言风格，真实地记述了广大干部职工为保油、保供、保民生，培育打造“胜利电力”服务品牌做出的不懈努力及不凡业绩。该志书是电力管理总公司近10年改革发展历程的缩影，悉心研读，抚今追昔，有助于大家了解胜利电力，热爱胜利电力，建设和发展胜利电力。它的出版发行具有十分重要意义。

时光荏苒，日月如梭。10年风雨兼程，10年再铸辉煌。十年来，伴随着胜利油田的改革发展，电力管理总公司秉承“服务油田、奉献社会”的理念，解放思想，抢抓机遇，攻坚克难，逐步发展成集输变电、电网调度、电力施工建设、电网检修维护、用电管理于一体的全国大型企业电网，为胜利油田油气生产和黄河三角洲区域经济发展输送着不竭的电能，提供了强有力的支撑和保障。

十年来，总公司以科学发展观为统领，坚持电网安全运行是第一要务、安全生产是第一任务、和谐稳定是第一责任，始终围绕电网稳固，加强电网规划建设，提高电网运行质量，保障能力持续增强；始终围绕服务优质，转变服务理念，实施服务创新，服务水平持续提升；始终围绕效益突出，推进改革创新，深化精细管理，各项经济技术指标不断创出新高；始终围绕和谐发展，高扬旗帜，创先争优，积极构建和谐电力，文明建设成绩斐然。特别是广大干部职工头顶银线，脚踏荒原，心系石油，将“我为祖国献石油”的壮志豪情挥洒在了荒原之上、风雨之中，将保油保供的使命追求谱写在了星空之下、华灯之上，用信心和斗志树起一座座丰碑，在油田发现50年、产油10亿吨的辉煌成就中，留下了永不磨灭的功绩。

站在油田电力专业化管理30周年新的历史起点上，回首过去，无比自豪和光荣；展望未来，充满信心和希望。当前，随着胜利油田改革发展和黄蓝国家战略的实施，我们既面临难得的机遇，也面临着严峻的挑战。新的时代要求我们有新的作为，在实现“打造坚强智能电网，建设和谐美好家园”愿景目标的征程中，我们一定能够秉承光荣传统，以饱满的热情、昂扬的斗志、坚定的信念，团结拼搏，开拓奋进，继往开来，转变发展方式，提高发展质量，向着更高、更远的目标奋勇前进，谱写电力管理总公司科学和谐发展新篇章，为胜利油田“打造世界一流，实现率先发展”做出新的更大的贡献！

电力管理总公司党委书记：贾志毅

电力管理总公司经理：刘华

2012年12月

凡　例

一、电力管理总公司隶属中国石化集团公司胜利石油管理局。《胜利油田电力管理总公司志（2003～2012）》真实全面系统地反映了电力管理总公司2003年至2012年的发展历史和现状，也是电力管理总公司续修出版的第三部志书。

二、本志书上限自2003年起，下限至2012年止。个别背景资料上溯或下延。

三、本志从电力管理总公司的实际出发，突出行业特点，采用志、记、述、图、表、录等诸体，按篇、章、节、目层次记述。

四、本志的编排和行文按照《山东省新编各级地方志书行文规定》、《胜利石油管理局 胜利油田分公司志书编纂管理规定》执行。

五、本志所用数字、计量单位等，均按照《中华人民共和国统计法》、《中华人民共和国法定计量单位》执行。收录的各种数据以计划统计部门及有关部门提供的数据为准。

六、本志所载单位名称，在第一次出现时用全称，其余用简称，如“中国石化集团公司”用“中石化集团公司”或“中石化”，“胜利石油管理局”用“管理局”、“胜利油田”或“油田”，“电力管理总公司”用“总公司”；人名称谓，除特殊需要冠以职务外，一律直书其名；文献、文件、图表名称一律用全称。

七、本志只对2003年至2012年总公司历届领导班子成员和油田级及以上劳动模范作简要介绍。

领导视察

2009年9月17日，中国石油化工集团公司总经理助理、胜利石油管理局局长、党委书记王立新（右一）在胜利油田科技展览中心参观总公司科技成果展台

2010年7月21日，胜利油田分公司总经理、管理局副局长、管理局党委副书记孙焕泉（前排左二），管理局党委常委、副局长李中树（前排右二），油田分公司副总经理张洪山（前排左一）来总公司调研指导工作

领导视察

2012年8月14日，管理局党委书记席秀海（右二）来总公司电力客户服务中心指导工作

2005年12月8日，管理局党委常委、有限公司总经理李阳（右五）来总公司指导工作

2004年11月26日，总公司召开干部大会，管理局党委副书记、副局长郭长玉（右四），管理局党委副书记、组织部部长刘中云（右三），管理局副局长李中树（左三）到会宣布管理局党委、管理局对总公司党政领导班子调整的决定

2007年9月5日，总公司召开干部大会，管理局党委书记郭长玉（左三），管理局党委副书记、工会主席李忠华（右三）到会宣布管理局党委、管理局对总公司党政领导班子调整的决定

领导视察

2006年1月29日，管理局党委书记王立新（右四），管理局党委常委、工会主席李忠华（左三），油田分公司副总经理、总地质师张善文（右三）来总公司指导工作

2008年1月30日，管理局党委常委、油田分公司经理刘中云（右三）来总公司指导工作

领导视察

2006年8月21日，管理局党委副书记、纪委书记李玉卿（右三）来总公司指导工作

2010年11月30日，管理局党委副书记、工会主席张旭（右三）参观总公司第一届职工技术创新成果展

领导视察

2011年12月25日，管理局党委副书记、纪委书记杨昌江（右二）来总公司指导工作

2009年9月18日，管理局党委常委、副局长赵金洲（右一）来总公司慰问建国前老党员

领导视察

2009年1月16日，管理局党委常委、副局长李中树（右三）来总公司指导工作

2010年2月12日，管理局党委常委、油田分公司副总经理张煜（右三），管理局副局长许卫华（左二）来总公司指导工作

领导视察

2013年2月7日，管理局党委常委、油田分公司副总经理、总地质师张善文（右三）来总公司检查指导工作

2011年4月25日，管理局副局长、总会计师宋振国（左三）来总公司检查指导工作

2010年11月26日，管理局副局长许卫华（右三），油田分公司副总经理张洪山（左二）来总公司检查指导工作

2012年1月20日，油田分公司副总经理张洪山（右三）来总公司检查指导工作

领导视察

2005年7月9日，管理局党委常委、工会主席李忠华（右四）来总公司检查指导工作

2010年9月7日，中国企业文化促进会会长张光照（右五）来总公司指导企业文化工作

领导视察

2010年12月17日，山东省总工会副主席魏丽（右五）来总公司指导工作

2007年6月3日，东营市市委常委、常务副市长王玉君（右二）到山东广域科技有限责任公司指导工作

领导视察

2004年12月18日，总公司召开山东广域科技有限责任公司成立大会，管理局党委副书记、副局长郭长玉（右一），东营市人民政府副市长曹连杰（左一）为公司揭牌

2007年12月19日，总公司召开胜利油田瑞祥电气有限责任公司成立大会，管理局党委常委、副局长李中树（左一），东营市副市长、市经济开发区管委会主任李金昆（右一）为公司揭牌

2005年4月19日，中石化保持共产党员先进性教育活动巡回检查组组长、江汉石油管理局党委副书记张玉春（右二）来总公司指导工作

2008年4月18日，共青团山东省委青工部部长许风伦（右二）来总公司指导工作

2013年7月电力管理总公司党政领导班子合影

左起：崔永谦、孙会浩、殷树军、勾松波、王从军、贾志毅、刘军、张鹏程、刘仁臣、郑志华、章胜

现场指导

现场指导

重要会议

2005年1月18日，总公司六届一次职工代表大会职工代表合影

2010年1月22日，总公司七届一次职工代表大会职工代表合影

2011年6月28日，总公司新、老领导在建党90周年庆祝大会上

重要会议

2003年9月18日，总公司召开庆祝油田电力专业化管理二十周年大会

2005年2月1日，总公司召开保持共产党员先进性教育活动动员大会

2005年3月9日，总公司召开深化劳动人事制度改革工作会议

2009年10月21日，总公司召开大客户座谈会

2009年3月18日，总公司召开深入学习实践科学发展观活动动员大会

建设成就

2004年1月7日，220kV九分场变电站III号主变压器送电一次成功，该站拥有3台12万kVA主变压器，步入了山东省电力系统大型变电站行列

2006年8月8日，管理局重点工程220kV新孤变电站III号主变压器送电一次成功

2009年1月16日，油田电力调度自动化第三代系统正式启用

建设成就

始自2006年的北区供电系统调整工程历时六年，共升压改造变电站11座。
图为首座升压改造变电站—110kV坨四变电站

220kV万九线改造施工

生产服务

百米铁塔作业

变电站检修

日常运行管理

线路架设

线路巡视

雪夜抢修

生产服务

2010年2月28日雪灾中，总公司及时伸出援助之手帮助河口采油厂完成电力抢险

开通24小时行风监督、服务热线

客户回访

科技培训

总公司建立职工技术创新基地

经常性的专业技术讲座

科技培训

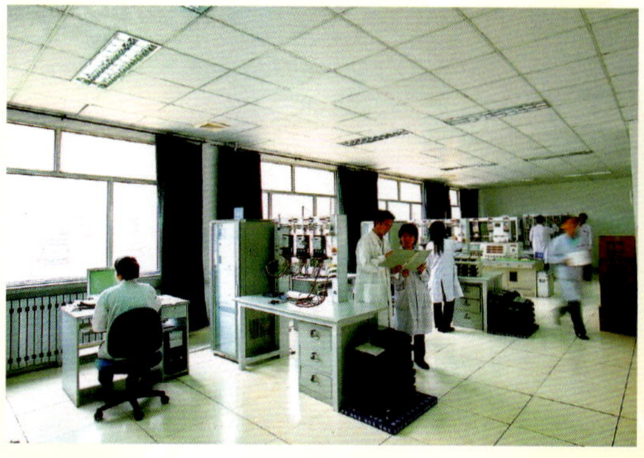

2006年6月8日，电力标准计量站获得“中国实验室国家认可资质”

总公司是中国石油化工集团公司唯一具备220kV及以下电力设备综合电气试验能力的单位

职工立足岗位搞革新

人人手上有专利

搭建职工成长成才的平台

总公司与高校联合培养电力专业技术人才

党建思想文化

多层次的思想政治教育

经常性的党风廉政教育

管理局140余名女工干部在局工会的带领下来变电运行八队观摩学习

关爱老党员

思想政治工作到现场

改善基层硬件设施

党建思想文化

开展传统教育

总公司“五学五做”女子班组长风采展示

丰富多彩的同创共建活动

总公司开展“送温暖”爱心编织活动

文体活动

龙腾盛世　普天同庆

爱家园、建家园、唱家园

庆祝建国六十周年文艺晚会

新舞新姿

总公司职工篮球赛

总公司老年运动会

荣誉称号

总公司荣获“全国五一劳动奖状”

电力客户服务中心客户代表班荣获“全国用户满意服务明星”

电力客户服务中心荣获 “全国青年文明号”

东区供电公司线路管理队荣获“全国工人先锋号”

石化变电站荣获“全国五一巾帼标兵岗”

南区供电公司用电服务一队阳城班荣获“石油工业用户满意服务明星班组”

荣誉称号

全国五一劳动奖状
中华全国总工会
2012年4月

全国企业文化建设
先进单位奖
中国企业文化研究会
二〇〇五年十一月

省级
文明单位
山东省精神文明建设委员会

省级
重合同守信用企业
山东省工商行政管理局
山东省企业合同管理协会

山东省劳动关系和谐企业
山东省总工会

山东省管理创新
十佳企业
山东省经济贸易委员会
二〇〇六年十二月

先进典型

中国石油化工集团公司劳动模范 刘仁臣

中国石油化工集团公司劳动模范 郑志华

中国石油化工集团公司优秀党务工作者
徐美华（右四）

中国石油化工集团公司青年岗位能手、
油田劳动模范 刘明明

山东省“富民兴鲁”劳动奖章获得者
杜正旺(右三)

山东省“富民兴鲁”劳动奖章获得者
陈文民（右一）

先进典型

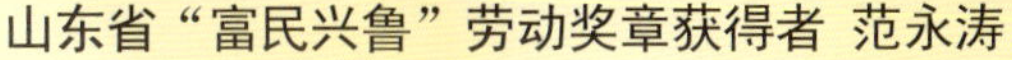
山东省“富民兴鲁”劳动奖章获得者 范永涛

山东省“富民兴鲁”劳动奖章获得者 孙秀峰

山东省“富民兴鲁”劳动奖章获得者
马坤俊（左一）

胜利油田新时期优秀共产党员楷模 陈仁贤

2012年9月12日，召开《胜利油田电力管理总公司志》编纂启动工作会议

2013年7月18日，召开《胜利油田电力管理总公司志》志稿评议会

《胜利油田电力管理总公司志》志稿评议会全体与会人员合影

《胜利油田电力管理总公司志》编辑办公室成员合影

电力管理总公司改造施工中的办公大楼（摄于2013年7月）

电力职工住宅新区——光明佳园（摄于2013年7月）

胜利油田电力系统平面图

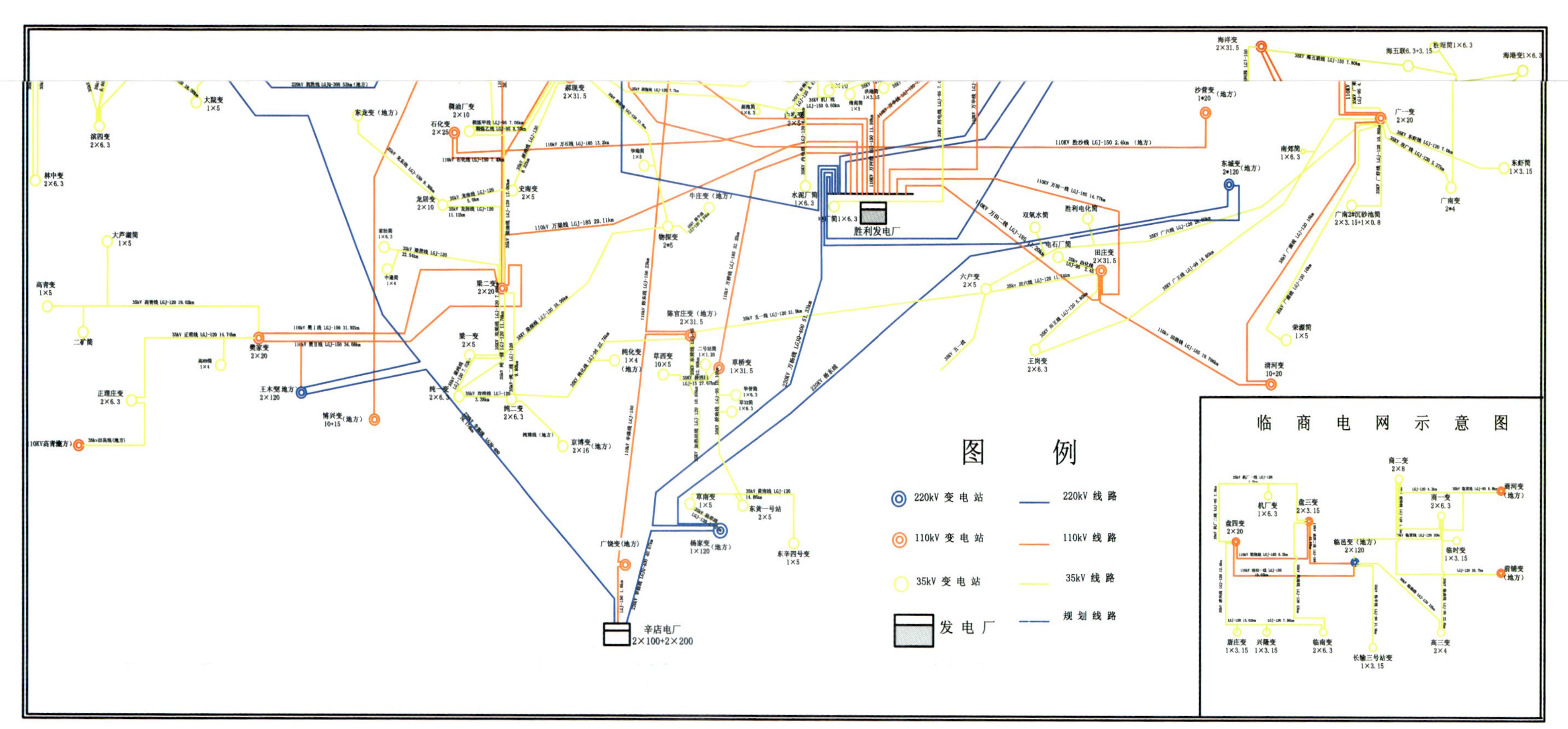

目　录
contents

第三篇 用电管理

第四篇 工矿建设

第六篇 党群工作

第九篇 改制企业

附 录

概　述

概 述

电力管理总公司（简称总公司）是中国石化集团公司胜利石油管理局所属二级单位，主要担负着油田生产、居民生活的供电保障任务。总公司机关驻地位于山东省东营市淄博路105号，东临东营市主干道西四路，南临胜利油田油城广场和胜利电视塔，地处东营市西城繁华地带。2012年底，总公司设机关科室16个，机关直属科级单位7个，科级单位4个，三级单位12个；用工总量4923人，党员2155人。

胜利油田供电系统是适应石油勘探开发需要逐步建设形成的。1965年3月，九二三厂水电厂成立，建制为油田三级单位。1966年8月，水电厂建制升格为油田二级单位，1972年5月，改称为水电指挥部。1983年9月，油田实施水、电、讯专业化管理，撤销水电指挥部，分别组建供水公司、供电公司和通讯公司。1992年12月，以胜利石油管理局电力处、供电公司为基础，组建电力管理总公司（电力管理处），为胜利石油管理局所属的既行使管理职能又为行政实体的二级单位。1997年6月，油田为理顺电力管理体制，进一步加强电力管理，设立胜利石油管理局电力管理处，列入管理局机关编制的职能部门。从1983年9月供电公司成立以来的前二十年，广大干部职工唱响“我为祖国献石油”主旋律，坚持“有条件上、没有条件创造条件也要上”的信念，扎根荒原海滩，为油而战、保油供电，艰苦奋斗、无私奉献，建成了横跨黄河南北、遍布胜利油区的国有大型企业供电网络，培养锻炼了一支作风顽强、素质优良、特别能战斗的电力职工队伍，创造了辉煌的业绩，为油田勘探开发建设和黄河三角洲区域经济社会发展做出了重要贡献。

进入21世纪以来，在中国石化集团胜利石油管理局党委、管理局和油田分公司的正确领导下，面对改革发展稳定的复杂局势和繁重的生产经营建设任务，总公司坚持以科学发展观为统领，认真履行国有企业经济责任、政治责任和社会责任，先后实施“两个市场”（电力主业市场和多元开发市场）战略，坚持“持续、稳定、规范、创新、发展”十字方针，突出“电网稳固，服务优质，管理规范，效益突出，和谐发展”主题，落实“五抓五提升”总体工作要求，更新思想观念，奋力攻坚克难，推进改革创新，积极构建和谐电力，经济效益和社会效益显著提升，各项事业取得长足发展。电网结构不断优化，保障能力持续增强，企业管理更加精细规范，职工队伍和谐稳定。伴随着胜利油田50年的勘探开发建设，总公司已建成以220kV网络为构架，110kV网络为主网，35kV网络遍布胜利油区（临盘油区除外）的大型企业电网，电网覆盖东营、滨州、淄博、潍坊4个市、12个县区、80多个乡镇，工作面积达3.2万平方公里。2012年底，共有35～220kV变电站185座，6～220kV电力线路633条共计5618千米；总公司固定资产原值32.39亿元，净值17.32亿元。负责1900余户大工业客户，182个居民小区20余万户居民客户，4830余户商业客户的电力供应和保障任务。十年来，总公司累计完成转供电量603.46亿kW·h，实现总收入349.55亿元，完成考核利润38.5亿元，实现超额利润3.76亿元。无论是电网规模，还是经济总量，都实现了历史性的大跨越。总公司先后获“全国五一劳动奖状”、全国企业文化建设先进单位、全国“五五”普法先进单位，以及山东省省级文明单位、“富民兴鲁”劳动奖状、山东省管理创新十佳企业、山东省重合同守信用企业、山东省价格诚信单位、山东省劳动关系和谐企业以及石油工业用户满意企业等10多项省部级荣誉称号。

一

油气生产，电力先行。总公司坚持把建设坚强稳固电网作为生存之基、发展之本、效益之源。作为油田原油生产的重要保障单位，十年来，总公司按照油田阶段性的战略部署，坚持把保油上产作为首要任务，切实增强大局意识、责任意识、服务意识，科学规划建设，强化维护管理，深化服务承诺，提升保油保供能力，为油田年产油保持2700万吨提供了可靠电力保障。

电网基础保障能力不断增强 2003～2006年，是油田电力建设持续推进的重要时期，电网基础设施相继建成投产。随着油田产能建设扩大和油城居民生活水平的提高，油田电力负荷和用电量大幅增加，总公司加大电网基本建设和结构调整力度，突出产能配套电力工程建设。2003年，结合胜利发电厂二期工程建设，组织实施油田220kV杨九线开断工程，对110kV网架结构进行优化调整，使油田电网由原来一条220kV主电源杨九线供电改造成220kV万杨线、万东线、万胜线三条主电源线同时供电，为油田电网的安全稳定运行提供了可靠保障。2004年1月，220kV九分场变电站改扩建工程顺利竣工投运，增加12万kVA主变压器一台，运行值班模式由原来的实地操作改为后台远程操作，九分场变电站成为油田首座三台主变压器并列运行的变电站。2006年，220kV新孤变电站扩建工程顺利竣工投产，增加9万kVA主变压器一台，并相继建成投运110kV海五联、海港输变电工程，有效缓解了黄河以北区域电网供电紧张的压力，增强了供电可靠性。2007年以来，按照中石化集团公司要求，对油田电网实施"逐步取消35kV电压等级，将35kV变电站整合升压改造为110kV变电站，将6kV电压等级升压为10kV电压等级"为主要内容的电网升压改造工程。至2012年底，北区电网升压改造工程全面完成，中区电网升压改造工程加快推进，有12座110kV变电站、2座10kV开关站建成投运，电网结构得到优化，电力供应更加安全经济。

电网安全运行水平持续提升 针对电网地处滩海盐碱地区环境恶劣、设备老化严重的实际，创新电网检修模式，先后推行状态检修、精细检修和四季检修模式，理顺运行流程，提高了检修质量和检修效益。加大隐患排查与治理力度，完成了220kV系统设备改造、变电站平改坡防雨改造、老化绝缘子更换和中低压系统维修改造等一批技改和隐患治理项目，提高了设备本质化安全水平。细化电网日常运行管理，深入开展无渗漏变电站和无缺陷线路创建、"精细管理，保油上产"安全供电劳动竞赛活动，加强负荷监控和合理调配，优化运行方式，落实管理责任，严格事故考核管理，电网运行管理水平逐年提高，有力保障了油气生产。完善应急体系，强化应急培训和演练，积极应对极端天气，事故处置能力明显提高，先后战胜了山东省网限电压负荷以及暴风雪冰冻灾害等极端天气带来的严峻挑战，确保了特殊时期的电力保障。十年来，总公司转供电量持续攀升，由2003年的53亿kW•h上升到2012年的67亿kW•h，满足了油田油气生产和广大电力客户的用电需求。

科技兴电成绩斐然 总公司把科技创新作为攻克技术难关、促进科学发展的"法宝"，针对影响电网安全生产的技术难题，以电力调度自动化、开关设备无油化、保护装置微机化、变电站综合自动化、用电管理信息化为目标，加快电网信息化、自动化建设，引进新设备、新技术、新工艺，用高新技术成果装备电网，在安全生产中发挥了重要作用。2006年，电力标准计量站完成了国家级实验室的认可工作，被授权使用"中国实验室国家认可"标志，增强了市场竞争能力。2008年，完成了电力调度信息管理系统的改造和电力调度自动化系统升级项目，初步建成了电网调度科学管理的信息平台和电网安全运行操作平台，实现了电网调度由经验型调度向科学型调度的转变。加强科技运行管理，健全科技管理体制机制，强化技术交流与协作，调动了职工围绕电力生产开展科研攻关的积极性。十年来，取得国家专利78项，各类科技成果187项，科技进步为总公司建设发展提供了有力的技术支撑。2011年，总公司首次获胜利油田“科技工作先进单位”称号。

二

发展为本，效益至上。十年来，总公司坚持以经济效益为中心，按照建立现代企业制度的要求，稳步推进内部改革，持续加强基层建设，深化HSE管理体系，健全完善科学精细、集约高效的经营管理体制和机制，走上全面、协调、可持续发展的轨道。

深化内部改革增添活力 随着石油石化企业管理体制和经营机制的发展变化，以及油田内部改革的不断深化，总公司按照有利于解放和发展生产力、有利于调动干部职工的积极性和创造性、有利于提高群众工作生活质量的原则，积极稳妥推进内部改革。从2003年开始，按照上级的统一部署，结合总公司实际，相继实施了岗效薪点工资制和劳动人事制度改革、多种经营企业产权制度改革、社区电力专业化管理改革、多种经营清理整顿及改制分流、组织机构和队伍结构调整，以及完善薪酬制度、加强人才通道建设、完善劳务派遣工激励成长机制等一系列改革措施。妥善把握改革的时机、节奏和力度，在涉及职工切身利益的问题上，研究制定周密的配套政策措施，做到既有利于加快发展，又保证职工群众共享改革发展成果，总公司发展活力不断增强。

经营管理更加精细规范 把精细管理作为企业发展的永恒主题，围绕提高效益，抓基础，重规范，讲精细。总公司适应内外部环境的变化，优化管理流程和系统效率，推进精细管理，提升内在素质，着力构建胜利电力特色管理模式。加强文本化管理，梳理完善各项管理制度，形成规范统一的管理制度体系，促进管理工作标准化、规范化、制度化。加大财务监管和内控制度执行力度，以零基预算为导向，推进全面预算管理、全员成本目标管理，扎实开展经济活动分析，堵塞管理漏洞，防范经营风险，实现了财务精细管理与生产经营的协同发展。健全完善经营承包模式、指标体系及考核办法，实现成本、生产指标与转供电量构成的有机结合和效益最大化。持续推进管理创新，深入开展降本增效活动，率先在油田开展改善经营管理建议工作，调动了各单位精细管理、挖潜增效的积极性。创新人力资源管理，扎实推进绩效考核管理，实施业绩评定和绩效挂钩，建立长效考核体系，激发了内部活力。十年来，总公司各项经营管理指标年年超额完成，经济运行质量和经济效益持续提升。

胜利电力品牌形象持续提升 坚持“始于客户需求，终于客户满意”的服务理念，认真履行“每一度电都是承诺”的社会责任，用管理规范服务、用监督促进服务、用文化提升服务，优化服务流程，推进服务创新，着力打造高度“负责任、受尊敬”的供电企业形象。先后开展“亮窗口、树形象”、“一创四争”诚信服务系列载体活动，对用电客户和社会公众公开践行“供电服务创先争优十项承诺”，引导干部职工在服务原油上产上站排头、在服务民生上争第一。开展特色服务、个性化服务，推行“亲情服务联系卡”，进一步提升了服务质量和水平。推行国际质量标准体系，实施“卓越绩效”管理和客户信誉等级评价制度，培育了“电力小红帽”、“电力小背包”、“胜电宇虹桥”等一批特色服务品牌，提高了广大客户的满意度。深化行风建设，完善用电管理监督约束机制，实行行风举报奖励制度，坚持花钱买批评、买意见，进一步营造和谐有序的社会用电环境。总公司连续多年在水电气暖全局性服务单位行风测评中获得第一名。2004年，胜利电力服务品牌被评为“胜利十佳服务品牌”，电力客户服务中心客户代表班被评为“全国用户满意服务明星班组”。2008年，电力客户服务中心被团中央授予“全国青年文明号”。

“三基”工作稳步推进 总公司持续完善“三基”创建动态管理运行机制，以“全方位覆盖、全员参与、全过程管理”为原则，以夯实“三基”、提升“三力”、实现“三化”为主线，开展“达标、创优、争强、夺牌”、“达标、创优、争银、夺金”载体活动，有重点、分步骤落实三个《基层建设三年规划》，形成了“机关与基层同步推进，软件与硬件同步提升”的良好局面，推动了基层建设工作的新发展。加强班组建设，开展变电站、线路创优活动，班组管理逐步实现规范化、标准化。完善基层硬件投入保障机制，坚持向标杆队、基层班组、工作生活条件差的基层队倾斜，基层工作生活条件得到不断改善和提高。软件建设注重在制度建设、安全管理、团队文化、和谐建设上下功夫，全面提升基层“三基”工作创建水平。树立“以人为本、安全发展”理念，以深化落实安全责任为重点，深入开展岗位责任制大检查、“我要安全”、“我能安全”和“安全生产星级班组”创建系列载体活动，推行安全目标管理评价，总公司HSE管理长效机制初步形成。2011年，东区供电公司线路管理队被授予“全国工人先锋号”。截至2012年底，总公司共有中石化集团公司金牌队5个、银牌队5个；胜利油田金牌队10个、银牌队15个、油田红旗班组2个，营造出创先争优、打造一流的良好氛围，为推进总公司可持续发展筑牢了根基。

三

企业发展，贵在人和。实现科学和谐发展是总公司广大干部职工群众的共同愿望。十年来，总公司坚持依靠职工群众办企业，立足总公司发展实际，坚持一手抓发展、一手抓和谐，妥善处理改革、发展、稳定的辩证关系，持续加强党建思想文化工作，营造了心齐气顺、干事创业的发展氛围。

党的建设全面加强 面对发展新形势、新要求，始终把“服务中心工作，推动科学发展”作为党建工作目标，坚持“围绕生产抓党建，抓好党建促生产”的工作思路，切实把党组织优势转化为核心竞争力。加强党的先进性建设，深化党支部“分级争创”，推进基层党建巡察，通过抓支部建设强堡垒、抓党员队伍建设强肌体、抓班子建设强核心、抓干部竞聘强素质，各级党组织和领导班子的凝聚力、战斗力明显增强。认真落实民主集中制和“三重一大”决策程序，确保了科学民主决策。按照“负责任、能力强、正气足、大作为”的要求，加强正确国企领导观的培育和践行，增强干部队伍敢担当、负责任意识，真正做到“两为干事、两规办事”，干部队伍作风形象和能力素质明显提升。坚持从源头上防治腐败，加强党风廉政教育，推行廉洁风险防范管理，严格党纪政纪查处，深入开展“双争”、“家庭助廉”等活动，构建廉政建设惩防体系，树立起党员干部廉洁勤政良好形象。重视和加强工会、共青团等群众组织建设，发挥其在推进发展、促进和谐中的桥梁和纽带作用，充分调动了广大职工群众的积极性、主动性和创造性。

思想文化工作深入扎实 围绕油田改革发展大局和总公司生产经营以及和谐稳定任务，通过开展“学精神、转观念、谋发展、见成效”、保持共产党员先进性教育、思想作风建设、深入学习实践科学发展观、“创先争优、比学赶帮超暨精细管理年”和“创先争优促发展，打造一流立新功”等一系列主题活动，把思想政治工作的优势转化为广大职工保油保供、挖潜增效的动力。坚持职工群众思想动态分析制度，推广思想教育“六进六到”，确保思想政治工作沉到底、入人心、见实效。积极创新宣传教育、舆论引导途径和方法，成立了网络舆情研判项目部，建立了网评员队伍，利用微博、QQ群等新型网络媒体加强正面宣教和舆情监控，运用EAP拓展思想文化阵地，凝聚人心、鼓舞士气、稳定队伍、推动发展，“想胜利电力好，为胜利电力好”已成为全体干部职工的主流价值观。坚持典型选树的群众性、先进性、层次性、连续性和创新性，用典型的事迹和高尚情操引导人、激励人，在全公司营造出创先争优的浓厚氛围。围绕构建和谐电力，健全完善预警预防机制、综治防控机制和帮扶救助机制，细分稳定对象和目标群众，加强日常思想引导、走访慰问和信访调解，形成了维护稳定工作的长效机制，保持了和谐稳定的发展局面。深入开展“企业文化建设年”活动和精神文明创建活动，凝练形成了“诚信求实，创新超越”的企业精神，构建形成了以“服务文化”为品牌、以“安康文化”为支撑、以“廉洁文化”为保障、以“班组文化”为重点的电力企业文化体系。加强基层“家文化”建设，发挥变电运行八队“油田基层家文化建设品牌”的示范带动作用，促进了总公司基层文化的蓬勃发展。

四

以人为本，共建共享。十年来，总公司坚持依靠职工群众办企业、发展成果惠及职工群众的原则不动摇，加强民主政治建设，深化做实群众工作，推进民生工程，职工群众的主力军作用得到充分发挥。

认真落实依靠和维护方针 总公司充分尊重职工群众的首创精神，依靠职工群众加快发展、降本增效，依靠职工群众推进改革、维护稳定。重视职工的民主政治权利，坚持和完善了以职工代表大会为基本形式的民主管理制度，深化厂务公开，有效加强了企业民主管理和民主监督。重视人才队伍建设，始终坚持把人才作为企业发展的源动力，不断完善人才成长激励机制，畅通“三支队伍”成长通道，为优秀人才岗位成才、施展才华提供了广阔舞台。实施人才团队梯队建设工程，成立工人技术创新协会和“创新工作室”，开展小发明、小创造、小革新和合理化建议、金牌工人“1+1”、导师带徒等活动，推动了群众性经济技术创新创效活动蓬勃开展，促进了人才队伍能力素质的不断提升。截至2012年底，总公司形成了以17名首席专家（安全总监）及专家为龙头，60余名技术拔尖人才、优秀青年知识分子为骨干，300余名专业技术人员为中坚，2800余名技术工人为基础的梯次人才队伍结构。总公司先后获“山东省第三届职业技能大赛团体优胜奖”、“胜利油田技能人才培育突出贡献奖”。

民生建设成效显著 坚持共建共享的理念，把抓好民生建设作为和谐之本，从职工最关心、最直接、最现实的利益出发，量力而行，尽力而为，坚持为职工群众办实事、办好事。加强惠民长效机制建设，实施结对帮扶再就业、子女就业援助、小区维修改造，推进变电站小灶台建设，提高职工食堂就餐质量，进一步改善了职工群众的工作生活条件。建立健全职工企业年金和城镇居民养老保险制度，认真落实离退休人员政治生活待遇和劳动家属养老保险政策，实行全员健康查体，职工和家属的利益得到保障。利用油田安居工程政策，积极争取房源，实施合作建房，努力改善职工住房条件。从2007年开始，建立健全困难家庭帮扶救助体系和非在职人员服务网络，制定《困难家庭帮扶联系制度》，推行“七知七心七会”工作法，认真落实“三必访”制度，做到了“真困难真帮助，特殊困难特殊帮助”。构建与社区共建共享机制，从2008年开始连续五年与胜北社区联合开展“同创和谐环境、共建温馨家园”群众文化广场和便民服务活动，在改善民生中赢得了民心、汇聚了民力。十年来，在发展生产、提高效益的基础上，实现了职工收入逐年递增，生活水平、生活质量及工作条件得到明显改善，形成了心齐、气顺、劲足、家和的发展氛围。

五

十载砥砺前行，十载春华秋实。新的历史时期，总公司进入了以人为本、科学发展、和谐发展的新阶段。近年来，胜利油田上产会战的新形势，对电力保障提出了更高的要求；挖潜增效的巨大压力，也对电网经济运行提出了更高标准。当前，总公司上下保持和谐稳定，但随着社会的进步和形势发展，新老矛盾相互交织，统筹各方利益、维护大局稳定、实现和谐发展的任务依然艰巨。

雄关漫道真如铁，而今迈步从头越。机遇与挑战并存，困难与希望同在。随着中石化集团公司和油田改革发展新战略、新规划和新举措的全面实施，站在新的发展起点，面对新的形势任务，今后，总公司将以党的十八大精神为指导，按照全面建成小康社会的总要求，继续以科学发展观指导和推进各项工作。紧紧围绕“打造坚强智能电网，建设和谐美好家园”的愿景目标，以安全供电、经济运行为中心，加快科技创新和推进队伍素质建设，全面提升总公司科学发展水平和保油保供能力。持续推进管理创新和改革创新，依靠创新的理念、创新的机制，为企业发展增活力，添动力，着力打造油田电力特色精细管理模式，坚定不移走现代企业发展道路。坚持突出重点、兼顾全面，把发展企业与贡献国家、奉献社会、造福职工有机结合，把推动发展与维护职工群众利益有机结合，把发展经济与安全生产、建设生态文明有机结合，坚定不移走全面协调发展道路。坚持以人为本、构建和谐，正确处理和解决好企业发展中的各种矛盾，保持稳定的大局，坚定不移走和谐发展道路。在新的征程中，总公司广大干部职工将继续发扬“诚信求实，创新超越”的新时期电力精神，抓住新的历史机遇，满怀必胜信心，奋力创先争优，努力推动总公司科学发展、创新发展、和谐发展，为胜利油田“打造世界一流，实现率先发展”和黄蓝国家战略目标的实现做出应有的贡献，谱写更加辉煌的新篇章。

大事记

大事记

2003年

1月15日 总公司召开五届四次职代会暨2002年度双文明总结表彰大会，会议审议并通过了总公司经理李中树所作的题为《与时俱进，开拓创新，努力实现电力管理总公司跨越式发展》的工作报告，党委书记孙光普讲话。

3月6日 胜利油田恒源电气公司与国际知名企业阿尔斯通开关有限公司举行合作签字仪式，共同研制开发35～110kV高压开关产品，标志着总公司多元开发企业和世界名牌大集团合作迈出实质性步伐。

3月8日 管理局党委书记董丕久到孤北热电厂检查指导工作。

3月11日 管理局副局长薛万东、管理局原副局长姜连成来总公司，就总公司贯彻落实管理局党委全委（扩大）会议精神以及2003年工作安排情况进行调研。

3月17日 总公司召开春季电网检修动员大会。此次检修于5月31日结束，有效检修时间53天，共检修变电站160座，检修线路502条、4560千米。

3月23日 成立劳动就业服务中心，挂靠瑞祥电气（集团）有限责任公司。

3月27日 总公司“学精神、转观念、谋发展、见成效”主题活动正式启动。

3月28日 由瑞祥电气（集团）有限责任公司控股，采取民营方式经营的东营市沃尔贝蒂服饰公司正式开业。

4月23日 总公司召开领导干部会议，全面部署非典型肺炎防治工作。

5月27日 总公司内部分配制度改革工作全面启动。

7月10日 总公司干部人事档案工作目标管理达到国家一级标准。

7月23日 胜利油田学习“三个代表”重要思想宣讲团到总公司作宣讲报告。

8月8日 组建胜利油田科恩工贸有限责任公司，撤销农副业公司。

8月22日 管理局党委研究决定，梁金河任电力管理总公司调研员（正处级），许荣生任电力管理总公司调研员（副处级）。

9月18日 总公司召开庆祝油田电力专业化管理二十周年大会。会议回顾了总公司20年来不平凡的创业历程，系统总结了20年建设发展的基本经验。中国石化集团公司副总经理张耀仓发来贺信，山东省经贸委、山东电力集团公司、大庆油田供电公司等13家地方政府部门、单位发来贺电。管理局党委副书记王立新、管理局咨询委员会主任张宗义出席大会。

10月2日 管理局领导聂绍光、李玉卿到总公司220kV九分场变电站慰问坚持节日生产的电力职工。

10月27日 中石化集团公司安全生产检查团到总公司检查指导工作。

11月10日 管理局基层建设检查验收团来总公司就基层建设进行检查验收。

11月27日 李志宏获胜利油田第十届“十大杰出青年”称号。

12月4日 工人技师孙秀峰被评为胜利油田杰出技能人才，获首届“胜利油田技能大奖”。

12月8日 由石油化工总厂、胜利发电厂、电力管理总公司共同投资组建的元博发电厂试并网一次成功。

本年 总公司用工总量5062人，转供电量53.47亿kW•h。

2004年

1月7日 220kV九分场变电站改扩建工程顺利投入运行。该工程始于2003年5月，新增12万kVA变压器一台，实现了一次开关无油化、二次保护微机化、运行管理智能化。工程完工后，九分场变电站主变总容量达到36万kVA，成为油田首座三台主变压器并列运行的变电站。

1月9日 总公司召开五届五次职代会暨2003年度文明建设总结表彰大会，大会审议并通过了总公司经理李中树所作的题为《凝心聚力，奋力开拓，继续谱写电力管理总公司跨越式发展的新篇章》的工作报告，党委书记孙光普讲话。

2月10日 管理局党委常委、组织部部长刘中云来总公司，就贯彻落实管理局党委全委（扩大）会议和油田五届二次职代会精神以及在油田加快实施“三大目标”进程中的具体措施安排进行工作调研。

2月19日 总公司获得管理局“IMSS创新体系”竞赛金奖。

2月26日 《胜利油田电力管理总公司志》（1988～2002年）正式出版。

3月8日 总公司召开第79次岗位责任制大检查动员大会。

3月9日 总公司春季电网检修工作正式启动。此次检修于6月15日结束，有效检修时间67天，共检修变电站167座，检修线路510条、4598千米。

4月2日 总公司开展“学习孙秀峰，岗位强素质，争当技术能手”活动。

4月6日 电力标准计量站的电能计量装置检定、电能表检定、电压互感器检定、电流互感器检定四个检定项目获得山东省质量技术监督局社会公用标准的计量授权。

4月13日 总公司邀请国家高电压技术专家、清华大学教授王黎明来总公司举办专题讲座。

4月15日 电力职工培训中心顺利通过山东省安监局特种作业人员培训考核单位资格认证复审。

5月9～10日 总公司举行2004年度职业技能竞赛。

6月1日 总公司举行全员安全签字暨“安全生产月”活动启动仪式。

6月18日 在管理局第十三届职业技能竞赛中，总公司被评为优秀组织单位，有10名选手获奖，并一举囊括变电站值班员前六名。

6月20日 李志宏获胜利油田“十大外闯市场青年先锋”称号。

8月29日 中石化安全检查团到总公司检查指导工作。

9月2日 总公司被中国老龄协会、中组部老干部局、总政老干部局、中国老年报社等部门共同授予“邓小平理论知识竞赛先进集体奖”。

9月10日 总公司开展“安全供电、保油上产”百日竞赛活动。

9月12日 孤北热电厂顺利完成印尼巨港150MWGFCC燃机的监理调试工作，标志着总公司外闯国外发电市场迈出重要一步。

9月13日 总公司将信息管理中心与广域科技有限责任公司分设，成立信息管理中心，设置为直属科级单位；广域科技有限责任公司与讯宇科技有限公司整合重组为山东广域科技有限责任公司。

9月27日 在油田“同盛杯”会计知识大赛中，总公司获得“同盛杯”。

10月2日 李中树升任胜利石油管理局副局长。

10月10日 总公司开展“百日安全无事故”竞赛活动。

10月12日 管理局对总公司“达标、创优、争强、夺牌”活动开展情况进行考核验收。

11月26日 总公司召开领导干部大会，管理局党委副书记、组织部部长刘中云主持会议并宣布管理局党委对电力管理总公司党政领导班子进行调整的决定

（胜油党字[2004]82号、胜油局发任字[2004]8号）：贾志毅任电力管理总公司党委书记，刘志华任电力管理总公司经理、党委副书记，陈宝寿任电力管理总公司党委副书记、纪委书记，刘军任电力管理总公司党委常委、副经理，刘仁臣任电力管理总公司副经理，孙光普任电力管理总公司调研员（正处级），张学明任电力管理总公司调研员（副处级），倪承波调局生产管理部任副主任兼电力办公室主任。管理局党委副书记、副局长郭长玉及管理局副局长李中树出席会议并讲话。

11月29日 根据《关于电力管理总公司调整内部机构设置的批复》（胜油局发编字[2004]8号），撤销滨纯供电公司、滨海供电公司、河口供电公司的副处级单位编制，将河口供电公司设置为三级单位编制。

同日 胜利油田网上电量电费结算项目一期试运行。一期工程数据抄收率达到100%，抄收正确率达到100%。

12月18日 山东广域科技有限责任公司改制挂牌成立。管理局党委副书记、副局长郭长玉，管理局副局长李中树，东营市人民政府副市长曹连杰出席成立大会。

12月19日 在北京召开的“全国用户满意服务明星表彰大会”上，电力客户服务中心客户代表班被授予“全国用户满意服务明星班组”。

本年 总公司用工总量5074人，转供电量54.24亿kW•h。

2005年

1月1日 管理局党委副书记、副局长郭长玉，油田有限公司副总经理、总会计师赵寿森来总公司慰问坚持节日生产的职工。

1月21日 总公司召开六届一次职代会暨2004年度文明建设总结表彰大会，会议审议并通过了总公司经理刘志华所作的题为《以人为本，求真务实，科学创新，积极推进电力管理总公司持续稳定健康发展》的工作报告，党委书记贾志毅讲话。

2月1日 总公司召开保持共产党员先进性教育活动动员大会。党委书记贾志毅在动员报告中要求各级党组织和广大党员围绕“提高党员素质，加强基层组织，服务人民群众，促进各项工作”目标任务，认真落实学习动员、分析评议、整改提高三个阶段工作，切实做到教育活动与生产经营两不误、两促进、双丰收。

2月7日 总公司获2004年度山东省城镇妇女“巾帼建功”竞赛活动先进单位称号。

3月3日 管理局党委副书记、纪委书记、油田有限公司监事会主席李玉卿，油田有限公司副总经理孙焕泉来总公司，就贯彻落实管理局党委全委（扩大）会和油田五届三次职代会精神进行调研。

3月6日 根据油田深化劳动人事制度改革的统一部署，本着精简效能、扁平化管理的原则，撤销人口与计划生育办公室；撤销物资供应公司，成立物资供应科；成立物资配送队，设置为机关直属四级单位，挂靠物资供应科；撤销定额预算站科级单位编制，设置为机关直属四级单位，原管理职能不变，挂靠经营管理科（法律事务科）。生产办公室更名为生产管理科；安全技术科更名为安全环保科；计划科更名为规划计划科；企管合同科更名为经营管理科（法律事务科）。撤销生活服务中心（房产办公室），成立公共事业中心，设置为直属科级单位，原生活服务中心（房产办公室）、人口与计划生育办公室工作职能划归公共事业中心。孤东供电大队更名为滨海供电公司；孤岛供电大队更名为孤岛供电公司；滨南供电大队更名为滨南供电公司；纯梁供电大队更名为纯梁供电公司。

3月7日 孙秀峰获第六届“胜利十佳女职工”称号。

3月9日 总公司召开深化劳动人事制度改革工作会议。

3月17日 总公司开展“咱们工人有技术才能更有力量”大讨论活动。

3月22日 总公司召开春季电网检修动员大会。此次检修于6月24日结束，有效检修时间64天，共检修变电站164座，检修线路506条、4385千米。

4月1日 总公司召开第80次岗位责任制大检查动员大会 。

4月21日 总公司党政领导班子召开保持共产党员先进性教育活动专题民主生活会，管理局副局长李中树出席会议。

5月3日 郑志华获胜利油田第十二届“十大杰出青年”称号。

5月13日 总公司召开科技大会，总结了总公司取得的重大科研攻关成果，安排部署2005 年及今后一个时期总公司科技工作主攻方向和发展目标。

5月19日 总公司召开保持共产党员先进性教育活动整改提高阶段动员大会。

6月28日 总公司召开庆祝中国共产党成立84周年暨保持共产党员先进性教育活动总结表彰大会。

7月5日 管理局第80次岗位责任制检查验收团对总公司工作开展情况进行检查验收。

7月9日 总公司获山东省“富民兴鲁”劳动奖状，管理局党委常委、工会主席李忠华来总公司授牌。

8月11日 总公司组织开展“负责任”大讨论活动。

9月3日 中石化集团公司安全检查团来总公司检查HSE工作。

10月19～20日 总公司举办2005年度职业技能竞赛。

11月8日 总公司召开大客户座谈会，管理局副局长李中树出席会议。

11月12日 总公司获“全国企业文化建设先进单位”称号，这是总公司首次获得国家级奖项。

12月8日 管理局党委常委、有限公司总经理李阳及有限公司副总经理张煜到总公司慰问干部职工。

12月8日 《电力通讯》创刊十周年，共出版发行496期。

12月27日 管理局副局长李中树到总公司检查指导工作。

本年 总公司用工总量4949人，转供电量58.65亿kW•h。

2006年

1月14日 总公司召开六届二次职代会暨2005年度文明建设总结表彰大会，大会审议并通过了总公司经理刘志华所作的题为《坚持科学发展观，构建和谐电力，努力开创电力管理总公司持续稳定健康发展新局面》的工作报告，党委书记贾志毅讲话。

1月26日 总公司获管理局“IMSS创新体系”竞赛金奖。

1月29日 管理局党委书记王立新，管理局党委常委、工会主席李忠华，油田分公司副总经理、总地质师张善文来总公司慰问坚守节日生产的电力职工。

3月6日 总公司春季电网检修工作正式启动。此次检修于6月8日结束，有效检修时间64天，共检修变电站168座，检修线路565条、4849千米。

3月15日 管理局党委副书记李玉卿、管理局副局长李中树到总公司就2006年工作思路和工作安排进行调研。

3月20日 总公司“思想作风建设深化年”活动全面启动。

3月30日 总公司开展“诚信服务年”活动。

4月5日 中石化集团公司安全督导检查团到总公司检查HSE工作。

4月25日 中石化集团公司在北京召开2004～2005年度金银牌队创建活动总结

表彰大会，总公司4个金牌队、5个银牌队受到表彰，南区供电公司变电运行八队在大会上作典型经验交流发言。

5月15日 《电力通讯》被评为全国企业报刊优秀奖（集体）一等奖。

6月6日 总公司召开第81次岗位责任制大检查动员大会。

6月8日 电力标准计量站顺利通过中国国家实验室认可委员会认可。

6月12日 山东省总工会法律部负责人来总公司就创建“劳动关系和谐企业”活动开展情况进行调研。

6月23日 在山东省首届特种作业人员安全技术大赛中，总公司职工范永涛取得电工技术比赛总分第一名的优异成绩，并获“富民兴鲁”劳动奖章。

6月28日 总公司召开庆祝中国共产党成立85周年大会。

7月5日 总公司召开安全生产委员会（扩大）会议暨第81次岗检阶段总结大会。

7月6日 南区供电公司党委获“山东省先进基层党组织”称号。

7月7日 总公司召开向全国十大技能人才学习暨创建“五星级”团队座谈会。

7月21日 电力标准计量站通过山东省计量授权，授权范围由胜利油田扩大至东营市。

7月25日 管理局第81次岗位责任制检查团对总公司工作开展情况进行检查验收。

8月1日 管理局思想作风建设深化年活动调研组到南区供电公司调研指导工作。

8月2日 总公司在九分场变电站举行电网设备应急事故大型演习。

8月8日 管理局重点工程220kV新孤变电站改扩建工程竣工，新扩建的3#主变压器送电一次成功。3#主变压器容量为9万kVA，属免吊芯有载调压节能型，实现了二次设备保护微机化、运行管理智能化。

8月21日 管理局党委副书记、纪委书记李玉卿到南区供电公司检查指导工作。

8月22日 中石化集团公司油田企业经营管理部主任袁政文到总公司就经营发展、深化改革情况进行调研。

9月11日 成立胜利恒源总公司，下设胜利油田胜利电器有限责任公司、胜利油田恒源电气有限责任公司。

10月27日 山东省总工会副主席王祝玉到总公司就开展创建“劳动关系和谐企业”情况进行现场指导。

11月2日 总公司获得油田行风建设民主测评第一名，这是总公司连续四年获此殊荣。

11月5日 总公司“百日安全无事故”竞赛活动拉开序幕。

12月15日 总公司召开大客户座谈会，管理局副局长李中树出席会议。

12月21日 总公司获“山东省管理创新十佳企业”称号。

本年 总公司获“山东省劳动关系和谐企业”称号。

本年 总公司用工总量4927人，转供电量60.2亿kW•h。

2007年

1月26日 总公司召开六届三次职代会暨2006年度文明建设总结表彰大会，大会审议并通过了总公司经理刘志华所作的题为《认清形势，明确责任，坚定信心，和谐前进，继续谱写电力管理总公司持续稳定发展的新篇章》的工作报告，党委书记贾志毅讲话。

3月6日 中区供电公司线路管理队外线三班职工郭长军在处理所辖6kV防疫线速断动作跳闸故障中，违反电力安全工作规程，擅自进行拆除电缆接头作业，造成触电事故。

3月12日 管理局党委副书记、副局长郭长玉来总公司就2007年工作思路和安排进行调研。

3月20日 总公司召开春季电网检修动员大会。此次检修于6月27日结束，有效检修时间70天，共检修变电站175座，检修线路552条、4875千米。

4月25日 总公司召开改制工作大会，标志着多种经营改制分流工作进入实质性阶段。

5月1日 管理局党委副书记、纪委书记李玉卿，油田分公司副总经理、总地质师张善文到220kV九分场变电站慰问坚持节日生产的电力职工。

5月2日 根据胜油局发任字[2007]1号文件决定，牛爱民任电力管理总公司副经理、总会计师，胡西平调胜利发电厂任副厂长、总会计师。

6月3日 东营市市委常委、常务副市长王玉君到山东广域科技有限责任公司调研指导工作。

6月8日 总公司召开贯彻油田社区电力专业化改革工作会议。

6月9日～7月10日 按照管理局对社区实施电力专业化管理改革的统一部署，总公司完成了孤岛、胜中等8个社区的人员及电力设施交接工作。共接收社区职工538人，电力设施资产原值16582万元、净值14011万元。

6月26日 在山东省第二届特种作业人员安全技能大赛中，总公司代表油田参赛并夺得电工工种团体总分第二名。

6月27日 总公司召开庆祝中国共产党成立86周年大会。

8月20日 总公司召开标准化操作大赛表彰总结大会。

8月21日 总公司党委书记贾志毅，党委常委、副经理刘军，副经理刘仁臣赴青岛看望慰问在青岛炼化变电站值班的电力职工。

9月1日 根据中国石化集团公司《关于胜利石油管理局孤北热电厂关停及资产处置的批复》（中国石化财产[2007]151号）要求，对孤北热电厂实施关停，对报废资产实行帐销案存管理。

9月5日 总公司召开领导干部大会，管理局党委副书记、工会主席李忠华主持会议，管理局党委组织部部长杨昌江宣布管理局党委对电力管理总公司党政领导班子进行调整的决定（胜油党字[2007]53号、胜油局发任字[2007]3号）：刘军任电力管理总公司经理、党委副书记，勾松波、石少君任电力管理总公司党委常委、副经理，郑志华、孙会浩任电力管理总公司副经理，刘志华任电力管理总公司调研员（正处级）、管理局安全生产委员会委员。管理局党委书记郭长玉出席会议并作重要讲话，对总公司各项工作给予高度评价，并就今后电力事业发展提出明确要求。

9月14日 管理局首届标准化操作对抗赛电工比赛在职工培训中心北校区开赛。

9月25日 管理局副局长李中树到总公司检查指导工作。

10月1日 管理局党委副书记、工会主席李忠华，副局长、总会计师宋振国到总公司慰问坚持节日生产的电力职工。

10月17～18日 总公司举行2007年度职业技能竞赛暨“金钥匙”技术竞赛。

11月6日 管理局党委常委、副局长、东营市副市长李中树，管理局局长助理张洪山到总公司调研指导工作。

11月7日 总公司召开大客户座谈会，管理局党委常委、副局长、东营市副市长李中树出席会议。

11月12日 总公司党委、总公司印发《电力管理总公司困难家庭帮扶联系实施办法（试行）》（胜电党发〔2007〕38号），建立了困难家庭帮扶联系网络体系。

11月20日 山东省企业设备管理检查团来总公司就升级为“山东省设备管理一级企业”进行检查验收。

11月28日 成立总公司信访办公室，定员2~3人，挂靠总公司党委办公室；成立非在职人员服务中心，与老年管理中心合署办公；三级单位及直属单位相应设立非在职人员服务办公室。

12月7日 管理局党委副书记、工会主席李忠华同志到南区供电公司检查指导和观摩“三联系”工作情况。

12月19日 胜利油田瑞祥电气有限责任公司挂牌成立。按照管理局改制分流工作统一部署，根据现代企业制度的要求，胜利油田瑞祥电气（集团）公司及其控股的胜利油田恒达电气有限公司、胜利油田胜利电器有限公司、胜利油田恒源电气有限公司、胜利油田恒泰电力工程有限公司、胜利油田恒悦移动发电有限公司整体改制为胜利油田瑞祥电气有限责任公司。管理局党委常委、副局长、东营市副市长李中树，东营市副市长、市经济开发区管委会主任李金昆出席成立大会。

本年 总公司用工总量5418人，转供电量59.31亿kW·h。

2008年

1月14日 东营西城区负荷达到10.14万kW，同比增长11%，城区冬季负荷首次突破十万大关。

1月15日 成立电力维修公司、综合维修公司、护厂大队。

1月17日 山东省档案管理局副局长曹明珍带领省档案管理考评组对总公司档案管理工作进行评审。总公司综合档案室以94.5分的优异成绩晋升为山东省一级档案室。

1月18日 总公司召开六届四次职代会暨2007年度文明建设总结表彰大会，大会审议并通过了总公司经理刘军所作的题为《凝心聚力，求实创新，努力开创电力管理总公司和谐发展新局面》的工作报告，党委书记贾志毅讲话。

1月30日 管理局党委常委、油田分公司经理刘中云到总公司检查指导并看望慰问坚守岗位的电力职工。

2月19日 管理局局长王立新，管理局党委常委、副局长赵金洲，管理局党委常委、副局长、东营市副市长李中树到总公司调研指导工作。

2月25日 电力客户服务中心客户代表班再次获“全国用户满意服务明星班组”称号。

3月6日 南区供电公司变电运行八队获“全国三八红旗集体”称号。

3月17日 总公司春季电网检修工作正式启动。此次检修于6月15日结束，有效检修时间69天，共检修变电站175座，检修线路573条、5191千米。

3月28日 油田首座升压改造变电站110kV辛八变电站工程竣工并正式投运。

4月24日 管理局党委常委、副局长、东营市副市长李中树到总公司检修现场检查指导工作。

5月15日 总公司开展向“5.12”汶川地震灾区人民捐款献爱心活动，共捐款708171元。

6月26日 根据胜油党字[2008]59号文件决定，张玉华任电力管理总公司调研员（副处级）。

6月27日 总公司召开庆祝中国共产党成立87周年大会。

8月12～13日 总公司举行2008年度职业技能竞赛。

9月26日 管理局党委常委、副局长、东营市副市长李中树到北区电网升压改造现场检查指导工作。

11月18日 总公司召开大客户座谈会。

12月3日 总公司召开“深入群众促和谐，凝心聚力促发展”主题活动群众满意度测评大会，油田“双促”主题活动第二督导组全体成员参加会议，测评结果为100%。

12月17日 根据胜油党字[2008]88号、胜油局发任字[2008]5号文件决定：刘仁臣任电力管理总公司党委常委；王从军任电力管理总公司党委常委、纪委书记；张鹏程任电力管理总公司党委常委、工会主席；章胜任电力管理总公司副经理；陈宝寿、石少君任电力管理总公司调研员（副处级）。

12月22日 成立胜利油田公用工程专业劳动定额定员站，设置为科级单位，业务上接受油田劳动工资处指导，行政上挂靠电力管理总公司。

本年 总公司获中石化集团公司“‘深入群众促和谐，凝心聚力促发展’主题活动先进集体”称号。

本年 总公司用工总量5150人，转供电量59.99亿kW•h。

2009年

1月6日 总公司获“山东省价格诚信单位”称号。

1月9日 总公司召开六届五次职代会暨2008年度文明建设总结表彰大会，大会审议并通过了总公司经理刘军所作的题为《坚持科学发展，携手共创和谐，努力推动电力管理总公司又好又快发展》的工作报告，党委书记贾志毅讲话。

1月16日 油田电力调度自动化第三代系统正式启用，管理局党委常委、副局长、东营市副市长李中树到现场参观指导。

1月24日 管理局党委副书记、纪委书记李玉卿，管理局党委常委、副局长、东营市副市长李中树，到总公司看望慰问坚持节日生产的一线职工。

3月16日 总公司召开春季电网检修动员大会，提出“精细检修”理念。此次检修于6月13日结束，有效检修时间69天，共检修变电站168座，检修线路545条、4843千米。

3月18日 总公司召开深入学习实践科学发展观活动动员大会。

4月14日 管理局党委常委、副局长、东营市副市长李中树到总公司电网检修现场检查指导工作。

4月29日 总公司召开纪念五四运动90周年大会暨“阳光助学”计划启动仪式。

4月30日 在油田举行的省部级及以上先进集体和劳动模范颁奖典礼上，电力客户服务中心被共青团中央、国资委联合命名为2008年度“国家级青年文明号”。

5月15日 总公司与山东大学电气工程学院联合举办电气工程专业工程硕士班开学典礼。

5月23日 由胜利油田文联、东营市文联联合举办的“油地著名书画家走进企业大型活动”在总公司启动。

5月26日 总公司举行以“携手慈善，构建和谐”为主题的“慈心一日捐”捐赠仪式。

5月31日 总公司印发《“金牌工人1+1”活动考核办法》，在变电、线路、修试三个专业班组中开展“金牌工人1+1”活动。

6月22日 第六届全国政协委员、中国首位青年学教授黄志坚到电力客户服务中心参观调研。

6月25日 北区供电公司线路管理队外线一班职工张宏盛等人在执行220kV万盐线111号至112号杆线路走廊下树木砍伐任务时，因风险辨识意识不强，违章冒险作业，造成线路对树木放电，致使发生触电事故。

6月26日 总公司召开庆祝中国共产党成立88周年暨学习实践科学发展观活动总结大会。

6月27日 南区供电公司党委获油田“新时期先进基层党组织示范堡垒”称号。

7月16日 管理局上半年“平安油田”建设检查分片汇报会在总公司召开。

同日 管理局党委常委、副局长、东营市副市长李中树，管理局局长助理兼生产管理部主任张洪山来总公司调研指导。

7月23日 总公司召开工人技术创新协会成立大会。

同日 在2009年山东省第三届职工职业技能大赛维修电工决赛中，总公司代表油田参赛并夺得团体总分第二名。

8月18日 总公司召开深入学习实践科学发展观活动群众满意度测评会议。

8月23日 中石化安全环保检查团到总公司检查指导工作。

9月17日 管理局局长、党委书记王立新到油田科技展览中心参观总公司科技成果展台。

9月18日 管理局党委常委、副局长赵金洲看望慰问总公司老党员许登榜。

9月25日 由总公司和胜北社区联合举办的大型群众文化广场活动—“同创和谐环境、共建和谐家园”活动在通明苑小区广场举行。活动包括文艺演出、家庭游园、青年志愿服务、安全及健康知识宣传。

9月27日 总公司举办庆祝建国六十周年“我为祖国歌唱”文艺晚会。

同日 成立安全环保监督站，设置为机关直属科级单位，业务上接受安全环保科的领导，与安全环保科合署办公。

10月16日 管理局公用工程板块工作调研座谈会在总公司召开，管理局副局长许卫华出席会议。

10月21日 总公司召开大客户座谈会，管理局党委常委、副局长、东营市副市长李中树，管理局局长助理兼生产管理部主任张洪山出席会议。

11月11日 油田“三基”创建暨第84次岗位责任制大检查考核验收团到总公

司考核验收。

12月9日 油田党校廉政建设巡回宣讲报告团来总公司作廉政建设宣讲报告，来自总公司机关、基层单位的300余名干部职工和亲属聆听了报告。

12月17日 总公司获得第三届“胜利油田技能人才培育突出贡献奖”，刘明明获第三届“胜利油田技能大奖”。

本年 总公司获“山东省全心全意依靠职工办企业先进单位”称号。

本年 总公司用工总量5064人，转供电量62.20亿kW•h。

2010年

1月22日 总公司召开七届一次职代会暨2009年度文明建设总结表彰大会，大会审议并通过了总公司经理刘军所作的题为《众志成城，奋力开拓，全面提升电力管理总公司科学发展水平》的工作报告，党委书记贾志毅讲话。

2月2日 管理局党委常委、副局长、东营市副市长李中树到220kV九分场变电站进行节前安全检查并慰问一线职工。

2月28～3月1日 油田电网遭受近30年来罕见的大风暴雪侵袭，出现严重电力设备覆冰、导线舞动现象，发生20多起线路跳闸事故，电力设施受损严重。总公司及时启动应急预案，全面组织开展抢险抢修工作，并派出抢险队伍，赶赴受灾严重的河口油区一线，以最快速度恢复供电。

3月5日 油田2010年电网检修座谈会在总公司召开。

3月17日 总公司召开春季电网检修动员大会。此次检修于6月13日结束，有效检修时间72天，共检修变电站171座，检修线路516条、4816千米。

同日 总公司召开“比学赶帮超暨精细管理年”主题活动推进会，围绕“更大作为、更强根基、更上水平、更有力量、更聚民心”，组织开展“争杯、夺旗、摘星”立功竞赛活动。

3月18日 管理局党委常委、副局长、东营市副市长李中树到电网检修现场检查指导并慰问电力职工。

4月1日 东营市政协主席于树键、副主席王秀华到山东广域科技有限责任公司调研指导工作。

4月2日 胜利油田首家“新经济组织团建示范基地”揭牌仪式在山东广域科技有限责任公司举行。

4月23日 东区供电公司线路管理队外线一班被授予山东省“工人先锋号”。

4月30日 徐美华获胜利油田第十六届“十大杰出青年”称号。

5月10日 总公司获得油田第六届职工运动会乒乓球男子团体第一名和男子单打第一名。

6月1日 总公司召开“安全生产月”活动暨第85次岗位责任制大检查活动启动大会。

6月7~8日 中石化集团公司发展计划部组织专家组到总公司就滩海地区供电系统配套工程项目进行可行性调研评估。

6月13日 胜利油田技师协会第二届会员代表大会在总公司召开。

6月24日 总公司召开庆祝中国共产党成立89周年暨创先争优活动推进大会。

7月21日 油田分公司总经理、管理局副局长、管理局党委副书记孙焕泉，管理局党委常委、副局长、东营市副市长李中树，油田分公司副总经理张洪山来总公司调研指导工作。

7月29日 总公司召开“比学赶帮超”暨“争杯 夺旗、摘星”竞赛活动经验交流观摩会。

8月10~11日 总公司举行2010年度职业技能竞赛。

9月3日 “刘明明创新工作室”被授予胜利油田“职工技术创新示范工作室”称号。

9月7日 中国企业文化促进会会长张光照一行四人到南区供电公司变电运行八队调研指导。

9月8日 中石化集团公司HSE检查组到总公司检查HSE工作。

9月26日 总公司党委书记贾志毅，党委常委、纪委书记王从军，党委常委、工会主席张鹏程带领机关相关部门负责人到山东广域科技有限公司，就改制企业党建、工会工作进行了调研指导。

9月28日 在油田第二届“为民技术创新奖”评选中，刘明明、胡金海、马广俊分别获金奖、银奖、铜奖。

11月26日 油田“三基”创建暨第85次岗位责任制大检查考核验收团到总公司进行考核验收。

11月30日 总公司召开职工技术创新大会。管理局党委副书记、工会主席张旭为总公司第一届职工技术创新成果展剪彩。

同日 总公司职工技术创新基地在东区供电公司线路管理队挂牌成立。总公司党委书记贾志毅、经理刘军为基地成立揭牌。

12月1日 总公司召开大客户座谈会。

12月17日 山东省总工会党组成员、副主席魏丽到南区供电公司就劳动关系和谐企业创建情况进行调研指导。

本年 总公司获“石油工业用户满意企业”、“山东省价格诚信单位”称号。

本年 总公司用工总量5009人，转供电量64.11亿kW·h。

2011年

1月12日 总公司召开七届二次职代会暨2010年度文明建设总结表彰大会，大会审议并通过了总公司经理刘军所作的题为《推进精细化管理，当好强动力引擎，谱写总公司科学和谐发展新篇章》的工作报告，党委书记贾志毅讲话。

1月13日 胜利油田技能操作培训工作会议在总公司召开。

同日 南区供电公司变电运行八队被命名为油田“小站文化建设的标杆”。

1月26日 管理局党委常委、副局长、东营市副市长李中树到总公司220kV九分场变电站进行节前安全检查并慰问一线职工。

1月28日 胜利油田分公司副总经理张洪山到总公司220kV盐镇变电站进行节前安全检查并慰问一线职工。

2月26日 “胜利电力技术讲坛”启动。启动仪式由总公司党委常委、副经理勾松波主持，总公司领导贾志毅、刘军、郑志华、孙会浩出席启动仪式。

3月8日 总公司召开春季电网检修动员大会。此次检修于6月3日结束，有效检修时间71天，共检修变电站171座，检修线路549条、4996千米。

3月22日 总公司召开“创先争优、比学赶帮超暨精细管理深化年”主题活动推进会。

3月31日 南区供电公司变电运行八队110kV石化变电站被授予“全国五一巾帼标兵岗”称号。

4月25日 管理局副局长、总会计师宋振国来总公司就安全生产、精细管理和电网设备改造工作进行调研指导。

5月3日 刘玉林获胜利油田第十七届“十大杰出青年”称号。

5月6日 东区供电公司线路管理队被授予“全国工人先锋号”。

5月28日 况永峰、杨波、张涛代表电力管理总公司参加胜利油田第一届基层党支部书记拉力赛，获第一站比赛一等奖第一名。

5月31日 总公司举行安全生产月暨第86次岗位责任制大检查活动启动仪式。

6月17日 总公司开展“庆祝建党90周年，送党课进基层”活动。

6月24日 对基建工农科职能进行分设，基建工农科更名为油地工作科，成立基建工程管理中心；电力维修公司更名为电力建设公司。

6月25日 总公司联合胜北社区管理中心举办“同创和谐环境、共建温馨家园”群众文化广场活动。

6月28日 撤销护厂大队机构，将治安保卫办公室更名为治安保卫中心。

同日 总公司召开庆祝中国共产党成立90周年大会。

7月2日 总公司开展“思想再解放、观念再转变、潜力再认识、推进科学发展”和“打造高度负责任、高度受尊敬企业”大讨论活动。

7月12日 总公司首次获油田“科技工作先进单位”称号。

7月15日 总公司举办智能配电网无线通信技术交流会。

8月4日 总公司经理刘军，党委常委、副经理刘仁臣，党委常委、工会主席张鹏程在北区供电公司会议室召开改善民生工作座谈会，通明苑小区、电建小区退休职工和家属代表参加座谈。

8月12日 油田“三基”工作专项调研组到总公司调研指导。

8月17日 按照管理局统一部署，总公司开展完善基本薪酬制度、加强人才成长通道建设和完善劳务派遣工激励成长机制试点工作。

8月24日 中石化集团公司HSE检查组来总公司检查HSE工作。

8月26日 东营市电力行政执法办公室西城分部在电力客户服务中心挂牌成立。

同日 总公司与山东大学电气工程学院联合举办高升专、专升本两个层次电气专业学历函授班开班仪式。

10月17～18日 总公司举行2011年度职业技能竞赛暨标准化操作对抗赛。

10月26日 总公司在河口供电公司召开用电系统“为民服务创先争优”经验交流会。党委书记贾志毅，党委常委、纪委书记王从军，副经理郑志华出席会议并讲话。

11月4日 胜利油田内控工作会议在总公司召开。

11月9日 总公司召开工人技术创新暨金牌工人“1+1”活动经验交流会议。

11月10日 总公司召开大客户座谈会，管理局党委常委、副局长、东营市副市长李中树出席会议。

11月21日 总公司召开科技创新大会，回顾总结了“十一五”期间取得的成绩，提出了今后一个时期科技工作的总体思路，授予10名同志首届“技术创新突出贡献奖”。

12月16日 总公司获第四届“胜利油田技能人才培育突出贡献奖”，胡金海获第四届“胜利油田技能大奖”。

本年 总公司获全国工会系统“五五”普法先进单位。

本年 总公司用工总量4966人，转供电量64.51亿kW•h。

2012年

1月6日 总公司召开七届三次职代会暨2011年度文明建设总结表彰大会，大会审议并通过了刘军经理所作的题为《电网管理创一流，打造胜利强动力，努力攀登总公司科学和谐发展新高峰》的工作报告，党委书记贾志毅讲话。

1月20日 胜利油田分公司副总经理张洪山到220kV盐镇变电站进行安全检查并慰问一线电力职工。

1月21日 管理局党委常委、副局长、东营市副市长李中树，管理局副局长许卫华到220kV九分场变电站进行安全检查并慰问一线电力职工。

2月23日 总公司对机关办公大楼进行装修改造。

3月15日 总公司召开2012年电网检修动员大会，提出“四季检修”理念，首次以胜利油田劳动竞赛委员会名义下发文件，在检修中开展“创先争优杯”立功竞赛活动。此次检修于5月17日结束，有效检修时间48天，共检修变电站150座，检修线路503条、4717千米。

3月20日 范永涛获“山东省首席技师”称号。

4月19日 中石化集团公司电工高级技师培训班在职工培训中心北校区开班。

4月27日 总公司被中华全国总工会授予“全国五一劳动奖状”。总公司党委书记贾志毅，党委常委、工会主席张鹏程代表总公司赴北京人民大会堂领奖。

6月18～21日 总公司经理刘军、副经理章胜带领机关有关部门负责人就对标追标创标工作，先后赴江苏油田水电厂、中原油田供电管理处学习考察。

6月20日 总公司党委、总公司印发《关于编纂<胜利石油管理局电力管理总公司志>的通知》，启动续修总公司志书工作，时间跨度2003～2012年。

6月27日 南区供电公司变电运行八队党支部获“中石化创先争优先进基层党组织”称号。

6月28日 总公司召开庆祝中国共产党成立91周年大会。

7月30～31日 总公司举办2012年度职业技能竞赛暨标准化操作对抗赛。

8月14日 管理局党委书记席秀海到电力客户服务中心检查指导工作。

8月21日 “肖军华创新工作室”被授予胜利油田“职工技术创新示范工作室”称号。

8月23日 山东省能源计量检查团到总公司检查电力计量工作。

8月26日 总公司夺得油田首届石油工程、公用工程板块“一人一事思想政治工作能手大赛”团体一等奖，总分排名第一。

9月7日 中石化集团公司矿区（社区）管理部主任张召平，副主任刘福顺、徐福敏在管理局党委常委、副局长、东营市副市长李中树的陪同下，到220kV九分场变电站检查指导工作。

9月21日 总公司获“胜利油田第十七届职业技能竞赛优秀组织单位”称号，参赛选手取得三金一银四铜的优异成绩。

10月16日 总公司召开电力青年求知学社成立大会暨第一期青年人才培训班开班典礼。

10月20日 张建丽、马坤俊家庭获山东省“书香家庭”称号。

10月26日 总公司在东区供电公司召开“用电精细化管理暨小指标竞赛”推进会。总公司经理刘军，党委常委、纪委书记王从军，副经理郑志华出席会议并讲话。

11月6～12日 管理局党委第一巡视组到总公司，对总公司党政领导班子近四年工作进行巡视。

11月23日 总公司召开大客户座谈会，管理局局长助理兼生产管理部主任郭洪金出席会议。

12月22日 张栋、王云、王同波代表总公司参加油田第二届基层党支部书记拉力赛，获年度团体一等奖。

本年 总公司用工总量4923人，转供电量67.26亿kW•h。

第一篇

机构队伍

电力管理总公司的前身是1965年3月成立的九二三厂水电厂。随着胜利油田的改革发展，总公司的组织机构几经变化，现隶属于中国石化集团公司胜利石油管理局，是为胜利油田生产和居民生活提供电力服务的专业化公司，实行总公司、公司（中心）、基层队（车间）、站（班组）四级管理模式。

电力管理总公司根据油田改革发展的要求和生产经营实际，始终致力于建设优秀的职工队伍，夯实总公司发展的人力资源基础，不断打造以“责任班子”、“程序班子”、“阳光班子”为内容的领导班子团队；打造以“政治性强、业务性强、开拓性强、服务性强”为内容的干部团队；打造以“团结、勤奋、敬业、安全”为内容的职工团队。积极深化内部劳动人事制度改革，不断优化组织结构和队伍结构，岗位设置和人员配备渐趋科学合理，形成了一支勇于担当、作风优良、精益求精的电力专业化队伍，满足了总公司生产经营建设的需要。截至2012年底，总公司设有机关科室16个、直属科级单位7个、科级单位4个、三级单位12个、基层队105个、基层班组472个，有职工4923人。

第一章 机 构

电力管理总公司是中国石化集团公司胜利石油管理局下属的二级单位，是为胜利油田生产和居民生活提供电力服务的专业化公司，实行总公司、公司（中心）、基层队（车间）、站（班组）四级管理模式。

第一节 设置与调整

2003年，总公司设机关科室16个，分别为：党委办公室（机关党委）、党委组织科、党委宣传科、工会、团委、计划生育办公室、公司办公室、生产办公室、设备管理科、基建工农科、计划科、劳动工资科、企管合同科、纪委监察科、安全技术科、审计科。科级及直属科级单位10个，分别为：车辆管理中心、电力调度中心、生活服务中心、职工培训中心、财务资产管理中心、电力客户服务中心、老年管理中心、电力科研所、治安保卫办公室、定额预算站。副处级单位3个，分别为：滨海供电公司、滨纯供电公司、河口供电公司。主业三级单位12个，分别为：孤东供电大队、孤岛供电大队、滨南供电大队、纯梁供电大队、东区供电公司、南区供电公司、北区供电公司、中区供电公司、修试中心、孤北热电厂、电力建设公司、物资供应公司。多种经营单位9个，分别为：恒源电气公司、胜利电器厂、恒达电气公司、恒泰工程公司、东方塑业公司、科恩工贸公司、广域科技公司、新星动力公司、讯宇科技公司。

2004年9月，将信息管理中心与胜利油田广域科技有限责任公司分设，成立信息管理中心，设置为直属科级单位；胜利油田广域科技有限责任公司与胜利油田讯宇科技有限责任公司整合重组为山东广域科技有限责任公司。同年12月，正式挂牌成立。

2004年11月，撤销滨海供电公司、滨纯供电公司副处级单位编制；撤销河口供电公司副处级单位编制，设置为三级单位。

2005年3月，生产办公室更名为生产管理科；安全技术科更名为安全环保科；计划科更名为规划计划科；企管合同科更名为经营管理科（法律事务科）；孤东供电大队更名为滨海供电公司；孤岛供电大队更名为孤岛供电公司；滨南供电大队更名为滨南供电公司；纯梁供电大队更名为纯梁供电公司。撤销生活服务中心（房产办公室），撤销人口与计划生育办公室，成立公共事业中心，设置为直属科级单位，原生活服务中心（房产办公室）、人口与计划生育办公室工作职能划归公共事业中心；撤销物资供应公司，成立物资供应科、物资配送队，物资配送队设置为机关直属四级单位，挂靠物资供应科；撤销定额预算站科级单位编制，设置为机关直属四级单位，原管理职能不变，挂靠经营管理科（法律事务科）。

2006年9月，成立胜利恒源总公司，下设胜利油田胜利电器有限责任公司、胜利油田恒源电气有限责任公司。

2007年11月，成立信访办公室，挂靠党委办公室；成立非在职人员服务中心，与老年管理中心合署办公。三级单位、科级及直属科级单位非在职人员在30人以上的，相应设立非在职人员服务办公室（老年工作办公室），定员2～3人；基层队非在职人员在10人以上的，增设1名办事员岗。

2007年12月，胜利油田瑞祥电气（集团）公司控股的胜利油田胜利电器有限责任公司、胜利油田恒源电气有限责任公司、胜利油田恒达电气有限责任公司、胜利油田恒泰电力工程有限责任公司、胜利油田新星动力有限责任公司重组整合，重组为胜利油田瑞祥电气有限责任公司。

2008年1月，成立电力维修公司、综合维修公司、护厂大队。

2008年12月，成立胜利油田公用工程专业劳动定额定员站，设置为科级单位，业务上接受油田劳动工资处指导，行政上挂靠电力管理总公司。

2009年9月，成立安全环保监督站，设置为机关直属科级单位，业务上接受安全环保科的领导，与安全环保科合署办公。

2011年6月，原基建工农科更名为油地工作科，成立基建工程管理中心；撤销护厂大队，将其护卫职能划归治安保卫中心，其他业务职能划归综合维修公司；电力维修公司更名为电力建设公司。将治安保卫办公室更名为治安保卫中心，原治安保卫办公室所属治安中队更名为治安保卫中心护卫一中队，新成立治安保卫中心护卫二中队。同年8月，撤销孤北热电厂。

2003年、2005年、2008年、2009年、2012年组织机构图见图1-1至图1-5。

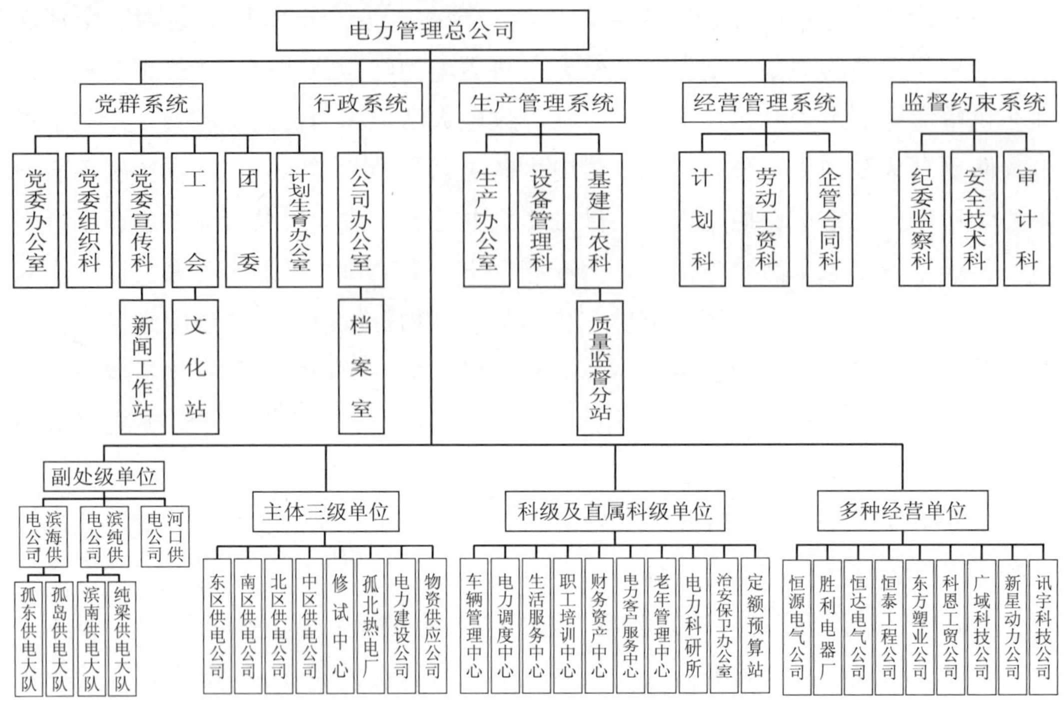

图1-1 2003年电力管理总公司组织机构

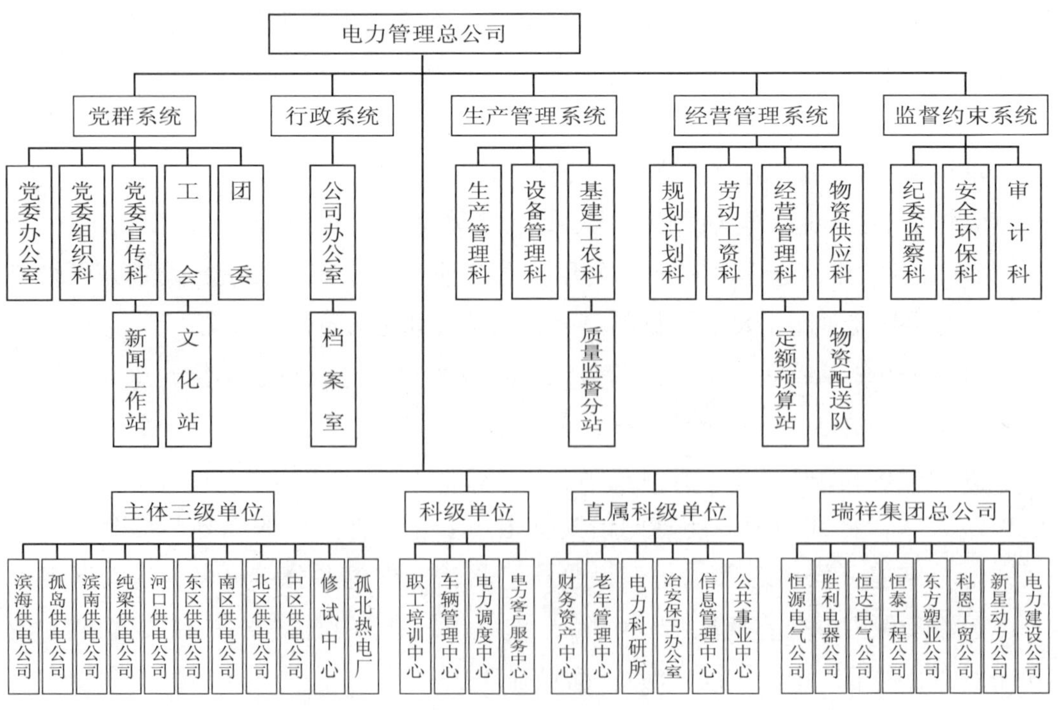

图1-2 2005年电力管理总公司组织机构

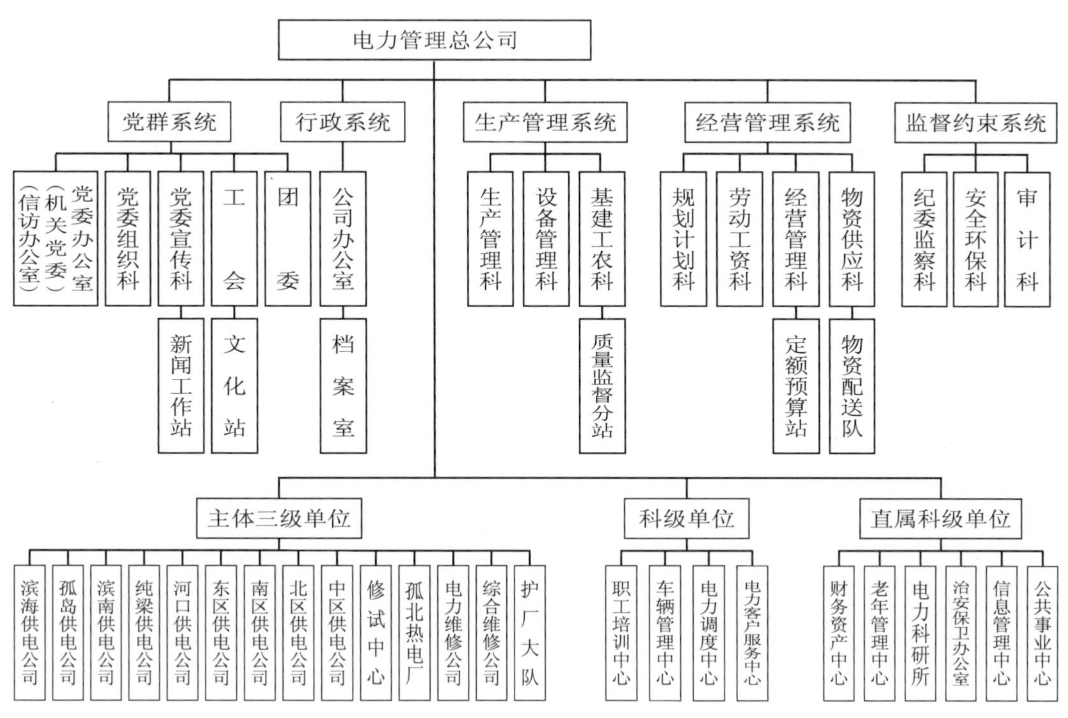

图1-3 2008年电力管理总公司组织机构

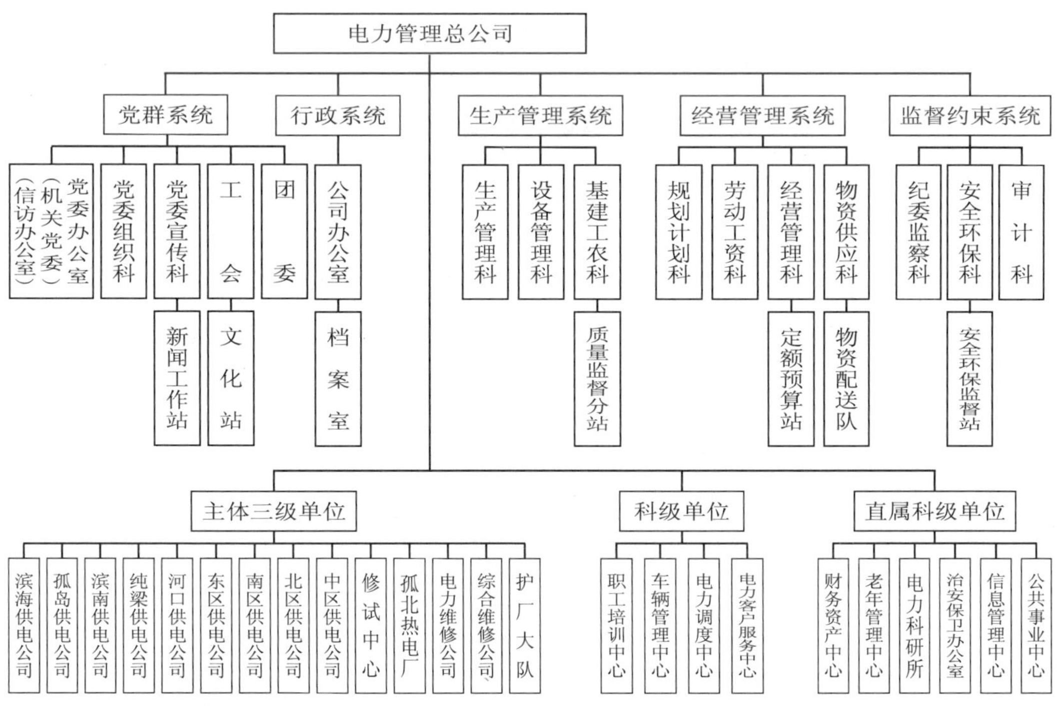

图1-4 2009年电力管理总公司组织机构

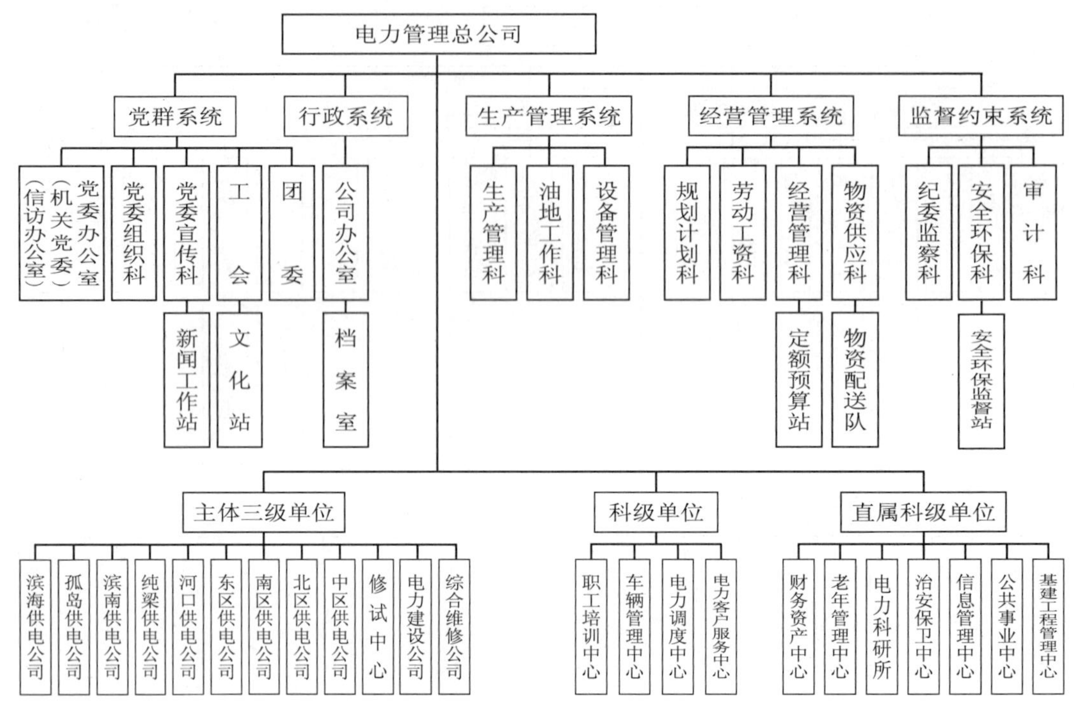

图1-5 2012年电力管理总公司组织机构

第二节 机关科室

一、党委办公室（机关党委、信访办公室）

党委办公室（机关党委、信访办公室）是总公司党委的日常办事机构和综合职能部门，主要负责总公司党委文件制发、文秘、信访、机要、保密、教育转化、信息调研、党委决议决策情况督查工作。机关党委负责机关党组织建设、党员管理、干部管理以及劳动纪律管理、生活福利用品、各种保险管理、行政事务管理、卫生检查监督工作。至2012年底，有职工6人。2003～2011年获胜利油田党委办公系统优胜单位称号；2009年获油田优秀科室称号；2010～2012年连续三年获油田银牌科室称号。

信访办公室成立于2007年11月，挂靠党委办公室，主要负责职工群众信访接待、信访事项的答复和办理工作，转办、催办、查办上级机关和总公司领导批转的信访案件。2008～2011年获胜利油田信访稳定工作先进集体称号。

二、党委组织科

党委组织科主要负责总公司组织工作、干部工作、人才工作。负责总公司基层党组织建设、党员管理、干部管理、干部培训、人才队伍建设、职称评审、干部档案管理等工作。至2012年底，有职工5人。2003～2005年获胜利油田文明建设先进科室称号；2010～2011年获胜利油田组织工作先进部门称号；2009～2012年连续四年获胜利油田优秀科室称号。

三、党委宣传科

党委宣传科主要负责总公司思想文化工作。负责理论教育、舆论引导、“三基”工作、企业文化建设、精神文明建设、普法、统战等工作。至2012年底，有职工3人。2004年、2008年获管理局新闻报道模范集体称号；2004～2009年获管理局电视工作先进报道集体称号；2009～2012年连续四年获油田优秀科室称号。

新闻工作站挂靠党委宣传科，主要负责总公司新闻宣传、基层通讯报道员的培训工作。负责《电力通讯》和《电力新闻》的编辑、制作。至2012年底，有职工5人。

四、纪委监察科

纪委监察科是总公司纪律检查委员会常设工作机构，实行一个机构，两种职能，主要负责总公司纪检监察工作。负责协助总公司党委和总公司抓好党风廉政建设和反腐倡廉工作，受理对党组织、党员和监察对象违纪违法行为的检举、控告和申诉，并负责党员领导干部、监察对象和违纪案件的检查审理工作，以及履行廉政制度建设、执纪执法监察等职责。至2012年底，有职工3人。2010～2012年连续三年获胜利油田优秀科室称号。

五、工会

工会主要负责总公司工会工作。负责总公司民主管理、生产劳保、帮扶救助、文化体育、女职工、劳动争议调解、残联、经济保险和文联、慈善等方面的工作。至2012年底，有职工4人。2009～2012年连续四年获胜利油田优秀科室称号。

文化站隶属工会管理，主要负责电力会场、体育馆的管理和总公司文体活动的组织工作。至2012年底，有职工10人。

六、团委

团委主要负责总公司团员青年教育、管理工作。负责总公司青年人才培养、青工生产实践、青年文化建设、青年志愿服务等工作。至2012年底，有职工2人。2003～2005年获管理局先进团委称号；2006～2012年获管理局红旗团委称号；2012年获山东省“五四”红旗团委称号。

七、公司办公室

公司办公室主要负责公司行政公文制发、信息调研、督查督办、值班接待、会务组织、协调服务、综合档案管理等工作。至2012年底，有职工4人。2003～2007年、2009～2011年获胜利油田先进办公室称号；2008年获油田十佳办公室称号；2009～2012年连续四年获胜利油田优秀科室称号。

档案室挂靠公司办公室，主要负责文书、基建、会计、科技等档案资料管理及开发利用，对机关各科室和各三级单位的档案管理工作进行业务指导、监督和检查。至2012年底，有职工8人。2008年晋升为山东省一级档案室。

八、生产管理科

生产管理科前身是生产办公室，2005年3月更名为生产管理科。主要负责总公司日常生产运行、电网检修、事故抢修、外雇车辆管理、节能技术改造等工作。至2012年底，有职工9人。2005年获管理局文明建设先进科室称号；2006～2012年获管理局节能先进科室称号；2009～2012年连续四年获胜利油田优秀科室称号。

九、油地工作科

油地工作科前身是基建工农科，2011年6月更名为油地工作科。主要负责油地关系协调和地籍管理工作。至2012年底，有职工3人。

十、设备管理科

设备管理科主要负责总公司设备管理工作。负责总公司机动设备计划购置、日常维护保养管理、变电站电力变压器大修、SF_6断路器大修、设备资产报废技术鉴定、设备信息维护等设备管理工作。至2012年底，有职工4人。

十一、安全环保科

安全环保科前身是安全技术科，2005年3月更名为安全环保科。主要负责总公司安全生产工作。负责总公司环境管理、职业健康、劳动保护工作。至2012年底，有职工5人。2003～2006年、2010～2011年获胜利油田优秀HSE科室称号；2009～2012年连续四年获油田优秀科室称号。

安全环保监督站成立于2009年9月，设置为直属科级单位，业务上接受安全环保科领导，与安全环保科合署办公。主要负责总公司HSE监督检查工作，负责环保检查、职业健康督查、隐患治理督查。至2012年底，有职工4人。2010年获胜利油田优秀安全监督站称号。

十二、规划计划科

规划计划科前身是计划科，2005年3月更名为规划计划科。主要负责总公司规划计划统计工作。负责总公司中长期发展规划的编制、工程建设前期管理、投资和维修计划编制与控制、统计管理等工作。至2012年底，有职工4人。2009～2012年连续四年获胜利油田优秀科室称号。

十三、劳动工资科

劳动工资科主要负责总公司劳动工资工作，同时具有总公司劳动就业服务中心、再就业服务中心工作职能。负责用工组织计划、劳动定额定员、机构编制、绩效考核与薪酬管理、人工成本、职工退休与社会保险、城镇居民养老保险、劳动合同、工人档案、用工管理以及高技能人才队伍建设等工作。至2012年底，有职工10人。2009～2012年连续四年获胜利油田优秀科室称号。

胜利油田公用工程专业劳动定额定员站成立于2008年12月，业务上接受管理局劳动工资处的领导，负责油田公用工程专业劳动定额定员标准的制修订任务，主要包括供电、发电、供水、供暖、工民建、运输、船舶等业务。承担中国石化集团公司和石油工业劳动定额标准化技术委员会下达的本专业劳动定额定员标准的制修订任务，负责掌握本专业劳动定额定员标准贯彻执行情况，为基层劳动定额定员管理提供咨询服务。2009～2011年连续三年获油田优秀劳动定额定员站称号。

十四、经营管理科（法律事务科）

经营管理科（法律事务科）前身是企管合同科，2005年3月更名为经营管理科（法律事务科）。主要负责总公司内部改革、承包经营管理、经济合同及招投标、现代化管理、制度管理、经济法律事务管理工作。至2012年底，有职工7人。2006、2010、2011年获胜利油田经营管理工作先进科室称号。

定额预算站于2005年3月设置为机关直属四级单位，挂靠经营管理科，主要负责总公司地面工程概、预（结）算的管理，招投标工程标底的编制、审核，以及内部价格管理和工程造价管理人员业务培训等工作。至2012年底，有职工10人。

十五、审计科

审计科主要负责对总公司所属各单位财务收支活动、基本建设工程、检维修项目、内部控制制度、风险管理、生产经营管理、经济效益、所属三级单位主要负责人履行经济责任情况等进行审计监督和评价。至2012年底，有职工6人。

十六、物资供应科

物资供应科成立于2005年3月。主要负责总公司物资供应工作，负责总公司物资采购、物资检验、材料成本控制工作。至2012年底，有职工5人。

物资配送队成立于2005年3月，设置为机关直属四级单位，挂靠物资供应科，主要负责物资配送工作，负责应急抢险物资管理、废旧物资回收、物资稽查工作。至2012年底，有职工32人。2010～2012年连续三年获胜利油田优秀基层队称号。

第三节　科级及直属科级单位

一、财务资产管理中心

财务资产管理中心前身是财务资产科，2002年3月成立财务资产管理中心，主要负责总公司财务、资产管理工作。负责总公司财务预算、成本、资金、资产、税务、内控、会计基础与财务稽核等工作。至2012年底，中心设4个直属组、14个委派组，有职工55人。2003～2012年获东营市会计工作先进集体称号。

二、基建工程管理中心

基建工程管理中心成立于2011年6月，主要负责总公司电建、矿建及维修工程的项目管理，组织施工图会审、施工组织设计审查、项目施工验收等工作。至2012年底，有职工8人。2011年获管理局基建管理先进科室称号。

三、老年管理中心

老年管理中心（非在职人员服务中心）主要负责总公司离退休职工、家属及协解职工等非在职人员的日常服务管理工作。负责总公司非在职人员基础信息管理，非在职人员养老金、节日慰问金、困难救助金、生活补助、利息差等待遇的发放，老年福利待遇证件的办理，门诊医疗费用的报销，非在职党组织的建设及学习活动的开展，健康疗养和健康查体，文体活动场所的管理，文体活动的开展等工作。至2012年底，中心设2个直属老年管理站，有职工33人。

四、治安保卫中心

治安保卫中心前身是治安保卫办公室，2011年6月更名为治安保卫中心，主要负责总公司社会治安综合治理工作。负责总公司综合治理、维护稳定、治安管理、人民武装、人民防空、人民调解、消防安全等工作。至2012年底，有职工97人。2003～2004年获管理局优秀保卫科称号；2005年、2007年获滨海公安局集体嘉奖；2008～2011年获管理局优秀综治办称号。

五、信息管理中心

信息管理中心成立于2004年9月，主要负责总公司信息应用开发、信息网络、数据资源、办公自动化、网站管理、电力专用通讯网和生产过程信息化数据采集的组织、协调与归口管理工作。至2012年底，有职工10人。

六、电力科研所

电力科研所前身是生产技术科，1999年1月更名为电力科研所（生产技术科）。主要负责总公司科技管理、技术监督（包括质量管理、质量监督、标准化管理、计量管理）、生产技术工作，也是电力科学技术委员会、标准化委员会、全面质量管理委员会的具体办事机构。至2012年底，有职工10人。2007年获管理局科技管理先进集体称号；2005～2010年获管理局技术监督先进科室称号。

七、公共事业中心

公共事业中心前身是生活服务中心，2005年3月成立公共事业中心。中心机关设中心办公室、经营办公室、生产办公室、非在职办公室4个办公室；下设3个基层队，分别为综合管理队、维修服务队、生活管理队。负责总公司人口和计划生育、房产及公积金、民用气安全、爱国卫生、绿化、生活行政等管理服务工作；负责总公司黄河以南各单位水、电、气计量核算以及公共暖网、水网维护维修等工作；负责总公司公寓、食堂的监督和管理工作；负责机关大楼各种设施、设备的维修维护、运行及室内外保洁等工作。至2012年底，有职工132人。

八、职工培训中心

职工培训中心（总公司党委党校、胜利石油管理局电力职工培训中心、胜利油田第八职业技能鉴定站）主要负责全公司职工培训计划的制定与实施、总公司党员干部培训、工人考核以及油田电力系统职工的培训和技能鉴定工作。拥有山东省安监局颁发的三级安全培训资质、特种作业（电工）培训资质和国家电力监管委员会颁发的山东省进网作业电工培训、考试资质，是胜利油田“2+6”培训架构下的电力专业化培训中心，也是东营地区唯一一所集培训、鉴定和生产服务于一体的电力专业化培训中心，具备年培训人员8000人次和职业技能鉴定3000人次的能力。至2012年底，设培训考核办公室、电力技能鉴定站、党校教研室、教务办公室、教学督导室、综合办公室、非在职人员管理办公室7个办公室，有职工53人。2003～2011年获管理局先进党校称号；2005年、2009年获山东省先进党校称号；2009～2011年连续三年获胜利油田安全培训先进机构称号。

胜利油田第八职业技能鉴定站前身是胜利石油管理局第八职业技能鉴定站，2006年2月更名为胜利油田第八职业技能鉴定站，行政上隶属于电力管理总公司，业务上接受胜利油田职业技能鉴定中心的指导。负责全局电力行业34个工种、5个等级的工人技术等级鉴定。2005年、2008年、2010年获胜利油田优秀职业技能鉴定站称号。

九、车辆管理中心

车辆管理中心主要负责总公司领导、机关科室的办公用车及职工班车值班任务。至2012年底，设中心办公室、生产经营办公室、非在职办公室3个办公室和一队、二队2个基层队，有职工125人，车辆83台。2006年获管理局设备管理先进单位称号。

十、电力调度中心

电力调度中心是胜利油田电网调度管理职能部门，主要负责电网日常运行调度管理、电网运行方式编制及停送电计划、电网继电保护自动装置定值计算和管理等工作，行使全油田110kV及以上和东营地区6～35kV电网的调度权。电力调度中心接受和执行油田总调度关于电网方面的计划和指令，同时代表管理局负责与山东电力调度中心及其他地方电业部门调度中心的业务联系，并接受山东电力调度中心业务指导。至2012年底，设中心调度室、东营区域调度室2个基层队和综合办公室、系统运行室、自动化通信室、非在职办公室4个办公室，有职工52人。2010年获管理局文明建设先进三级单位称号；2011年获管理局科技工作先进基层单位称号。

十一、电力客户服务中心

电力客户服务中心成立于2002年2月，主要负责购发电量的抄表、核算、付费，大用户的结算，用电监督监察，用电业务的内外协调及培训，电力市场开发，用电新技术的推广应用。负责总公司范围内计量管理工作；行使对九个区域性综合供电公司的用电经营、分析、考核和监察职能。负责用电管理信息系统的运行维护管理，受理客户电话报装、咨询、查询以及深化承诺服务等职责。至2012年底，中心设用电监察部、营业部、客户信息部、综合部和电力标准计量站，有职工82人。2005年获山东省职业道德先进单位称号；2008、2009、2010、2012年获胜利油田文明建设先进三级单位称号；2011年获山东省电力设施和电能保护工作先进集体称号。2004年客户代表班获“全国用户满意服务明星班组”荣誉称号；2006年电力标准计量站获得“中国实验室国家认可资质”；2008年电力客户服务中心被授予“国家级青年文明号”。

第四节 三级单位

一、滨海供电公司

滨海供电公司前身是滨海供电公司孤东供电大队。主要担负孤东、桩西、海洋采油厂等原油生产单位、仙河地区居民及部分地方用户的供电保障，担负着15450余户居民、661户商业户的用电服务及管理，以及原孤北热电厂停用发电设备的维护保养等工作。2003年机关设党政办公室、生产办公室、经营办公室；下设7个基层队和1个经济实体，分别是线路管理队、变电运行一队、变电运行二队、新孤变电站、变电检修队、用电管理队、综合管理队、恒阳电力科技有限责任公司。截至2012年底，机关设党政办公室、生产办公室、经营办公室、非在职办公室；下设9个基层队，分别是线路管理队、变电运行一队、变电运行二队、变电检修队、新孤变电站、用电服务一队、用电服务二队、综合管理队、电厂维护队；职工总数440人；固定资产原值37381万元，净值18981万元；年转供电量达11亿kW•h。2007～2010年连续四年获管理局文明建设先进三级单位称号；2010年获管理局劳动关系和谐模范基层单位称号；2011～2012年获管理局先进基层党组织称号。

二、孤岛供电公司

孤岛供电公司前身是滨海供电公司孤岛供电大队。主要担负孤岛采油厂、孤岛社区等油田单位和12201 户社区居民以及河口区孤岛镇部分地方客户的生产生活供电任务。2003年，机关设党政办公室、生产办公室、经营办公室；下设5个基层队和1个经济实体，分别是变电运行一队、变电运行二队、电力检修队、车辆管理队、综合管理队、汇海公司。截至2012年底，机关设党政办公室、生产办公室、经营办公室、非在职办公室；下设8个基层队，分别是线路管理队、变电运行一队、变电运行二队、变电检修队、车辆管理队、用电服务一队、用电服务二队、综合管理队；职工总数303人；固定资产原值16680.47万元，净值6055.79万元；年转供电量达6.82亿kW•h。2005年、2006年、2008年、2009年获管理局文明建设先进三级单位称号；2008年获管理局劳动关系和谐模范基层单位称号；2009年获管理局先进基层党组织称号。

三、滨南供电公司

滨南供电公司前身是1998年2月成立的滨纯供电公司滨南供电大队。主要担负滨南采油厂、滨南社区等驻滨油田单位和13000余户社区居民以及部分地方客户的生产生活供电任务。2003年，机关设党政办公室、生产办公室、经营办公室，下设5个基层队，分别是变电运行一队、变电运行二队、电力检修队、用电管理队、综合管理队。截至2012年底，机关设党政办公室、生产办公室、经营办公室、非在职办公室，下设变电运行一队、变电运行二队、电力检修队、综合管理队、用电服务一队、用电服务二队；职工总数270人；固定资产原值16765.54万元，净值7386.37万元；年转供电量达3.6亿kW•h。2006年获管理局先进基层党组织称号；2011年、2012年获管理局文明建设先进三级单位称号。

四、纯梁供电公司

纯梁供电公司前身是1998年2月成立的滨纯供电公司纯梁供电大队。主要担负纯梁采油厂、胜南社区纯梁区域等油田单位和4518户社区居民以及部分地方客户的生产生活供电任务。2003年，机关设党政办公室、生产办公室、经营办公室；下设3个基层队和1个经济实体，分别是变电运行队、电力检修队、综合管理队、恒利工贸有限公司。截至2012年底，机关设党政办公室、生产办公室、经营办公室、非在职办公室；下设4个基层队，分别是变电运行队、电力检修队、综合管理队、用电服务队；职工总数183人；固定资产原值9282.06万元，净值1657.81万元；年转供电量达1.92亿kW•h。2010年、2011年获管理局先进基层党组织和管理局文明建设先进三级单位称号；2010年获管理局劳动关系和谐基层单位称号；2011年获管理局劳动关系和谐模范基层单位称号。

五、河口供电公司

河口供电公司成立于1998年2月。主要担负河口采油厂、河口社区等油田单位和河口地区18个居民住宅小区20000余户居民以及1000余家商业户的生产生活供电任务。2003年，机关设党政办公室、生产办公室、经营办公室；下设7个基层队，分别是线路管理队、变电检修队、变电运行一队、变电运行二队、变电运行三队、用电管理队、综合管理队。截至2012年底，机关设党政办公室、生产办公室、经营办公室、非在职办公室；下设8个基层队，分别是调度运行室、线路管理队、变电检修队、变电运行一队、变电运行二队、用电服务一队、用电服务二队、综合管理队；职工总数374人；固定资产原值21701.14万元，净值10259.03万元；年转供电量达6.71亿kW•h。2003年、2012年获管理局先进基层党组织称号；

2007年、2012年获管理局文明建设先进三级单位称号；2009年获管理局劳动关系和谐基层单位称号。

六、东区供电公司

东区供电公司成立于1997年6月，主要担负东辛采油厂、现河采油厂、清河采油厂、胜利医院、胜大集团等油田单位和40个小区的42000户居民及1200余地方客户的生产生活供电任务。2003年，机关设党政办公室、生产办公室、经营办公室；下设6个基层队和1个经济实体，分别是变电运行三队、变电运行六队、九分场变电站、综合管理队、线路管理队、用电管理队、意斯达公司。截至2012年底，机关设党政办公室、生产办公室、经营办公室、非在职办公室；下设9个基层队，分别是变电运行三队、变电运行六队、九分场变电站、综合管理队、线路管理队、用电服务一队、用电服务二队、用电服务三队、用电服务四队；职工总数521人；固定资产原值52998.90万元，净值32801.06万元；年转供电量达到9.2亿kW·h。2011年、2012年获管理局文明建设先进三级单位称号；2012年获管理局劳动关系和谐十佳基层单位称号。

七、南区供电公司

南区供电公司成立于2002年2月。主要担负现河采油厂、石化总厂、石油开发中心、物探公司、胜南社区等油田单位和2万多户社区居民以及部分地方客户的生产生活供电任务。2003年，机关设党政办公室、生产办公室、经营办公室；下设5个基层队和1个经济实体，分别是线路管理队、变电运行七队、变电运行八队、用电管理队、综合管理队、源丰公司。截至2012年底，机关设党政办公室、生产办公室、经营办公室、非在职办公室；下设7个基层队，分别是线路管理队、变电运行七队、变电运行八队、用电服务一队、用电服务二队、用电服务三队、综合管理队；职工总数350人；固定资产原值23395万元，净值11263万元；年转供电量达6亿kW·h。2006年获山东省先进基层党组织称号；2007年获管理局劳动关系和谐模范基层单位称号；2008年获管理局基层党建工作示范点称号；2009年获胜利油田新时期先进基层党组织示范堡垒称号；2012年获中石化工程队伍达标竞赛优胜单位称号；2003～2012年获管理局先进基层党组织和文明建设先进三级单位称号。

八、北区供电公司

北区供电公司成立于2002年2月，是在原变电一公司基础上组建的。主要担负胜利采油厂、黄河钻井总公司、井下作业公司、胜北社区等油田单位和26844户社区居民以及部分地方客户的生产生活供电任务。2003年，公司机关设党政办公室、生产办公室、经营办公室；下设6个基层队和1个经济实体，分别为变电运行一队、变电运行二队、盐镇变电站、线路管理队、用电管理队、综合管理队、广源电力科技有限公司。截至2012年底，公司机关设党政办公室、生产办公室、经营办公室、非在职办公室；下设9个基层队，分别为变电运行一队、变电运行二队、盐镇变电站、线路管理队、用电服务一队、用电服务二队、用电服务三队、用电服务四队、综合管理队；职工总数415人；固定资产原值51989.22万元，净值29002.74万元；年转供电量达10亿kW•h。2007年获管理局文明建设先进三级单位称号。

九、中区供电公司

中区供电公司成立于2002年2月，是以原变电二公司为主体组建的。主要担负油田基地2520个电力客户及油田50个小区近4万户居民的生产生活供电任务。2003年，机关设党政办公室、生产办公室、经营办公室和营业室；下设6个基层队和1个经济实体，分别是变电运行四队、变电运行五队、线路管理队、用电管理一队、用电管理二队、综合管理队和中实标牌公司。截至2012年底，机关设党政办公室、生产办公室、经营办公室和非在职办公室；下设11个基层队，分别是变电运行四队、变电运行五队、线路管理一队、线路管理二队、用电服务一队、用电服务二队、用电服务三队、用电服务四队、用电服务五队、用电服务六队、综合管理队；职工总数550人；固定资产原值61118万元，净值37559万元；年转供电量达10.069亿kW•h。2008年、2010～2012年获管理局文明建设先进三级单位称号；2010～2012年获管理局先进基层党组织称号。

十、修试中心

修试中心成立于1997年11月，是以原变电一公司、变电二公司下辖的修试一所、修试二所为主体组建而成。主要担负胜利油田所辖范围内3座220kV、43座110kV、34座35kV电压等级的变电站的大修、小修、日常维护、缺陷处理、设备改造施工及变电站竣工验收、预防性试验、油样化验及色谱分析等工作。2003年，机关设党政办公室、生产技术办公室；下设4个车间和1个经济实体，分别是试验车间、保护车间、开关车间、综合车间、邦源电气有限责任公司。截至2012年底，机关设党政办公室、生产办公室、技术办公室和非在职办公室；下设4个基层队，分别是试验车间、保护车间、开关车间、综合车间；职工总数255人；固定资产原值1766.82万元，净值1029.31万元。2010年获管理局劳动关系和谐模范基层单位称号；2012年获管理局先进基层党组织称号。

十一、电力建设公司

电力建设公司于2008年1月与恒泰电力工程公司合并组建为电力维修公司，2011年6月更名为电力建设公司。主要担负油田电网的新建、改建、扩建工程以及突发性、临时性的抢险抢建任务。2003年，机关设党政办公室、生产办公室；下设5个基层队，分别是施工一队、施工二队、施工三队、综合管理队和机械管理队。截至2012年底，机关设党政办公室、生产办公室、经营办公室、技术办公室、非在职办公室；下设3个基层队，分别是安装一队、安装二队和机械管理队；职工总数139人；固定资产原值718.90万元，净值291.11万元。2003年以来，公司先后承担了油田电网建设工程162项，其中重点工程项目有220kV九分场变电站改扩建工程、220kV盐镇变电站改造工程、220kV新孤变电站改扩建工程、110kV坨八输变电工程、220kV万盐线以及万九Ⅰ、Ⅱ线改造工程等，施工质量合格率达到100%，优良率达到89%。

十二、综合维修公司

综合维修公司成立于2008年1月，主要担负油田电力应急保障和重大活动保电任务。2011年6月，与原护厂大队进行人员整合；同年8月，与原孤北热电厂进行人员整合。截至2012年底，机关设党政办公室、生产办公室、经营办公室、技术办公室、非在职办公室；下设6个基层队，分别是发电一队、发电二队、电力维修一队、电力维修二队、电力维修三队、综合管理队；职工总数300人。拥有移动发电机组11台，其中发电功率200kW10台，300kW1台；固定资产原值1127.49万元，净值577.56万元。2008～2012年，移动发电累计3082台班；2005～2012年新疆项目部累计安全运行2805天，实现上网电量7.6亿kW•h。

第二章 队 伍

2003年以来，总公司大力实施“人才强企”战略，从改革、发展、稳定的实际出发，不断深化内部劳动人事制度改革，优化组织结构和队伍结构，着力提高队伍技术素质和能力水平，打造高素质的经营管理、专业技术和技能操作“三支人才队伍”，岗位设置和人员配备日趋科学合理，为总公司科学发展提供人力资源保障。

第一节 领导班子

一、党政领导班子组成及调整情况

2003年1月，总公司党政领导班子组成：孙光普任党委书记，李中树任经理、党委副书记，陈宝寿任党委副书记，贾志毅任党委副书记、纪委书记，梁金河、刘志华任党委常委、副经理，刘克勤、石少君任副经理，张玉华任党委常委、工会主席，勾松波任副经理，胡西平任副经理、总会计师，倪承波任副经理，许荣生、张学明任总工程师。

2004年11月，中共胜利石油管理局委员会对电力管理总公司党政领导班子进行调整，贾志毅任党委书记，刘志华任经理、党委副书记，陈宝寿任党委副书记、纪委书记，刘军任党委常委、副经理，刘仁臣任副经理，孙光普任调研员（正处级），张学明任调研员。

2007年5月，管理局党委研究决定，牛爱民任电力管理总公司副经理、总会计师。

2007年8月，中共胜利石油管理局委员会对电力管理总公司党政领导班子进行调整，刘军任经理、党委副书记，勾松波、石少君任党委常委，郑志华、孙会浩任副经理，刘志华任调研员（正处级）。

2008年12月，中共胜利石油管理局委员会对电力管理总公司党政领导班子进行调整，刘仁臣任党委常委，王从军任党委常委、纪委书记，张鹏程任党委常委、工会主席，章胜任副经理，陈宝寿、石少君、张玉华任调研员。

二、党政领导班子成员及任期

（一）中共电力管理总公司委员会领导成员名单

书　　记 孙光普（1999年7月～2004年11月）
　　　　 贾志毅（2004年11月～　　　）
副 书 记 李中树（1995年8月～2004年10月）
　　　　 陈宝寿（1995年8月～2008年12月）
　　　　 贾志毅（1995年8月～2004年11月）
　　　　 刘志华（2004年11月～2007年8月）
　　　　 刘　军（2007年8月～　　　）
常　　委 李中树（1995年8月～2004年10月）
　　　　 陈宝寿（1995年8月～2008年12月）
　　　　 贾志毅（1995年8月～　　　）
　　　　 张玉华（1995年8月～2008年6月）
　　　　 梁金河（1997年6月～2003年8月）
　　　　 刘志华（1998年8月～2007年8月）
　　　　 孙光普（1999年7月～2004年11月）
　　　　 刘　军（2004年11月～　　　）
　　　　 勾松波（2007年8月～　　　）
　　　　 石少君（2007年8月～2008年12月）
　　　　 刘仁臣（2008年12月～　　　）
　　　　 王从军（2008年12月～　　　）
　　　　 张鹏程（2008年12月～　　　）
纪委书记 贾志毅（1995年8月～2004年11月）
　　　　 陈宝寿（2004年11月～2008年12月）
　　　　 王从军（2008年12月～　　　）
工会主席 张玉华（1995年8月～2008年6月）
　　　　 张鹏程（2008年12月～　　　）

（二）电力管理总公司领导成员名单

经　　理 李中树（1995年8月～2004年10月）
　　　　 刘志华（2004年11月～2007年8月）
　　　　 刘　军（2007年8月～　　　）
副 经 理 刘克勤（1992年12月～2004年11月）
　　　　 刘志华（1993年5月～2004年11月）
　　　　 石少君（1995年8月～2008年12月）
　　　　 梁金河（1997年6月～2003年8月，正处级）
　　　　 勾松波（1998年2月～　　　）
　　　　 胡西平（2001年7月～2007年5月）
　　　　 倪承波（2002年10月～2004年11月）
　　　　 刘　军（2004年11月～2007年8月）
　　　　 刘仁臣（2004年11月～　　　）
　　　　 牛爱民（2007年5月～2010年7月）
　　　　 郑志华（2007年8月～　　　）
　　　　 孙会浩（2007年8月～　　　）
　　　　 章　胜（2008年12月～　　　）
总工程师 许荣生（1997年7月～2003年8月）
　　　　 张学明（1998年2月～2004年11月）
总会计师 胡西平（1997年8月～2007年5月）
　　　　 牛爱民（2007年5月～2010年7月）
调 研 员 梁金河（2003年8月～2006年4月，正处级）
　　　　 许荣生（2003年8月～2006年2月，副处级）
　　　　 张宝镜（2004年9月～2008年4月，副处级）
　　　　 马　震（2004年9月～2009年10月，副处级）
　　　　 孙光普（2004年11月～2008年10月，正处级）
　　　　 张学明（2004年11月～2008年10月，副处级）
　　　　 刘志华（2007年8月～2010年12月，正处级）
　　　　 张玉华（2008年6月～　　　，副处级）
　　　　 陈宝寿（2008年12月～　　　，副处级）
　　　　 石少君（2008年12月～　　　，副处级）

三、议事制度

党委常委会议 会议由总公司党委书记主持，党委常委参加。主要研究总公司党委工作计划、年度工作要点以及重大活动安排，研究领导班子和干部队伍建设以及人才队伍建设等重要事项，研究思想政治工作、企业文化建设、群众工作以及和谐稳定等方面的重要工作。研究处理重大突发事件，并及时向上级报告情况。根据会议议题，确定相关列席人员。会议由总公司党委办公室负责记录，按照有关规定存档。

领导办公会 一般在周四上午8：00召开。会议由总公司经理主持，总公司领导、首席专家、安全总监、副总师参加，有关科室列席会议。会议议题由总公司办公室负责征集，报总公司经理审定。会议一般解决总公司一段时期内生产经营建设等较为重要的事项，并由总公司办公室形成会议纪要。

领导碰头会 每周一上午8：00召开。会议由总公司经理主持，总公司领导、首席专家、安全总监、副总师参加，总公司办公室、党委办公室、党委宣传科列席会议。会议主要通报上一周生产经营建设等各路工作开展情况，研究部署本周主要工作，并由总公司办公室形成会议纪要。

现场办公会 按照现场办公会议制度规定，总公司领导带领有关科室负责人定期或不定期到需要解决生产问题的单位召开现场办公会议，一般对单位提出的问题当场给予答复或解决，并由总公司办公室形成会议纪要。

第二节 干部队伍

总公司主要是通过高校毕业生分配、从优秀工人中选拔聘用、公司外部调入、部队转业安置等渠道补充干部。2003～2012年，共接收高校毕业生167人，安置军转干部5人，从优秀工人中选聘干部21人，总公司外部调入干部111人。

2012年底，总公司共有干部1022人。其中：党员干部792人，占干部总数的77.5%；女干部329人，占干部总数的32.2%；在岗在职处级干部16人，科级干部169人，占干部总数的18.1%。按队伍序列划分：经营管理干部654人，占干部总数的64.0%；专业技术干部198人，占干部总数的19.4%。按文化程度划分：具有大专以上学历的979人，占干部总数的95.8%；具有中专学历的30人，占干部总数的2.9%；具有高中以下学历的13人，占干部总数的1.3%。按年龄划分：35岁以下236人，36～45岁462人，46～55岁264人，56岁以上60人。2003～2012年干部结构统计见表1-1。

表1-1 2003～2012年干部结构统计

年度	干部总数	科级	性别		文化程度			职务类别		年龄分布			
			男	女	大专以上	中专	高中以下	经营管理	专业技术	35岁以下	36～45岁	46～55岁	56岁以上
2003	939	174	669	270	802	97	40	625	240	455	323	146	15
2004	1030	178	722	308	888	101	41	644	287	567	312	140	11
2005	992	158	702	290	877	79	36	603	300	515	326	134	17
2006	987	166	696	291	888	64	35	637	225	467	358	142	20
2007	1048	161	725	323	951	64	33	669	227	462	415	151	20
2008	1027	146	702	325	948	51	28	659	199	418	422	163	24
2009	1023	151	696	327	954	45	24	672	196	366	420	201	36
2010	1007	149	686	321	944	42	21	658	203	340	407	224	36
2011	1027	175	704	323	977	33	17	663	179	264	456	252	55
2012	1022	169	693	329	979	30	13	654	198	236	462	264	60

第三节 职工队伍

2003年底，总公司用工总量5062人，其中：正式职工4303人，集体职工79人，内聘职工566人，企业员工114人。

2004年12月，山东广域科技有限责任公司改制，参加改制职工93人，其中：正式职工77人，集体职工3人，内聘职工1人，企业员工12人。

2007年6～7月，油田实施社区水、电、气、热专业化管理改革，胜中社区、胜东社区、胜南社区、胜北社区、河口社区、孤岛社区、仙河社区、滨南社区等8个二级单位划转移交电力管理总公司538人，其中：正式职工500人，集体职工3人，内聘职工35人。

2007年12月，胜利油田瑞祥电气（集团）公司控股公司胜利油田恒源电气有限责任公司等7家公司重组改制。参加改制职工217人，其中：正式职工54人，集体职工16人，内聘职工26人，企业员工121人。

2011年11月，根据油田《关于深化完善油田人才成长通道建设和激励机制的指导意见》文件精神，对390名内聘职工、90名集体职工改签直接用工劳动合同。

2012年底，总公司用工总量为4923人，其中：正式职工4673人，内聘职工224人，劳务派遣工26人。用工总量中女性2308人，占职工总量的46.7%；按文化程度划分：大学及以上996人，大专1149人，中专738人，技校1017人，高中886人，初中及以下137人；按年龄结构划分：19～25岁54人，26～30岁62人，31～35岁661人，36～40岁1646人，41～45岁1495人，46～50岁629人，51～54岁145人，55～60岁231人；按三类岗位划分：经营管理岗位884人，专业技术岗位233人，技能操作岗位3806人。按主要专业队种划分：变电运行队20个1398人；线路管理队8个364人；变电检修队8个351人；用电服务队26个835人；电力安装队2个83人。2012年底总公司各单位人员统计见表1-2：

表1-2 2012年12月总公司各单位人员统计

序号	单位名称	用工总量										退休职工	
		小 计		正式职工		内聘职工		劳务工		离岗待退休职工			
		人数	女	人数	女	人数	女	人数	女	人数	女	人数	女
--	合 计	4923	2308	4652	2145	224	147	26	2	21	14	829	267
1	管理机关	98	27	98	27								
2	公共事业中心	132	92	126	88	5	3			1	1	23	9
3	财务资产管理中心	55	46	55	46								
4	治安保卫中心	97	53	89	47	8	6					2	
5	老年管理中心	33	18	33	18							77	16
6	电力科研所	10	4	10	4								
7	安全环保监督站	4	0	4	0								
8	基建工程管理中心	8	1	8	1								
9	信息管理中心	10	5	10	5								
10	新闻工作站	4	2	4	2								
11	文化站	10	3	10	3							6	4
12	档案室	8	8	8	8								
13	物资配送队	32	18	31	17					1	1	3	1
14	定额预算站	10	6	10	6							1	1
15	滨海供电公司	440	227	402	206	37	21	1				22	6

续 表

序号	单位名称	用工总量										退休职工	
		小 计		正式职工		内聘职工		劳务工		离岗待退休职工			
		人数	女	人数	女	人数	女	人数	女	人数	女	人数	女
16	孤岛供电公司	303	153	275	135	24	17	2		2	1	41	12
17	滨南供电公司	270	125	241	113	23	11	5		1	1	34	16
18	纯梁供电公司	183	75	165	67	14	8	4				13	4
19	河口供电公司	374	184	356	173	12	11	6				50	14
20	东区供电公司	521	252	490	236	26	13	3	2	2	1	47	7
21	南区供电公司	350	150	342	144	5	5	1		2	1	62	34
22	北区供电公司	415	194	395	181	15	12	3		2	1	45	9
23	中区供电公司	550	311	524	289	19	17	1		6	5	95	61
24	修试中心	255	119	248	116	7	3					25	7
25	电力建设公司	139	16	136	16	3						77	11
26	综合维修公司	300	122	277	105	20	15			3	2	103	34
27	职工培训中心	53	23	51	22	1	1			1		18	3
28	车辆管理中心	125	26	120	22	5	4					64	10
29	电力调度中心	52	7	52	7							17	7
30	电力客户服务中心	82	41	82	41							4	1

第二篇

电网运行

电力管理总公司紧随油田勘探开发步伐，围绕“安全供电、经济运行”中心任务，加快基础建设，优化电网结构，推进电网信息化建设，逐步建成了以220kV为架构、110kV为主网、35kV遍布胜利油区，覆盖东营、滨州、淄博、潍坊4个市、12个县（区）、80多个乡镇的国有大型企业电网。

随着胜利油田勘探开发对供电可靠性要求的不断提高，2003年以来，总公司重点针对电网地处滩海盐碱地区环境恶劣、设备设施老化严重的实际，克服工农关系复杂等因素，以保油上产为己任，优化生产运行管理，创新电网检修模式，加大隐患排查治理力度，完善应急管理体系，建立完善了电网规划、基础建设、生产运行、供电服务一体化运行机制，加强电网科学调度，强化电网基础管理，电网的运营质量持续提升，实现了电网的长周期安全稳定运行。总公司电网年转供电量由2003年的53亿kW•h上升到2012年的67亿kW•h，十年累计完成转供电量603.46亿kW•h，满足了油田油气生产和广大电力客户的用电需求，为油田“打造世界一流，实现率先发展”提供了强力支撑。

第一章　电网概况

2003~2012年，总公司围绕油田勘探开发建设，坚持把保油上产作为首要任务，不断加强电网规划建设，以电网升压改造、优化调整为主线，推进实施电网信息化、自动化建设，夯实了电网基础，增强了电网供电能力，提高了电网技术水平，有力地保障了油田油气生产及居民生活的正常用电，促进了总公司持续稳定和谐发展。十年来，总公司新建110kV变电站13座，35kV变电站7座；220kV线路1条，110kV线路17条，35kV线路8条，10kV线路53条，6kV线路60条。

第一节　变电站

2002年底，总公司共管辖变电站167座，其中220kV变电站3座，110kV变电站34座，35kV变电站79座，35kV简易变电站51座。

2003年，总公司相继建成投运110kV坨十、河阳变电站，完成110kV东营电厂变电站改造。12月，配合以胜利电厂二期接入系统工程为内容的电网主构架调整，完成220kV九分场变电站扩建工程。

2004年3月，35kV海五联变电站建成投运。同年，实施王庄油区供电配套工程，新建35kV郑王变电站并扩建35kV宁海变电站。12月，35kV正理庄变电站建成投运。

2005年9月，110kV锦华变电站建成投运。

2006年，220kV新孤变电站完成改扩建，成为继九分场变电站之后第二座三台主变并网运行的220kV变电站。同年，35kV草西变电站建成投运。

2007年，实施北区供电系统电网结构调整，进行变电站升压改造和建设。

2008年，110kV辛八、胜三、坨四、坨七、镇西变电站相继建成投运。

2009年，110kV莱东、坨八变电站建成投运。

2010年，110kV坨九、辛六变电站建成投运。

2011年，实施中区供电系统电网结构调整。12月，110kV基西变电站建成投运。

2012年9月，110kV新辛安变电站建成投运。11月，110kV基东变电站建成投运。

截至2012年底，总公司共管辖变电站185座，其中220kV变电站3座，110kV变电站44座，35kV变电站88座，35kV简易变电站50座。2003～2012年变电站统计见表2–1。

表2–1 2003～2012年变电站统计

年度	电压等级（kV）	座数	主变压器台数	安装容量（万kVA）
2003年	220	3	7	78
	110	34	68	169.75
	35	79	151	104.46
	35简易变	51	51	20.58
	小计	167	277	372.79
2004年	220	3	7	78
	110	34	68	207.75
	35	83	155	108.11
	35简易变	51	51	20.403
	小计	171	281	414.263
2005年	220	3	7	87
	110	35	68	176.05
	35	88	162	111.875
	35简易变	47	47	19.128
	小计	173	284	394.053
2006年	220	3	8	87
	110	35	71	214.05
	35	89	163	112.335
	35简易变	48	48	19.313
	小计	175	290	432.698
2007年	220	3	8	87
	110	35	71	214.05
	35	88	162	117.18
	35简易变	54	54	21.738
	小计	180	295	439.968
2008年	220	3	8	87
	110	38	76	232.7
	35	87	163	110.775
	35简易变	53	53	20.868
	小计	181	300	451.343

续 表

年度	电压等级（kV）	座数	主变压器台数	安装容量（万kVA）
2009年	220	3	8	87
	110	39	78	267.1
	35	87	163	109.51
	35简易变	49	49	19.263
	小计	178	298	482.873
2010年	220	3	8	87
	110	41	80	256.9
	35	86	161	107.455
	35简易变	47	47	21.298
	小计	177	296	472.653
2011年	220	3	8	87
	110	41	78	215.4
	35	85	159	108.455
	35简易变	50	50	23.21
	小计	179	295	434.065
2012年	220	3	8	87
	110	44	83	234.4
	35	88	164	110.29
	35简易变	50	50	20.62
	小计	185	305	451.95

第二节 输配电线路

2002年底，总公司共管辖输配电线路519条、杆塔35097基、线路长度4630.224千米。其中，220kV输电线路9条，110kV输电线路61条，35kV输电线路205条，10kV配电线路10条，6kV配电线路234条。

2003年，110kV盐河线、三阳线相继建成投运。12月，配合以胜利电厂二期接入系统工程为内容的电网主构架调整，完成220kV杨九线开断工程。

2004年，110kV盐二线建成投运。同年，35kV海五联线、盐郑线、郑王线相继建成投运，分别为海五联变电站和王庄油区郑王变电站供电。

2005年8月，110kV万华线建成投运。

2006年，35kV河港线、三基线、王义线、五合联线相继建成投运，完成河口油区电网调整。

2007年，开始实施北区供电系统电网结构调整。同年11月，110kV华八线建成投运（原110kV九华线开断改建）。

2008年，110kV胜三线、九八线建成投运。同年5月，35kV西南线建成投运，完成草西输电工程；同年11月，孤东110kV输变电工程中的110kV镇西甲线、镇西乙线建成投运。

2009年12月，110kV辛东线、广东线建成投运（原110kV安广线开断改建）。

2010年7月，110kV于九线建成投运。

2011年1月，110kV九六线、六锦线建成投运（原110kV九锦线开断改建）。在此期间，配套改造和建设了110kV辛六变配电线路。

2011年11月，110kV胜西线、辛西线建成投运（原110kV胜辛线开断改建），为110kV基西变电站供电。

2012年11月，110kV胜六线建成投运（原110kV胜六线开断改建），为110kV基东变电站供电。

截至2012年底，总公司共管辖输配电线路633条、杆塔43823基、线路长度5618.24千米。其中，220kV输电线路9条，110kV输电线路74条，35kV输电线路204条，10kV配电线路63条，6kV配电线路283条。2003～2012年输配电线路统计见表2-2。

表2-2 2003～2012年输配电线路统计

年份	电压等级(kV)	条数	杆基数	长度（km）	配电变压器	
					台数	安装容量（kVA）
2003年	220	9	1072	358.038		
	110	61	4286	1032.374		
	35	205	13125	1938.818		
	10	10	227	31.449	75	35300
	6	234	16387	1269.545	2594	885587
	小计	519	35097	4630.224	2669	920887
2004年	220	9	1074	358.22		
	110	63	4382	1058.368		
	35	209	13121	1938.03		
	10	13	228	45.049	90	41855
	6	272	18418	1339.788	2745	942392
	小计	566	37223	4739.455	2835	984247
2005年	220	9	1074	358.22		
	110	66	4596	1112.05		
	35	206	13435	1990.927		
	10	10	227	31.75	70	31335
	6	250	18558	1347.05	2772	982762
	小计	541	37890	4839.997	2842	1014097

续 表

年份	电压等级（kV）	条数	杆基数	长度（km）	配电变压器	
					台数	安装容量（kVA）
2006年	220	9	1073	356.58		
	110	65	4512	1084.41		
	35	202	12913	1914.616		
	10	18	224	65.783	110	58870
	6	258	19280	1454.31	2967	1043154
	小计	552	38002	4875.699	3077	1102024
2007年	220	9	1072	356.58		
	110	66	4606	1112.57		
	35	206	13523	2018.23		
	10	24	280	78.354	123	70200
	6	268	20408	1625.242	3175	1117950
	小计	573	39889	5190.976	3298	1188150
2008年	220	9	1079	358.2		
	110	68	4726	1140.9		
	35	206	13659	2024.9		
	10	31	457	101.864	152	89935
	6	278	21580	1687.5	3315	1153975
	小计	592	41501	5313.364	3467	1243910
2009年	220	9	1094	365.567		
	110	68	4695	1120.697		
	35	203	13594	2011.153		
	10	43	990	142.065	230	118455
	6	267	20745	1655.839	3383	1187330
	小计	590	41118	5295.321	3613	1305785
2010年	220	9	1109	367.29		
	110	71	4844	1163.84		
	35	202	13695	2042.31		
	10	52	1593	211.91	362	185105
	6	282	21064	1693	3436	1141116
	小计	616	42305	5478.35	3798	1326221
2011年	220	9	1109	367.29		
	110	71	4794	1163.93		
	35	203	13764	2023.85		
	10	57	2084	242	480	235715
	6	285	21683	1713.01	3510	1156930
	小计	625	43434	5510.08	3990	1392645
2012年	220	9	1115	368.177		
	110	74	4822	1174.213		
	35	204	14082	2072.157		
	10	63	2783	306.449	556	283345
	6	283	21021	1697.241	2297	883251
	小计	633	43823	5618.24	2853	1166596

第二章 电力调度

胜利油田电力系统由胜利发电厂以及东营、河口、滨海、滨南、纯梁等油区电网组成，总公司电力调度中心是胜利油田电网调度管理职能部门。电力调度中心下设系统运行室、中心调度室、东营区域调度室、自动化通信室，主要负责电网日常运行调度管理、电网运行方式编制及停送电计划、电网继电保护自动装置定值计算和管理等，行使全油田110kV及以上和东营地区6kV～35kV电网的调度权。电力调度中心接受和执行油田总调度关于电网方面的计划和指令，同时代表管理局与山东电力调度中心及其他地方电业部门调度中心进行业务联系，并接受山东电力调度中心业务指导。

2003~2012年，油田电网负荷不断增长，由最低时的79.6万kW增长至2012年的107万kW。电力调度中心充分发挥调度职能，利用先进的调度自动化手段，确保了油田电网安全可靠运行。

第一节 调度管理

胜利油田电力系统实行统一调度、分级管理，一级调度为总公司中心调度，二级调度为各区域调度。两级调度严格执行电力调度运行规程，合理调整电网运行方式，发挥本系统内发、供电设备的能力，保证了整个系统的安全运行和连续供电，满足了油田生产、生活用电的需要。电力调度部门年平均下达电网操作令5万余次，计算和审核保护定值8000余套，正确率100%。通过合理调整电网运行方式，使电网网损率严格控制在总公司指标范围内。电力调度管理网络见图2–1。

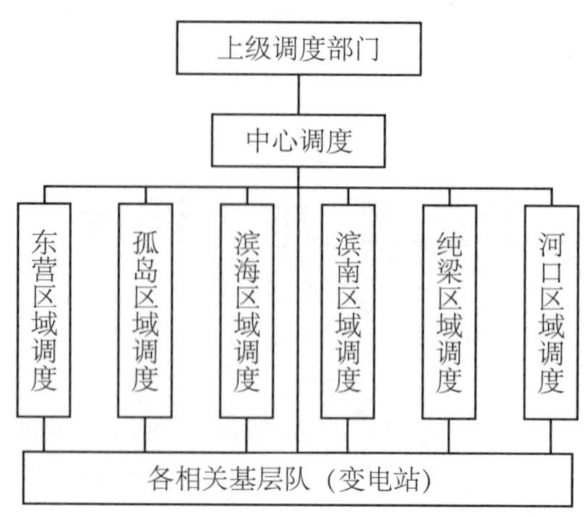

图2-1 电力调度管理网络

一、安全调度

2003年以来，电力调度系统根据电网运行实际情况，制定完善了《电网运行方式手册》、《雨季电网安全运行措施》、《冬季电网安全运行措施》、《继电保护特殊管理规定》、《电网特殊运行方式安排》等基础制度并组织实施。

图2-2 现代化电力调度指挥中心

电力调度以“安全供电、经济运行”为宗旨，严格执行各项规章制度和规程规定。值班调度在操作前统筹考虑电力系统潮流、稳定、频率、电压、继电保护投切及中性点接地方式等方面的影响，填写操作票，相互审核，监护执行。编制全局电网正常和事故下的运行方式；对所辖电网一次设备和保护自动装置的停、送下达操作令；组织电网事故处理；根据油田电网实际情况，进行负荷预测，提出电网负荷调整及设备改造方案，合理安排运行方式，有效地减少了设备过载等现象的发生。实时监督电能质量，通过调整变压器分接头、投停补偿电容、调整运行方式、改变发电机出力等手段，使系统内各处的频率、电压达到了规定标准。参与电网远景规划和电网改造方案制订与实施；制订新建及改造电力设施的投运启动方案并指挥操作；对由于电网改造（或其他原因）而引起变电站、输配电线路定值误差，及时进行保护定值计算整定。申购并执行电网需量，执行并完成有关经济技术指标；审核批准电网现场运行规程和各区域调度运行方案。

二、经济调度

2009~2012年，按照集团公司和管理局一体化战略部署，立足油田电网实际，建立发供电一体化的协调、运行、考核机制，制定有效措施，确保发电企业的发电量与供电企业的用电量基本平衡，提高胜利发电厂输送油田电网的发电量，减少外购电量，实现发、供电从独立运作模式向一体化运作模式的转变。2011年，《胜利油田发供电一体化管理》获中石化集团公司管理创新成果一等奖。

三、限电保供

2008年，受冰雪灾害和电煤紧张影响，山东全省电力最大缺口接近电力需求的三分之一，胜利油田面临着多年未有的限电压负荷压力。总公司全面动员，多措并举，加强电网负荷监控，科学调配，及时了解实际负荷与油田指标之间的差额，提前采取负荷预控措施，引导电力客户错峰用电、有序用电、节约用电。在限电保供、迎峰度夏双重压力下，200多天里组织调整运行方式1352次，下达操作令17650个，最大限度地保障了油田原油生产和居民生活用电。

2010年，油田电网夏季负荷创历史新高，达到107.6万kW。总公司通过加大电网监控和管理力度，加强负荷预测，科学合理安排运行方式，实施油田电网负荷分级管理，重点保障一级负荷的供电，严格控制三级负荷。快速及时处理电网缺陷和事故，在全网电力紧张期间，采取减轻变电站负荷压力、对重负荷线路采取中间分段运行、均衡调配环网柜和支线负荷等多项措施，充分发挥电网设备的受电能力，精细开展限电保供工作，为原油生产和居民生活提供了最大限度电力支持。

2012年6月，胜利油田220kV线路过负荷联切装置在220kV九分场变电站、新孤变电站、盐镇变电站正式投入运行。该系统实现了当过负荷情况发生时，安装在不同地点的自动装置根据预定策略切除部分负荷，保证油田主干网的稳定运行，能够有效地避免大面积停电造成严重损失。7月12日，220kV九孤线跳闸，220kV万盐线单独带起了黄河以北负荷，电流超过了安全允许值，稳控系统发挥作用，切除了110kV盐五线、盐二线负荷，消除了220kV万盐线过负荷威胁，保障了黄河以北90%负荷的正常供电。2003～2012年电力调度工作量完成情况见表2-3。

表2-3 2003～2012电力调度工作量完成情况统计

项目＼年度	2003	2004	2005	2006	2007	2008	2009	2010	2011	2012
下达操作令	39540	40537	41431	39416	43042	47135	50222	59166	59902	59544
处理缺陷	933	978	623	477	479	599	634	486	560	605
处理接地	437	486	418	473	226	255	248	247	234	263
处理事故	849	915	816	796	704	609	695	901	666	736
审核工作票	2045	1976	1446	893	1389	1573	1380	1558	1035	932
继电保护定值计算审核	7763	7679	6918	6217	6802	7006	7006	7930	7670	6897

第二节 调度自动化

总公司加强各区域调度自动化建设，先后投产运行了滨南、纯梁、河口、滨海、孤岛区调自动化系统，密切了中心调度与外围地区电网的联系，使电力实时信息直接进入电力调度中心，为电网的负荷预测、运行方式调整和科学调度运行提供了可靠依据，促进了油田电网调度自动化水平的提高。2003年以来，对在用的调度自动化主站系统实施升级改造，逐步建设和应用“电力调度自动化系统”和“电力调度信息管理系统”两个平台，电网调度管理实现了从经验型到科学型的转变。

一、电力调度自动化系统——电网安全操作平台

2009年1月，IES600新一代电力调度自动化主站系统正式投产使用。该系统包括SCADA功能、PAS功能、DTS功能、集控功能、外网通信功能，实现了电网实时潮流计算、静态安全分析、负荷预测等电网高级应用项目，提高了油田电网科学分析能力。2010年8月，油田电网首次计算机模拟实战演习在该系统成功实施，也是首次实现对全网负荷的实时监测，实时完成了油田10多座变电站的潮流计算、安全分析、网损计算，标志着油田电网调度自动化水平进入全国电力系统先进行列。

2010年10月，为提高调度自动化系统的操作安全性，把调度方式手册中各变电站的注意事项和特殊方式下需注意的问题，通过醒目的警示符号添加到调度自

动化系统中，对调度操作起到了很好的警示作用。2011年，在调度自动化系统基础上开发了“油田电网安全运行预警系统”，在系统中监控并设定了主干网络变电站负荷以及城区重要线路和变电站负荷限值，通过系统变化颜色、推图等方式进行过负荷告警，保证了油田电网在高温重负荷情况下的安全稳定运行。

二、电力调度信息管理系统——调度信息管理平台

2006年1月，电力调度信息管理系统正式建成使用。该系统实现工作票办理、操作票填写、调度工作申请、保护定值下达等一系列调度日常工作的网络化、规范化，提高了电力调度的运行管理水平。截至2012年底，该系统已在总公司及采油厂等23家单位推广使用。

第三节 电力通信

电力通信是电网调度的必要手段，是电力生产指挥、安全经济运行的重要前提。

无线电管理 2003~2009年，总公司的无线电设备包括无线电台GL2000以及微波和载波设备，主要用于变电站之间以及变电站与电力调度之间的无线通讯，无线电通讯基本作为备用通道或话路通道的形式存在。总公司结合东营市和滨州市无线电台站清理登记工作，对总公司无线电设备进行清查整顿，做好无线电管理工作。2009年以来，由于设备严重老化，多数通道已经损坏，损坏的板件无法维修，为确保备用通道畅通，并节省无线电频率费用，向地方无线电管理委员会申请设备报废，应用推广无线座机，使电力备用通道实现从无线电通讯向无线座机的过渡。截至2012年，无线座机安装数量达到105台。

电力通信光缆 2003年以来，电力通信网的建设步伐加快，总公司逐步建成了以光通信为主的通信网络，实现了业务由模拟传输向数字传输的转变，数字综合业务传输平台（SDH/MSTP）初步形成。2011年以来，适应油田电力生产和现代化管理需要，围绕建设变电站光纤通信网络，总公司组织开展了电力通信二期规划工作，将电力通信建设与集控站建设相结合，完成了东营中心调度、区域调度的通信网络改造，滨海区调、河口区调以及南区草南集控站、滨海东一集控站、河口大王北集控站建设项目正在实施。截至2012年底，总公司电力通信网已完成建设ADSS光缆线路1130千米，安装光传输设备119台套；95座变电站、6个区调实现光纤传输接入，主干通信网容量为622M。

第四节 运行方式

随着电力调度自动化系统的建设完善，实时数据得到及时传输，对事故处理、负荷恢复起到重要作用。为准确、快速地处理电网事故，总公司结合电网实际，陆续制定并实施《油田电网特殊方式安排》、《胜利电厂机组停机事故预案》等多项针对性应急预案及方式安排措施，确保电网安全平稳运行。

2003年，胜利电厂II期两台30万kW机组投产后，油田电网机组总装机容量达到127万kW，随着220kV系统主网架结构调整完善，油田与山东电网联络的220kV线路由原来的杨九线增加到万东线、万杨线、万胜线三条，与省网的联络更加紧密，油田电网由原来的开环运行实现了四角环网闭环运行，彻底扭转以往胜利电厂一台机组跳闸或一条220kV线路事故就造成大量甩负荷的被动局面，电网供电可靠性得到显著提高。2006年，随着胜利油田电网的发展，电力负荷不断创出历史新高，负荷持续增长与导线承载能力不足的矛盾日益突出。总公司制定《油田电网220kV系统N-1运行方案》，有效地消除了油田内部环网220kV线路在N-1事故跳闸后出现严重过载、烧断导线的危险，避免大面积甩负荷事故的发生。2009年，以编制《胜利油田电网年度运行方式》手册为基础，制定完善电网运行方式事故预案和反事故措施，全面规范油田35kV及以上变电站的正常运行方式与事故运行方案，使发电厂、变电站、线路纳入规范化管理。2010年，开展胜利油田电网安全稳定可靠运行分析及研究，制定《胜利油田电网安全稳控方案》。2012年，通过电网稳控一体化的实施，在九分场变、新孤变、盐镇变装设过负荷联切自动装置，解决线路过载问题，当过负荷发生时，按照预先设置的切负荷顺序，自动就地切除中、低压线路负荷，避免了油田电网220kV线路N-1或N-2事故情况下严重过载事故的发生。

第三章 生产管理

总公司对电力生产运行实行统一指挥、分级管理。总公司经理全面负责生产管理工作，一名副经理负责日常生产的运行管理。生产管理科作为总公司日常生产管理机构，其主要职能包括电网运行管理，电力事故抢修的组织、协调、指挥，车辆、物资供应和后勤保障的调度，日常维修的安排，生产综合统计分析等。三级单位设生产办公室，并下设调度室，形成了完善的生产运行管理网络，保证了总公司各项生产任务的完成。2003～2011年，总公司连续9年被评为管理局生产管理先进单位。

第一节 运行制度

2003年以来，针对国家相关标准、规范及环境变化，对事故考核、运行管理等制度进行修订完善，加强对生产的组织、指挥、协调、监控，强化现场管理工作，实现对生产运行的动态管理。

一、生产值班制度

根据油田电力生产的特点，实行24小时值班制，生产调度人员负责日常生产衔接协调、生产信息的收集与分析，及时处理日常生产中出现的问题；检查重点工作进度，做好值班记录；协助领导做好生产管理工作。总公司领导坚持24小时管生产，实行节假日和夜间轮流值班制度，值班领导由总公司领导、首席专家、安全总监轮值，值班干部由机关科室长轮值，每周轮换一次。主要负责组织处理（特别是夜间）发生的较为重大的电网事故及其他紧急工作。

二、生产运行制度

结合生产发展形势变化，2004年、2011年、2012年，先后三次修订完善《电力管理总公司电网事故考核办法》，对电网事故从管理责任、事故分类、影响范围、影响程度上进行细化，进一步明确电网事故责任和考核。2011年，为加强电网运行管理，制定实施《变电站、线路巡视规定》、《领导干部承包重要变电站、线路管理规定》、《电力管理总公司雨季电网管理细则》和《关于防范外力破坏事故的特别管理规定》。

三、生产统计分析制度

生产管理科负责总公司生产信息和生产情况的收集、汇总、反馈及分析预测工作，每天编辑一期《电力晨报》，每周、每月对电网运行情况、生产管理工作进行总结、分析，安排部署下周、下月的主要生产任务。根据电网运行实际和三级单位生产情况进行统计分析，找出生产管理、电网运行、事故处理、生产经营等方面存在的共性问题，及时撰写专题报告。

四、会议制度

晨会 每周一至周五7:30召开。由生产管理科汇报前一天电网负荷及生产运行情况，通报当日停电工作安排及基层单位生产信息反馈。参加人员主要有总公司领导、首席专家、安全总监、副总师、机关科室长及直属科级单位领导。

生产衔接会 每周一至周五15:00召开。由生产管理科负责召集，参加单位主要有机关生产科室、东营地区的三级单位及第二天有重大任务需要协调的施工单位。会议主要内容是总结当天的生产工作，协调解决各单位生产中存在的问题。

周综合生产会 每周五15:00召开。会议由生产管理科主持，总公司分管生产的副经理、机关科室长及三级单位分管生产领导、生产办主任参加。会议主要内容是总结上周生产任务完成情况及电网运行情况，安排部署下周主要生产任务；有关科室传达上级指示，安排部署专项生产任务；对各单位提出的生产管理、电网运行等方面需要总公司解决的问题，责成有关部门解决。

月度大型综合生产会 每月上旬的周五15:00召开。会议由生产管理科主持，总公司分管生产的副经理、机关科室长及三级单位分管生产领导、生产办主任参加。会议主要内容是总结上月生产管理工作及电网运行情况，安排部署下月生产任务。

月度电网运行分析会 会议由生产技术科主持，总公司领导、机关科室长及三级单位分管领导、生产技术办主任或主任师参加。主要是通报前一阶段电网事故，分析典型事故原因，制定反事故措施，讨论研究电网经济运行方式。

第二节 生产调度

生产管理科是总公司组织生产运行的职能部门，围绕确保完成电力生产任务，处理生产突发事件，行使“组织、指挥、协调、监控、服务”五个方面职能。会同有关部门、单位，对日常生产管理、电网运行、电网检修、事故处理及抢险救灾等工作，统一指挥调度、安排各项生产任务。在汛期、冰凌、风暴潮、法定节假日及重大活动期间，强化各级生产值班，做好生产信息的上传下达，加强线路、变电站的检查、巡视，及时消除设备缺陷，确保电网安全稳定运行。为加强生产现场组织管理工作，生产管理科专门设有现场调度，具体负责生产管理、事故处理、抢险救灾、保电工作的现场勘查、落实及组织实施。

总公司结合实际，每年编制《电网检修总体安排意见》、《雨季电网安全运行管理措施》、《防洪防汛工作安排》、《冬防保温工作安排》，并组织实施，提高了生产管理效率和工作水平。制定完善了《生产调度系统达标细则》，对三级单位生产调度的职能、人员配置、工作质量及办公条件等作出统一规定，加强了生产系统的建设。截至2012年底，总公司生产调度系统共有103人，形成了完善的生产调度管理网络。生产调度系统网络见图2–3。

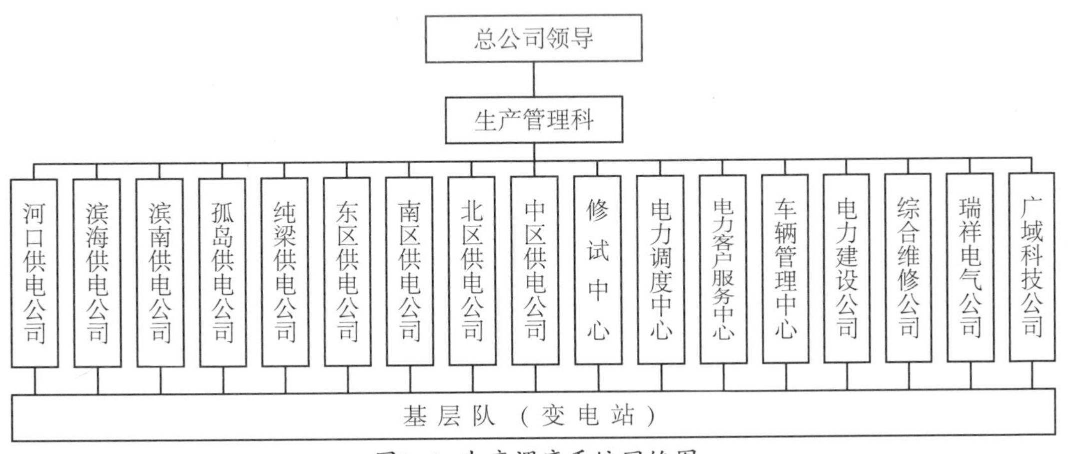

图2–3 生产调度系统网络图

第三节 变电运行

2003年以来，按照区域化管理、专业化经营及精干高效的原则，总公司结合电网运行实际，逐步完善了总公司、区域公司和基层队（站）三级运行组织机构，在电网运行管理中实行集中领导、统一指挥、区域化管理的运行机制。总公司所属9个区域性综合供电公司负责管理、维护辖区内的变电站和输配电线路。

一、基础管理

各变电站均设站长、专职或兼职技术员，运行人员相对稳定。每班设有正值班员，220kV变电站设有值班长。结合变电站"三标"（标准化班组、标准化现场、标准化岗位）建设，推行变电站标准化管理。每年对运行人员组织一次《电业安全工作规程》的学习和考试。中断电气工作三个月以上者，须由三级安全部门组织安规考试，合格后方可恢复工作。根据变电站实际情况，每周进行一次安全教育活动，每月组织一次事故预想活动，每季度进行一次反事故演习。组织开展《电业安全工作规程》"百问不倒"、基础资料填写"千人一体"、"功勋变电站"、"优质变电站"、"安全无事故变电站"评比和"学规程、守规程、用规程"活动，促进了各项制度的落实，提高了职工的整体技术素质。

图2-4 标准化变电操作

随着近年来综合自动化改造、升压改造、集控站建设，变电站设备更新速度较快，运行规程也进行了针对性的修订和完善。2003年以来，结合生产实际，陆续修订完善了变电站标准化交接班制度、设备巡回检查制度、设备缺陷管理制度等12项变电站管理制度。

二、变电运行操作

变电运行操作由电力调度值班员提前下达操作预令，运行管理人员接到正式操作命令后，负责具体操作。在全部停电或部分停电的电气设备上工作，必须先完成停电、验电、装设接地线、悬挂标识牌和装设遮拦等措施。

运行管理人员严格执行“两票三制”（工作票，倒闸操作票；工作许可制，工作间断、转移、终结制，工作监护制）。倒闸操作必须根据电力调度员的命令，运行管理人员复诵无误后执行，发布命令应准确、清晰，使用正规操作术语和设备双重名称。操作必须由监护人和操作人按照操作票进行，实际操作前，必须进行模拟操作。2012年，总公司开展“两树、两争”即“领导树形象，机关树风气，争创安全标准化班组，争做安全标准化能手”为主要内容的安全教育活动，全面提升变电站标准化操作的执行水平。

三、运行设备管理

变电站设备的日常运行管理由各区域性综合供电公司负责。检维修及事故处理等工作，由修试中心负责东营地区的变电站设备，及外围5家区域性综合供电公司所辖变电站的110kV及以上电压等级设备，外围区域性综合供电公司负责所辖变电站35kV及以下设备。同时，按照电力生产的要求，总公司每年对部分35kV～220kV主变压器、断路器、保护装置、电流互感器、电压互感器等变电设备进行大修。每年初，列出电气设备大修计划，由修试中心、瑞祥电气有限公司和区域性综合供电公司共同组织实施。

图2-5 变电站设备巡视

2008年以来，积极推广应用红外成像测温仪，加强运行设备测温工作，发现并消除了大量设备发热缺陷。逐步安装、修复了变电站小电流接地选线装置，降低了系统接地对电网安全运行影响。2011年，总公司结合电网运行实际，制定完善《变电站、线路巡视管理规定》，进一步规范了变电站、线路巡视管理，对每日巡视次数、需要特巡的情况进行了明确。出台了《领导干部承包重要变电站、线路管理规定》，要求各三级单位领导、干部承包110kV及以上变电站、线路及重负荷变电站，将责任落实到人，提高电网安全运行水平。2012年，为解决升压改造后变电站避雷器、电压互感器频繁爆炸现象，安装了阻容吸收器。同年，在变电站推广值班电话、倒闸操作录音管理。

四、事故处理

当变电站发生事故时，一般由电力调度值班员指挥处理，并对事故的迅速处理和正确处理负责。变电站自管设备发生事故时，由运行单位自行处理，并将处理结果向值班调度员汇报。当遇到系统谐振、房屋漏雨、设备着火等异常状态时，以确保人身安全为先，变电站值班员要沉着应对，先行果断处理，避免事故扩大，再汇报电力调度。在极端恶劣天气导致事故跳闸时，电网送电操作要谨慎，不宜频繁操作。2003年以来，总公司各级调度、运行值班人员严格执行电力安全操作规程，针对系统谐振等异常情况认真分析，果断采取拉路等措施，有效避免了事故扩大和次生灾害。2003～2012年，总公司所辖变电站事故率保持在总事故的10%以内。

五、运行分析

变电站经济运行分析是变电站管理的重要内容。2003年以来，总公司严格执行变电站经济运行分析制度，推行“网损系统控制法”。通过日核算、日分析、月综合分析，明确各变电站网损控制重点，采取优化运行方式、减少主变压器空载损耗、投切电容器提高功率因数等措施，加大网损控制力度，减少电量损失。每年春秋两季，对低负荷变电站采取停运一台主变的方式，解决了“大马拉小车”的问题，提高了变电站经济效益。2010年，分别在辛四变、华建变安装了区域无功优化系统，通过科技攻关，提高区域电网整体功率因数。2012年，针对北区电网升压改造后无功不足、功率因数偏低的问题，在坨七变、坨八变、坨九变、坨十变实施电容器增容改造。

第四节　线路运行

总公司所辖线路电压等级为220kV、110kV、35kV、6（10）kV。2002年2月，总公司对输配电线路管理体制及机构进行调整，撤销线路管理公司，将线路按照辖区划归到9家区域性综合供电公司管辖，负责对自管线路进行日常巡视管理、检维修消缺、隐患治理、维护改造等工作。

一、基础管理

2003年以来，总公司结合电力生产特点，先后制定了输配电线路管理工作岗位责任制（工作标准）、线路巡视检查制度、线路缺陷管理制度等11项制度。运行管理单位结合实际制定完善了职工培训、设备管理等5项制度。总公司对线路基础资料、管理模式、考核奖惩进行规范，提高了输配电线路的制度化、规范化管理水平。

二、巡视维护

线路巡视维护是输配电线路管理的重要环节。线路巡视分为定期巡视、事故巡视和特殊巡视。2011年，总公司编制实施了《变电站、线路巡视管理规定（线路部分）》，对6kV~220kV输配电线路的巡视内容和标准进行了细致说明和明确要求。

定期巡视 35kV及以上线路巡视周期为半个月，6（10）kV线路巡视周期为一个月。运行管理人员根据《架空电力线路预防性巡查周期表》、《不同季节对运行中电气设备的要求》及季节特征、气候变化等适当缩短巡视周期。巡视中发现设备一类缺陷，须立即向单位领导、电力调度汇报处理；二、三类缺陷应做好记录，分别在检修周期或维护周期内消除。2011年，总公司在河口、南区供电公司开展了“电力线路智能巡检系统”的试运行，通过利用GPS卫星信号记录巡视轨迹，利用手持机记录缺陷信息等方式完善了线路巡视手段，提高了线路巡视管理水平，在总公司得到全面推广。

事故巡视 电力线路发生事故跳闸或者系统接地时，电力调度通知运行管理单位生产调度，组织线路管理人员进行巡线，巡视检查事故原因。2003年以来，通过变电站二次设备功能升级和线路上故障选址器的大量安装，线路故障测距功能得到广泛应用，有效提高了线路事故巡视的针对性和巡视效率。

图2-6 高压输电线路导线测温

特殊巡视 在大风、暴雨、高温、冰冻等特殊天气、重负荷及重要保电工作时期，总公司根据电网运行情况安排特殊巡视。主要内容包括：雷雨时，绝缘子闪络、击碎、击穿，避雷器、跌落式熔断器放电，导线、架空地线、放电间隙烧伤；暴雨或者七级以上大风后，杆塔倾斜情况；炎热天气，导线驰度有无过大，交叉跨越距离有无变化；大风时，三相导线不同期摆动，是否造成混线；大雾时，绝缘子、导线、避雷器等表面有无闪络放电；冬季时，导线连接处有无发热，配电变压器有无过负荷，导、地线有无断股、断线。

三、线路操作

输配电线路管理人员严格执行《电业安全工作规程》，保证电力线路的操作安全。在一般操作时，按工作内容采取填写第一、第二种工作票、电话或口头命令等方式进行工作。工作票执行程序有：停电、验电、挂接地线，工作的间断、终结和恢复送电。对线路管理单位代管及用户管辖的6（10）kV高压配电室和低压双电源设备，严格按照规定程序和方法，执行操作票制度。

四、防雷和防污闪

线路防雷工作从设计源头开始，对110kV～220kV线路全线架设双避雷线，35kV线路从变电站出口架设2千米避雷线。35kV～110kV避雷线采用GJ-35mm^{2}钢绞线，220kV避雷线采用GJ-50mm^{2}钢绞线，220kV沾盐线、盐孤线、九孤线等采用多分段、中间一点接地的绝缘避雷线方式，其余采用直接接地方式。2000年开始，采用带脱离器的氧化锌避雷器，有效避免了雷害事故的发生。2003～2010年为防止污闪事故的发生，对总公司所辖7条220kV线路，47条110kV线路直线杆塔的瓷质绝缘子更换为硅橡胶合成绝缘子。2010～2012年，对运行年限长，地处高盐碱、重污染地区的220kV盐孤线、九孤线、110kV万七线、孤东线、35kV梁探线等37条线路的老化绝缘子进行集中更换，共计更换5800余串，有效提高了线路运行水平。

五、事故处理

线路发生事故时，根据继电保护动作情况和故障录波器录制的故障波形图，分析故障性质和故障范围。对于系统接地，可以用近年来新装的小电流接地选线装置进行选线；分支线较多的线路故障时，通过变电站电源端或线路断路器、跌落式熔断器进行拉路检查、分段试送，确定故障范围和故障点；安装短路故障指示器的线路，通过指示器状态判断故障点范围；瞬时故障、难发现的轻微故障，及时收集沿线情况，判断故障；接地故障查寻，可借助接地故障测试仪。故障点查出后，立即向调度和值班领导汇报，报告内容为故障点发生线段、杆号、相别、设备损伤情况、初步处理意见、现场情况等，同时做好事故处理工作。

2010年，针对日益严重的外力破坏现象，印发《关于加强施工区域电力设施巡视检查的通知》，对线路各施工区段采取专人看护、安全交底、签订安全施工协议等措施，加大电力设施保护力度。

2011年7月，印发《关于加强各级领导干部作业现场带班管理工作的通知》，详细规定了各级领导干部的带班作业范围，特别对不同电压等级的线路事故，要求相应级别领导干部现场组织事故巡视及抢修。

第五节　供电质量

一、电压

油田电网处于山东省电网的末端，由220kV万杨线、万东线、万胜线3条电力线路与省网联络，油田内部由220kV线路连接220kV盐镇变、新孤变、九分场变、胜利发电厂，以四角环网的形式构成油田主电网。随着区域电力负荷的快速增长，油田电网110kV变电站电源已严重不足，造成部分变电站、电力线路存在严重过负荷现象。部分供电设施设计仅是用于区块开发初期的临时电源，随着油田开发建设的深入和负荷的增长，供电设施的配套完善没有及时跟上。在一些偏远油区，数座变电站由单电源供电，像"串糖葫芦"一样连接起来，影响了供电可靠性。2003年以来，总公司加强与山东电网的联系，结合北区电网升压改造、中区电网升压改造、新孤变扩建及集控站建设，加大变电站和输电线路的改造、建设力度，优化网络结构。在变电站集中进行无功补偿的基础上，在6kV线路安装分散补偿电容，调整胜利电厂机组无功出力等措施，加强电能质量管理，搞好谐波监测和治理，使电压正弦波畸变率符合国家有关规定，为油田勘探开发和地方经济的发展提供了可靠的电力保障。

2009年6月28日，山东东营地区第一座500kV电压等级的变电站——油城变电站正式投运，有效缓解了胜利油田电网发生故障时易造成电压低、方式调整不灵活的局面，增强了油城电力系统的供电能力和可靠性。整个东营电网（含油田电网及地方电网）形成以胜利发电厂和500kV油城变为电源支撑，以220kV环网为本地区主网架，多电压等级协调发展的新格局。

二、频率

国家规定电网工频频率为50Hz。2003年以来，总公司不断完善110kV ~ 220kV变电站低频减载装置。当系统发生较大事故时，发供电出现严重不平衡，电网频率低于49.1Hz，低频装置动作，切掉部分负荷，保证电网连续供电。2003 ~ 2012

年，油田电网未出现因电网频率降低引起的切负荷事故。

三、功率因数

在油田电网新上高、低压配电设备时，必须安装足够容量的无功补偿电容器，要求低压供电的用户功率因数在0.85以上，高压供电的用户功率因数在0.8以上。凡功率因数未达标的新上用户，用电管理单位拒绝接火供电；长期未达到标准的，可视情况停止或限制供电，并进行罚款。总公司在采取各种措施提高功率因数的同时，要求大用户努力提高功率因数，使电网整体功率因数保持在0.9以上。

四、生产技术指标

变电事故率 油田将考核指标规定不超过0.1次/（年•台）。2003年以来，总公司通过提高电网检修质量、加强设备巡视检查、消除设备缺陷、加强职工技术培训等措施，有效控制了电网事故的发生。2003～2012年变电事故率统计见表2–4。

线路事故率 油田将考核指标规定为输电线路事故率不超过4.2次/（年•百千米），6kV配电线路事故率不超过13.5次/（年•百千米）。2003年以来，总公司通过采取提高电网检修质量、对易被盗、施工区段加密巡视和盯守等措施，努力降低输配电线路事故率。2003～2012年输配电线路事故率统计见表2–5。

表2–4 2003～2012年变电事故率统计

年度 事故率	2003	2004	2005	2006	2007	2008	2009	2010	2011	2012
变电事故率 [次/(年•台)]	0.057	0.075	0.113	0.08	0.04	0.056	0.1	0.11	0.067	0.06

表2–5 2003～2012年输配电线路事故率统计

年度 事故率	2003	2004	2005	2006	2007	2008	2009	2010	2011	2012
输电线路事故率 [次/(年•百千米)]	4.15	4.12	4.746	2.888	2.859	1.687	2.316	4.689	2.38	3.54
配电线路事故率 [次/(年•百千米)]	20.23	21.1	16.631	12.403	11.903	12.459	10.679	15.018	9.29	8.46

第四章 电网检修

电网检修是建设坚强稳固电网的内在需求，是提高设备本质化安全水平，确保电网可靠运行的重要措施。总公司结合电网发展实际，坚持“应修必修，修必修好”的原则，在不断的探索、实践中先后采用了常规检修、状态检修、精细检修和四季检修四种模式。总公司每年组织春季、秋季两次电网检修，以春季大规模集中检修为主，从3月初开始，到6、7月份结束，秋季以设备大修为主。1998年实施电网状态检修后，检修提前至每年5、6月结束。针对油田电网设备老化现象，2009年开展精细检修，检修时间延长至6月中下旬结束。2012年实施四季检修后，均衡全年检修工作量，春检时间缩短至5月份，相应增加秋检和日常检修的工作量，降低了集中检修劳动强度，提高了工作效率和质量。变电站检修一直以修试中心为主，区域性综合供电公司负责设备防腐清扫等，外围区域性综合供电公司35kV及以下变电设备自主检修，110kV及以上部分由修试中心检修。输配电线路检修由线路管理单位承担。

第一节 检修模式

一、常规检修

电网常规检修基本沿袭一年一度的春季全面电网检修，秋季进行电网设备大修和线路清扫。电网检修范围主要是辖区内的变电站、输配电线路及配电变压器，不符合电力设备运行规程和现场运行规程要求的设备都在检修范围之内。

为加强电网检修的组织领导，总公司每年成立由总公司经理为组长的电网检修领导小组，下设生产运行、外部协调、安全监控、质量监督、生产保障、竞赛宣传6个专业工作组，各运行管理单位也成立相应的检修机构，具体负责电网检修的组织实施工作。

每年初，总公司提前做好检修队伍、材料、电网运行方式调整等准备工作，组织制定电网检修计划、检修质量管理办法和检修安全管理规定。各职能部门分工负责，每天的检修安排及停电范围由生产管理科、电力调度中心共同确定。电网运行方式的调整由电力调度中心负责，变电站按调度命令执行；生产管理科根据检修任务，确定参加检修的队伍，平衡各单位工作量，协调采油厂等用户的停送电，安排检修所需发电车。设备检修完成后，拆除安全措施，撤出发电车及检修人员，经验收合格后向电力调度汇报，设备恢复送电，并整理电网检修验收报告，填写存档。

二、状态检修

状态检修是在定期常规检修基础上形成的一种新的检修模式，它以设备固有的可靠性为中心，根据设备的实际运行状况，分析设备运行资料和性能参数变化，确定设备检修的时间、方式。状态检修与常规检修相比，具有针对性强、时间短，人力、物力、财力消耗小，安全性高等特点。

在充分调研和对设备缺陷、试验数据、设备运行周期和性能参数科学分析的基础上，总公司制定了《电网状态检修方案》，将计算机诊断技术应用到检修中，对电力系统进行在线监测，有效预防了事故的发生。随着经验的积累，状态检修技术日趋成熟，实施状态检修范围逐年扩大。2003年，总公司修订完善了《输配电线路状态检修标准》、《变电站状态检修标准》。当年，实施状态检修变电站达到92座，线路307条，有效减少了检修时间，节省了检修费用，取得良好的经济效益和社会效益。

三、精细检修

针对状态检修中发现的设备状况差、状态检测技术手段落后、职工业务技能、工作经验存在差异等问题，总公司及时调整检修工作思路，将电网检修模式向精细化发展。2006～2008年，逐

图2-7 变电站设备精细检修

步形成了检修、维护、改造、消缺有机结合的电网检修新模式，以设备试验、调试、消缺为重点，辅之以设备清扫、防腐和技术改造。线路检修与变电站检修配合进行，35kV及以上线路及单电源、带油井的重点配电线路进行常规检修，逐基登杆检查、清扫。同时，将变电站综合自动化设备、通讯设备、计量装置的检修一并纳入了电网检修范围，做到“消”与“防”并举，“试”与“修”并重，电网检修质量不断提高。

2009~2011年，总公司在总结多年常规检修、状态检修、设备大修等检修模式基础上，借鉴国内外同行业的先进经验，逐步建立了以过程控制为核心的精细检修理念，提出了“检修组织精耕细作、缺陷管理精查细找、安全管理精雕细刻、质量管理精益求精、成本控制精打细算”的检修总体工作思路。以着重强化检修工作的“精”、“细”标准为目标，围绕“优化检修组织管理和工作流程”和“精细缺陷管理”两条工作主线，编制发布了《2011年春季电网检修组织管理及工作流程》和《电网检修项目标准及质量要求》，实施检修缺陷分类管理，提前摸底编制消缺方案。各参检单位结合自身实际，逐步建立起“总公司、三级单位、基层队、班组”四级检修组织管理机构及工作流程，以“动态管理、优化配置、目标控制、节点考核”为指导，将电网检修与总公司系统节点管理相结合，明确各级岗位责任，细化工作任务指标，强化工作流程节点控制。实现了检修多任务、多专业的无缝衔接，形成了一体化的工作机制，营造了协同高效、积极互动的良好工作氛围，电网检修的整体运行效率与控制水平明显提高。

四、四季检修

四季检修模式是综合考虑电网设备现状、运行环境、人力物力资源、成本投入以及行业规程等多种因素，坚持“适时性、针对性、务实性、差异性”的原则，推行四季检修，优化检修组织管理和工作流程，合理均衡全年检修工作量，科学确定检修项目和周期，减轻职工劳动强度，提高劳动效率，提升检修质量和效益，夯实电网运行基础。

从2011年秋季检修开始，总公司针对检修工作量大、一线人员不足、职工队伍年龄老化、设备陈旧，原油生产保供压力逐年增大等实际困难，在充分调研、论证的基础上，确立了以“四季检修”模式为指导，“集中整治”、“重点检修”和“常规检修”相结合的工作思路。坚持“安全第一，质量至上，强化责任，执行到位”的原则，立足油田整体电网，精心编排三年检修规划和当年检修计划，结合现有资源合理安排检修内容，既保证规程必须的项目，又结合生产运行、设备老化情况，针对电网薄弱环节进行加强型检修。根据电网运行现状确定检修重点和关键环节，制定符合每座变电站、每条线路实际的检修方案，合理确定设备检修项目和周期，优化停送电程序，提高有效工作时间，增强检修的针对性和实效性。在检修组织上，严格落实奖惩和责任机制，调动参检干部职工的积极性，不断提高检修质量，降低劳动强度，实现电网运行维护的良性循环。电网检修组织管理机构见图2–8，检修现场组织管理机构见图2–9。

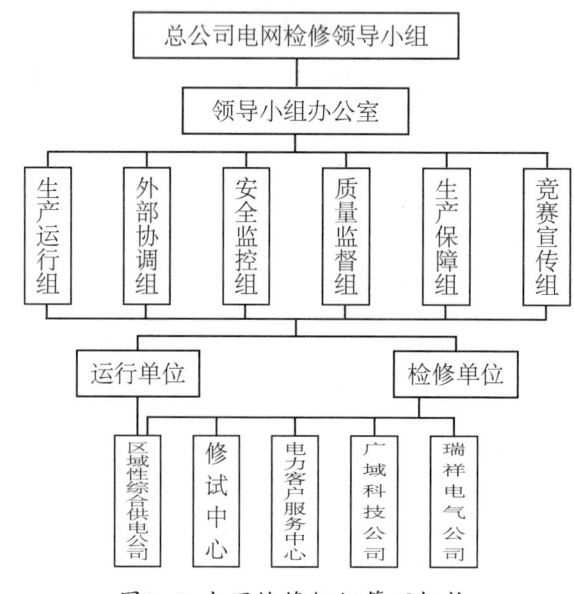

总公司电网检修领导小组
领导小组办公室
生产运行组
外部协调组
安全监控组
质量监督组
生产保障组
竞赛宣传组
运行单位
检修单位
区域性综合供电公司
修试中心
电力客户服务中心
广域科技公司
瑞祥电气公司
图2–8 电网检修组织管理机构

三级单位电网检修领导小组
检修组织协调组
安全质量检查组
电网运行保障组
三级单位工作负责人
总公司专业工作组
变电站部分工作负责人
线路部分工作负责人
设备大修工作负责人
技改项目工作负责人
变电站部分专职监护人
线路部分专职监护人
设备大修专职监护人
技改项目专职监护人
变电站部分工作人员
线路部分工作人员
设备大修工作人员
技改项目工作人员
图2–9 检修现场组织管理机构

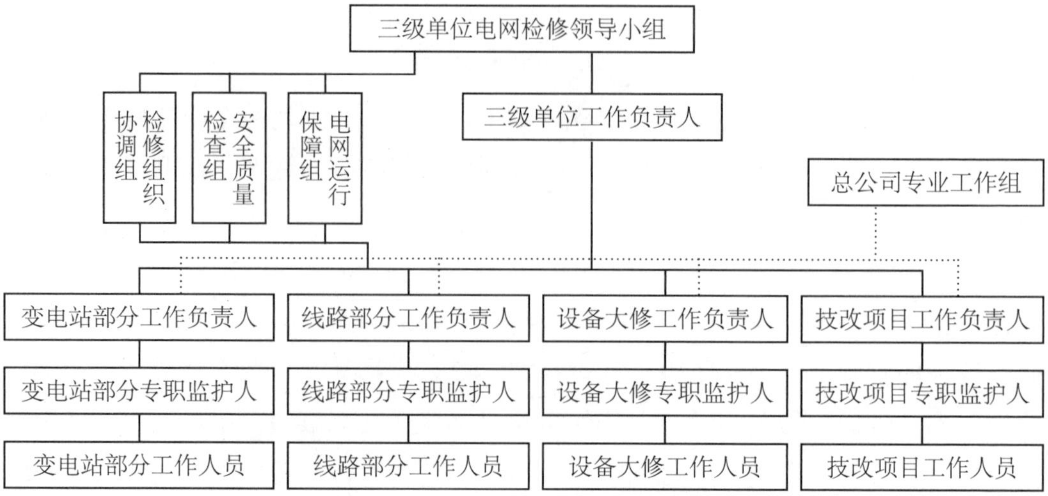

第二节 检修质量

总公司根据实际情况每年修订印发《电网检修质量管理办法》，明确电网检修质量工作的指导方针及组织措施。总公司成立电网检修质量监督组，各参检单位组建电网检修质量检查小组并承担相应的质量职责，各检修现场指定质量工作负责人，对本工作现场的检修质量全面负责。按照“应修必修、修必修好”的原则，严格执行技术标准和规程，强化设备缺陷处理和电网隐患治理，提高缺陷处理的及时性、针对性和预见性。认真贯彻落实质量验收回访检查制度，明确各自的检修质量职责范围和分界点，加大质量督查力度，据实填写检修质量反馈单，及时纠正检修中的各类问题，不断提高电网检修整体质量水平和效率。2003～2012年电网检修工作量统计见表2-6。

表2-6 2003～2012年电网检修工作量统计

项目 年度	检修开始时间	检修结束时间	有效检修时间	检修变电站座数	检修线路条数	检修线路长度(km)	共消除缺陷数	综合消缺率	检修模式
2003	3月1日	5月31日	53	160	502	4560	3448	94.3%	常规检修、状态检修
2004	3月9日	6月15日	67	167	510	4598	3046	94.4%	常规检修、状态检修、设备消缺
2005	3月22日	6月24日	64	164	506	4385	6535	95.2%	变电站常规检修、设备大修；线路部分常规检修和状态检修相结合
2006	3月6日	6月8日	64	168	565	4849	5355	96%	检修、维护、改造、消缺有机结合的检修模式
2007	3月31日	6月27日	70	175	552	4875	5355	96%	检修、维护、改造、消缺有机结合的检修模式
2008	3月17日	6月15日	69	175	573	5191	6227	96.5%	检修、维护、改造、消缺有机结合的检修模式
2009	3月16日	6月13日	69	168	545	4843	6286	96.5%	精细检修
2010	3月18日	6月13日	72	171	516	4816	5378	96%	精细检修
2011	3月9日	6月3日	71	171	549	4996	4589	98.3%	精细检修
2012	3月16日	5月17日	48	150	503	4717	6507	99%	四季检修

第三节 电力抢险

自然灾害、外力破坏、设备故障是造成电网事故的主要原因。总公司常年设有电力抢险救灾应急预备队，备有抢险的各种机具、材料。2007年，按照管理局《关于制修订油田基层单位应急预案的通知》的要求，总公司组织重新修订完善了《中国石化胜利油田电力管理总公司重特大事件应急预案》，包括总则、组织机构与职责、预测与预警、应急准备、应急报告与应急指令、应急处置、应急终止与后期处置、新闻发布、应急保障、监督管理等十大要素以及1个总体应急预案、11个专项应急预案。

图2-10 电力职工顶风冒雪抢修受损线路

自然灾害 电网设备多为露天架设，安全运行受自然条件影响极大，风暴潮、雷击、污闪等常会对电网安全运行造成极大威胁，甚至造成电网事故。2005年6月，史口地区一场龙卷风致使35kV史口线、郝史线部分设施严重损坏，35kV史口变全站失电，总公司立即启动了《电网事故应急预案》，连夜完成了事故抢修，及时恢复了史口油区的供电。2010年2月，一场罕见的大风暴雪突袭油城，出现了严重的导线舞动及杆塔、导线、绝缘子覆冰情况，造成总公司所辖电网110kV线路跳闸3条，35kV线路跳闸32条，6kV线路跳闸28条，主变跳闸3台。面对恶劣的天气状况与管理局40天原油上产活动的严峻保电形势，总公司及时召开了应急抢险的紧急会议，统一对抢险工作协调指挥。综合维修公司派出3辆发电车，赶赴广饶东辛四号站、孤岛孤三联合站、孤岛污水处理厂、孤南303接转站、孤六联合站、河口集输压气站进行应急保电服务。电力维修公司、瑞祥电气公司分别组成30人和40人的抢修队伍，赶赴受灾严重的河口油区，协助采油厂进行6kV电力线路抢修，迅速恢复了供电。2012年8月3日，第十号台风“达维”经过胜利油田各油区，强烈的大风暴雨给油田电网的安全稳定运行造成了极大影响。长时间的强降雨造成34座变电站、14座箱式变、配电柜漏雨，部分地势低洼变电站内涝，线路两侧树木成片倒伏，对设备安全运行造成影响，总公司所辖电网发生主变跳闸1台，线路跳闸24条次。

外力破坏 2003年以来，随着地方城市发展的建设，各类施工区域迅速增加，野蛮施工情况频繁出现，特别是东营市金湖银河、万亩林场、广利河改造、三网绿化等大型工程，造成许多电网设备损坏及倒杆、断线等电力事故。受利益驱使，输配电设施时常遭到不法分子的猖狂破坏，盗割导线、锯断塔材、损坏接地装置等外力破坏事件时有发生。2012年4月5日，因施工吊车碰线引发的110kV九八线和万七线事故，分别影响负荷4.7万kW和3.7万kW。5月4日，110kV万七线再次因外部施工吊车碰线跳闸，甩负荷3.7万kW。事故发生后，总公司立即组织东区供电公司、南区供电公司、电力建设公司组成抢险队伍进行抢修。2012年6月12～13日，受东营市兴隆林场工程影响，110kV九广线连续两次在20~21#杆之间因施工车辆影响造成跳闸，影响负荷1万kW。总公司在安排抢修的同时，联系管理局生产管理部、地方政府相关部门召开协调会，采取安全教育、警示等措施，认真履行告知义务，避免施工单位野蛮施工，同时将输电线路线下的高杆树种改为低冠树种。2012年6月17日，110kV万安线被施工吊车碰线引起跳闸，甩负荷2.7万kW。总公司及时组织进行抢修，同时协助公安部门调查取证，对肇事司机进行了行政拘留和处罚。2012年10月25日，110kV盐二线被德大铁路施工吊车碰线引起跳闸，甩负荷1万kW。总公司组织进行导线修复，并联系公安部门对肇事单位及个人进行了安全教育，通过索赔挽回了经济损失。2005～2012年电网遭外力破坏情况见表2–7。

表2–7 2003～2012年电网检修工作量统计

项目＼年度	2005年	2006年	2007年	2008年	2009年	2010年	2011年	2012年
电网事故数量	499	348	326	300	303	467	282	308
外力破坏数量	-	174	96	147	119	117	119	120
外力破坏占比	-	50.0%	29.4%	49.0%	39.3%	25.1%	42.2%	39.0%

设备原因 油田电网经过40多年建设发展，由于投资受限，设备更新速度较慢，设备老化现象普遍。随着设备运行年限增加和外部运行环境影响，设备自身

缺陷和隐患不断增多，若发现、处理不及时，也会造成电网设备事故。2003年1月30日，巡线发现110kV胜一线16~17#杆、220kV胜九线7＃杆根部冻坏，电杆倾斜严重。为防止倒杆事故发生，电力建设公司和北区、东区供电公司等单位冒着寒风，在冰冻的水库里，对电杆进行了临时加固，较好地保证了两条线路春节期间的安全运行。2012年12月29日~2013年1月2日，盐镇变相继发生了3次110kV CT爆炸事故，其中110kV盐河线A相2次、1#主变110kV B相1次，造成相关线路及110kV母联开关跳闸。事故原因主要是设备本身设计、工艺方面存在问题，在长期冰冻天气下，内部受潮引起绝缘破坏造成事故。事故发生后，总公司立即启动应急预案，安排电力调度中心迅速调整运行方式，组织修试中心和北区供电公司、河口供电公司、电力建设公司进行事故巡视和抢修，并于1月2日在盐镇变召开现场会，组织相关单位负责人及厂家技术人员进行事故原因分析，安排抢修和恢复工作。1月6日，设备到货后，修试中心、电力建设公司、北区供电公司组成50余人的抢修队伍，克服天气寒冷、施工环境复杂等困难，完成了5组CT的更换任务。为进一步消除电网运行隐患，在1月25～28日，对盐镇变、九分场变、坨七变同型号设备实施更换，共计9组。

第三篇
用电管理

电力管理总公司用电管理主要包括用电营业管理、计量管理、用电监察和优质服务。坚持以客户为中心构建大服务体系，从强化承诺服务、优化规范服务和深化服务创新入手，不断完善服务设施，应用现代化服务手段建设服务“硬环境”。坚持为客户提供全天候服务，把优质服务落实到用电管理的每个环节，营造诚实守信、文明礼貌、和谐温暖的优质服务“软环境”。认真履行“每一度电都是承诺”的社会责任，坚持用管理规范服务、用监督促进服务、用文化提升服务，优化服务流程，推进服务创新，靠服务不断开拓电力市场。引导干部职工在服务原油上产上站排头、在服务民生上争第一，着力打造高度“负责任、受尊敬”的供电企业形象。建立健全内外部监督约束体系，强化责任落实，努力实现服务作风“零距离”、服务纪律“零违规”、服务质量“零缺陷”，营造和谐有序的用电环境。加强电力标准计量的硬件建设，拓展服务空间，提升电力计量水平，电力标准计量站获得“中国实验室国家认可资质”。总公司连续多年在油田水电气暖等全局性服务单位行风测评中获得第一名，“胜利电力”服务品牌被评为“胜利十佳服务品牌”，电力客户服务中心被授予“全国青年文明号”，电力客户服务中心客户代表班被评为“全国用户满意服务明星班组”。

第一章 营业管理

用电营业管理主要包括用电业务办理、电量销售、电费核算等工作。总公司依托电力客户服务中心、9个区域性综合供电公司开展日常营业管理工作。电力客户服务中心全面负责总公司用电营业管理工作的协调、监督和考核。

第一节 用电概况

2003年，胜利油田用电主要由工业用电、农业用电、油田三产用电及地方用电、居民生活用电构成。工业用电主要是指油田各采油厂用电和油田生产辅助单位用电。2007年6月前，居民生活用电主要是指油田居民住户用电及小区公共设施等办公用电；2007年6月，油田对社区实施电力专业化管理改革后，社区物业、热电联供、供水泵站以及油田二级单位办公用电，由原来的居民生活用电改为油田工业用电；2008年9月，胜利油田多种经营单位（油田三产）改制分流工作结束后，取消了油田三产用电类别，统一纳入地方用电类别，执行山东省物价局规定的销售电价标准。随着地方经济和油田多种经营产业的不断发展，地方及油田三产用电量呈增长趋势。2003～2012年用电结构变化情况见表3-1。

表3-1 2003～2012年用电结构变化情况

年份	油田工业用电量（万kW•h)	与上年同期对比	油田居民生活照明用电量（万kW•h)	与上年同期对比	地方及油田三产用电量（万kW•h)	与上年同期对比
2003	417159	↓1.5%	35664	↑6.72%	45730	↑45.98%
2004	413565	↓0.86%	37012	↑3.78%	55235	↑20.79%
2005	445406	↑7.7%	40246	↑8.74%	61133	↑10.68%
2006	457668	↑2.75%	40837	↑1.47%	63100	↑3.22%
2007	448473	↓2.01%	35678	-	65007	↑3.02%

续 表

年份	油田工业用电量（万kW•h）	与上年同期对比	油田居民生活照明用电量（万kW•h）	与上年同期对比	地方及油田三产用电量（万kW•h）	与上年同期对比
2008	458976	↑2.34%	20329	-	72785	↑11.96%
2009	475156	↑3.53%	21556	↑6.04%	78987	↑8.52%
2010	493815	↑3.93%	23202	↑7.64%	76617	↓3%
2011	500009	↑1.25%	22206	↓4.29%	75861	↓0.99%
2012	519754	↑3.80%	23529	↑5.62%	82448	↑7.98%

第二节 业务扩充

2003年以来，用电客户新装用电、增加用电容量、变更用电类别，需事先提出申请，按规定的审批程序办理用电手续。总公司平均每年受理新装、增容等报装业务400余户次，依据客户用电需求并结合供电网络状况，制定出安全、经济、合理的供电方案，经过设计、施工验收以及装表接电后，满足客户用电需求。需要总公司投资建设的上电项目，由电力客户服务中心会同生产管理科、生产技术科、电力调度中心及相应区域性综合供电公司共同对现场进行落实，制定上电方案，编制投资预算。投资额100万元以内的经总公司领导办公会通过后方可实施；投资额100万元及以上的需上报管理局批准后方可实施。客户上电方案经批准后，由基建管理部门组织施工，会同相关单位进行竣工验收合格后送电。

一、业务办理程序

滨海供电公司、孤岛供电公司、滨南供电公司、纯梁供电公司、河口供电公司、东区供电公司所辖区域内的新装用电、增加用电容量及变更用电，由各单位按照《供电营业规则》和总公司服务承诺的有关规定，自行审批及安排施工和验收。所安装计量装置必须是电力标准计量站检定合格的产品。

（一）低压用电的办理程序

1、中区供电公司、南区供电公司、北区供电公司管辖范围内，有公用变的地方，客户到电力客户服务中心或相应供电公司办理用电手续，由相应公司落实现场，确定变压器对新增负荷的承受能力、施工方案、用电类别及用电性质。如可行，出具书面供电方案和技术要求并签字盖章、审批后到电力客户服务中心备案；如不可行，及时答复客户，工作时限为5个工作日。

2、施工、验收、安装计量装置由各区域性综合供电公司负责。计量装置的安装，各区域性综合供电公司在验收合格后2个工作日内完成。

3、滨海供电公司、孤岛供电公司、滨南供电公司、纯梁供电公司、河口供电公司、东区供电公司的新装用电、增容用电由各单位自行审批，办理有关用电手续，签订供用电合同。

4、对于没有公用变的地方，为了便于管理和安全运行，原则上一律不准办理低压用电手续。

（二）社区住（商）户的办理程序

1、社区居民、商户新增用电，由各区域性综合供电公司自行审批。客户到相应供电服务队办理用电手续，由服务队组织人员现场落实后，确定供电方案和技术要求及用电性质类别，报各区域性综合供电公司主管领导审批。

2、居民住户验收装表后，供电服务队做好记录存档，商户签订低压供用电合同后接火送电。

3、施工、验收、安装计量装置由各区域性综合供电公司负责。各供电公司在验收合格后2个工作日内，完成计量装置的安装。

（三）临时用电的办理程序

1、高、低压临时用电的办理程序与正式用电相同，对配电盘的要求可降低，但必须安装带有漏电保护器的动力配电箱。

2、临时用电期限按国家有关规定执行。

3、使用临时电源的客户不得向外转供电，也不得转让给其他客户。

4、临时用电如需改为正式用电，应按新装用电办理。

（四）新上315kVA及以上变压器和双电源办理程序

由电力客户服务中心受理，会同总公司生产管理科、生产技术科、电力调度中心及相应区域性综合供电公司共同对现场进行勘查落实，确定上电方案、计量方式，勘察人员签署现场意见，由电力客户服务中心审核后报总公司主管领导审批，批准后施工。

二、用电MIS业务办理程序

为了提高现代化办公水平，中区供电公司、南区供电公司、北区供电公司统一使用用电MIS系统办理业务。

（一）手续办理

1、客户到电力客户服务中心办理业务手续时，由电力客户服务中心转相应区域性综合供电公司，由该公司会同有关部门勘查落实变电站、线路对新增负荷的承受能力、供电方案及用电类别、用电性质。如可行，出具书面供电方案和技术要求并签字盖章后，到电力客户服务中心办理用电手续，签订供用电合同并备案；如不可行，及时答复客户，工作时限为7个工作日。

2、客户到各区域性综合供电公司办理用电手续时，由各供电公司自行组织有关部门勘查落实变电站、线路对新增负荷的承受能力、供电方案及用电类别、用电性质。如可行，出具书面供电方案和技术要求并签字盖章后，到电力客户服务中心办理用电手续，签订供用电合同并备案；如不可行，及时答复客户，工作时限为7个工作日。

（二）工作单传递

所有业务处理需从MIS系统中传递，相关环节的处理，分别由各区域性综合供电公司和电力客户服务中心行使职能，确保各项用电数据的全面准确。总公司按照承诺服务时限、MIS工作单记录进行考核，每月在网上进行公告。

第三节 电 价

一、油田内部价格

总公司对油田内部单位用电，执行管理局核定的内部结算价格，包括电度电价（分为工业用电、农业用电和生活照明用电三类）、大工业基本电费、力率调整电费。管理局根据山东省价格变动情况对油田内部电价及时作出调整。

2004年1月起，执行胜油定发[2004] 64号文件规定的0.47元/kW•h；2004年7月起，执行胜油定发[2004] 36号文件规定的0.48元/ kW•h。

2005年5月起，执行胜油定发[2005]24号文件规定的0.49元/ kW•h；同时补充执行胜油定发[2005]50号文件规定的0.51元/ kW•h。

2006年7月1日起，油田内部供电的价格按照胜油定发[2006]37号文件执行，工业用电由原0.51元/ kW•h调整为0.52元/ kW•h。

2007年1月1日起，居民生活照明电价由原0.37元/ kW•h调整为0.5469元/ kW•h。

2008年7月1日起，油田内部供电的价格按照胜油定发[2008]29号文件执行，工业用电由原0.52元/ kW•h调整为0.568元/ kW•h。

2009年1月1日起，油田内部大工业基本电费的价格按照胜油定发[2009]16号文件执行：按变压器容量计费的，其标准由11元/（kVA•月）调整为20元/（kVA•月）；按最大需量计费的，其标准由16.5元/（kW•月）调整为30元/（kW•月）。

2009年11月20日起，油田内部供电的价格按照中国石化财 [2009]119号文件执行：（1）电度电费：工业用电由原0.568元/ kW•h调整为0.596元/ kW•h；（2）大工业基本电费：按变压器容量计费的，其标准由20元/（kVA•月）调整为28元/（kVA•月）；按最大需量计费的，其标准由30元/（kW•月）调整为38元/（kW•月）。

2011年6月1日起，油田内部供电的价格按照胜油定发[2011]14号文件执行，工业用电由原0.596元/ kW•h调整为0.623元/ kW•h。

2011年12月1日起，油田内部供电的价格按照中国石化财[2011]153号文件执行，工业用电由原0.623元/ kW•h调整为0.656元/ kW•h。

2012年，继续按照2011年电价政策执行。

二、转供地方及油田三产价格

对于转供地方电价，统一按山东省物价局规定的销售电价执行，对于油田三产电价，则是按照油田内部大工业电价执行。

2003年，按照山东省计委、山东省物价局、山东电力集团公司鲁价格发[2002]80号文件《关于实行城乡居民生活用电同价的通知》规定，居民生活用电电价按0.52元/ kW•h执行，对于1kV及以上供电客户按0.468元/ kW•h执行，0.052元/ kW•h的差价用于补偿转供电单位的低压侧线损及维护管理费用。总公司执行的销售电价见表3–2。

2004年6月15日起，执行鲁价格发[2004]135号文件规定，东营市、滨州市合为一个价区，具体销售电价见表3–3。

2005年5月1日起，执行鲁价格发[2005]72号文件规定，具体销售电价见表3–4。

2006年7月，执行鲁价格发[2006]129号文件规定：大工业基本电费按变压器容量计费的，其标准由11元/（kVA•月）调整为20元/（kVA•月）；按最大需量计费的，其标准由16.5元/（kW•月）调整为30元/（kW•月）。具体销售电价见表3–5。

2007年12月，执行鲁价格发 [2007]252号文件规定，具体销售电价见表3–6。

2008年7月1日起，执行鲁价格发[2008]101号文件规定。非居民照明用电与非普工业用电合并为一般工商业用电，实行同价。东营市、滨州市合为一个价区，具体销售电价见表3–7。

2009年11月20日起，执行鲁价格发［2009]218号文件规定。大工业用电基本电价按变压器容量计费的标准提高到28元/（kVA•月），按最大需量计费的标准提高到38元/（kW•月）。具体销售电价见表3–8。

2011年6月1日起，执行鲁价格发［2011]97号文件规定，具体销售电价见表3–9。

2011年12月1日起，执行鲁价格发［2011]201号文件规定，按照《可再生能源法》和《可再生能源发电价格和费用分摊管理试行办法》有关规定，将向除居民生活和农业生产以外的其他用电征收的可再生能源电价附加标准提高至0.008元/kW•h。大工业、一般工商业用电价格提高0.0378元/kW•h，农业生产用电价格提高0.0338元/kW•h，中小化肥生产用电价格提高0.0578元/kW•h。具体执行销售电价见表3–10。

表3–2 2003～2012年用电结构变化情况

单位：元/千瓦时

用电类别	基本电价		电价	
	最大需量（元/kW•月）	变压器容量（元/kVA•月）	东营	滨州
一、大工业用电				
1-10kV	16.50	11.00	0.4486	0.4538
35-110kV	16.50	11.00	0.4426	0.4478
110kV及以上	16.50	11.00	0.4326	0.4378
二、非工业、普通工业	—	—		
不满1kV	—	—	0.5386	0.5438
1-10kV	—	—	0.5346	0.5398
35-110kV	—	—	0.5276	0.5328
三、居民生活用电	—	—		
不满1kV	—	—	0.5200	0.5200
1-10kV	—	—	0.4680	0.4680
35-110kV	—	—	0.4680	0.4680
四、非居民生活用电	—	—		
不满1kV	—	—	0.6206	0.6258
1-10kV	—	—	0.6126	0.6178
35-110kV	—	—	0.6116	0.6168
五、农业生产用电	—	—		
不满1kV	—	—	0.4276	0.4328
1-10kV	—	—	0.4216	0.4268
35-110kV	—	—	0.4126	0.4178
六、油田三产用电	—	—	—	0.5382

表3-3 2004年6月起执行的销售电价

单位：元/千瓦时

用电类别	基本电费		电价
	容量（元/kW•月）	需量（元/kVA•月）	滨州东营 2004.6
一、大工业用电			
1—10 kV	11.00	16.50	0.4740
35—110 kV	11.00	16.50	0.4680
110 kV及以上	11.00	16.50	0.4580
二、非工业、普通工业用电	—	—	
不满1 kV	—	—	0.5640
1—10 kV	—	—	0.5600
35—110 kV	—	—	0.5530
三、居民生活用电	—	—	
不满1 kV	—	—	0.5200
1 kV及以上	—	—	0.4680
四、非居民照明用电	—	—	
不满1 kV	—	—	0.6460
1—10 kV	—	—	0.6380
35—110 kV	—	—	0.6370
五、农业生产用电	—	—	
不满1 kV	—	—	0.4630
1—10 kV	—	—	0.4570
35—110 kV	—	—	0.4480
文件执行依据	—	—	鲁价格[2004]135号

表3-4 2005年5月起执行的销售电价

单位：元/千瓦时

用电类别	基本电费		电价
	容量（元/kW•月）	需量（元/kVA•月）	滨州东营 2005.5
一、大工业用电			
1—10 kV	11.00	16.50	0.5012
35—110 kV	11.00	16.50	0.4952
110 kV及以上	11.00	16.50	0.4852
二、非工业、普通工业用电	—	—	
不满1kV	—	—	0.5912
1—10kV	—	—	0.5872
35—110kV	—	—	0.5802
三、居民生活用电	—	—	
不满1kV	—	—	0.5400
1kV及以上	—	—	0.4880
四、非居民照明用电	—	—	
不满1kV	—	—	0.6732
1—10kV	—	—	0.6652
35—110kV	—	—	0.6642
五、农业生产用电	—	—	
不满1kV	—	—	0.4630
1—10kV	—	—	0.4570
35—110kV	—	—	0.4480
文件执行依据	—	—	鲁价格[2005]72号

表3-5 2006年7月起执行的销售电价

单位：元/千瓦时

用电类别	基本电费		电度电价	基金及附加							合 计
	容量（元/kW•月）	需量（元/kVA•月）		三峡基金	农改付息	城市附加	水库移民后期扶持资金(中央)	水库移民后期扶持资金(地方)	可再生能源电价附加	基金加价小计	
一、大工业用电											
1—10kV	20.00	30.00	0.4756	0.007	0.02	0.01	0.0083	0.0005	0.001	0.0468	0.5224
其中：电解铝、水泥、钢铁等6个高耗行业（限制类）	20.00	30.00	0.5056	0.007	0.02	0.01	0.0083	0.0005	0.001	0.0468	0.5524
电解铝、水泥、钢铁等6个高耗行业（淘汰类）	20.00	30.00	0.5756	0.007	0.02	0.01	0.0083	0.0005	0.001	0.0468	0.6224
35—110kV	20.00	30.00	0.4696	0.007	0.02	0.01	0.0083	0.0005	0.001	0.0468	0.5164
110kV及以上	20.00	30.00	0.4596	0.007	0.02	0.01	0.0083	0.0005	0.001	0.0468	0.5064
二、非工业、普通工业用电											
不满1kV			0.5817	0.007	0.02	0.01	0.0083	0.0005	0.001	0.0468	0.6285
1—10kV			0.5777	0.007	0.02	0.01	0.0083	0.0005	0.001	0.0468	0.6245
其中：电解铝、水泥、钢铁等6个高耗行业（限制类）			0.6077	0.007	0.02	0.01	0.0083	0.0005	0.001	0.0468	0.6545
电解铝、水泥、钢铁等6个高耗行业（淘汰类）			0.6777	0.007	0.02	0.01	0.0083	0.0005	0.001	0.0468	0.7245
35—110kV			0.5707	0.007	0.02	0.01	0.0083	0.0005	0.001	0.0468	0.6175
三、居民生活用电											
不满1kV			0.5016	0.007	0.02	0.01	0.0083			0.0453	0.5469
1kV及以上			0.4476	0.007	0.02	0.01	0.0083			0.0453	0.4929
四、非居民照明用电											
不满1kV			0.6348	0.007	0.02	0.01	0.0083	0.0005		0.0458	0.6806
1—10kV			0.6268	0.007	0.02	0.01	0.0083	0.0005		0.0458	0.6726
35—110kV			0.6258	0.007	0.02	0.01	0.0083	0.0005		0.0458	0.6716
五、农业生产用电											
不满1kV			0.4360	0.007	0.02					0.027	0.4630
其中：农业排灌用电			0.4360	0.007						0.007	0.4430
1—10kV			0.4300	0.007	0.02					0.027	0.4570
其中：农业排灌用电			0.4300	0.007						0.007	0.4370
35—110kV			0.4210	0.007	0.02					0.027	0.4480
其中：农业排灌用电			0.4210	0.007						0.007	0.4280

注1：（1）以上价格均包括农网改造还本付息资金每千瓦时2分、三峡工程建设基金每千瓦时0.7分。除直供农业生产用电外，均含城市公用事业附加每千瓦时1分。（2）对已经下放地方的原国有重点煤炭企业生产用电、核工业铀扩散厂和堆化厂生产用电价格，按表所列分类电价每千瓦时降低1.7分执行；农业排灌、抗洪救灾及原化工部发放生产许可证的氮肥、磷肥、钾肥、复合肥生产用电，按表所列分类电价每千瓦时降低2分执行。（3）山东铝业公司生产用电价格在上表基础上每千

瓦时提高0.7分。（4）对电解铝、铁合金、电石、烧碱、水泥、钢铁等6个高耗能行业按照国家产业要求，区分淘汰类、限制类企业执行差别电价，对限制类和淘汰类产业分别提高每千瓦时2分和5分。

注2：水库移民建设基金收入(20060630停止)，水库移民后期扶持资金(中央)收入(20060630起征)，水库移民后期扶持资金(地方)收入(20060630起征)，可再生能源电价附加收入(20060630起征)。

表3-6 2007年12月起执行的销售电价

单位：元/千瓦时

用电类别	基本电价		电价	
	最大需量(元/kW•月)	变压器容量(元/kVA•月)	东营	滨州
一、大工业用电				
1-10kV	30	20	0.5252	0.5283
35-110kV	30	20	0.5192	0.5223
110kV及以上	30	20	0.5092	0.5123
二、非工业、普通工业	—	—		
不满1kV	—	—	0.6313	0.6344
1-10kV	—	—	0.6273	0.6304
35-110kV	—	—	0.6203	0.6234
三、居民生活用电	—	—		
不满1kV	—	—	0.5469	0.5469
1kV以上	—	—	0.4929	0.4929
四、非居民生活用电	—	—		
不满1kV	—	—	0.6834	0.6865
1-10kV	—	—	0.6754	0.6785
35-110kV	—	—	0.6744	0.6775
五、农业生产用电	—	—		
不满1kV	—	—	0.4658	0.4689
1-10kV	—	—	0.4598	0.4629
35-110kV	—	—	0.4508	0.4539
文件执行依据			鲁价格[2007]252号	鲁价格[2007]251号

表3-7 2008年7月起执行的销售电价

单位：元/千瓦时

用电类别	基本电费		电度电价	基金及附加							合计
	容量(元/kW•月)	需量(元/kVA•月)		三峡基金	农改付息	城市附加	水库移民后期扶持资金(中央)	水库移民后期扶持资金(地方)	可再生能源电价附加	基金加价小计	
一、大工业用电											
1—10kV	20.00	30.00	0.5287	0.007	0.02	0.01	0.0083	0.0005	0.002	0.0478	0.5765
35—110kV	20.00	30.00	0.5187	0.007	0.02	0.01	0.0083	0.0005	0.002	0.0478	0.5665
110kV及以上	20.00	30.00	0.5087	0.007	0.02	0.01	0.0083	0.0005	0.002	0.0478	0.5565

续 表

用电类别	基本电费		电度电价	基金及附加						基金加价小计	合 计
	容量（元/kW•月）	需量（元/kVA•月）		三峡基金	农改付息	城市附加	水库移民后期扶持资金(中央)	水库移民后期扶持资金(地方)	可再生能源电价附加		
二、一般工商业用电（原非普、非生活）											
不满1kV			0.6398	0.007	0.02	0.01	0.0083	0.0005	0.002	0.0478	0.6876
1—10kV			0.6298	0.007	0.02	0.01	0.0083	0.0005	0.002	0.0478	0.6776
35—110kV			0.6198	0.007	0.02	0.01	0.0083	0.0005	0.002	0.0478	0.6676
三、居民生活用电											
不满1kV			0.5006	0.007	0.02	0.01	0.0083		0.001	0.0463	0.5469
1kV及以上			0.4466	0.007	0.02	0.01	0.0083		0.001	0.0463	0.4929
四、农业生产用电											
不满1kV			0.4417	0.007	0.02					0.027	0.4687
其中：农业排灌用电			0.4417	0.007						0.007	0.4487
1—10kV			0.4363	0.007	0.02					0.027	0.4633
其中：农业排灌用电			0.4363	0.007						0.007	0.4433
35—110kV			0.4257	0.007	0.02					0.027	0.4527
其中：农业排灌用电			0.4257	0.007						0.007	0.4327

表3-8 2009年11月起执行的销售电价

单位：元/千瓦时

用电类别	电压等级	电度电价	目录电度电价	政府性基金及附加						
				农网还贷	三峡工程建设	城市公用事业附加	中央库区移民后期扶持资金	地方库区移民后期扶持资金	可再生能源基金	基金合计
一、居民生活用电	不满1kV	0.5469	0.5006	0.0200	0.0070	0.0100	0.0083		0.0010	0.0463
	1kV及以上	0.4929	0.4466	0.0200	0.0070	0.0100	0.0083		0.0010	0.0463
二、一般工商业用电	不满1kV	0.7489	0.6991	0.0200	0.0070	0.0100	0.0083	0.0005	0.0040	0.0498
	1-10kV	0.7339	0.6841	0.0200	0.0070	0.0100	0.0083	0.0005	0.0040	0.0498
	35-110kV	0.7189	0.6691	0.0200	0.0070	0.0100	0.0083	0.0005	0.0040	0.0498
三、大工业用电	1-10kV	0.6147	0.5649	0.0200	0.0070	0.0100	0.0083	0.0005	0.0040	0.0498
	35-110kV以下	0.5997	0.5499	0.0200	0.0070	0.0100	0.0083	0.0005	0.0040	0.0498
	110-220kV以下	0.5847	0.5349	0.0200	0.0070	0.0100	0.0083	0.0005	0.0040	0.0498
	220kV及以上	0.5697	0.5199	0.0200	0.0070	0.0100	0.0083	0.0005	0.0040	0.0498

续 表

用电类别	电压等级	电度电价	目录电度电价	政府性基金及附加						
				农网还贷	三峡工程建设	城市公用事业附加	中央库区移民后期扶持资金	地方库区移民后期扶持资金	可再生能源基金	基金合计
四、农业生产用电	不满1kV	0.5282	0.5012	0.0200	0.0070					0.0270
	1-10kV	0.5132	0.4862	0.0200	0.0070					0.0270
	35-110kV	0.4982	0.4712	0.0200	0.0070					0.0270
五、农业排灌用电	不满1kV	0.5082	0.5012		0.0070					0.0070
	1-10kV	0.4932	0.4862		0.0070					0.0070
	35-110kV	0.4782	0.4712		0.0070					0.0070

备注：农业排灌、抗灾救灾、中小化肥生产用电，按上表所列分类电价降低2分钱（农网还贷资金）执行；采用离子膜法工艺的氯碱生产用电，按上表所列相应分类电价降低1.42分钱执行。

表3-9 2011年6月起执行的销售电价

单位：元/千瓦时

用电类别	电压等级	电度电价	目录电度电价	政府性基金及附加						基本电价	
				农网还贷基金	国家重大水利工程建设基金	城市公用事业附加	大中型水库移民后期扶持资金	地方水库移民后期扶持资金	可再生能源附加	最大需量（元/kW•月）	变压器容量（元/kVA•月）
一、居民生活用电	不满1kV	0.5469	0.5006	0.0200	0.0070	0.0100	0.0083		0.0010		
	1kV及以上	0.4929	0.4466	0.0200	0.0070	0.0100	0.0083		0.0010		
二、一般工商业用电	不满1kV	0.7796	0.7298	0.0200	0.0070	0.0100	0.0083	0.0005	0.0040		
	1-10kV	0.7646	0.7148	0.0200	0.0070	0.0100	0.0083	0.0005	0.0040		
	35-110kV	0.7496	0.6998	0.0200	0.0070	0.0100	0.0083	0.0005	0.0040		
三、大工业用电	1-10kV	0.6454	0.5956	0.0200	0.0070	0.0100	0.0083	0.0005	0.0040	38	28
	35-110kV以下	0.6304	0.5806	0.0200	0.0070	0.0100	0.0083	0.0005	0.0040	38	28
	110-220kV以下	0.6154	0.5656	0.0200	0.0070	0.0100	0.0083	0.0005	0.0040	38	28
	220kV及以上	0.6004	0.5506	0.0200	0.0070	0.0100	0.0083	0.0005	0.0040	38	28
四、农业生产用电	不满1kV	0.5589	0.5319	0.0200	0.0070						
	1-10kV	0.5439	0.5169	0.0200	0.0070						
	35-110kV	0.5289	0.5019	0.0200	0.0070						
五、农业排灌用电	不满1kV	0.5389	0.5319		0.0070						
	1-10kV	0.5239	0.5169		0.0070						
	35-110kV	0.5089	0.5019		0.0070						

备注：农业排灌、抗灾救灾、中小化肥生产用电，按上表所列分类电价降低2分钱（农网还贷资金）执行；采用离子膜法工艺的氯碱生产用电，按上表所列相应分类电价降低1.42分钱执行。

表3-10 2011年12月起执行的销售电价

单位：元/千瓦时

用电类别	电压等级	电度电价	目录电度电价	政府性基金及附加						基本电价	
				农网还贷基金	国家重大水利工程建设基金	城市公用事业附加	大中型水库移民后期扶持资金	地方水库移民后期扶持资金	可再生能源附加	最大需量（元/kW•月）	变压器容量（元/kVA•月）
一、居民生活用电	不满1kV	0.5469	0.5006	0.0200	0.0070	0.0100	0.0083		0.0010		
	1kV及以上	0.4929	0.4466	0.0200	0.0070	0.0100	0.0083		0.0010		
二、一般工商业用电	不满1kV	0.8174	0.7636	0.0200	0.0070	0.0100	0.0083	0.0005	0.0080		
	1-10kV	0.8024	0.7486	0.0200	0.0070	0.0100	0.0083	0.0005	0.0080		
	35-110kV	0.7874	0.7336	0.0200	0.0070	0.0100	0.0083	0.0005	0.0080		
三、大工业用电	1-10kV	0.6832	0.6294	0.0200	0.0070	0.0100	0.0083	0.0005	0.0080	38	28
	35-110kV以下	0.6682	0.6144	0.0200	0.0070	0.0100	0.0083	0.0005	0.0080	38	28
	110-220kV以下	0.6532	0.5994	0.0200	0.0070	0.0100	0.0083	0.0005	0.0080	38	28
	220kV及以上	0.6382	0.5844	0.0200	0.0070	0.0100	0.0083	0.0005	0.0080	38	28
四、农业生产用电	不满1kV	0.5927	0.5657	0.0200	0.0070						
	1-10kV	0.5777	0.5507	0.0200	0.0070						
	35-110kV	0.5627	0.5357	0.0200	0.0070						
五、农业排灌用电	不满1kV	0.5727	0.5657		0.0070						
	1-10kV	0.5577	0.5507		0.0070						
	35-110kV	0.5427	0.5357		0.0070						

备注：农业排灌、抗灾救灾、中小化肥生产用电，按上表所列分类电价降低2分钱（农网还贷资金）执行；采用离子膜法工艺的氯碱生产用电，按上表所列相应分类电价降低1.42分钱执行。

第四节 电费管理

为确保电费及时、足额回收，总公司制定了严格的用电管理考核奖惩制度，将电费回收指标与奖惩考核挂钩，激发了职工的工作积极性和主动性。同时，对客户加强《电力法》、《电力供应与使用条例》和《供电营业规则》等法律法规的宣传工作，提高了客户合法用电、依法缴费的自觉性。

总公司电费回收主要采用坐收（定点收取）方式。中区供电公司、南区供电公司、北区供电公司管辖范围内的油田内部客户，由相关供电公司与客户双方抄表后输入用电MIS系统，电力客户服务中心核算签认，转财务资产管理中心结算；其他供电公司管辖范围内的油田内部客户，经抄表、核算、签认后，转财务资产管理中心结算。中区供电公司、南区供电公司、北区供电公司管辖范围内的地方及油田三产客户的电费，由各供电公司负责催缴，客户直接到电力客户服务中心营业厅交纳，所收电费由电力客户服务中心统一上交财务资产管理中心；其他供电公司管辖范围内的地方及油田三产电费直接上交财务资产管理中心。

2003年以来，用电MIS系统先后在中区供电公司、南区供电公司、北区供电公司推广应用，实现了电量电费、计量、业扩、用检、综合查询的数字化和事故检修、报装接电、投诉举报、电费签认的自动化、信息化。实施信誉等级客户制度，完善大客户网上电量结算系统，实现对客户用电数据的实时采集、用电信息的实时查询、监控，缩短了电费核算周期，提高了用电管理水平。2010年，采用POS机、银联卡刷卡缴纳电费，确保了资金安全性，提升了服务效率和电费回收率。2011年开始，油田居民水电气暖实施一体化联动收费，依托“一卡通”系统由社区代理收缴电费。总公司在全面推广一体化联动收费过程中，集中更换了居民表计，居民表计以卡式预付费表为主，提高了居民电费回收率。

第二章 优质服务

总公司坚持以诚信服务、客户满意为目标，以服务承诺、行风建设为重点，加强硬件建设，依靠科技进步，创新服务手段，强化规范管理，深化“以客户为中心，以市场为导向”的诚信服务机制建设，构建和谐的供用电关系，树立“负责任，受尊敬”的企业形象。

第一节 诚信服务

2003年以来，面对供电市场竞争日趋激烈的严峻形势，总公司及时调整工作思路，坚持“始于客户需求，终于客户满意”的服务理念，将服务质量纳入用电经营管理考核，完善承诺服务工作制度，实行供电服务“一口对外”，提高办事效率，为广大客户提供优质、高效、便捷的服务。

健全完善服务规章体系 先后制定了《电力管理总公司用电营业规范化服务标准》、《热线服务标准》、《客户服务控制程序》、《与客户有关过程控制程序》等标准程序。制定管理标准56项、管理程序51个、工作标准230项，完善了涵盖全行业的16个监督约束办法，公布了50多条文明用语。2004年，总公司推行ISO9001服务标准体系，把优质服务标准纳入规范管理。2009年，组织编写了《用电管理制度汇编》，以制度规范职工行为，形成了科学的

图3-1 电力客户代表提供优质服务

用电管理制度体系。总公司从严细考核入手，建立了自查、互查、专项检查“三查”工作机制，保障了各项规章制度的有效落实。

深化供电服务承诺 坚持把服务内容和服务标准向社会公开承诺，接受社会监督，为客户营造良好的供用电环境。在营业大厅设立信息触摸屏，开通电话语音查询系统，客户可以通过多种方式详细查看电费、电价、用电政策等信息。建立了集用电营业管理、电费管理、计量管理于一体的用电管理信息系统，对客户信息实行动态管理。在各个油区建立用电管理系统分站，率先实现了客户服务信息联网运行、信息共享，最大限度地满足客户用电需求。优化服务流程，简化用电程序。设立客户代表，推行“首问负责制”和“全面代理制”，800-860-9000免费热线电话24小时提供优质服务。客户代表向客户宣传有关的供用电法律法规，解答客户的用电咨询和查询，受理客户的投诉和举报，督察营业内部流程的全过程，并对客户服务的结果进行跟踪回访，实现了“只要客户一个电话，其余的事情由我们来做”的承诺。

开展诚信服务载体活动 2003～2008年，以“亮电力窗口，树行业新风”为主题，先后开展了诚信服务年、深化年、提升年系列服务载体活动，引导干部职工争创“行风建设示范窗口”和争当“岗位服务明星”。2009～2012年，围绕“服务作风零距离、服务质量零缺陷、服务纪律零违纪”的目标，深化“行风建设示范窗口”创建，开展“亮窗口，树形象，争夺‘诚信服务杯’”活动和以“创一流用电服务队伍，争当用电精细化管理先进单位、争当优质用电服务队、争当服务明星班组、争当优质服务明星”为主要内容的“一创四争”诚信服务载体活动，增强了职工的爱岗敬业精神和工作责任心。2011年，在河口供电公司召开用电系统为民服务创先争优经验交流会，交流了“电力小红帽”、“电力小背包”、“胜利宇虹桥”、“光明直通车”等特色服务经验。

第二节 行风建设

2003年以来，总公司坚持把客户满意作为第一标准，强化“始于客户需求，终于客户满意”的服务理念，把优质服务的知情权、参与权、监督权、裁判权交给客户和社会，建立了一套行之有效的监督办法，架起了与客户的沟通桥梁。通过优化服务流程，深化服务承诺，健全客户满意的服务、投诉、监督、奖惩机制，大力加强行风建设和职工职业道德建设，树立“负责任、受尊敬”的良好企业形象。在管理局组织的民主评议行风测评中，2003~2010年总公司在水电气暖等全局性服务单位中连续八年获第一名，2012年再次获得第一名。

建立健全用电管理监督约束机制 聘请100名社会监督员，成立客户关系委员会，向社会和广大客户公开供电服务“十项承诺”、员工服务“十个不准”。坚持定期召开会议制度和领导定期走访客户制度，多方听取意见和建议，多层次、全方位地接受社会监督。坚持电力大客户座谈会制度。每年定期组织大客户座谈会，邀请各采油厂、社区和其他用电大客户参加，发放征求意见卡，广泛征求意见，不断改进服务措施，提升服务质量和服务水平。

完善日常检查与投诉处理相结合的监督机制 加强教育、约束、惩处三道防线建设，采取突击检查、定期通报、建立客户服务档案、跟踪服务等方式，及时发现问题并整改。设立举报投诉中心，实行24小时值班制度，及时处理举报投诉。设立了30个举报箱和50万元行风建设奖励基金，制定《电力管理总公司行业作风建设奖励基金和实行行业作风建设举报奖励暂行办法》，严格落实举报奖励。完善客户投诉受理机制，客户代表在对待客户投诉的处理上，坚持做到“四个百分百”，即百分之百记录、百分之百处理、百分之百回访、百分之百整理反馈给有关部门。2003～2012年，共受理行风投诉举报137件，经查实处理49件，发放举报奖励13.75万元。

第三章 计量管理

总公司结合电力生产的特点，印发《电力管理总公司电能计量器具管理规定》，对总公司管理范围内电能计量装置（包括电能表、电压互感器、电流互感器及二次回路、远程抄表系统）的购进、检定、安装、维护、轮换和验收等作出了严格规定。电力标准计量站负责总公司范围内的电能表、互感器及其二次接线的安装、校验、检定工作。

第一节 电能计量

2003年以来，总公司加强电力标准计量站建设，整体搬迁至光明苑电力工区，购置新型检定设备12台套，新建标准装置6台套，实验室环境条件得到改善。设备精度为东营地区最高，实现了所有检定项目的自动化、网络化。编制的《高压电能计量柜现场校准方法》、《机电式交流电能表检修工艺》、《单相电能表现场校准方法》三项工作标准，被批准为管理局企业标准。2003年7月，电力标准计量站通过了山东省法定计量检定机构的审核，授权电能表、电能表检定装置、电流互感器、电压互感器4个检定项目为胜利油田境内社会公用计量标准。

图3-2 电力标准计量站检定现场

2004～2005年，总公司先后引进了全电子多功能YC-1893（II）型三相电能表标准装置

（0.03级），HEA-H型智能型互感器校验仪，新云达WDX-2D型现场检验仪，科荟电器PEC-7型检验仪，YC-1893（II）型三相电能表标准装置（0.1级），逐步满足了计量工作需要。同时完善计量管理各项制度，健全有关技术档案、运行和维护记录，制定并严格落实周期检定计划。2005年，开始承担管理局民用电能表检定工作，同年完成17000余块民用单相电能表的检定工作。

2006～2007年，为满足大幅增加的检定工作量，以及新型计量仪表的检定工作需求，总公司加大设备升级改造力度。先后为电力标准计量站引进HY9155C-12型12表位单相电能表多功能检验装置、FLUKE9100型数字式多功能仪表校验仪、CL1001D-24型单相多功能电能表检定装置和CL3001D-12型三相多功能电能表检定装置、HGQH（12）-C型极速多台位互感器检定装置等新型实验室计量校验设备5台，增加数字式计量仪表检定项目3个，显著提高了仪表检定效率，满足了日益增长的检定工作量的需要。为提高计量表计管理和用电检查水平，为各区域性综合供电公司配备了WT5103D型便携式工频电量测试仪、WT-B160型和ST9020G3型单相便携式电能表检定装置、WT-121F型和ST2101型单相电能表现场校验仪、DCS型变压器容量测试仪、三维PT（CT）04型便携式互感器现场校验仪等现场计量校验设备（仪器）60余台。

2007年6月，油田社区电力专业化管理改革后，总公司管辖的社区居民客户和社区转供客户计量表计数量增加近20万个。自2007年至2011年，总公司每年投入近千万元社区维修改造资金，对计量装置特别是社区计量装置进行改造，共计更换电能表10万余只，高低压计量箱1千余台，互感器近2千台，使计量装置准确度、防盗性能和运行稳定性都得到了很大提高，显著改善了社区计量状况，最大限度减少了电量流失，每年增加经济效益约600万元。

2010～2012年，按照管理局要求，逐步实施对居民小区计量装置升级改造。先后完成胜中社区秀苑、舒苑、明苑、清苑、雅苑、翠苑、翠苑新区等7个油田居民小区的联网售电计量改造，实现自动售电终端购电、银行缴费等多种收费方式，满足了居民客户24小时购电需求。开展电能表检定流程和工艺改造，推广实施“防伪铅封”和“防伪合格证”，以及“表计条形码管理系统”，有效提高了电能表检定效率、检定质量，增强了电能表的防窃电性能。2011年9月，按照管理局实施“社区一体化联动收费”的部署要求，先后对全部社区居民安装“一卡通”新型CPU卡预付费电能表。截至2012年底，共计更换电能表16万只。2003～2012年计量装置检定、安装情况见表3-11。

表3-11 2003～2012年计量装置检定、安装情况统计

单位：块

年度	仪表修理与校验	电能表修理与校验	电能表安装与换装	互感器校验与安装	现场校验与故障处理
2003	882	7622	1389	2015	255
2004	841	10683	2839	2510	350
2005	952	13973	292	2701	240
2006	539	13240	705	2283	165
2007	239	8059	221	2797	153
2008	361	19641	285	3666	546
2009	367	27281	572	1885	153
2010	337	29398	391	4147	294
2011	426	93284	329	2912	202
2012	278	100349	459	5287	105

第二节 国家实验室

2005年，总公司开展电力标准计量站申请实验室国家认可工作。2006年5月，电力标准计量站取得“中国实验室国家认可资质”，列入《国家认可实验室名录》，被批准开展20种类型仪器仪表的校正、计量校准。同年7月，东营市技术监督局受山东省技术监督局委托，对总公司电力标准计量站进行计量授权到期复核，复评审获得顺利通过，授权范围扩大为“胜利油田及其供电区域”。利用“国家实验室认可资质”和“山东省计量授权资质”，电力标准计量站积极拓展服务项目，扩大服务市场，先后为孤东采油厂、临盘采油厂、东辛采油厂、海洋开发公司等开展现场检定和校准技术服务。2007年6月，中国合格评定国家认可委员会（CNAS）对电力标准计量站进行了取得“国家实验室认可资质”后的第一次监督复审，并顺利通过。2008年6月，通过山东省能源计量检查。2009年7月，通过了东营市技术监督局“法定计量检定机构授权复核评审”。2011年8月，电力标准计量站顺利通过了管理局技术监督处组织的8项新建和到期计量标准考核。

第四章 用电监察

总公司用电监察工作分为日常营业普查、专项用电治理和网损控制。随着用电监察力度的不断加大，用电监察工作重点由专项治理向指导客户合理用电、节约用电和安全用电转变，油区用电环境得到进一步改善，用电秩序更趋规范。

第一节 营业普查

十年来，总公司采取多种方式对各区域性综合供电公司用电管理情况开展营业普查，逐步规范营业行为，理顺用电经营管理流程，提升用电精细管理水平。

2003年，针对各项用电指标完成情况、各类报表的及时性及准确性、各类台帐、油田内部单位容量增减、市场开发情况进行普查统计。

2004年，采取座谈、调查问卷、现场答疑等形式共回访客户84家；测试变电站16座，测PT二次压降50条；核实采油厂6kV线路6条，变压器76台，总容量18865kVA；检查配电自管线路10条，变压器111台，容量21630kVA。

2005年，通过深入用电现场、直接走访客户、认真检查报表等方式，检查了9家区域性综合供电公司经营完成情况、报表台帐、日常营业管理情况。核实采油厂6kV线路11条，变压器216台，总容量28493kVA；检查配电自管线路13条，变压器124台，容量38580kVA。

2006年，主要针对各项用电经营承包指标完成情况、用电治理、计量改造、诚信服务年活动、农网分离情况等，分电价电费组、容量检查组、计量检查组三路，开展具体检查工作。共检查线路15条，计量装置56台，发现并整改问题14处；巡视采油厂线路9条，核实变压器151台，容量19200kVA。

2007～2008年，重点对自管客户进行全面普查，加强对客户的计量装置、用电分析、安全隐患、依法治电等方面的指导，建立完善低压配电系统基础资料，加强对各种报表台帐的统一规范管理。

2009年，用电营业普查历时4个月，对26个供电服务队全部进行了检查，检查范围、检查时间及精细度都超过往年。通过现场规范指导，查找用电管理工作中存在的问题和薄弱环节，规避了用电经营风险。

2010年，重点检查了“一卡通”、“一号通”的工作进展情况，各种经营类台帐、报表统计管理工作，用电监察情况及社区居民供电服务的相关情况，计量装置的强检工作及各种计量台帐的建立和管理情况等。

2011年，通过看现场、查台账、与用电服务队职工进行交流等多种形式，查找管理中的不规范和薄弱环节，进一步理顺用电经营管理工作流程。

2012年，重点对现场管理、营业管理、计量管理、一体化联动收费系统、小指标竞赛开展情况等进行检查，形成普查底稿91份。针对普查结果提出指导意见，限期整改落实。

第二节 专项治理

2003年，总公司出动宣传车到厂矿、企业、农村进行大力宣传，加强广大客户依法用电、依法缴费的意识。各区域性综合供电公司共巡视线路960条次、6100千米，检查变压器4600台次，指导各类客户合理用电7300户次，发现问题197处，处理非法客户146户次，追补电量70万kW•h，追补电费约30万元。

2004年，总公司加大技术改造力度，在部分高低压计量箱上加装了GPRS系统，随时监视用电户计量装置的运行情况，及时发现不法客户的窃电行为。全年共安装了各类计量箱420台套，巡视线路920条次、5100千米，检查变压器4400台次，指导各类客户7600户次，发现问题213处，处理非法客户156户次，减少电量流失1200万kW•h，避免损失500万元。

2005年，重点对胜中社区的200多台配电变压器计量装置进行改造。此次计量改造工作是用电管理工作近十年来工作量最大的一次，效果明显。全年共安装了各类计量箱750台套，每年可减少电量流失2300万kW•h，增加电费收入约900万元。

2006～2012年，总公司用电治理重点放在了油地电网分离上。根据油田统一安排，总公司经过分析及现场勘查，逐步把易发生偷漏电、收费风险大的用电户改到地方电网。对无法改到地方电网的用电户进行计量改造，提高了计量装置的防盗性能，取得了明显的经济效益。

第三节　网损控制

2003年以来，总公司在网损控制方面实施科技创新，加大分析力度，降低购进电费支出和电网损耗。加强对外购电量电费的审核，层层把关，确保不外付一分不合理的电费。坚持开展群众性的合理化建议活动，职工共提出网损控制方面合理化建议17条，实际采纳16条。利用负荷计算法，发现计量问题，及时处理计量缺陷，追补损失电量。

2010年，电力客户服务中心建立以月为周期的购进线路损耗分析制度，实时掌握购进线路运行情况，通过损耗分析及时监督计量的准确性，防止计量电量意外流失。各区域性综合供电公司建立健全线网损分析体系，根据每月变电站、自管线路及居民小区损耗率等日常报表进行分析，合理安排日常用电监察工作，杜绝有损总公司利益的问题发生。

2011年，实行购电成本和网损控制联动考核，电力客户服务中心及电力调度中心组成总公司购进电量及负荷分析调控小组，加强日常沟通和数据共享，对胜利发电厂上网电量及购进地方电量进行定期监控、预测及合理调控负荷，实现用电管理工作与电力调度工作联动，为总公司生产指挥提供决策依据。

2012年，重点抓好高损耗线路及小区的降损管理工作。通过开展“用电经营小指标竞赛”活动，划小核算单元，合理制定竞赛指标，定期公布排名，奖优罚劣，引领全员对标赶超、降损增效。加强电能表强检和改造力度，执行尖峰分时电价和力率电费政策，督促用电户加装无功补偿装置，降低线路损耗。在小区配电室出线或楼头柜加装考核总表，完善居民小区电量损耗层级式分析体系，对居民小区供电网络各层电量进行纵向和跨层比对，对居民小区损耗异常情况进行针对性分析检查，缩小居民电量流失的查找范围，最大限度减少电能流失，小区线损由社区电力专业化管理初期的8%以上降到6.96%。

第四篇

工矿建设

电力管理总公司以“主网稳定、配网可靠”为目标，重点实施电网升压改造和结构优化调整。突出产能配套电力工程规划，推进电网基础设施建设。积极引进高新技术，加快实施电网信息化、自动化建设。加大基层基础设施建设，着力改善基层的工作环境。加快居民小区配电设施改造，提高配电系统可靠性，满足了油田油气生产及居民生活用电需求。强化工程项目管理，优化管理流程，把精细管理落实到每个环节，提高了工程项目的建设质量。严格工程建设预（结）算，健全完善油地工作管理，促进了油田电力生产建设的正常运行。十年来，扩建220kV变电站2座，新建（改造）110 kV变电站16座，改（扩）建35kV变电站8座，调整改造35kV~220kV 线路124条，夯实了电网运行基础。

第一章 电力建设

2003年以来，为适应油田原油上产的需要，总公司结合电网整体规划，加快输变电工程建设、电网升压改造和局部电网调整改造，逐步优化电网结构，增强了基础保障能力。

第一节 输变电工程建设

十年来，总公司扩（改）建220kV变电站2座、110kV变电站16座、35kV变电站8座。输变电工程建设经历了两个阶段。

2003~2007年，随着胜利发电厂二期工程投产，实施了220kV系统改扩建工程、110kV变电站建设等工程，油田电网形成了以220kV胜利发电厂升压站、九分场变、新孤变和盐镇变电站为四角环网，110kV网络为主网，35kV网络遍布胜利油区的大型企业电网。

220kV九分场变电站扩建工程 该站位于东安地区，主要承担着胜利发电厂发出电能的传输和分配任务。2003年3月配合胜利发电厂二期工程接入系统建设进行扩容改建，新上120000kVA变压器1台，220kV间隔3个，110kV间隔5个，对相应保护系统、交直流设备、后台系统及遥视系统进行更新改造，总投资11901.9万元。该工程由胜利油田设计院设计，总公司电力建设公司承担施工，2005年8月完成。该扩建工程提升了220kV系统供电的可靠性。

110kV河阳变电站建设工程 该站位于河口区东约2千米处，主要为河口采油厂及附近单位工农业生产、生活供电。设计主变容量2×16000 kVA，110kV出线2条，35kV出线5条，6kV出线16条，总投资1469.1万元。该工程由胜利油田设计院设计，胜利建设集团公司承担土建施工，中国石油天然气管道通信电力工程总公司承担电气安装，2003年10月投产。陆续建成投运的输配电线路有110kV三阳线、盐河线，35kV河六线、博东线、河渤线以及6kV线路15条。

110kV锦华变电站建设工程 该站位于东营区锦苑三区南侧，主要为东辛采油厂油井、注水及周围居民生活供电。设计主变容量2×31500 kVA，110kV出线2条，10kV出线18条，建设综合配电楼1栋，建筑面积494.1平方米，总投资2230.5万元。该工程由胜利油田设计院设计，总公司电力建设公司承担施工，2005年9月投产。陆续建成投运的输配电线路有110kV万华线、九锦线。

王庄油区供电配套工程 新建35kV郑四变电站一座，主要为王庄油区油井供电。设计主变容量2×5000kVA，35kV出线3条，10kV出线9条，总投资1177.7万元。该工程由胜利油田设计院设计，总公司恒泰电气安装公司承担施工，2004年9月完成。陆续建成投运的输电线路有110kV盐郑线、35kV双郑线。

埕北30供电工程 建设临时变电站一座，增加主变容量3150kVA，架设线路7.61千米、光缆7.48千米，完成投资720.3万元。该工程由胜利油田设计院设计，总公司恒泰电气安装公司承担施工，2004年12月完成。

35kV草西变电站改造工程 该站主要为现河采油厂油井供电。设计主变容量1×5000 kVA，35kV出线1条，6kV出线5条，总投资206.5万元。该工程由胜利油田设计院设计，总公司电力建设公司承担施工，2004年10月完成。

35kV海五联变电站建设工程 该站位于桩西采油厂海五联合站内，主要为桩西油区及海上平台供电。设计主变容量1×6300kVA，35kV出线3条，6kV出线4条，总投资861.5万元。该工程由胜利油田设计院设计，总公司电力建设公司承担施工，2005年12月完成。陆续建成投运的输配电线路有35kV中三11线、海五联线、海港线，6kV联合站线。

220kV新孤变电站改扩建工程 新上90000kVA变压器1台，220kV间隔1个，110kV间隔1个，35kV间隔2个，对相应保护系统、交直流设备、低压配电设备进行了更新改造，总投资2826.2万元。该工程由胜利油田设计院设计，总公司电力建设公司承担施工，2006年9月完成。

35kV草西简易变电站建设工程 该站位于现河采油厂草桥油区境内，主要为现河采油厂油井供电。设计主变容量1×10000kVA，35kV出线1条，6kV出线4条，总投资1319.2万元。该工程由胜利油田设计院设计，总公司电力建设公司承担施工，2006年12月投产。

110kV镇西变电站建设工程 该站位于河口区仙河镇西，主要为桩西油区及居民生活供电。设计主变容量2×25000kVA，110kV出线2条，10kV出线17条，总投资3458万元。该工程由胜利油田设计院设计，总公司电力建设公司承担施工，

2007年12月投产。陆续建成投运的输电线路有110kV镇西甲线、镇西乙线。

2008~2012年，随着油田用电负荷和用电量的不断增加，总公司以“安全供电、经济运行”为中心，以提高电能质量和降低电力网损为目标，重点进行了北区、中区电网电压升级及结构调整工作，并配合油田产能建设实施了电力系统配套工程。

高8断块产能建设电力系统配套工程 新上简易变电站1座，设计主变容量10000kVA，35kV线路建设5.49千米，该工程由胜利油田设计院设计，胜利油田瑞祥电气有限责任公司承担施工，2008年7月投产。

陈庄简易变扩容工程 增加6300kVA主变1台，该工程由胜利油田设计院设计，胜利油田瑞祥电气有限责任公司承担施工，2008年12月投产。

110kV胜三变电站建设工程 该站位于胜北社区通明苑小区东500米，主要为胜坨油区及居民生活供电。设计主变容量2×31500kVA，110kV出线2条，10kV出线22条，配电升压改造变压器28台；新建二层主厂房1座，建筑面积603.19平方米，总投资3886.4万元。该工程由胜利油田设计院设计，胜利石油化工建设有限责任公司承担施工，2008年12月投产。陆续建成投运的输电线路有110kV六三线、胜三线。

110kV坨四变电站改造工程 该站主要为胜坨油区及居民生活供电。设计主变容量2×20000kVA，对该站110kV和10kV一、二次设备进行更换，总投资2049.9万元。该工程由胜利油田设计院设计，胜利油田瑞祥电气有限责任公司承担施工，2008年12月投产。

110kV辛八变电站建设工程 该站位于胜东社区工农村东邻，主要为东辛油区及居民生活供电。设计主变容量2×40000kVA，110kV出线2条，10kV出线17条，配电升压改造变压器13台；新建二层主厂房1座，建筑面积962.99平方米，总投资3285.4万元。该工程由胜利油田设计院设计，胜利石油化工建设有限责任公司承担施工，2008年12月投产。陆续建成投运的输电线路有110kV华八线、九八线。

沾27区块上电工程 建设简易变电站1座，设计主变容量3150kVA，建设35kV线路4.4千米，完成投资189.5万元。该工程由胜利油田设计院设计，胜利油田瑞祥电气有限责任公司承担施工，2009年5~8月实施。

老168区块上电工程 设计主变容量6300kVA，建设35kV线路6.2千米，完成投资1420.35万元，该工程由胜利油田设计院设计，胜利油田瑞祥电气有限责任公司承担施工，2010年12月投产。

35kV民丰变开关站改造工程 敷设电缆1850米，建设站用变1台，交直流系统1套，总投资107.42万元。该工程由胜利油田设计院设计，胜利油田瑞祥电气有限责任公司承担施工，2009年12月完成改造。

35kV坨五变开关站改造工程 新装10kV/50kVA站用变压器2台，敷设电缆560米，总投资102.43万元。该工程由胜利油田设计院设计，胜利油田瑞祥电气有限责任公司承担施工，2009年12月完成改造。

110kV坨六变输变电工程 设计主变容量2×25000kVA，建设110kV线路5.17千米，变电站建筑面积1254平方米，完成投资3383.27万元。该工程由胜利油田设计院设计，胜利石油化工建设有限责任公司承担施工，2011年12月投产。

35kV陈庄注水站简易变电站建设工程 该站位于陈庄注水站内，主要为河口油区供电。设计主变容量1×10000kVA，35kV出线1条，10kV出线7条，总投资311.79万元。该工程由胜利油田设计院设计，胜利油田瑞祥电气有限责任公司承担施工，2010年12月完成。

110kV坨八变电站改造工程 该站主要为胜坨油区及居民生活供电。设计主变容量2×25000kVA，对该站110kV、10kV一、二次设备进行更换，总投资2211.62万元。该工程由胜利油田设计院设计，胜利油田瑞祥电气有限责任公司承担施工，2010年12月投产。

110kV坨九变电站建设工程 该站位于净化站东100米，主要为胜坨油区及居民生活供电。设计主变容量2×31500kVA，110kV出线2条，10kV出线25条，配电升压改造变压器41台；新建二层主厂房1座，建筑面积755平方米，总投资3502.97万元，2010年12月投产。该工程由胜利油田设计院设计，胜利油田瑞祥电气有限责任公司承担施工。陆续建成投运的输电线路有110kV六盖线、于九线。

110kV莱东变电站建设工程 该站位于东七路与黄河路交汇处南，主要为东城地区油田生产及居民生活供电。设计主变容量2×20000kVA，110kV出线2条，10kV出线20条；新建二层主厂房1座，建筑面积742 平方米，总投资2624.61万元。该工程由胜利油田设计院设计，胜利石油化工建设有限责任公司承担施工，2010年12月投产。陆续建成投运的输电线路有110kV广东线、辛东线。

35kV孤压变电站改造 新建10kV高压开关柜21面，后台监控设备一套，新建配电室建筑面积131.06 平方米，总投资429.93万元。该工程由胜利油田设计院设计，胜利油田瑞祥电气有限责任公司承担施工，2011年6月完成改造。

110kV基西变电站建设工程 该站位于物资供应处物资总库内，主要为油田基地生产及居民生活供电。设计主变容量2×40000kVA，110kV出线2条，10kV出线20条；新建2层主厂房1座，建筑面积1280 平方米，总投资4231.97万元。该工程由胜利油田设计院设计，胜利油田瑞祥电气有限责任公司承担施工，2011年12月投产。陆续建成投运的输电线路有110kV胜西线、辛西线。

110kV辛六变电站建设工程 该站位于八分场西约3千米处，主要为东辛油区及居民生活供电。设计主变容量2×40000kVA，110kV出线2条，10kV出线26条，总投资4331.76万元。该工程由胜利油田设计院设计，中国石油天然气管道通信电力工程总公司承担施工，2011年12月投产。陆续建成投运的输电线路有110kV九六线、六锦线。

110kV坨七变电站改造工程 该站主要为胜坨油区及居民生活供电。设计主变容量2×20000kVA，对该站110kV和10kV一、二次设备进行了更换，电容器室建筑面积增加99平方米，总投资2605.55万元。该工程由胜利油田设计院设计，胜利油田瑞祥电气有限责任公司承担施工，2011年12月完成改造。

110kV坨十变电站改造工程 该站主要为胜采油区及居民生活供电。设计主变容量1×20000kVA，更换110kV和10kV一、二次设备，总投资959.23万元。该工程由胜利油田设计院设计，胜利油田瑞祥电气有限责任公司承担施工，2011年12月完成改造。

图4-1 升压改造后的坨七变电站

桩1块污水回注地面工程输变电系统配套工程 新建35kV变电站1座，设计主变容量1×6300kVA，建筑面积546平方米，总投资1288.68万元。该工程由胜利油田设计院设计，胜利油田瑞祥电气有限责任公司承担施工，2012年8月完工。

青东油田产能建设供电系统配套工程 新建35kV变电站1座，设计主变容量2×6300kVA，建筑面积722.9平方米，总投资3401.77万元。该工程由胜利油田设计院设计，胜利油田瑞祥电气有限责任公司承担施工，2012年9月完工。

110kV辛安变电站建设工程 该站位于八分场东约3千米处，主要为东辛油区及居民生活供电。设计主变容量2×40000kVA，110kV出线4条，10kV出线17条；新建2层主厂房1座，建筑面积1619 平方米，总投资3475.44万元。该工程由胜利油田设计院设计，胜利石油化工建设有限责任公司承担施工，2012年9月投产。

110kV基东变电站建设工程 该站位于淄博路与西二路交汇处东，主要为基地地区油田生产及居民生活供电。设计主变容量2×40000kVA，110kV出线2条，10kV出线18条，建筑面积819 平方米，总投资6454.52万元。该工程由胜利油田设计院设计，胜利油田瑞祥电气有限责任公司承担施工，2012年9月投产。

220kV变电站设备更新改造工程 盐镇变电站更换220kV SF_6断路器7台，隔离开关33组，电流互感器7组，电压互感器2组，母线避雷器2组；110kV SF_6断路器10台，电流互感器10组，电压互感器2组，母线避雷器2组；35kV SF_6断路器8台，电压互感器2组，母线避雷器2组；中性点隔离开关6只，避雷器4只，微机保护装置1套。新孤变电站更换220kV SF_6开关6组，220kV电流互感器6组。九分场变电站更换220kV SF_6开关7组、110kV隔离开关59组，220kV电流互感器8组。总投资6384.18万元。该工程由胜利油田瑞祥电气有限责任公司承担施工，2012年12月完工。

新滩输变电建设工程 新建110kV变电站1座，设计主变容量2×16000kVA，建筑面积1169.6平方米，总投资4104.88万元。该工程由胜利油田设计院设计，胜利油田瑞祥电气有限责任公司承担施工，2012年12月完工。

滩海地区产能建设供电系统配套工程 新建110kV海三变电站1座，设计主变2×40000kVA，建筑面积1765.1平方米，扩建220kV新孤变电站（3×90000kVA）变压器为（2×90000kVA+2×150000kVA）变压器，建筑面积1626.4 平方米，配套建设220kV线路20千米，110kV线路30千米，工程总投资28287万元，工程正在按计划建设之中。

中区电网升压调整工程 2012年开始，对110kV辛四变电站、华建变电站、兴河变电站和35kV城中变电站、城南变电站实施升压改造。该工程由胜利油田设计院设计，胜利油田瑞祥电气有限责任公司承担施工。

第二节 电力线路调整改造

2003年以来，为提高油田电网供电可靠性以及配合地方市政规划建设，总公司陆续对所辖电力线路进行了调整改造，共调整改造220kV线路4条，110kV线路

20余条，35kV及以下线路100余条，新上环网柜80余座。

2003年3～12月，配合东营西城区道路改造，对西五路、广利河等范围内的14条35kV及6kV线路进行改造，提升了西城地区配电线路的稳定性。

2004年4月，完成110kV安辛线、万安线改造工程，改造线路2.52千米，组立铁塔11基，完成投资332.2万元。

2004年6月，完成滨纯电网线路调整，改造线路2.25千米，完成投资128.1万元。

2004年7月，完成110kV坨八线调整，新建线路4.4千米，组立角钢塔4基，完成投资268.9万元。

2004年10月，配合东营市道路改造，改造北二路、东一路附近线路8.5千米，新装环网柜3台，完成投资257.7万元。

2004年12月，完成6kV市府甲线、济柴乙线、辛11北线、锦华乙线、信义线等电力设施改造，改造线路2.5千米，新装环网柜4座，完成投资162.4万元。

2004年12月，完成河口油区电网调整。改造完成110kV线路1条，6kV线路9条；新建河口区调光缆线路1条，新装环网柜5座，总投资1504.8万元。

2005年7月，完成基地电网过负荷调整改造。新装电缆分接箱2台、高压环网柜3座，敷设电缆2.799千米，总投资344.3万元。

2005年11月，完成了110kV电厂变10kV出线改造。新装高压环网柜5座、箱式变电站2座，总投资511.2万元。该工程由胜利油田设计院设计，总公司电力建设公司施工。

2005年11月，配合东营市云门山路道路改造，新装高压环网柜5座，敷设电缆11.779千米，总投资529.9万元。

2005年11月，配合东营市济宁路道路改造，新装高压环网柜11座，敷设电缆6.757千米，总投资471.6万元。

2006年11月，配合体育公园建设、滨南锅炉房建设、垦利开发区道路改造，新装高压环网柜1座，敷设电缆0.85千米，迁建35kV双永线、六垦线等线路，总投资482.3万元。

2007年12月，配合东营市广利河改造，完成了广利河电力设施工程迁建改造，新装高压环网柜10座，高压分线箱18台；改造110kV线路1条，35kV线路3条，6kV线路12条，敷设电缆4.07千米，总投资2526.8万元。

2008年8月，配合东营市新区建设完成了220kV万九Ⅰ、Ⅱ线改线工程，改建双回线路4.27千米，单回线路2.348千米，光缆线路7.51千米，总投资1316万元。该工程由胜利油田设计院设计，胜利油田瑞祥电气有限责任公司施工。

2009年10月，配合东营市城市道路改造和开发区建设，迁建220kV万盐线、九孤线，110kV安辛线、万安线、九安线、八一线，35kV辛六线、城中线等线路，总投资1694.82万元。该工程由胜利油田设计院设计，胜利油田瑞祥电气有限责任公司承担施工。同年，实施了东营区物流园建设、东营区城区开发、滨州开发区建设、庐山路和繁荣路改造等电力设施迁建，改造线路25.22千米，新建管塔29基、角钢塔6基，敷设光缆45.7千米，总投资2093.71万元。该工程由胜利油田设计院设计，胜利油田瑞祥电气有限责任公司承担施工。

2011年12月，配合东营市北一路改造，完成了相应配电线路改造工程，新装高压环网柜5座，敷设电缆17.43千米、光缆6.4 千米，总投资1258.83万元。

2011年12月，配合东营市淄博路改造，完成相应配电线路改造工程，新装高压环网柜6座，敷设电缆9.4千米、光缆4.4千米，总投资1211.49万元。

2012年8月，配合东营市西四路改造，完成相应电力设施迁建，新装高压环网柜4座，敷设电缆24.8千米、光缆5.65千米，总投资1807.47万元。

2012年12月，配合东营市金湖银河等生态工程建设，完成110kV万田I线、35kV东虾线、辛锦线、辛广线、6kV市府甲线、浅海线等线路迁建，共计17.46千米，完成投资739.67万元。

2012年12月，配合东营市海港道路建设，迁建35kV河港线、河净线、双桩线、河西线、桩西线等线路，共计12.09千米，敷设光缆13.4千米，完成投资930.18万元。

2012年12月，配合东营市城市建设，完成220kV万九Ⅰ、Ⅱ线路改造工程，新建线路4.4千米，组立双回角钢铁塔9基，双回管塔3基，完成投资1329.69万元。

2012年12月，配合东营市嵩山路改造，完成相应电力设施迁建，迁建线路1.28千米，新装环网柜3座，完成投资524.23万元。

2012年12月，配合东营区道路改造，迁建110kV胜辛、郝河线，35kV兴拖线，兴五线、6kV污水甲线、含硫乙线等线路，新建管塔10基、杆塔8基，敷设光缆0.5千米，完成投资527.49万元。

2012年12月，配合垦利县道路改造，迁建110kV八一线、坨八线、10kV供电乙线等线路，共计22.45千米，新建角钢塔36基，完成投资1080.08万元。

2012年12月，配合广饶县道路改造，迁建35kV黄南线等电力设施，敷设电缆9.18千米，光缆5.95千米，完成投资446.14万元。

第三节 综合自动化改造

随着微电子技术、计算机技术和通信技术的发展，变电站自动化和无人值守已成为电网自动化的发展趋势，总公司按照“开关无油化、保护微机化、调度自动化、变电站智能化”的标准，陆续对电网设施进行自动化改造。

2003年，实施变电站在线监测，完成投资334.6万元。实施胜利油田电网电费结算系统，完成投资961.9万元。

2004年，实施电网技术改造，完成投资322.7万元，对33座微机保护变电站进行改造。

2004年6月，完成35kV王岗变电站综合自动化改造。更换容量2×6300 kVA主变，35kV出线2条，该工程由胜利油田设计院设计，总公司电力建设公司承担施工。

2005年，实施电网技术改造，完成投资405.6万元，对陈庄临、大二临、义四临、草32临等变电站自动化改造。

2006年，实施电网技术改造、简易变自动化改造、基地环网柜安全监控等工程，完成投资1199.8万元，完成大三临、新滩临、雁东临等变电站自动化改造，孤五、滨二变电站无功自动控制系统改造。

2007年，实施电力调度系统升级改造、河口配电线路出口监控改造、变电站温度在线监测系统等工程，完成投资2673.7万元。

2008年，实施220kV新孤变电站无功补偿改造工程，完成投资888.8万元。

2009年，实施孤岛电网6kV线路出口自动化改造、滨南电网自动化改造、东三变电站自动化改造，完成投资842.8万元。

2011年，对35kV义一变电站、桩西变电站进行综合自动化改造，在“四遥”（遥信、遥测、遥控、遥调）的基础上，增加了“遥视”功能，站内微机保护装置及综合自动化后台系统均采用山东广域科技有限责任公司产品，实现了无人值守。

2012年2月，实施滨海等部分电网调度及监控系统改造工程建设，安装滨海、河口等区域调度自动化系统2套，计划新建滨海电网孤东区块、大王北、南区电网草桥区块等3座集控站，逐步完善东一变等20座变电站综合自动化无人值守改造，总投资5873万元。

第二章 矿区建设

2003～2012年，总公司按照统一规划、分步实施、规范运作、达到实效的原则，对基层办公设施及变电站基础设施进行了维护、维修。先后对南区、河口、滨海、孤岛、东区、北区等区域性综合供电公司的基础设施进行了维修及地源热泵空调系统改造工作。

第一节 办公环境

2007年8月，完成南区供电公司办公楼地源热泵系统改造，改造规模3700平方米，安装地源热泵机组3套，水泵3台，风机盘管101台，总投资119.1万元。

2007年10月，完成电调大楼中央空调系统改造，更换空调机组冷凝器20台，蒸发器18台，压缩机1台，专用控制电脑2台，加装自动反冲排污器3台，总投资194.8万元。

2008年11月，完成中区供电公司内拖变电站基础设施改造，铺装彩钢板屋顶862平方米，铺装透水砖地面3193平方米，绿化面积88平方米，总投资275.3万元。

2008年11月，完成东区供电公司辛安变电站基础设施改造，铺装彩钢板屋顶770平方米，铺装透水砖地面11991.2平方米，绿化面积400平方米，总投资299.9万元。

2009年11月，完成孤岛供电公司办公基础设施改造，铺设沥青路面18885平方米，透水砖地面铺装1183平方米，更换路牙石2275米，更换盖板784米，总投资314.81万元。

2010年12月，完成滨海供电公司供热系统改造，改造规模2950平方米，安装地源热泵机组3台，水泵3台，风机盘管148台，总投资189.71万元。

2010年12月，完成南区供电公司、河口供电公司、滨海供电公司、东区供电公司部分基层队基础设施改造，共铺设沥青路面713.94平方米，铺装透水砖地面5047.19平方米，混凝土地面1357平方米，更换路牙石391.17米，绿化面积3102平方米，总投资348.46万元。

2011年4月，完成修试中心办公楼建设。该楼位于电力工业园西北角，建筑面积2365平方米，结构为4层框架，完成投资408万元，由胜利油田正大设计有限公司设计，东营市东大建安有限公司施工。

2012年以来，对综合维修公司发电队基础设施改造，完成专项帮扶资金98.2万元，重点进行办公室、宿舍及会议室、活动室、浴室的维修工作，配备必要的办公设备和办公家具，并为车库加装暖气；对电力建设安装一队基础设施改造，完成专项帮扶资金85.9万元，重点进行房屋和地面维修，更换暖气管线、购置办公设备以及配套建设多功能会议室等；对东区供电公司供电服务三队基础设施改造，完成帮扶资金22万元，配备了必要的办公设施，并作为总公司廉洁教育、服务文化示范点，配套建设了会议室、客户访谈室等；对中区供电公司变电运行五队基础设施改造，完成帮扶资金19万元，对办公设施进行了更新，对场地进行了硬化，为7座变电站更新了办公家具。

2012年7月，总公司机关办公大楼改造开始施工，改造面积16846平方米，扩建511平方米。该工程由胜利油田设计院设计，胜建集团施工。

第二节 公共设施建设

2006年，实施玉景花园、锦华新区、幸福三区、河阳小区、朝阳六村、碧林花园、南苑新区、胜凯新区等居民小区电力设施配套工程，以及五号水库及净化站双电源改造，总投资2904万元。

2007年12月，配合油田新建住宅小区完成了锦华西区、锦华南区住宅楼上电。新上变压器9台，架设绝缘导线6990米，敷设电缆6730米，总投资900万元。该工程由胜利油田设计院设计，总公司恒泰电气安装公司施工。

2008年11月，配合油田社区改造完成了河口社区河旭、河颐小区，纯梁社区、滨南社区、胜中社区配电系统的改造。新上箱式变6台，高压环网柜2座，低压配电柜7台及相应低压设施，总投资641万元。

2010年12月，配合油田社区改造完成了胜东、胜北社区中低压电力系统改造。新上高压环网柜6座，改造配电室及箱式变15座，改造低压配电柜139台及相应低压设施，总投资4541.71万元。

2011年10月，配合油田社区改造完成了河丰、朝阳、燕青、馨园、胜利小区配电系统改造。新上箱式变电站1座，改造配电室1座、低压配电柜33台及相应低压设施，总投资898.69万元。

2011年更换通明苑小区楼宇防盗门147套，改造居民楼暖气9栋、200户；更换运达小区职工家庭塑钢窗129户，楼宇防盗门12套。

2012年7月，胜利花苑、现河采油厂住宅小区、景苑小区等新建住宅小区电力配套工程开工建设，2012年完成投资6250.61万元。

2012年10月，配合油田社区改造完成了物华小区、协作小区等10个小区配电系统改造，安装户外低压配电柜 191台、计量箱166台，敷设低压电缆4230米、铜芯线115.6千米。

第三章 工程建设管理

2003年以来，总公司基本建设项目由计划部门统筹规划，基建部门组织招标，录用施工队伍，推行工程项目管理，严格工程建设程序，加强过程管控，有序推进了产能配套、电网升压改造、办公设施建设等，为油田电力生产的正常运行提供了保障。

第一节 工程项目管理

一、前期工作

立项 工程建设项目提出后，经总公司研究同意，计划部门制定《项目建议书》，报管理局规划计划部门审批。

可行性研究 新立建设项目委托设计、咨询单位提出可行性研究报告，总公司组织有关部门会同设计、咨询单位现场调研，进行反复论证无误后，上报管理局评估。

勘察设计 建设项目的勘察、设计由油田设计院或有相应资质的勘察设计单位承担并及时签订合同，杜绝无证设计、超资质设计、无勘察设计现象，保证项目设计质量。

工程招标 总公司在施工队伍录用过程中，按照《招标投标法》和管理局有关规定进行工程发包，择优选择施工单位。2008～2011年，合同额50万元以上工程因不具备招标条件需要直接发包给油田内部单位的，向管理局基建处提出工程项目直接发包申请。自2011年四季度开始，50万元以上工程施工均按有关规定组织招标，向管理局基建处招标办上报招标方案，招标方案经基建处批准后，由管理局基建处组织或委托电力管理总公司组织招标。单项合同估算额50万元以下工程项目建设单位到基建处办理单项工程许可证。严格投标资格预审，重点审查无证、超资质范围、“皮包”公司及挂靠施工队伍。评标时，认真履行工作程序，规范招标投标各方行为。

二、工程建设程序

组织完成施工现场“三通一平”（水通、电通、路通、场地平）；组织工程设计施工图纸的设计交底及会审；组织工程招标，择优选定施工单位；审核施工单位编制的施工图预算和施工用料表及供料进度表；与施工单位签订工程施工合同，并组织材料供应，拨付工程备料款等事项；审核施工单位编制的施工组织设计；施工单位进驻工地开工，依次进行地基处理、土建施工和安装施工；总公司基建工程管理中心和监理单位及设计单位代表同时进驻工地，协调施工进度，监督施工质量；通过初验及正式验收，组织工程项目的竣工验收；进行财务结算，编制竣工总结报告，工程项目建设结束。

三、施工过程管理

基础工作 根据管理局基建管理工作总体要求，总公司制定了《电力管理总公司基建工作管理规定》，补充完善了各级基建管理岗位责任制、工程质量责任制。加强各种台帐管理，对“单项工程施工许可证”、“油田建设市场准入证”实行微机化管理，初步实现了基建工作的规范化、制度化。

现场管理 推行工程施工项目管理，强化质量责任制，完善《工程项目法人责任书》及《工程质量、安全责任书》。对计划内工程，总公司成立工程项目组，由工程项目经理与总公司分管领导签订工程项目经理责任书；管理局重点工程，由总公司分管领导与管理局基建部门签订责任书。项目经理对所承担的项目全面负责；基建部门组织对工程随时进行全面检查，做到“工期、投资、质量、安全”四控制。输变电工程施工难度大，工农关系复杂，工程项目组成员与设计、施工、监理等参建单位密切配合，每周召开工程例会，对主要设备、构件、材料进行厂内质检，并及时向管理局基建部门汇报工程进展情况。在线路改造调整工程施工中，项目组成员认真调查负荷分布及路径，制定最佳施工方案，以最短的工期完成项目施工。另外，项目组加强在建工程的监理，强化以强制性施工标准为重点的质量监督，严格工序施工的旁站监理和隐蔽工程的质量监督验收，发现质量问题，及时整改。

图纸会审和设计交底制 每项工程开工前，基建工程管理中心组织总公司预算、生产、技术、电调、运行、设计、施工等部门、单位进行图纸会审，审查设计方案是否可行，工艺是否合理，图纸与实际有无矛盾，按图施工有无问题等，并现场提出解决方法和处理措施。同时，设计单位代表现场交清工程概况、设计意图、工程结构、技术要求、质量标准、关键部位及注意事项等，为顺利施工打下基础。

施工组织设计审核制 施工队伍确定后，施工单位编制施工组织设计，基建工程管理中心组织有关部门进行审核，施工组织设计经审核通过，必须严格执行，不得任意变更。

施工技术交底制 施工单位技术负责人必须向施工人员进行施工技术交底，主要包括工艺及工程结构、施工方法及技术措施、技术要求及质量标准、工期安排措施等。技术交底必须有书面记录，作为竣工验收的资料留存备查。

工程例会制 自工程开工之日起，每周召开一次工程例会，由工程项目经理主持，设计、施工、监理、质量监督、预算等单位参加，总结上周工作，对工期、质量、安全等情况进行讲评，提出并解决问题，布置下步工作，保证工程顺利进行。

工程签证制 在施工现场签证中，严格控制工程设计变更，规定小额的变更由项目经理直接办理；大额变更的由计划、基建、定额预算等部门联合确认审批。

设备材料进场验收制 工程设备材料到位后，基建工程管理中心组织供应、技术、质量监督、施工单位等部门和监理单位参加开箱验收，对合格产品签字认可，办理提交手续，施工单位领取后负责妥善保管，凡丢失及损坏均追究施工单位责任。对工程所用主要设备、构件、材料进行质检，严把工程用料的质量关。

设备材料采购制 施工单位的材料计划，经基建、技术、定额预算部门审核后生效；主要设备及材料，均委托管理局物资供应处进行招标采购；凡委托施工单位购买的材料，价格必须征得计划、基建、预算、审计部门认可，质量合格后方可使用。

工程质量三级检验制 工程开工前，工程质量监督站根据工程特点制定监督计划，明确施工、监理、项目组、质量监督等质量检查的内容和权限。工程质量检验分三个层次：每项工作完成后由施工单位自检；合格后，监理、项目组联合验收，进行质量评定；质量监督站根据双方的评定，现场检查核定质量等级。

四、工程质量管理

工程质量管理主要由总公司工程质量监督分站负责。根据基建工作实际，工程质量监督分站组织开展“在建工程效能监察”、“在建工程质量动态检查”及“管理局工程质量大检查”三项活动。对各施工单位从质量保证体系、施工组织措施、现场文明施工、在建工程质量等方面，逐一检查，实测实量，重点突出质量通病的治理。在检查内部施工单位工程管理工作中，健全各项管理制度和岗位责任制，完善工程质量保证体系，提高内部施工单位工程质量。2003～2012年，总公司施工工程合格率100%。

材料检验制 对施工材料进行严格把关，施工材料必须有合格证或出厂证明书。无合格证或出厂证明书的材料必须经过检验，合格后方许使用。

督导三检制 施工单位在总公司的监督下对施工项目进行自检、互检和专项检查。施工项目工序完工后，施工单位作业班组进行自检；班组之间相互检查，并办理工序交接；下道工序人员配合有关质检人员要对上道工序进行专项质量检查，合格后接收方可进行下道工序施工。

质量检查记录制 每道工序完成后都有检查记录，作为验收及工程交工的依据。工程建设质量记录主要有开工报告，材料检验报告，质量检查记录，隐蔽工程验收记录，设计变更和材料代用单，质量事故报告，单位、分部、分项工程质量核定，中间交工证书，竣工验收报告等资料。

五、工程竣工验收

工程竣工验收主要有自验、初验、正式验收三个阶段。

自验 工程完工后，项目经理组织项目组成员对工程项目施工情况进行检查验收，就按图施工、重大设计变更的实施、现场改动情况、施工质量等项目，分段逐项检查，对查出的问题确定整改措施和标准，并派专人指导施工单位限期整改。

初验 在自验阶段查出的问题全部整改完成后，基建工程管理中心组织技术、生产、电力调度、安全环保、档案、消防、运行等部门联合验收。经验收合格后，由总公司报请管理局基建处、生产管理部、安全环保处、消防支队、卫生防疫站、档案管理中心、审计处、质量监督站等单位，对工程进行生产考核、环境保护、消防、工业安全、劳动保护、档案资料、工程决算审计、工程质量的专业验收。

正式验收 在初验合格的基础上，总公司向管理局基建部门报请正式验收，由管理局基建部门会同参与初验的单位对工程进行全面的检查、验评，提出工程建设的综合评价，批准交付使用的日期。

第二节 工程建设预（结）算

2003～2012年，总公司工程建设概预算管理工作由定额预算部门管理。2005年4月，成立直属四级定额预算站挂靠经营管理科，定额预算站所辖业务职能范围不变。

一、工程预算管理

根据胜利石油管理局基建程序要求，列入管理局基本建设投资计划的地面工程项目，设计预算由设计院负责编制，总公司定额预算站代表业主负责设计预算编制情况的审查，针对工程造价方面的有关事项，及时汇报相关领导，提出初步的审查意见。经与设计院协商达成共识后，由设计院编制修改设计预算，报管理局预算管理部门批准后作为编制计划和投资单位控制投资的依据。

不委托设计院编制预算的工程项目、维修工程项目以及相关的专项资金由定额预算站负责预算审核管理，作为编制总公司年度计划或投资单位控制投资的依据。

二、工程结算管理

（一）结算审核程序

管理局基本建设投资计划工程项目结算审查程序为：总公司定额预算站审查——管理局基建部门审定。经审定的工程结算作为财务部门付款的依据。

总公司维修项目及专项资金项目结算审查程序为：总公司定额预算站审查——审计科复审——油田审计分处（审计事务所）审定。经审定的结算作为财务部门付款的依据。

（二）结算中材料价格的确定

油田物资供应处供应的材料、设备预算价格，执行胜利石油管理局定额价格管理中心颁布的文件及相关文件规定。

施工单位自购材料预算价格，以胜利石油管理局定额价格管理中心文件及相关文件规定预算价格为最高限价，报建设单位认定后执行。

缺项材料预算价格，甲、乙双方应以书面协议的形式确认，并由管理局定额价格管理中心核定后执行。

建筑、装饰、房屋修缮、园林绿化的地材预算价格按胜利石油管理局定额价格管理中心颁布的文件及相关文件规定执行。

（三）结算中预算定额及费用定额管理

总公司建筑、装饰工程 2003～2005年7月12日执行《山东省建筑工程综合定额》、山东省东营地区价目表及相应费用标准；2005年7月12日以后执行《山东省建筑工程消耗量定额》、山东省东营地区价目表及相应费用标准。

房屋修缮工程 2003～2009年3月1日执行《山东省修缮工程综合定额》、山东省东营地区价目表及相应费用标准。2009年3月1日以后执行《山东省修缮工程消耗量定额》、山东省东营地区价目表及相应费用标准。

民用安装、工业安装工程 2003～2005年7月12日执行《山东省安装工程综合定额》、山东省东营地区价目表及相应费用标准；2005年7月12日以后执行《山东省安装工程消耗量定额》、山东省东营地区价目表及相应费用标准。

火电、送变电工程(火电：单机容量50～600MW；送变电：电压等级35～500kV工程） 2003～2008年1月1日执行《电力建设工程预算定额2002版》，费用定额执行《火电、送变电工程建设预算费用构成计算标准2002版》；2008年1月1日以后执行《电力建设工程预算定额》（2006年版），费用定额执行《火电、送变电工程建设预算费用构成及计算标准》（2006年版）有关规定。

在执行上述定额及标准过程中，同时执行管理局概预（结）算相应有关规定。各项定额及费用标准均按政府及行业要求及时更新。对上述定额的不足部分向上级主管部门提出补充意见，根据市场价格变动情况及时调整预算单价。2003～2012年总公司工程结算情况见表4-1。

表4-1 2003～2012年总公司工程结算情况统计

年度	审定工程结算总额（万元）	年度	审定工程结算总额（万元）
2003	17312	2008	27966.74
2004	10418	2009	17740.72
2005	10853.32	2010	23680.202
2006	15196.82	2011	29350.67
2007	16373.61	2012	45411.35

第四章 油地工作

总公司油地工作科设置专职工农岗位，在各区域性综合供电公司及生产建设单位都设置了专职工农员及专职分管领导，形成了完善的油地工作网络系统。油地工作的主要内容包括油地关系和地籍管理两个方面。总公司所辖宗地多、线路长、范围广，工农关系复杂，按照“油地结合、优势互补、互惠互利”的方针，总公司加强与地方政府部门的沟通协调，相互依存、相互支持，保障了生产的正常进行，推动了区域经济的共同发展。

第一节 油地关系

2003年以来，坚持“油地共建、合作双赢”的原则，及时了解和掌握地方各级政府在规划建设等方面的信息，提前与地方相关部门结合，减少电力线路的改造工作量，降低总公司生产成本。加大对盗窃破坏电力设施的治理力度，落实人防、物防、技防措施。加强青苗赔偿工作的管理，严格执行赔偿标准，工程开工前，编制青苗赔偿预算，做好费用测算和分解。在与地方及时签定临时占地补偿协议的同时与施工单位签定施工占地协议，明确占地标准，建立奖惩机制，在施工合同中予以明确，严格控制青苗赔偿费用支出。在总公司建设工程项目组中配备专门工农员，提前介入，会同地方油区部门了解现场，勘察地形，确定施工合理占地方案及最佳施工通道；在工程施工中全程跟踪，及时解决处理各种突发矛盾。

建立油地共建定期协商机制和互信合作机制。加大协调力度，加强对地方相关单位走访和沟通交流，增强相互之间的理解和信任，开展油地共建，营造和谐的油地氛围。按照油田和东营市的统一要求，总公司先后派出5人分别到垦利县郝家镇、宁海乡、胜坨镇、董集乡挂职，结成帮扶对子，在政策允许的范围内给予物资和技术支持，促进了当地的经济发展，为总公司生产建设提供了有力保障，促进了互利共赢。

第二节　新增建设用地管理

总公司认真贯彻“十分珍惜、合理利用土地和切实保护耕地”的基本国策，对新建变电站及配套设施的征占地，依据土地管理相关法律法规和政策，以划拨或有偿使用等方式取得国有土地使用权。

严格执行油田新增建设用地管理规定，积极参与总公司建设项目的前期论证和用地选址，提出用地意见和建议，优化用地方案。与当地人民政府相关部门特别是国土资源主管部门进行沟通协调，及时解决新增建设项目用地矛盾和纠纷，积极配合国土资源主管部门对建设项目用地现场勘查和勘测定界，签订征地补偿合同，办理征地费用结算、支付手续。负责新增建设用地的报批工作，直至取得批复文件及国有土地使用证。2003～2012年，总公司新建变电站14宗，面积54626.94平方米。其中：已取得政府批文3宗，面积8140.04 平方米；已报批7宗，面积25740.13 平方米；待报批2宗，面积13260.07 平方米；使用油田存量土地2宗，面积7486.70 平方米。

第三节　地籍管理

地籍管理是对总公司所辖的永久占地进行管理，对土地进行使用权登记、权属保护及纠纷调查处理。油地工作科设有专人负责办理土地使用证、土地地籍登记、土地年检及日常土地资料的管理工作。2003年以来，每年“6•25” 全国土地日，总公司举办《中华人民共和国土地法》学习班，提高土地管理人员法律意识和维权意识。加强土地档案资料的规范管理，实现了土地日常管理标准化、信息化，充分发挥了地籍管理在油田生产建设中的保障作用。坚持节约集约，有效利用存量土地来满足生产建设需求。截至2012年底，总公司有土地160宗，面积3644986.11平方米。其中划拨土地152宗，面积2003400.40平方米；出让土地6宗，面积5564.25平方米；线路占地1宗，面积10680.00平方米；协议种植1宗，面积1625341.46平方米。

第五篇

企业管理

电力管理总公司按照建立现代企业制度要求，坚持把管理作为中心环节，以提升发展质量和效益为主线，在发展中不断创新管理，在创新中实现跨越。根据形势的不断发展变化和上级工作指导思想的调整，结合生产经营实际和管理现状，深化规划计划统计、企业经营、劳动工资、财务资产的管理，健全完善经营管理机制，完善经营承包考核办法，强化经营监督，推进管理创新，不断提高企业现代化管理水平，经济运行质量和经济效益逐年攀升。企业管理实现了三个转变，即由重生产到重生产经营的转变，由重经营到重服务的转变，由粗放式管理到精细化管理的转变，推动了总公司生产经营建设等各项工作的顺利进行。健全完善HSE管理体系，分层次落实责任，实现了总公司长周期安全生产，创造了安全稳定的发展环境。十年来，有56项管理创新成果获局级及以上奖励，其中12项获省部级奖励。

第一章 规划计划统计

总公司规划计划统计工作主要是制定生产经营建设发展规划计划，综合运用经济、行政和法律等手段，保证规划计划目标的实现。以供电工程和矿建工程为重点，加强规划计划的科学统筹作用，强化统计分析预测和咨询服务功能，为总公司生产经营建设提供重要保障。

第一节 规划工作

规划是总公司对生产经营建设在较长时间内（指三年以上）的发展重点、发展方向、奋斗目标所作的统筹安排，是编制各项计划的基本依据，一般包括长期发展规划、五年规划、三年滚动计划等，规划内容主要包括电网建设规划、后勤辅助及矿区电力配套规划、非安装设备规划、科技研究发展规划、人力资源规划。

规划编制工作按照胜利油田的统一部署，由总公司分管规划工作的领导组织，各业务部门分工编制，规划计划部门统一汇总，按照管理局规划计划部门的要求成文上报。具体程序是各个业务部门根据管理局统一要求，结合总公司生产经营建设的实际情况和社会形势，围绕油田电网总体建设，以经济效益和社会效益为目标，制定本系统规划安排报送总公司规划计划部门。由规划计划部门汇总各业务部门的规划安排，并进行综合平衡、分析，根据规划需要委托专业规划咨询、设计单位编制规划方案，规划编制完成后，提交总公司领导办公会审查，规划方案确定后按照管理局主管部门要求成文上报。经管理局批准的规划是对总公司未来整体性、长期性、基本性问题的设计，是总公司未来整套行动方案。按照投产衔接原则，将确定的规划项目分解到相应的年度具体计划中，以确保规划项目的落实。

随着油田生产形势的发展和企业生产经营机制的转变，规划工作经历了由粗放型到集约型、由注重生产管理和产量指标到注重经营管理和经济效益指标的转变；在单个项目投资规划上，注重控制投资规模，经济效益理念逐步形成，在规划编制上由单纯编制电网建设规划转变为编制全面综合规划。

一、“十五”规划实施阶段（2003～2005年）

“十五”规划期间，规划重点是加强主干网络建设，增加系统输变电能力，通过新建变电站及线路，扩大了电网的输变电能力，改善了电网的结构，满足了期间油田生产生活负荷增长需求，为油田产能建设和居民生活提供了可靠的电力保障。按照“十五”规划部署，陆续建设完成了胜利电厂二期工程接入系统，220kV新孤变改扩建工程，110kV辛四变、坨七变、利津变、草桥变、石化变，35kV永一变、东净变、净化变、永三变、纯一变、纯二变、草南变工程改造以及河口油区电网调整。为增强油田电网输变电能力，2003年6月～2004年12月，实施河口油区电网调整，110kV河阳变新增容量2×16000kVA；2004年2～12月，实施了埕北30供电工程，主变容量增加5150kVA；实施王庄油区供电系统配套工程，完成投资1177.7万元，黄河以北主变设计容量2×5000kVA，黄河以南主变容量2×4000kVA；实施草西临改造，完成投资206.5万元，主变设计容量5000kVA；2004年12月～2005年9月，实施110kV东辛输变电工程，新建110kV锦华变，新增容量2×31500kVA；2005年6～12月，实施110kV海五联输变电工程，新增容量6300kVA。

二、“十一五”规划编制与实施阶段（2006～2010年）

2006年，总公司编制完成了“十一五”规划，在规划编制工作中更加注重生产建设项目的前期可行性论证和经济效益综合评价，规划内容更加全面、目标更加明确、项目更加具体、措施更加到位。

“十一五”规划目标是以电网升级、升压改造为主线，统筹电网结构调整，建设信息化、自动化、数字化电网，实现电力设备无油化、保护设备微机化、控制系统自动化。“十一五”规划方案内容分三个部分：一是加强电力设施维护维修，实施外围区域调整改造、变电站设施维修改造、线路设施维修改造、调度系统维护改造等工程，完成投资9.35亿元；二是以升压改造为主线，加强油田电网基本建设，实施北区升压调整改造、中区升压调整改造、外围负荷转入油田电网建设、电力调度自动化升级改造、胜利发电厂—新孤变电站线路新建、增加220kV电源及线路、补充110kV变电站电源线路、补充35kV变电站电源线路、电力营销系统建设、光通讯通道建设等工程，完成投资8.8亿元；三是加强电力科研及新技术推广、电力生产服务配套设施建设，完成投资1.8亿元。

三、“十二五”规划编制与实施阶段（2011～2012年）

2011年，编制的“十二五”规划以科学发展观为指导，贯彻落实胜利油田“打造世界一流，实现率先发展”战略目标，注重现状和发展潜力分析，紧密结合电网发展趋势，融入持续、科学、和谐发展的理念。

“十二五”规划目标是以保障油田安全供电为宗旨，电网优化调整、升压改造为主线，统筹电网结构整体规划，实现电力调度自动化、电力设备无油化、保护设备微机化、变电站综合自动化、电力操作远程集控化。2015年建成以220kV为支撑、以110kV为主干，结构合理、调配灵活、指挥畅通、运行经济、抗灾能力强的稳固可靠的油田电网。规划内容包括现状分析及存在问题、发展潜力及发展趋势分析、发展思路方针和目标、重点项目安排及投资效益分析、风险分析及保障措施、2025年远景规划等7个方面。“十二五”期间，重点实施胜利发电厂——新孤变220kV线路新建工程、滩海地区产能建设供电系统配套工程、油田电网东营地区110kV电源网络调整改造、中区电网结构调整改造、黄河北电网结构调整改造、草桥地区电网结构调整、东安地区电网结构调整改造、新滩110kV输变电工程、110kV东七变输变电工程、110kV河68输变电工程、计量运行管理系统建设、变电站综合自动化改造、输配电线路安全隐患治理以及油田基地和滨南、胜南社区中低压配电改造、变电站安全隐患治理、电网电力通讯网络建设、胜利油田用电信息系统建设、区域电网电力调度建设及局部操控系统改造、开关无油化改造及新建居民住宅配电工程等20项工程，投资估算25亿元。2010年开始编制三年滚动计划，年度计划编制要以三年滚动计划为基础，总公司编制完成了2011～2013年三年滚动计划、2012～2014年三年滚动计划，形成投资项目综合管理库，规划工作进一步科学化、规范化，规划方案更加精细、科学。

第二节　计划工作

计划是总公司对生产经营建设在较短时间内（指两年以内）所做工作的具体安排，是对中长期规划的分年度落实和调整。计划内容主要包括基本建设计划和设施维修计划两大部分，分为年度计划、季度计划和月度计划。年度计划由总公司规划计划部门负责编制，以管理局主管部门下达的年度计划指标、三年滚动计划和有关文件为依据进行。每年第三季度，规划计划部门根据上半年计划完成情况预测当年计划完成情况，并编制下年度建议计划，经主管领导同意后上报管理局，管理局审批后下达次年度基本建设计划投资指标；季度计划和月度计划以年度计划和施工组织设计、施工图为依据编制。

一、基本建设计划

2003年，推广应用信息管理系统，进行数据处理和报表编制，实现计划工作信息化。2006年，建立内部控制体系，对投资计划编制及下达、承包与考核、工程设计、预算编制及审查、施工管理及监督、验收及结算等严格规范。2008年，总公司严格执行内控制度，加强投资分析，实施投资项目全过程管理，深入细致地做好项目各个阶段的管理工作。实行项目管理负责制，严格执行项目招投标和队伍录用制度，强化以工程造价、合同管理、建设进度、质量监督、施工安全为对象的“五控”目标管理，有效保证了重点项目投资不超、质量优良、进度合理。项目实施完成后，及时委托评估部门对项目进行后评估，对项目实施中存在的问题、投产后的效益认真分析，全面总结投资管理经验，持续改进，使投资项目管理更科学合理、规范有效。2009年，对计划管理信息系统软件进行升级，增加项目管理流程，实现项目全过程跟踪管理，提升了数据处理速度，报表编制更加方便、快捷，计划工作实现信息化、系统化。本着“规划出项目、项目出投资、投资出效益”投资理念，以电网优化调整、升压改造为主线，全面做好方案优化、科研论证等项目前期工作，2003～2012年，完成项目方案及可行性研究报告300多项。实施了胜利电厂二期工程接入系统、河口油区电网调整、110kV东辛输变电工程、220kV新孤变改扩建、110kV海五联输变电工程、外围地区油田负荷转入油田电网工程、北区供电系统电网结构调整、草西35kV输变电工程、孤东110kV输变电工程、电力调度系统升级改造、广利河电力设施迁建、220kV万九Ⅰ、Ⅱ线改线、矿区及民用建设工程、110kV坨六升压改造工程、220kV变电站设备更新改造、油田电网中低压改造、中区电网结构调整、老168区块上电、胜东胜北中低压电力系统改造、电力设施迁建工程、滩海地区产能建设供电系统配套工程、新滩输变电建设工程等重点项目。

二、工程维修计划

工程维修计划分为电力工程维修和矿区工程维修，计划编制由规划计划部门负责。工程维修计划主要考虑生产急需和基础设施维修，在计划编制上，按照准确、全面、科学的要求，对生产任务和建设项目调查、摸底、落实，掌握准确的第一手资料，在优化方案、确定预算、综合平衡之后，规划计划部门编制维修计划，经总公司领导办公会同意后，报送总公司财务部门审查，再由财务部门上报管理局财务部门审批后下达维修计划，管理局合同管理部门在签订合同及管理局结算中心在结算时均以此计划为依据。

2003年以来，维修计划工作本着“轻重缓急、有保有压、突出重点”的原则，编制完成《电力管理总公司基建维修管理办法》，优先解决影响安全生产运行的重点问题，加大隐患整改力度，将维修重点投资放在电网安全运行、隐患治理和基层建设上，保证维修资金的合理安排和充分利用。2006年，制定了《电力管理总公司基建维修管理办法》、《电力管理总公司维修计划分解管理办法》等一系列规章制度，确定了维修资金的适用范围和确定依据，从现场调研、方案制定、预算编制、施工监督管理、竣工验收结算和统计分析等方面，进一步完善业务流程，明确了各部门的责任，制定分解计划的具体使用办法，充分调动了基层单位的积极性，提高了维修资金的使用效率。2009年，成立总公司维修计划项目管理委员会，进一步加强维修计划管理，规范维修资金使用，提高维修资金使用效率。2012年编制完成了《电力管理总公司地面成本维修（工程）项目管理实施细则》，组织修订了《工程管理控制程序》。

2003～2012年，总公司通过投资项目的实施和维修资金的有效使用，完成固定资产投资134046.38万元，工程维修28837.37万元。新建35kV及以上变电站24座、线路8700千米，主变容量220kV增加210万kVA，110kV增加600万kVA，110kV容载比由1.9提高到2.5，扩大了电网的输变电能力，改善了电网的结构，提高了油田电网自动化水平，缩小了与地方电网的差距，电网网损和事故率持续下降，供电可靠性大大增强，满足了油田电网生产生活负荷增长的需求。

第三节 统计工作

统计是总公司对生产经营建设情况和发展状况进行调查、汇总、分析、预测，提供统计资料和统计咨询服务，实行统计监督，完成上级下达的统计调查任务，是制定规划、发挥计划作用的依据和基础。统计工作实行“统一领导、分级负责”的管理体制。

一、统计内容

生产经营计划统计内容包括生产计划基础表和统计基础表，其中生产计划基础统计表分为综合生产经营建议计划表、生产服务建议计划表、外部市场主要指标完成情况统计表等3个表，每季度按照管理局规定时间准时上报；统计基础表分为单位基本状况、单位增加值、电量平衡表、社区综合情况、主要生产能力、房屋建筑情况、电收费情况、主要能源原材料消费与库存、能源消费情况、能源经济效益综合指标、水量消耗表、企业能源购进消费库存与加工转换产出一览表、固定资产投资完成情况、固定资产实物工程形象进度完成情况等14个报表，每月按照管理局规定时间准时上报。2003～2012年连续完成10期总公司《统计资料》的编辑，每期统计内容包括生产经营公告、企业概况、生产经营、电量购进与销售、劳动工资与社会保障、基本建设与维修、变电站与线路、成果与荣誉等八个部分，共计67个统计报表，为总公司领导决策和史志编写提供基础数据。

二、统计管理

2003年以来，全面推广计划统计管理信息系统，不断提升统计数据信息的价值和统计人员素质，各项统计数据更加准确、全面、有效。2005年，制订《电力管理总公司统计管理规定》、《计划统计指标体系与工作制度》，形成较为科学、合理和完善的统计体系。2006年，根据胜利油田形势的发展变化和生产经营建设的实际需要，修订完善统计人员岗位责任制、统计目标管理、统计考核评比奖惩、统计管理工作细则等一系列管理制度，不断优化生产经营统计业务流程，规范统计数据收集，加强统计调查、统计分析和统计基础工作，提高统计的准确性和权威性，统计水平和质量得到提升。随着统计工作范围的不断拓宽，统计方法由单纯报表型统计向多种统计方法并用转变。2007年，加强统计信息化建设，应用生产经营统计管理系统进行数据处理和报表编制，统计报表实现了网络传输。2011年完成生产经营统计管理系统升级，系统容量加大，运行速度加快，数据处理便捷。加强统计人员素质能力建设，每年组织相关人员参加国家统计从业资格继续教育，目前计划统计岗人员的统计证取证率达到100%；组织撰写专题统计分析报告、统计管理论文，2003年以来获管理局优秀论文180多篇，获中石化集团公司优秀论文17篇，其中《改进连接工艺，降低设备线夹发热率》获2011年度中石化集团公司统计优秀论文一等奖。

第二章 经营管理

随着石油石化企业管理体制和油田经营机制的发展变化，总公司坚持以电网安全经济运行为中心，健全完善以内部经营承包为主要形式的经营管理机制，加强经济合同全过程、全方位管理，持续推进内部改革和管理创新，加大经济法律事务工作力度，不断提高经营管理水平，促进了总公司健康稳定和谐发展。

第一节 经营承包

经营承包管理是企业管理的重要内容。总公司以经济效益为中心，根据各个阶段的形势任务和经营重点，建立与之相应的承包模式、指标体系及考核办法，确保如期完成经营目标任务。

2003~2005年，总公司深化和完善内部承包责任制，实现主业三级单位由成本考核向利润考核的过渡。根据“行业一致、全局平衡”的原则，按区域特点统一了9个区域性综合供电公司的经营指标，综合考核内部利润，并单项控制网损及电价指标。对其他三级单位根据其工作性质及特点，分别采取利润承包、减亏承包、运行成本承包的方式，并与工作质量指标双向考核。

2006~2007年，加强对内部承包合同的跟踪管理，定期召开经济效益分析会，对购进电量、售出电量、电费收入、网损以及转供电成本进行全面分析，为总公司领导在经营中做出正确的判断和决策，提供了详实准确的依据。

2008年，细化区域性综合供电公司的经营指标考核，增加了电费回收率、供电服务质量等指标。对机关科室及部分直属单位，主要考核办公经费、印刷费，并下达专项费用控制指标。建立专项资金项目管理责任制，根据项目投资回收期及回报率确定投资回报，并纳入部门效益指标考核。

2009年，创新内部承包管理方式，将原来对各单位下达指标任务单的方式，改为与各单位签订整体目标责任书的管理方式，将用电经营指标作为主要业绩考核指标，将线路运行质量、安全环保、稳定工作、综合治理等作为相关考核指标，并对每一项指标都制定了具体的考核标准。在目标责任书的履行过程中，实行月度由各专业职能科室监督考核，全年累计综合考核兑现的方式。调整对科级干部风险抵押金的考核方式，将科级干部的奖惩考核，由原来按完成指标兑现的一揽子考核改为主要业绩考核指标和相关考核指标各占比例分开考核。

2010年，总公司将机关科室职能管理与三级单位目标完成相结合，分别与科室签订了以完成科室目标责任、服务基层为内容的目标责任书。强化科级干部的风险考核力度，严格执行单位目标完成与责任人挂钩考核的制度。

2011~2012年，以建立完善指标考核体系为重点，依据工作侧重点制定考核标准。在年度目标经营指标体系中，主要突出以实现降本增效、提高工作总量增长、实现效益价值量增加为目标的激励考核。在节能达标指标体系中，主要以节约能源、降损降耗实现效益增长为目标的激励考核。在精细管理指标体系中，通过强化精细管理理念，细化管理措施，实现管理增效益的激励考核。通过三个指标体系的建立、完善和实施，细化分解考核指标，层层传导指标压力。加大对标考核评价力度，促使各单位在管理上定措施、抓落实，持续改善提高管理水平，保障总公司全年整体经济效益的实现。

第二节 现代化管理

总公司始终重视把新的管理方法、管理手段、管理模式等引入企业管理系统，通过管理创新、改善建议、理论研讨等形式，积极开展企业现代化管理工作，推动企业经济增长方式的转变，提高企业经济效益。

一、管理创新

总公司从实际出发，广泛深入开展管理创新，推广应用了现代化管理方法，创造性地解决了生产经营中的一系列重点、难点问题，取得了一批企业管理现代化创新成果，收到了显著的经济效益和社会效益，促进了总公司整体管理水平的提高。2003~2012年，总公司共有56项管理创新成果获局级以上奖励，其中12项获省部级奖励。

2003~2005年，结合改革发展形势，以生产经营中的难点、热点作为管理创新的重点，在全公司做好管理创新的立项工作。《节约型供电企业的建立与实施》、《“胜利电力”品牌的创建与管理》、《以提升市场竞争力为核心的企业基层建设》获管理局管理创新成果二等奖。

2006～2009年，坚持管理现代化与科技进步相结合，积极推广管理的新思维、新做法。在管理创新成果实施阶段，建立过程管理机制，确保成果项目的顺利实施。2006年，总公司被山东省经贸委评为山东省管理创新优秀企业和山东省十佳优秀企业。《和谐电力企业的构建与管理》、《电力企业诚信服务管理》获山东省管理创新成果特等奖。《以社会责任为中心的电力优质服务管理体系的建立与实施》获中石化集团公司管理创新成果二等奖。在变电运行方面，推行全面现场标准管理，建立健全了现场标准体系，实现工作标准制度化、标准执行自觉化、现场安全预警化、设备运行最优化、工作环境有序化，初步形成了行之有效的变电站管理模式。《油田变电站精细管理体系的构建与实施》获中石化集团公司管理创新成果二等奖。

2010年，总公司深入开展"创先争优、比学赶帮超暨精细管理年"主题活动，坚持创新与学习相结合，推广系统节点精细管理工作。根据总公司多年电网管理经验，找准关键节点，按照专业性质，构建变电运行、线路运行、电网调度、变电检修、用电管理等具有电力特色的15个系统，将每个系统内的工作重点确定为节点，并细分为一级、二级、三级等多级节点，形成了系统节点精细管理的四大体系。在电力调度方面，优化电网运行方式，开展发供一体化机制研究，尽可能使用油田自备电厂电量，减少外购电量，实现管理局效益最大化。《胜利油田发供电一体化管理》获中石化集团公司管理创新成果一等奖。在线路管理方面，输配电线路采用归级管理法进行定期、定位巡视，推行"单线竞标动态承包法"，提高线路的运行水平。《提高供电可靠率的油田电力线路精细化管理》获山东省管理创新成果一等奖。

2011～2012年，推进对标管理、精细管理与生产经营的深度融合，抓好创新过程管理，不断提升基层创新力。《推行HSE作业指导卡，实现风险精细管控》获中石化集团公司管理创新成果三等奖，《短板提升机制在基层的建立与实施》获全国石油石化企业管理创新成果三等奖。

二、改善经营管理建议

2003～2009年，总公司以实现生产经营总目标为核心，引导广大干部职工发现、解决生产管理中的实际问题，深入开展全公司的合理化建议工作。每年4月份，总公司征集职工在生产经营工作中提出并组织实施的建议，统一进行评审表彰奖励，并推荐优秀建议到油田参加评审。

2010年5月，中石化集团公司召开了改善经营管理建议管理试点工作启动视频会。总公司通过认真学习集团公司有关的政策文件，率先在胜利油田开展改善经营管理建议试点工作。制定印发《电力管理总公司改善经营管理建议管理办法》，将电力调度、线路维护、变电运行、用电服务、电力检修等20项工作纳入建议范围，涵盖生产经营的方方面面，实现建议的提出、评审、立项、组织实施、评价、成果奖励的闭环管理。针对点多、线长、面广的实际，同年7月，总公司率先在中石化集团公司自主开发建立了改善经营管理建议信息管理系统并上网运行。通过全过程信息管理和控制，实现了建议异地提交、专家线上评审、实施过程跟踪、奖励公示等功能，做到操作便捷化、流程具体化、控制动态化、管理系统化，使整个建议工作始终处于透明的可控状态，畅通了职工提报建议的渠道，提高了工作效率。坚持“职工的每一项建议都有价值”的理念，2011年总公司先后多次在基层单位对获奖建议进行了现场颁奖，同时给建议人送上总公司的感谢信，在基层单位职工中反响积极，充分调动了广大干部职工参与公司管理的积极性，为总公司发展献计献策。

2012年，总公司坚持“面向全体职工、面向基层、面向生产一线”的原则，把落实改善经营管理建议工作作为改进短板机制、促进企业发展的重要举措，实现了“纵向到底、横向到边”的全员全覆盖参与机制。完善“短平快”绿色通道建设，对电网检修、应急抢险、线路巡视等工作，鼓励现场提出建议、现场实施、快速奖励。加强引导，将职工智慧力量凝聚到总公司的中心工作上来，凝聚到精细管理、对标一流上来，重点做好四项结合：与比学赶帮超活动相结合，以打造一流为目标，利用改善建议平台，查找短板、提升短板，推动形成了“对标、追标、创标”的良好氛围；与成本目标管理相结合，以十项费用压缩为建议提报重点，鼓励职工献计献策，实现全员降本增效；与三基建设相结合，以采纳建议占员工人数比例作为考核指标，将开展改善经营管理建议情况纳入金银牌队的评选申报标准，促进职工队伍建设水平；与电网精细化管理工作相结合，不断查找电网检修巡视维护、用电经营中存在的问题，提出改进完善措施。通过各项工作的统筹协调，实现企业管理水平和经济效益的共同提高。2012年共提报建议601项，同比增长199%；立项406项，同比增长117%。

三、企业协会

在油田企业协会的领导下，总公司明确企业协会的工作定位和工作方向。定期开展业务调研，及时掌握总公司和基层单位生产经营中存在的问题并提出改进措施。积极组织专项研讨，引导职工通过论文的研讨交流发现管理和生产中的弱点、创新点，并针对管理、技术等各方面的问题，发挥职工的智慧，为领导决策提供真实、准确的依据，为生产经营管理工作提出行之有效的管理新方法、新思路。开展论文与调研报告评审，2003～2012年，共有35篇论文和调研报告在管理局评审中获奖。

第三节　制度管理

2011年，按照油田制度标准化信息化工作部署，总公司以建立标准化制度体系为契机，本着“细梳理、精改造、严审核”的原则，积极推进制度标准化信息化工作。按照“分步实施、全面推进”的工作思路，以改造旧制度为切入点，全面梳理总公司现存制度，从建厂以来的13000多条发文目录中整理筛选出了219项制度。按照制度管理范畴，结合总公司业务流程实际，组织相关职能科室研究分析，其中需要改造的存量制度有59项，拟废止的有160项。对于需要改造的制度，按照中石化集团公司制度标准化要求重新进行改造；对于已经不能适应现实需要、操作性不强、不够完善的予以废止。

2012年，对筛选出的59项需改造的存量制度进行全面改造，制定下发了《电力管理总公司制度管理实施细则》，建立制度全生命周期管理流程，对制度的立项、起草、会签、审核、签发等环节进行规范管理，有效管控和落实各个环节，保证了制度的规范化、标准化、完整性、权威性。在保障存量制度分步有序实行改造的同时，对油田上位制度按照总公司实际业务流程进行认真承接。截至2012年底，总公司共正式印发标准化制度69项，有136项制度实现网上查询，制度标准化信息化体系初步建立。

第四节　市场管理

一、内部市场管理

严把外协队伍准入关口，建立新准入立项审查制度，封住不合规队伍引进源头。结合油田外协效能监察工作，全力抓好重点市场领域的专项检查和清理整顿。完善入网队伍淘汰机制，对合同履行差、资信状况不佳的队伍实行淘汰。市场管理工作规范，监督工作到位，无推荐或使用违纪队伍。

二、扶持改制企业

2004年山东广域科技有限责任公司改制完成，2007年胜利油田瑞祥电气有限责任公司改制完成。总公司在所属市场范围内规范扶持改制企业，凡是改制企业有能力承揽的项目，按“同等优先”原则由改制企业承揽，维持与改制企业在业务、原料供应、公用工程等方面原有的渠道和市场，保证一定的市场份额；并根据改制企业生产能力适度放开其他部分产品和劳务市场。针对两家改制企业在市场业务方面有相同之处的客观情况，总公司加大协调力度，根据改制企业的生产经营优势项目，合理划分市场份额，充分发挥广域公司在信息技术、自动化方面和瑞祥公司在电力维修、施工方面的优势，使两家改制企业在业务上既相互竞争，又各有侧重，达到互利双赢的效果。

第五节 合同及招投标管理

一、合同管理

总公司合同管理工作实行“统一管理，归口审查，分级审批，经办单位与合同管理部门共同负责”的管理体制，以生产经营为主线，以标准化管理为目标，加强对各类合同项目的谈判、签约和结算三个节点控制，全面推行合同全过程管理。严格依据投资计划和成本预算签订合同；严格控制合同履行、验收和结算环节，确保合同的全面有效履行；严格合同签约授权委托管理，合同签约人按照权限签署合同。2003～2012年，总公司连续10年被山东省授予省级“重合同守信用企业”称号。

2004年以来，总公司合同管理工作依托管理局生产经营监督管理信息系统（BPM）管理平台，实现合同管理信息化。各类合同的签订、审批、履行结算、查询、统计等业务全部通过BPM系统办理，同时推广应用中石化集团公司、管理局的示范合同文本，规范合同文本条款。BPM系统的使用进一步促进了合同管理的规范化，提高了合同管理的工作效率。

2007年，总公司制定《电力管理总公司内控制度实施细则》，严格执行合同管理内控流程，加强对关键控制点的有效控制。合同签约前，按照内控权限指引逐级申请项目审批。合同签订时，按照授权委托的内容签署合同。认真落实招投标的项目合同条款与招标文件的要求和承诺的一致性。加强对外单位的资质、诚信和履约能力的审查，严格对项目资金来源、签约依据、标的与标的额等内容的审核，防范和规避合同管理工作中的风险。

2010年，总公司细化措施，认真落实“合同签约及时率”指标考核工作。根据生产需要调整合同签订流程，加快合同签订节奏，协调计划、财务部门前期介入合同签订工作；对劳务合同、运输合同、车辆修理合同、涉及改制企业的年度固定项目合同等，加强规范化运作，采取签订年度框架合同的形式及时签约，合同签约及时率达到100%。

2012年，管理局开始推广实施中国石化合同管理信息系统（CMIS）。总公司认真梳理往年签订的合同，完成了系统中所需的合同准备、订立、履行、终结各节点的管理流程配置。完成初始化组织机构41个，用户106人。进行了系统角色分配和权限配置，配置发起部门初审流程41条，会签部门分发流程5条，上报流程1条，为CMIS系统正式上线运行奠定了坚实的基础。

2003～2012年，总公司共签订各类经济合同5420份，标的额252143.46万元，合同签订率、审核率、履约率均达到100%。2003～2012年历年经济合同签订情况统计见表5-1。

表5-1 2003～2012年历年经济合同签订情况统计

序号	年份	份数	标的额（万元）	综合履约率（%）
1	2003	344	17825.76	100
2	2004	357	15290.03	100
3	2005	406	14982.93	100
4	2006	524	15525.56	100
5	2007	597	25307.33	100
6	2008	607	29273.07	100
7	2009	654	24305.23	100
8	2010	659	41690.51	100
9	2011	652	25325.79	100
10	2012	883	71466.98	100

二、招投标管理

2006年之前，总公司的招标投标工作主要是根据生产经营业务需要，重点对买卖、维修承揽等类别的合同项目实行招投标，选择承包商（供应商），增加了合同签订透明度，降低了项目投资和生产成本。

2007年，随着管理局全面规范招标投标工作，总公司出台《电力管理总公司招标投标管理试行办法》，成立招标投标管理工作委员会，在经营管理科（法律事务科）设立招标投标办公室，负责总公司招标投标活动的组织、实施工作。对于符合招标要求的项目，细化招投标工作流程，认真编制招投标文件，完善不同项目类别的评标标准和评分办法，实现招投标管理日益规范。对于暂时不具备招标条件的项目，采取综合（价格）评议方式，邀请相关部门人员共同参与联合谈判，确定供应商以及价格、质量、工期等合同关键参数。

2008~2012年，总公司对改制企业与油田签订的市场服务协议的项目，依据管理局招标投标管理的相关规定，采取综合（价格）评议方式进行合同谈判、签订合同。项目内容涉及生产车辆租赁、电气设备维修、网络及自动化系统运行维护、软件系统开发、科研项目等方面。

2003~2012年，总公司组织设备招标采购2项，签订合同2份，合同总标的额376.98万元；总公司组织综合（价格）评议99项，签订合同99份，合同总标的额16970.96万元。

第六节 法律事务

加强法律风险源分析工作，先后组织开展了“合同风险的成因和对策”、“如何应对高压触电人身损害赔偿案件”、“外力破坏电力设施法律风险防范”等课题的调研，认真梳理各业务流程，分析、识别业务所面临的法律风险，并提出了防范对策及调研报告，预防经济纠纷的发生。强化诉讼、非诉讼案件管理，维护总公司的合法权益。坚持“减少诉讼案件，降低诉讼成本，努力提高胜诉率”的原则，做好诉讼案件、案卷材料的收集、整理、归档工作。积极探索“强化内管、预防为主”的工作思路，总公司连续十年没有因合同纠纷引起经济诉讼案件。深入生产经营和管理实践，做好生产经营、改制分流、劳动人事管理、土地征用与管理、地方与单位之间协调的法律保障工作。围绕生产经营、改革和各种利益关系调整带来的问题，为职工、家属提供法律咨询。对发生在电力设施保护区内非法施工作业、非法盗电等现象，及时取证并下达限期整改通知或者采取主动维权等方式维护总公司利益。在总公司的内部管理工作中，完善各种法律制度和法律文书。2003~2012年，先后处理电力伤害案件17起，行政争议案件2起，行政处罚听证、复议案件5起，非诉讼案件42起，审查各类合同共计4800余份。通过依法维权，为总公司避免和挽回经济损失500余万元。

第三章 财务管理

财务管理是总公司经营管理的重要组成部分，涵盖了预算、成本、资金、资产、税务、内控、会计基础与财务稽核等工作。总公司财务管理工作实行经理领导下的总会计师负责制。总公司设财务资产管理中心，中心设4个直属组、14个委派组，委派会计人员对三级单位的生产经营进行服务、控制和监督。总公司财务管理工作主要是围绕总公司发展战略和经营任务，以国家法律法规及油田规章制度为依据，通过持续强化财务监督与服务职能，有效开展会计核算与财务资产管理工作，及时提供准确、可靠、完整的会计信息与财务数据，保证总公司经济活动正常有序运行，确保总公司经营目标和内部单位承包指标的完成。2003～2011年，总公司连续9年被评为管理局“财务资产管理工作先进单位”称号。

第一节 预算管理

总公司预算管理工作以服务总公司发展战略和年度经营任务为目标，围绕实现管理局核定年度效益目标，通过细化预算单元、指标逐级分解与过程有效管控，使预算目标对应到总公司效益实现点、生产需求点、工作关键点，实现生产任务、工作量和价值量的协调运行、紧密衔接的目标，不断提升总公司经济运行质量。

总公司预算管理实行分级管理模式，成立资金预算委员会，全面负责组织、管理、协调成本费用预算管理工作。总公司资金预算委员会下设资金预算委员会办公室，具体负责组织、管理与指导预算管理工作。

2003年，总公司印发《关于加强财务预算成本管理及有关费用的特别规定》，进一步加强预算资金管理控制力和约束力，落实成本管理责任制，实行“月度效益预算”管理办法，建立“目标明确、责任到位、管理有序”的成本预算管理体系。

2005年，完善总公司两级预算管理组织体系，实行纵向由总公司和所属各单位分级负责，横向总公司各业务职能部门按预算管理分工归口负责的预算管理模式。制订下发了《电力管理总公司成本费用预算管理规定》，对预算编制、指标下达、明确过程控制与考评等预算管理环节的重点事项进行规范。优化成本预算管理控制机制，发挥预算主导能力，优化资源配置，有力保障总公司生产经营工作有序开展。

2006年，总公司实行分级预算单位月度成本费用支出审核报批办法，三级单位根据月度计划转供电电量及工作任务，确定和编制月度预算，报经总公司财务部门批复后执行，约束预算单位合理安排月度成本费用支出，实现成本费用预算管理工作的前移。

2008年，总公司实行“一个目标、两级层次、三类形式、十种方法”的预算管理模式，按照“量入为出、总量控制、统筹兼顾、有保有压”的原则，科学合理确定预算项目指标；完善总公司经济活动分析管理规定，实行月度分析与季度分析相结合，定期分析与专题分析相交叉，深入开展经济活动分析工作，提高了总公司生产经营管理水平。

2009年，总公司进一步强化资金预算委员会管理核心职能作用，推行资金预算管理项目组模式，成立了销售收入、购电成本、人工成本、材料费等14个预算管理项目组，按照“计划、实施、控制、检查、考核、反馈”程序开展工作，形成精简高效、权责明确、全员参与的预算模式。

2010年，按照管理局持续推进全员成本目标管理工作的要求，总公司重点推进全面预算管理工作，制订全面预算管理办法，规范预算组织、编制、执行、控制、调整、考核等环节，细化预算管理报表，拓展预算管理内涵与范围，促进了总公司整体预算管理水平提高。

2011年，总公司成立全面预算管理领导小组，进一步完善了全面预算管理体系，对组织机构、配套制度、年度（月度）报表体系、预算执行分析、预算完成考核进行明确，进一步规范了预算运行，提高了预算执行力。

2012年，总公司制订《成本费用预算管理实施细则》，明确总公司（资金预算委员会）、职能部门（资金预算管理项目组）、分级预算单位（三级单位及科级直属部门）预算管理的职责和权限，抓好预算的编制、审批、核算、控制、检查、分析、调整与考核等主要工作，提高预算管理精细化水平。强化月度预算管理工作，实行月度预算平衡例会及经济活动分析汇报制度，建立和形成总公司各级层面的情况汇报、信息反馈、解决问题的预算运行保障机制，确保了年度预算指标的顺利完成。

第二节 成本管理

总公司成本管理实行分级分口管理，推行责任成本及全面预算管理。根据管理局下达的年度生产经营承包指标，按照“以收定支、量入为出、确保重点、总额控制”的原则，确定总公司年度成本费用预算目标，纵向上建立总公司、三级、四级单位成本指标责任考核体系，横向上实行总公司职能部门重点成本费用项目分口管理模式，合理配置、优化分解总公司各项资金支出来源，确保总公司年度成本费用支出的核算、控制、执行、分析、调整与考核有序运行。

2003年以来，总公司建立完善目标成本控制机制，将年度成本费用分解为“购电成本、自发电成本、转供电成本、专项费用、部门经费、其他费用”成本管理模块，规范成本费用核算与控制。2005年，加强分级分口预算单位成本费用支出管理，按照“总额控制、分项管理、单项考核”管理办法，严格成本费用过程控制。2006年，推行月度成本费用支出审核报批办法，约束预算单位合理安排月度成本费用支出，达到“以月保季、以季保年”的管理目标。2008年，根据管理局下发的《胜利石油管理局成本费用核算管理暂行办法》，制订总公司成本费用核算管理实施细则，规范总公司成本核算流程和成本费用的开支范围。2009年，推行重点成本项目组管理制度，总公司成立了人工成本、购电成本、材料费、修理费等成本项目组，明确项目组管控职责，发挥总公司职能业务部门的能动性。优化经济活动分析模式，实行总公司、项目组、三级单位多层次例会化经济分析制度，查找成本预算执行过程中存在的问题，经济活动分析的实效性不断增强。

2010年，总公司持续推进全员成本目标管理工作，建立成本系统节点，开展总公司电网运行标准成本的制订工作。2011年，中石化集团公司会计集中核算系统上线运行，总公司制订了会计集中信息系统运行工作规范，设立了147个成本中心，建立账务处理、交易平台、报表管理系统中相关业务考评细则，加强成本管理基本工作。2012年，以管理局下达的精细化管理指标体系为基础，完善总公司各管理单元的分层级管理对标指标，实行成本费用指标月度跟踪制度，按月对各分级成本费用预算指标执行情况进行监控，适时发布财务预算的“预警、警示、冻结”通知，确保总公司成本费用支出控制在预期目标之内。

第三节 资金管理

资金管理的主要职责是保障生产经营资金需求，提升资金管理工作质量，确保资金安全高效。主要工作内容包括营运资金项目管理与控制、资金计划编制和申请、工资奖金发放、日常管理经费拨付、应收应付款项清理、银行账户管理及收入核算等。

一、资金结算

总公司资金结算主要通过内证结算、委托收款等形式，实行管理局内部结算和外部结算方式。总公司在管理局财务部门开设内部银行账户，通过内部银行与管理局二级单位发生经济业务实行内部劳务结算，与胜利油田有限公司二级单位发生经济业务实行关联交易结算；外部结算是以货币资金进行收付业务，主要在总公司与油田实体单位及油田外部单位进行经济业务时采用。2004年，按照管理局资金管理要求，各二级单位银行账户取消，由管理局财务结算中心结算站在商业银行统一开设收入和付款账户，管理局财务资产部对二级单位拨款，资金全部拨入结算站账户；各二级单位对外收取的各类款项，纳入结算站账户；各二级单位对外支付的款项均通过结算站账户对外支付。2006年，按照管理局对各单位银行账户资金实施“收支两条线”管理要求，总公司按照管理局银行账户管理规定，在东区供电公司、滨海供电公司等营业区域开设了电费资金结算银行账号，保证电费货币资金正常送存与结转。2009年，启用中石化集团公司资金集中管理系统，对各二级单位货币资金及银行账户实行管理局一级管理。2011年，油田社区单位一体化收费系统及居民一卡通缴费方式嵌入资金集中管理系统。总公司资金结算严格执行资金集中管理程序与业务流程，做好账户管理、系统运行、资金计划及资金收支等工作，确保资金结算的准确性、时效性、安全性。

二、收入管理

总公司收入按照收入来源分为电费收入、其他业务收入。电费收入主要是向油田单位、地方及居民等用户销售电力产品取得的收入及价外费用；其他业务收入主要包括材料销售收入、外部技术服务项目收入、资产出租收入、电表校验及试验收入等。收入管理与核算遵循“准确性、及时性、完整性”原则，实行“归口管理，分级核算”。财务部门负责各类收入的核算，各三级单位负责收入业务管理。2003～2007年，总公司设立“主营业务收入”、“其他业务收入”、“内部产品劳务结算收入”及明细科目，分别对油田上市公司、管理局内部单位及其他外部用户收入核算。2007年7月，管理局对社区实行电力专业化管理后，增设“居民电费”明细科目，核算油田居民电费收入。2010年，中石化集团公司会计集中核算系统运行，设置“主营业务收入”、“内部收入”、“其他业务收入”等科目，并根据成本中心设置情况进行明细核算，正确区分内部收入、关联交易收入、外部收入。总公司各三级单位严格按照管理局加强和规范营业收入管理的要求，采取有效管理措施和方法，规范各类收入的确认和计量，确保总公司收入“应收尽收、颗粒归仓”。

三、资金支出

总公司资金支出业务主要包括工资奖金发放、税费缴纳、日常经费报销及应付款项清理等。总公司资金支付随着油田资金管理规定和总公司生产经营管理变化，管理要求和管理方法进行相应改变完善。总公司资金实行归口分级管理，三级单位及职能部门上报月度资金需求计划，财务部门在综合考虑总公司月度财务收支及上级资金管理要求的基础上，做好总公司资金计划平衡与上报，待管理局财务部门下拨资金后，对照总公司资金需求计划，按照资金管理有关规定和流程完成资金支付业务。总公司按照“三保一压”（保民生、保外购电费、保重点基建项目、压减非生产性和低效资金投入）的原则，根据资金项目的轻重缓急，采取内部银行结算、货币资金、银行承兑汇票及多方抵账等方式，合理安排平衡好资金需求，有效缓解资金矛盾，提高资金使用效率，确保总公司正常生产经营活动开展。2004年，管理局实行资金“零余额”管理办法，取消了各二级单位在商业银行开设的账户，资金下拨上缴、对外收付均通过企业网上银行系统进行。2005年8月，管理局财务部门改变与东营供电公司电费结算方式，总公司全面负责与东营市供电公司的电费核算和资金结算业务，不再将债权债务上转，进一步加大了总公司外购电费支付规模与压力。2008年，根据管理局材料采购和领用专项控制制度要求，总公司加强材料采购和领用专项控制制度执行，完善制度和流程，实现“统一管理，统一采购，统一储备，统一结算”。2009～2012年，管理局资金支出业务全部纳入中石化集团公司资金集中管理系统，油田二级单位通过资金信息系统提交申请，管理局审核后统一办理。总公司按时申报年、月、日资金计划，根据管理局批复的资金额度及资金计划，办理资金结算相关业务。

四、营运资金管理

营运资金管理主要是核定营运资金定额、控制存货、应收款项资金限额指标、清理债权及备用金等工作。2004年8月，管理局下发了《胜利石油管理局营运资金管理办法》，对各二级单位实行营运资金定额管理。总公司通过加强资金结算管理，做好流动资金与流动负债的变化分析，营运资金定额从2005年的15000万元，下降到2007年的6000万元。2008～2012年连续五年实现零营运资金定额，大大降低了总公司财务费用的支出。针对管理局下达的年度货币资金、存货、其他应收款三项资金限额指标，以及以前年度应收款回收额、当年应收款回收率等单项考核指标，总公司成立应收款项清理小组，做好存货、应收款项清理与控制工作，制订清理工作目标与运行计划，逐笔逐项落实清理责任人、清理措施和清理时限；严格备用金管理，实行“前不清，后不借”管理办法，对金额较大的备用金户进行跟踪控制，避免资金的沉淀；对单位欠款，积极向上反映情况，加强多方协调，强化催收责任落实和工作执行力度。2003～2012年，先后完成东营区人民法院、东营龙力水利水电工程公司等应收款清理，降低了应收款项规模和经营管理风险，确保了总公司各项限额指标控制在计划指标内。

第四节　资产管理

资产管理主要包括资产核算、清查、保险、租赁和闲置、报废固定资产的调剂利用及处置等工作。总公司资产管理实行“总公司统一管理，专业部门归口管理和使用单位实物管理”的管理体制。总公司财务资产管理中心设资产管理组，负责总公司资产核算与实物管理工作，委派组设资产管理岗，三级单位设兼职资产管理员，负责相关单位资产实物清查与现场管理工作。

一、资产核算

按照管理局资产管理要求，总公司资产核算实行“一级核算，四级管理”的模式，设立“固定资产”、“累计折旧”、“固定资产清理”等科目，核算总公司范围内固定资产、折旧增减变动。将新增固定资产核实后及时转入管理局固定资产管理信息系统，每月根据中石化集团公司财务资产软件对每项资产进行折旧计提。同时根据管理局固定资产管理政策调整资产分类与折旧方法。2007年7月，按照管理局对社区实施电力专业化管理改革的统一部署，按总公司供电设施资产适用的资产类别和折旧年限，对社区单位移交固定资产进行调整。2011年2月，根据《关于转发集团公司<关于统一固定资产折旧年限的通知>的通知》要求，自2010年1月起，按照中石化集团公司及管理局的要求，固定资产执行统一折旧年限，折旧年限调整采用未来适用法，对2010年折旧影响数进行追溯调整。2012

年，中石化集团公司会计集中核算系统固定资产模块系统上线运行，总公司固定资产管理模块与会计集中核算的无缝集成与数据关联，做到了固定资产信息的全面集中、统一管理。2003～2012年固定资产统计见表5-2。

表5-2 2003～2012年固定资产统计

单位：元

年度	资产原值	累计折旧	净值
2003	2726720073.06	836828838.19	1889891234.87
2004	2781642442.84	963325367.85	1818317074.99
2005	2882593736.96	1089235602.17	1793358134.79
2006	2983978055.46	1215279886.45	1768698169.01
2007	2730139755.45	1097791925.89	1632347829.56
2008	2756541206.39	1178559252.58	1577981953.81
2009	2869268954.38	1302565463.10	1566703491.28
2010	2687938776.81	1276065512.49	1411873264.32
2011	2933979985.21	1384975284.60	1549004700.61
2012	3239137620.09	1507190935.79	1731946684.30

二、资产清查

按照管理局资产清查的要求，总公司每半年组织一次清查，三级单位每季度清查一次。资产清查的范围包括总公司所属各单位占有及使用的房屋建筑物、机器设备、运输设备、其他资产等。资产清查的内容包括核实资产存量，调查资产使用状态，核对资产名称、规格型号等有关数据，清点盘盈、盘亏、毁损、报废等资产，做到账账相符、账实相符、账册相符、账库相符。

总公司资产清查工作严格按照《胜利石油管理局固定资产管理业务操作手册》、《固定资产现场管理》的有关规定，成立清查工作领导小组，按照工作职能分工，开展清查盘点工作。资产清查从时间安排上分为四个阶段。一是清查阶段，各单位采取自下而上、见物点数、以物对账、以账查物的方法对所有固定资产进行逐一核对，做到账、卡、册、物相符。二是汇总上报阶段，各单位将清查结果按照清查报表要求进行填列、汇总，上报总公司财务资产管理中心。三是复核检查阶段，总公司资产清查领导小组组织有关人员对各单位资产清查进行核对检查，发现问题，及时整改。四是迎检验收阶段，管理局资产清查管理部门对总公司资产清查情况进行抽查验收。2003年，按照管理局建立固定资产档案册的要求，总公司开展固定资产清查，对固定资产实物进行现场拍照，制作固定资产电子档案册。2006年，对总公司固定资产（除车辆和房产外）进行订牌标识，统一固定资产编码。2007年7月，对管理局社区移交电力设备进行数据核对与现场验收，完成相关固定资产移交划转工作。2011年8月，对总公司自有房产进行全面清查，重点对房产的建筑面积、土地面积、产权归属、使用状况等方面核对盘点。2012年11月，总公司年度固定资产清查工作，对各项账面资产、实物资产，以及盘盈、盘亏、出租、闲置、待报废资产做了全盘清查，摸清了资产家底，为有效进行资产管理提供了基础性资料。2003～2011年清查分类资产情况统计见表5-3；2012年清查分类资产情况统计见表5-4；2012年清查分单位资产情况统计见表5-5。

表5-3 2003～2011年清查分类资产情况统计

单位：元

年度	资产原值	二大类	四大类	五大类	六大类
		房屋及建筑物	运输设备	机械设备	其他设备
2003	2726720073.06	163549111.30	24137158.51	1759265952.63	779767850.62
2004	2781642442.84	163549111.30	23439787.57	1781354044.61	813299499.36
2005	2882593736.96	165269269.08	21449740.07	1799887596.38	895987131.43
2006	2983978055.46	165579369.08	18842819.71	1855339790.90	944216075.77
2007	2730139755.45	116255677.61	12924596.71	1627571100.87	973388380.26
2008	2756541206.39	116214957.29	15018207.92	1593608664.39	1031699376.79
2009	2869268954.38	125897301.67	13141650.64	1672205612.50	1058024389.57
2010	2687938776.81	129491807.67	14077760.48	1398825504.51	1145543704.15
2011	2933979985.21	120453444.50	14686932.04	1508909542.62	1289930066.05

表5-4 2012年清查分类资产情况统计

单位：元

年度	资产原值	一大类	二大类	三大类
		土地、房屋及构筑物	通用设备	专用设备
2012	3239137620.09	132113028.43	1885398038.29	1221626553.37

表5-5 2012年清查分单位资产情况统计

单位：元

单位名称	资产项数	资产原值	净值
总公司机关	447	4973308.87	1078154.29
物资配送队	40	1265324.49	267179.42
中区供电公司	495	611180566.13	375596667.21
北区供电公司	442	558042374.38	328177515.15
东区供电公司	456	604151933.24	391677129.33
南区供电公司	227	233948620.62	112626384.80
孤岛供电公司	216	166804678.59	60557946.16
滨海供电公司	313	373814879.05	189808888.05

续 表

单位名称	资产项数	资产原值	净值
河口供电公司	350	218558874.01	99880586.67
纯梁供电公司	126	92820611.30	16578095.03
滨南供电公司	224	171295314.09	74668967.75
修试中心	158	17668159.41	10293143.96
电力客户服务中心	130	10324004.44	2774511.70
电力调度中心	28	75946786.05	43208614.98
车辆管理中心	54	5267220.38	1959371.80
电力建设公司	152	7189032.17	2911059.74
综合维修公司	109	11274933.36	5775635.98
公共事业中心	106	18918705.84	7389507.80
职工培训中心	49	2991834.60	966959.71
治安保卫中心	43	712587.66	136701.00
信息管理中心	102	51987871.41	5613663.77
合 计	4267	3239137620.09	1731946684.30

三、资产的调拨与处置

资产调拨工作实行分级管理的办法。总公司单位内部资产调拨，由三级单位申请，主管部门负责审批，由资产管理部门开具《固定资产调拨单》，调入调出单位双方凭《固定资产调拨单》进行交接。管理局调入（出）总公司的资产，由总公司资产管理部门负责办理资产调拨手续。2007年，总公司接收胜中、胜北、胜东、胜南、滨南、河口、孤岛、仙河等八家社区单位划拨的电力设施资产，资产原值16239.81万元，资产净值13642.58万元。

资产处置主要是内部调剂利用、租赁、报废及变价处置等工作。总公司三级单位将需要处置的资产填写清查报表，上报总公司资产管理部门；资产管理部门根据三级单位上报的处置资产清查明细表，对不需用的闲置资产在总公司进行内部调剂使用，对待报废资产由总公司技术、资产管理部门鉴定后，报总公司主管领导审批，上报管理局资产管理部门批复，报批通知下达后，资产管理部门及时进行账务处理。已报废资产处理统一由管理局资产管理部门及其委托机构胜利资产调剂租赁公司办理。2007年底，按照国务院《关于加快关停小火电机组若干意见的通知》及国家发改委《关于编制小火电机组实施方案有关要求的通知》等文件规定，山东省将胜利石油管理局电力管理总公司的孤北热电厂纳入关停范围，孤北热电厂发电机及相关资产除4号发电机组和车辆外，其它资产全部报废，报废资产原值55750.3万元，净值27989.53万元。2010年，管理局根据中石化集团公司《关于胜利石油管理局转让孤北热电厂二期发电设备资产的批复》，将孤北热电厂二期发电设备4号机组，资产原值39233.52万元，资产净值9781.3万元，报废处置给国电集团山东分公司。2004～2012年固定资产报废情况统计见表5-6。

表5-6 2004～2012年固定资产报废情况统计

单位：元

年度	报废项数	资产原值	净值
2004	—	1961868.85	210245.68
2005	—	3587590.63	467373.24
2006	—	6554545.06	514760.47
2007	—	563489903.70	280071050.36
2008	—	78468581.75	22608970.78
2009	323	20517423.78	7001988.20
2010	43	397552392.13	98394775.40
2011	56	3376669.79	117495.83
2012	57	2193367.15	266163.20

四、资产保险与纳税

为增强生产保障能力，有效降低灾后财产损失，及时恢复正常生产秩序，管理局根据各二级单位资产情况分配下转中石化集团公司安保基金的基础上，对商业保险统一确定保险期限，通过招标方式确定保险公司，并将竞标后的保费下转各二级单位。灾害发生后，由总公司主管部门及时通报油田生产管理部门和财务部门，会同保险公司到受灾现场勘损、计量，根据保险条款和实际损失，确定赔偿金额。2003～2012年财产投保情况见表5-7。

表5-7 2003～2012年财产投保情况

单位：万元

年度	投保内容	交纳保费	其中：中石化安保基金
2003	责任险、车险、安保基金	361.50	173.80
2004	机损、车险、安保基金	936.90	733.20
2005	责任险、车险、安保基金	886.94	700.08
2006	责任险、车险、安保基金	987.88	735.84
2007	责任险、车险、安保基金	969.71	819.64
2008	责任险、车险、安保基金	1186.60	982.42
2009	责任险、车险、安保基金	878.80	768.89
2010	责任险、车险、安保基金	913.88	797.60
2011	责任险、车险、安保基金	794.78	686.83
2012	责任险、车险、安保基金	943.68	850.36

与固定资产相关联的财产税种主要是土地使用税、房产税、车辆使用税等。总公司依据国家相关税务法律法规及地方下达税种具体管理规定，根据总公司土地、房屋及新进车辆等固定资产涉税情况，及时正确计提土地使用税、房产税及车辆使用税，定期向地方税务机关及管理局税务部门填报税务情况报表，完成资产纳税工作。2003～2012年财产税交纳情况见表5–8。

表5–8 2003～2012年财产税交纳情况

单位：万元

税种 年度	土地使用税	房产税	车辆使用税
2003	340	109	12
2004	333	110	13
2005	331	110	12
2006	331	111	9
2007	661	113	11
2008	654	93	9
2009	1018	95	9
2010	1792	103	10
2011	1792	103	9
2012	1792	114	10

第五节 税务管理

总公司涉及的税种主要包括增值税、营业税、城镇土地使用税、房产税、印花税、车辆税、城镇维护建设税及教育费附加等。总公司税务管理主要涉及国税、地税和管理局税务管理业务部门，国税主要面向山东省国税局直属分局，地税主要面向东营地税和滨南供电公司、纯梁供电公司所在地的地税机关，按税源发生地进行管理。主要管理工作包括税务登记管理、发票管理及认证、税款计提、代扣代缴、税务政策执行与宣贯等。总公司税务管理工作根据国家税收法律法规，明确涉税业务，规范涉税核算，用好税收政策，防范涉税风险。总公司税务管理主要依据税收政策变化和上级税务部门要求做相应改变和调整。2003年以来，根据《国家增值税暂行条例》、《油气田企业增值税管理办法》等法规规定，正确处理增值税涉税业务，准确计算增值税额，每月上转管理局财务资产部。2005年以来，国家先后对个人所得税政策进行调整，并对总公司残疾职工每年办理个人所得税退税，降低税负水平，最大限度用好用足政策。2006年1月起，扣除标准由每月800元提高到1600元；2008年3月，扣除标准由每月1600元提高到每月2000元；2011年9月，扣除标准由每月2000元提高到3500元，工薪所得9级超额累进税率调整为7级，从3%到45%。2010年，东营市调整土地使用税政策，在全面提高土地等级的基础上，将土地计税标准提高一倍，调整为一等土地16元/平方米，二等土地12元/平方米，三等土地8元/平方米，总公司土地使用税成倍增加。加强税收优惠政策的运用，依据国家关于研究开发费加计扣除企业所得税、企业安置残疾人员所支付的工资加计扣除企业所得税等规定，做好研究开发费用的核算统计，完成企业所得税相关报表填报。同时，加强涉税风险防范，研究现行税收政策，建立相应税控流程，找出每个税种流程中的风险控制点，完成了山东省国地税各类税收专项检查工作。2003～2012年，总公司共上转和缴纳各种税费458577万元。2003～2012年缴纳税费情况见表5-9。

表5-9 2003～2012年缴纳税费情况

单位：万元

税种 年度	增值税	营业税及附加	印花税	车船税	土地税	房产税	合计
2003	20660	5	5	10	340	109	21129
2004	35088	14	7	13	333	110	35565
2005	35462	27	5	12	331	110	71512
2006	38880	19	5	9	331	111	39355
2007	36218	27	10	11	661	113	37040
2008	42480	35	18	9	654	93	43289
2009	45526	25	14	9	1018	95	46687
2010	52813	10	20	10	1792	103	54748
2011	53073	9	22	9	1792	103	55008
2012	51236	9	22	10	1792	114	53183
合计	411436	180	128	102	9044	1061	458577

第六节 基础管理

2003年以来，总公司严格执行《胜利石油管理局会计基础工作规范》有关要求，建立健全财务管理制度，完善会计人员岗位责任制，规范会计业务核算，推进实施会计电算化，提供准确完整会计信息，会计基础管理工作更趋规范。

财务制度建设 2005年，制订《电力管理总公司成本费用预算管理规定》、《电力管理总公司材料领取实行IC卡管理的办法》、《电力管理总公司机动车辆实行单车核算网上公示的办法》3个制度。2006年，推行《电力管理总公司分级预算单位月度成本费用支出审核报批办法》。2009年，成立电力管理总公司资金预算管理项目组，修订《电力管理总公司差旅费开支管理暂行规定》，完成了总公司财务资产制度和岗位责任汇编。2010年，根据管理局全员成本目标管理工作要求，成立电力管理总公司全员成本目标管理领导组织机构，制订下发了全员成本目标管理实施方案。2012年，按照油田制度标准化管理要求，修订完善了《电力管理总公司成本费用预算管理细则》、《电力管理总公司发票管理规范》。

财务信息管理 2003年，中石化财务管理信息系统由2.2版本升级到2.3版本，进一步提高会计信息处理质量。2004年，总公司会计核算实行集中核算模式，设立总公司一个会计主体，取消三级单位账套，提高会计核算工作效率。2009年，中石化集团公司资金集中管理系统上线运行，改进了总公司电费收款业务核算流程，提高了电费收入的核算及时性与管理规范性。2010年，总公司作为中石化集团公司会计集中核算系统在管理局的试点单位，先后完成了会计集中核算系统账务处理模块、编码管理模块、报表管理模块、交易平台系统、TMS系统对接以及系统其他功能等测试与单轨运行工作。2011年4月，中石化集团公司会计集中核算系统作为法定账套正式运行，实现了集团公司对管理局二级单位会计信息的适时传递与反馈。2012年，管理局会计集中核算系统的资产管理模块投入运行，会计集中核算的深度进一步加强。

会计基础建设 以《国家新企业会计准则》及《胜利石油管理局会计基础工作规范》为标准，从管理制度、会计凭证、业务核算等方面加强会计基础工作，做到凭证整齐化、资料规范化、业务标准化，在管理局会计基础资料评比中获得一等奖。多层次、多渠道开展会计人员继续教育，根据公司财务资产管理工作的需要，实施业务岗位轮换，优化完善岗位工作考评制度和主副岗管理模式，提高财务人员专业技能水平，努力打造一支“爱岗敬业、诚实守信、廉洁自律、坚持准则、技能专业、优质服务”的财会队伍，在管理局“同盛杯”会计知识大赛、管理局财务管理经济交流会活动中取得优异成绩。

第七节　内控稽核

根据会计法律法规及中石化集团公司和管理局企业会计控制规范统一要求，总公司加强内部控制管理，强化财务稽核制度建设，健全财务内部控制体系，通过实施业务流程控制方法、措施和程序，规范总公司资金运作和财务活动，降低财务风险，保证资产安全、完整，确保经营成果与财务状况真实可靠。2007～2011年总公司连续5年获管理局“内控管理先进单位”称号。

内控管理 2006年，根据管理局有关内控工作要求，成立以总公司主要领导为组长，相关职能科室部门负责人为成员的内部控制领导小组。内部控制领导小组全面负责制度的宣传、培训、执行、检查与评价工作，设立内部控制办公室（设在财务资产管理中心），作为总公司实施内控制度的日常管理机构。制定了《电力管理总公司内控制度实施方案》，方案包含业务流程细则12个，涉及业务控制点 533个（关键控制点 243个），明确了责任部门及责任人的职责及权限，同年10月，在总公司部分管理层面进行了内部控制制度试运行。2007年，总公司实行《电力管理总公司内控制度实施细则》，之后每年根据管理局内控制度下发情况，修订完善总公司内控制度实施细则。2008年，印发《电力管理总公司内控制度部门职责》，将业务流程的责任明确到总公司相关部门和具体岗位，做到“授权有度、风险受控、操作规范、程序透明”。2009年，根据管理局内控检查评价考核办法，建立完善总公司内控检评考核机制，对关键业务流程实施月度符合测试，总公司获得管理局内控综合评价A级单位。2010年，管理局实行内控一体化改革，总公司根据新版内控手册，修订完善内控权限指引，严格规范经济业务权限，有效防范和规避生产经营风险。2011年，开展“内控流程向基层延伸”和“内控精品流程培育”工作，管理局在总公司召开内控管理向基层延伸现场交流会。2012年，深化内控风险管理，对总公司生产经营管理流程进行风险识别，开展风险清单填列工作；实施内控信息化建设，提高内控管理的科学化、信息化水平。

财务监督 总公司财务资产管理中心设立财务稽核岗，加强对基层会计业务的审核把关。主要稽核工作包括：会计基础工作稽核，具体为会计凭证稽核、会计账簿稽核、财务报告稽核、财产物资管理工作稽核、会计工作交接管理稽核、会计档案管理工作稽核、其他会计基础工作稽核等；财务信息化工作稽核，包括财务信息化系统稽核和财务信息安全与保密稽核；财务管理稽核，包括财务预算稽核和财务分析管理稽核；会计业务过程稽核，包括电费收入稽核、购电费稽核、基建维修业务稽核等。通过财务稽核工作，进一步夯实财务管理基础，提高财务信息及时性、准确性，规避和防范风险。2006年实施内控制度以来，总公司以强化内控制度执行力和财务监督控制力为着力点，明确各类经营业务事项人员的职责权限，严格落实不相容职务分离和权限指引，规范项目立项、审批和合同签订、验收、结算付款等业务流程。加强预算监督，严格监管各单位预算执行情况，准确核算财务收支和开展资产清查，有效降低总公司财务和经营风险。2010年，根据《胜利油田财务稽核管理暂行规定》要求，明确总公司稽核工作职责和权限，完善财务稽核内容、方法和程序，将财务稽核工作与日常财务管理同安排、同检查、同考核，提高总公司经营管理水平。2011年，油田下发了《胜利油田财务稽核过程监管暂行规定》，总公司通过提前介入关键环节，强化事前防范和事中控制，进一步加强维修费、运输费、租赁费三项重点费用经济业务的过程监督管理。期间，总公司顺利通过了油田专项稽核和内控专项检查，均未发现大的违规违纪问题，保障了总公司正常的生产经营秩序和经营效益目标的实现。

第四章 劳动工资

劳动工资科是总公司劳动工资管理的职能部门。2003年以来，总公司劳资工作始终坚持以人为本，紧紧围绕改革、稳定、发展的总体目标，全面贯彻劳动定额定员标准，强化用工总量管理，优化组织结构，压扁管理层次，精简管理机构和人员，稳步推进改制分流、分配制度和劳动人事制度改革，加强与总公司改革发展相适应的人力资源队伍建设，为总公司和谐发展提供了人力资源保障。

第一节 劳动组织

总公司坚持从生产经营实际出发，对劳动组织统一领导、分级管理，实行管理幅度与管理层次相协调、机构设置与职能职责相统一的原则。组织机构实行四级管理，即总公司、公司（中心）、基层队、班组（变电站）。

2002年10月，组建胜利油田瑞祥电气（集团）有限责任公司，对多种经营实行统一管理。2004年，山东广域科技有限责任公司改制；撤销副处级单位滨纯供电公司、滨海供电公司；撤销河口供电公司副处级单位编制，设置为三级单位。2005年，深化劳动人事制度改革，按照“经营管理职能集中化、纵向结构扁平化、横向结构综合化”的原则，整合二、三级机关，突出核心业务和主营业务管理职能，建立起高效、协调、规范的管理体制，完成了物资供应撤站设科工作。2007年，油田对社区水、电、气、暖专业化管理改革，从胜中、胜东、胜南、胜北、河口、孤岛、仙河、滨南等8个社区划转移交总公司538人，为适应改革需要，总公司在有关三级单位整合、组建成立17个用电服务队；同年，胜利油田瑞祥电气有限责任公司实现改制。2009年，成立直属科级单位安全环保监督站。2011年，成立基建工程管理中心，基建工农科更名为油地工作科；撤销护厂大队，将其护卫职能划归治安保卫办公室，其它业务职能划归综合维修公司；撤销孤北热电厂，成立发电二队和电厂维护队，分别隶属综合维修公司、滨海供电公司管理。截至2012年底，总公司共有机关科室16个，科级单位4个，直属科级单位7个，三级单位12个，四级单位105个，基层班组472个。

根据国家规定，总公司实行平均每周工作40小时工作制度；从事变电运行、生产值班调度等岗位工种的职工实行综合计算工时制度。从2007年起，除法定双休日外，职工全年节日假期由10天增加到11天。从2008年开始，实行职工带薪年休假制度。

第二节 薪酬管理

一、工资管理

内部分配制度改革 2003年，按照《关于胜利油田内部分配制度改革工作的指导意见》文件精神，总公司以劳动力市场工资指导价位为导向，调整各类岗位人员的收入分配关系，全面推行岗效薪点工资制，逐步建立起职工收入与单位效益、工作岗位、个人贡献相统一的分配激励机制。10月12日，总公司第五届职工代表大会第四次会议代表团长联席（扩大）会议审议通过了《电力管理总公司内部分配制度改革实施方案》。

岗效薪点工资由基本工资、工龄工资、岗点工资、特殊津补贴四个部分构成。

基本工资：基本工资标准300元，低于300元的按300元执行。原技能工资、保留工资之和超过300元的部分以及岗差工资，予以保留。岗差工资即职工原岗位工资额与原岗位工资第一档的差额。

工龄工资：仍按本人连续工龄每年2元和出勤天数计发。

岗点工资：将原岗位工资、野外津贴、职务津贴、误餐费、浮动效益工资、奖金增量纳入岗点工资分配。

特殊津补贴：水电气补贴、夜班津贴、回民津贴、教师10%补贴、技师津贴、滩海工作临时津贴等，原则上仍按原标准规定计发。

深化完善内部分配制度改革 2005年，根据油田深化劳动人事制度改革部署要求，逐步建立经营管理、专业技术、技能操作三支队伍岗位序列，完善岗效薪点工资制基本薪酬制度，参照劳动力市场价位，进一步调整各类岗位之间的收入关系，深化职务消费和福利制度改革，逐步形成职工收入与个人贡献相挂钩、与单位效益相联系，短期激励与长期激励相结合，激励和约束并举的薪酬分配体系。

建立完善符合总公司发展要求的经营管理、专业技术、技能操作三支队伍岗位序列。经营管理岗位序列共分7级：副总师、科室正职、科室副职、一级科员、科员、四级副职、办事员；专业技术岗位序列共分8级：首席专家、专家、主任师、主管师、责任师、一级师、二级师、三级师；技能操作岗位序列共分14级：包括首席技师、主任技师、责任技师等。

有关群体利益调整 2008年，根据《胜利油田有关群体利益调整工作指导意见》要求，总公司对劳动家属、内退人员、协解人员、在岗职工等相关群体调整了待遇。对在岗职工的调整按照油田下发的《关于胜利油田在岗正式职工调整增加工资收入的指导意见》文件执行，从2007年7月1日起，调整职工工资收入。本次调整范围为2007年6月30日管理局在岗正式职工，集体职工、内聘职工参照执行。主要调整基本工资和岗点（岗位）工资。调整基本工资采取职工本人现基本工资额对应套入调整后的基本工资标准的办法。基本工资调整后的标准是参考物价指数，先将原基本工资标准（原基本工资标准由实行岗效薪点工资制以前的技能工资标准各等级的工资额加150元的保留工资和2005年调整基本工资100元形成）各等级的工资额提高160元，再按向上顺延3个级差确定。

完善薪酬分配制度 2011年，根据油田《关于印发胜利油田完善薪酬分配制度实施方案的通知》，总公司建立适应三支队伍人才成长，综合体现岗位、能力、贡献和业绩，统一规范管理的基本薪酬制度，形成了职工工资正常的增长机制。统一后职工薪酬由基本薪酬、津贴补贴、奖金三部分构成。

基本薪酬 标准：经营管理、专业技术和技能操作岗位，按照专业技术职务和职业技能等级设置基本薪酬运行区间；等级：根据油田人才成长通道建设有关精神和部分代表性岗位基本薪酬等级对应关系，结合总公司原岗位归级情况，统一设定经营管理、专业技术和技能操作岗位基本薪酬等级。经营管理：设置二级副总师、科级正职、科级副职、业务主管、业务主办、三级组室长、三级副组室长和业务员等8个基本薪酬等级，每个等级设置24个档次。基层队中的正、副职等管理岗位随所在基层队确定基本薪酬等级。专业技术：设置副总监、专家、主任师（监督）、主管师、责任师（A、B）、专业技术一级师（A、B）、专业技术二级师（A、B）、专业技术三级师（A、B）等9个基本薪酬等级，每个等级设置24个档次。基层队中的专业技术岗位随所在基层队确定基本薪酬等级。技能操作：设置首席技师、主任技师、责任技师、送配电线路工、变电站正值等13个基本薪酬等级，每个等级设置18～24个档次。

津贴补贴 总公司对野外生产作业、值班人员建立野外津贴，按照职工出勤考核发放；保留津贴补贴。教师10%补贴、夜班津贴、回民津贴、医疗卫生防疫等有毒有害岗位津贴仍按原办法执行。除以上新建和保留津贴补贴外，总公司不再新增津贴补贴项目，各单位也不得超标准发放津贴补贴。

奖金 总公司继续实行与经营目标挂钩的奖金考核兑现办法，搞好搞活内部分配，调整好各类人员的收入结构，处理好各类人员的分配关系，不断强化奖金分配的激励和导向作用。

2012年，总公司制定了《电力管理总公司基本薪酬动态运行补充说明（暂行）》，对基本薪酬中“岗点差额”进行了补充规定，对总公司新引进的大学本科及以上毕业生，其基本薪酬等级按所在岗位确定，档次按照“本科毕业生执行5档、硕士毕业生执行6档”的原则确定。2012年1月1日后引进的大学本科及以上毕业生、复转军人和劳务派遣工等人员执行基本薪酬时无“岗点差额”部分。

二、劳务费管理

2003年，明确了劳务费由劳务工的劳动报酬、社会保险费和劳务派遣单位的管理费、税费等构成。2005年，胜利油田将主体使用的原内聘职工发生的费用统一纳入劳务费管理范围。2006年以后，按照胜利油田对劳务费实行全口径管理要求，加强劳务费的预算、分解、下达、分析、监控、管理。2008年8月以来，总公司严格执行胜利油田逐月下达的劳务工劳动报酬计划。

第三节 用工管理

总公司坚持“人力资源是第一资源”的观念，把科学用工管理作为调整优化人力资源配置、挖掘内部人力资源潜力、提高劳动生产率的重要手段，稳妥实施改制分流、定额定员和劳动人事制度改革，调整优化组织结构和队伍结构，为推进总公司持续发展提供了人力资源保证。

一、用工形式

2003年初，总公司有正式职工、集体职工、内聘职工、企业员工等四种用工形式。同年9月，根据油田《关于开展党员干部与下岗失业人员“结对帮扶再就业”活动的意见》、《关于下岗失业人员在油田临时性岗位工作有关问题的通知》文件精神，总公司下岗失业人员实行内部安置再就业，实行“非全日制”用工方式。

2007年12月，随着总公司多种经营企业清理整顿和改制分流工作的全面开展，122名企业员工中121名参与改制、1名协议解除劳动合同，“企业员工”这一用工形式在总公司消失。

2008年1月，为规范内聘职工劳动合同管理，内聘职工与东营胜利劳务技术服务有限责任公司签订劳动合同，以“劳务派遣”的形式输出到总公司相应岗位工作。

2009年4月，胜利油田提前退休工种范围由原来40个增加至85个，其中“送配电线路架设工、送配电线路工、电焊工、气焊工、汽轮机运行值班工、锅炉运行值班工、锅炉本体检修工”等七个工种被列入特殊工种提前退休范围。

2010年11月，根据油田劳动力用工投入计划安排，油田开始对总公司进行子女劳务派遣工投入，与东营胜利劳务技术服务有限责任公司签订劳动合同，实行“劳务派遣工”用工方式，由东营胜利劳务技术服务有限责任公司派遣到总公司相应岗位工作，由总公司各用工单位进行日常管理。2010年分配8人，2011年分配13人，2012年分配5人，新分配劳务派遣工全部投入一线岗位。为进一步管理好、使用好、激励好子女劳务派遣工，充分调动其工作主动性和积极性，总公司相应制定了《电力管理总公司子女劳务派遣工管理和培养办法》。

2011年12月，根据油田《关于劳务派遣工签订直接用工劳动合同工作的安排意见》要求，390名内聘职工、90名集体职工改签了直接用工劳动合同，合同类别转为正式职工。至此，“集体职工”这一用工形式在总公司消失。

截至2012年底，总公司有正式职工、内聘职工、劳务派遣工、非全日制用工等4种用工形式。

二、新员工投入

新员工投入由总公司向胜利油田提出劳动力使用计划，胜利油田批准后按照计划分配大学毕业生和劳务派遣工，2003～2012年，分配到总公司硕士研究生20人、本科生147人、劳务派遣工26人。

三、高技能岗位管理

2005年10月，总公司制定出台了《电力管理总公司高技能岗位设置及聘任管理暂行办法》、《电力管理总公司首席技师和主任技师竞聘上岗实施办法》，在全公司开展了主任技师竞聘选拔工作。经单位推荐、资格审查、述职答辩、综合评审等各项选拔程序，孙秀峰等11名同志被聘为首批主任技师，聘期为1年，岗点工资（中级点）执行3010点。2003～2012主任技师聘任情况见表5-10。

表5-10 2003～2012主任技师人员花名册

序号	姓名	单位	聘任时间	备注
1	孙秀峰	东区供电公司	2005～	
2	王咏芳	南区供电公司	2005～	
3	孙太和	北区供电公司	2005～	
4	刘建科	河口供电公司	2005～2009	
5	陈向明	河口供电公司	2010～	
6	周克洋	滨海供电公司	2005～2009	
7	王晓梅	滨海供电公司	2010～	
8	张忠清	孤岛供电公司	2005～	
9	董玉超	纯梁供电公司	2005～	
10	陆广平	滨南供电公司	2005～2009	
11	李春义	滨南供电公司	2010～	
12	马德强	孤北热电厂	2005～2011.8	
13	张志刚	修试中心	2005～	
14	杨治广	电力客户中心	2005～	
15	刘玉慧	中区供电公司	2005～2009	
16	谢　泳	中区供电公司	2010～	
17	宋伟民	电力建设公司	2010～	

四、带薪年休假

2008年1月，根据管理局《关于贯彻落实〈职工带薪年休假条例〉的通知》，总公司制定出台了《电力管理总公司职工带薪年休假办法》，由党委组织科、劳动工资科根据管理权限归口管理。

职工累计工作已满1年不满10年的，年休假5天；已满10年不满20年的，年休假10天；已满20年的，年休假15天。职工有下列情形之一的，不享受当年的年休假：职工依法享受寒暑假，其休假天数多于年休假天数的；职工请事假累计20天以上且单位按照规定不扣工资的；累计工作满1年不满10年的职工，请病假累计2个月以上的；累计工作满10年不满20年的职工，请病假累计3个月以上的；累计工作满20年以上的职工，请病假累计4个月以上的。

国家法定节假日、休息日，国家和山东省规定的探亲假、婚丧假、产假和哺乳假，不计入职工年休假假期。按照《胜利石油管理局女工休育儿假暂行办法》，离岗休育儿假的女工不享受育儿假所在年度的年休假；职工参加单位组织的疗养，疗养时间应从当年年休假中予以扣除。

五、职工工伤

2003～2005年3月，职工工伤（重伤1～10级标准）由管理局组织进行认定及鉴定，对轻伤人员由总公司劳动鉴定委员会认定。自2005年3月起，管理局不再进行工伤认定和劳动能力鉴定，按照山东省规定交由东营市劳动鉴定委员会进行工伤的认定与鉴定工作。2003～2012年，共为职工办理工伤132人次。

六、劳动合同

2008年，依据《中华人民共和国劳动合同法》，正式职工、集体职工劳动合同期满人员劳动合同书中“甲方盖章”处，由原来的“胜利石油管理局”盖章，调整为由“二级单位”自行盖章。内聘职工与东营市胜利劳务公司签订劳动合同，以“劳务派遣用工”的方式，输出到总公司相应岗位工作。2011年12月，根据油田《关于劳务派遣工签订直接用工劳动合同工作的安排意见》精神，为390名内聘职工、90名集体职工改签了直接用工劳动合同，合同类别转为正式职工。2003～2012年职工劳动合同管理情况见表5-11。

表5-11 2003～2012年职工劳动合同管理情况

年度	合同签订	合同续订	合同解除	合同终止
2003	28人	82人	19人	12人
2004	35人	455人	10人	34人
2005	32人	720人	8人	43人
2006	23人	2511人	10人	36人
2007	11人	646人	10人	39人
2008	14人	494人	24人	84人
2009	13人	37人	10人	55人
2010	11人	295人	11人	57人
2011	403人	1585人	401人	28人
2012	13人	392人	11人	85人

八、工人档案

工人档案由劳动工资科统一集中管理，设档案管理岗，负责对工人档案的定期整理、归档、存档。截至2012年底，共管理档案5017卷，其中：正式职工档案3651卷、内聘职工档案224卷、退休职工档案 647卷、改制企业职工档案221卷、协解职工档案 253卷、辞职（解除劳动合同）人员档案21卷。

第四节　社会保险

一、五项社会保险

职工五项社会保险包括：基本养老保险、医疗保险、工伤保险、失业保险、生育保险。

2005年，根据《国务院关于完善企业职工基本养老保险制度的决定》和《山东省完善企业职工基本养老保险制度实施意见》，自2006年1月起，基本养老保险个人账户规模由11%调整为8%，全部由个人缴费形成，单位缴费不再划入个人账户。2005年11月，胜利油田社保中心要求职工基本养老保险手册一律改由参保单位统一保管，总公司制定了《养老保险个人账户手册管理规定》，建立养老保险手册管理台账和手册交接记录登记制度。总公司严格按照国家有关政策规定进行工资收入统计，确定社会保险缴费基数，缴纳各项保险费用。2003～2012年各项社会保险缴费比例情况见表5-12，2003～2012年社会保险单位缴费情况见表5-13。

表5-12　2003～2012年各项社会保险缴费比例情况

<table>
<tr><th colspan="2" rowspan="2">年度</th><th colspan="5">缴费比例</th><th rowspan="2">备注</th></tr>
<tr><th>养老</th><th>医疗</th><th>失业</th><th>工伤</th><th>生育</th></tr>
<tr><td rowspan="2">2003</td><td>单位</td><td>20%</td><td>9%</td><td>2%</td><td>1%</td><td>1%</td><td>医疗保险2.5%从管理费中列支，6.5%从福利费中列支</td></tr>
<tr><td>个人</td><td>7%</td><td>2%</td><td>1%</td><td>—</td><td>—</td><td></td></tr>
<tr><td rowspan="2">2004</td><td>单位</td><td>20%</td><td>9%</td><td>2%</td><td>1%</td><td>1%</td><td></td></tr>
<tr><td>个人</td><td>7%</td><td>2%</td><td>1%</td><td>—</td><td>—</td><td></td></tr>
<tr><td rowspan="2">2005</td><td>单位</td><td>20%</td><td>9%</td><td>2%</td><td>1%</td><td>1%</td><td></td></tr>
<tr><td>个人</td><td>8%</td><td>2%</td><td>1%</td><td>—</td><td>—</td><td></td></tr>
<tr><td rowspan="2">2006</td><td>单位</td><td>20%</td><td>9%</td><td>2%</td><td>1%</td><td>1%</td><td></td></tr>
<tr><td>个人</td><td>8%</td><td>2%</td><td>1%</td><td>—</td><td>—</td><td></td></tr>
<tr><td rowspan="2">2007</td><td>单位</td><td>20%</td><td>9%</td><td>2%</td><td>1%</td><td>1%</td><td></td></tr>
<tr><td>个人</td><td>8%</td><td>2%</td><td>1%</td><td>—</td><td>—</td><td></td></tr>
<tr><td rowspan="2">2008</td><td>单位</td><td>20%</td><td>9%</td><td>2%</td><td>1%</td><td>1%</td><td></td></tr>
<tr><td>个人</td><td>8%</td><td>2%</td><td>1%</td><td>—</td><td>—</td><td></td></tr>
<tr><td rowspan="2">2009</td><td>单位</td><td>20%</td><td>9%</td><td>1%</td><td>1%</td><td>1%</td><td></td></tr>
<tr><td>个人</td><td>8%</td><td>2%</td><td>0.5%</td><td>—</td><td>—</td><td></td></tr>
<tr><td rowspan="2">2010</td><td>单位</td><td>20%</td><td>9%</td><td>1%</td><td>1%</td><td>1%</td><td>养老保险1～6月缴费比例为20%，7～12月缴费比例为19%</td></tr>
<tr><td>个人</td><td>8%</td><td>2%</td><td>0.5%</td><td>—</td><td>—</td><td></td></tr>
<tr><td rowspan="2">2011</td><td>单位</td><td>19%</td><td>9%</td><td>2%</td><td>1%</td><td>1%</td><td>养老保险1～6月缴费比例为19%，7～12月缴费比例为18%，失业保险1-8月缴费比例为2%，9～12月缴费比例为1%</td></tr>
<tr><td>个人</td><td>8%</td><td>2%</td><td>1%</td><td>—</td><td>—</td><td>失业保险1～8月缴费比例为1%，9～12月缴费比例为0.5%</td></tr>
</table>

续 表

年度		缴费比例					备注
		养老	医疗	失业	工伤	生育	
2012	单位	18%	9%	2%	1%	1%	失业保险1～9月缴费比例为2%，10～12月缴费比例为1%
	个人	8%	2%	1%	—	—	失业保险1～9月缴费比例为2%，10～12月缴费比例为0.5%

表5-13 2003～2012年社会保险单位缴费情况统计（表一）（正式职工）

单位：人、万元

年度	缴费基数	全年缴纳金额	其中						备注
			养老	医疗 6.5%	医疗 2.5%	失业	工伤	生育	
2003	9692	3198	1938.4	630.0	242.3	193.8	96.9	96.9	
2004	10311	3402	2062.3	670.2	257.7	206.2	103.1	103.1	
2005	13808	4556	2761.6	897.5	345.2	276.1	138.0	138.0	
2006	16132	5323	3226.4	1048.5	403.3	322.6	161.3	161.3	
2007	18977	6262	3795.5	1233.5	474.4	379.5	189.7	189.7	
2008	20292	6696	4058.4	1318.9	507.3	405.8	202.9	202.9	
2009	22798	7295	4559.7	1481.9	569.9	228.0	227.9	227.9	
2010	20174	6355	3934.4	1311.3	504.3	201.7	201.7	201.7	
2011	23489	7321	4345.8	1526.8	587.2	391.7	234.8	234.8	
2012	32270	9923	5808.6	2097.5	806.7	565.1	322.7	322.7	

2003～2012年社会保险单位缴费情况统计（表二）（集体职工、内聘职工）

单位：人、万元

年度	缴费基数	全年缴纳金额	其中						备注
			养老	医疗 6.5%	医疗 2.5%	失业	工伤	生育	
2003	1388	458	277.7	90.2	34.7	27.7	13.8	13.8	
2004	1566	517	313.3	101.8	39.1	31.3	15.6	15.6	
2005	2173	717	434.6	141.2	54.3	43.4	21.7	21.7	
2006	2506	827	501.3	162.9	62.6	50.1	25.0	25.0	
2007	2993	987	598.7	194.5	74.8	59.8	29.9	29.9	
2008	2988	986	597.6	194.2	74.7	59.7	29.8	29.8	
2009	3214	1028	642.9	208.9	80.3	32.1	32.1	32.1	
2010	3010	948	587.1	195.7	75.2	30.1	30.1	30.1	
2011	3547	1105	656.2	230.5	88.6	59.1	35.4	35.4	
2012	1399	430	251.8	90.9	34.9	24.4	13.9	13.9	

二、企业年金

2011年，管理局《企业年金管理办法》正式实施，截至2012年12月，总公司共有4631名正式职工参加企业年金计划，213名内聘职工、26名劳务派遣工参加相关企业年金计划。

正式职工企业年金资金由企业和个人共同缴纳。企业缴费按照上年度职工工资总额的5%提取，从企业成本（费用）中列支，其中按缴费基数的4%划入职工个人账户。职工个人缴费比例为个人缴费基数的2%，从职工本人工资收入中代扣代缴，全部划入职工个人账户。职工退休时，按职工退休时间以2010年12月31日和2026年12月31日将人员分为"老人"、"中人"和"新人"。"老人"退休后仍执行原企业补贴制度；"中人"退休后执行过渡性企业年金，退休后享受一次性领取的企业年金个人账户存储额和按月领取过渡性企业年金（标准见附表）；"新人"退休后按规定一次性领取企业年金个人账户存储额。职工过渡性年金标准见表5-14。

表5-14 职工过渡性年金标准

单位：元/月

序号	人员分类 / 年份	1	2	3	4	5	6	7
		正处 高级专家 首席技能大师	副处 首席专家 技能大师	正科 专家 首席技师	副科 主任科员 主任师 主管师 主任技师	科员 责任师 责任技师	办事员 一二三级师 高级工	其他
1	2009	820	800	730	690	650	610	580
2	2010	810	790	720	680	640	600	580
3	2011	800	780	710	670	630	590	570
4	2012	770	750	690	650	610	570	550
5	2013	760	740	680	640	600	560	540
6	2014	730	710	650	620	580	540	520
7	2015	690	670	620	580	550	510	490
8	2016	660	650	590	560	530	490	470
9	2017	620	610	560	530	500	460	440
10	2018	580	570	520	490	460	430	410
11	2019	540	530	480	460	430	400	390
12	2020	500	490	450	420	400	370	360
13	2021	450	440	400	380	360	330	320
14	2022	380	370	340	320	300	280	270
15	2023	330	320	290	280	260	240	230
16	2024	250	240	220	210	200	180	180
17	2025	180	180	160	150	140	130	130
18	2026	90	80	80	70	70	60	60

三、城镇居民养老保险

2011年，按照《关于印发胜利油田城镇居民社会养老保险工作实施方案的通知》、《关于做好油田城镇居民社会养老保险工作有关问题的通知》有关要求，为符合条件的215名参保职工亲属建立城镇居民养老保险，建立保险档案。个人缴费、享受养老金及企业补贴执行统一规定，均从2011年7月1日起执行。

个人缴费 不满60周岁人员按月缴纳保险费，个人缴费标准分为每人每年100元、200元、300元、400元、500元、600元、700元、800元、900元、1000元、1500元、2000元和2500元，共13个档次。参保人员自主选择缴费档次，按年缴费。

基础养老金 对符合领取条件的参保人员（60周岁）全额支付城镇居民社会养老保险基础养老金，最低补贴标准为每人每月60元（其中市以上财政承担33元、企业补助承担27元）。对中青年城镇居民累计缴费年限超过15年的，每多缴1年基础养老金相应增加且不低于1元；对年满60周岁、符合计划生育政策规定的独生子女父母、双女父母或非独生子女死亡现无子女的父母，每人每月增发基础养老金20元；对独生子女伤病残的父母，每人每月增发基础养老金50元；对独生子女死亡的父母，每人每月增发基础养老金100元。基础养老金增发部分由企业补助承担。

缴费补贴 对参保人员给予缴费补贴，最低标准为每人每年30元，缴费即补。其中对于选择400～900元缴费档次的，增加缴费补贴10元；选择1000元（含）以上缴费档次的，增加缴费补贴20元；对重度残疾人（残疾程度核定为一级或二级），每年为其代缴200元档次的养老保险费并享受缴费补贴。缴费补贴由市财政承担10元，其余缴费补贴和代缴部分由企业补助承担。

自2012年1月起，按照《关于转发东营市人力资源和社会保障局东人社[2012]21号文件的通知》，为领取养老金人员进行了调整，月增60元（市以上财政每人每月承担30元，企业补助每人每月承担30元。

第五节 离退休职工管理

离退休职工管理工作主要负责对总公司到达法定退休年龄人员进行退休申报以及待遇核定、调整计算工作。截至2012年底，总公司管理离退休人员921人，其中离休人员15人，正式职工退休808人，退职1人，集体职工退休5人，协解退休92人。

一、退休审批

总公司职工离退休申报工作，严格按照鲁政发[1997]109号、鲁劳发[2001]29号、鲁劳社函[2001]52号、国发[2005]38号、鲁政发[2006]92号文件精神执行。依据文件精神，对参保职工划分为“老人”、“中人”、“新人”，并执行“老人老办法”、“中人中办法”、“新人新办法”的退休办法。

“老人老办法”：对鲁政发[2006]92号文件实施前已经离退休的人员，按原规定发放养老金，与鲁政发[2006]92号文件实施后退休的人员同时执行养老金调整办法。

“中人中办法”：鲁政发[1997]109号文件实施前参加工作，实施后退休的人员，称为“中人”。基本养老金由四部分组成：基础养老金、个人账户养老金、过渡性养老金、过渡性调节金。

“新人新办法”：“新人”是指鲁政发[1997]109号文件实施后，1998年1月1日以后参加工作的人员。基本养老金由基础养老金和个人账户养老金两部分组成。

二、基本养老金计发调整

2003年，按照鲁劳社办[2003]56号文件要求，2003年11月起，胜利油田离退休人员养老金实行社会化发放，对纳入山东省统筹项目的养老金，由山东省社会保险事业局通过工商银行在每月25日前拨到总公司离退休人员基本养老金账户。对离退休职工基本养老金的调整和发放，执行山东省劳动和社会保障厅相关文件规定。

第六节 就业再就业管理

一、子女就业

总公司高度重视职工待业子女就业安置工作，坚持内外结合，尽可能多的为职工待业子女提供就业岗位，按照“就需、就急”、“帮办、不包办”的原则，优先帮助特困家庭及零就业家庭的子女实现就业。2008年4月，制定下发《电力管理总公司职工待业子女招聘实施意见》，根据实施意见，总公司组织了职工待业子女登记报名工作，经过劳动工资科、纪委监察科、党委组织科、经营管理科等部门审查，共有113名职工待业子女符合招聘报名条件。5月，胜利油田瑞祥电气有限责任公司、山东广域科技有限责任公司，分别组织了笔试、面试的招聘工作，录用77名（其中：瑞祥电气公司46人、广域科技公司31人）。对确因身体残疾等原因丧失劳动能力不能就业的职工待业子女，由本人写出书面申请，经医院等有关部门核实确认后给予350元/人•月的生活救助。2010年10月，根据管理局实施两级就业援助以及总公司七届一次职代会提出的“积极推进职工子女就业工作”的有关精神，为切实解决总公司大龄待业子女的生活及就业困难，总公司制定《大龄待业子女困难救助及就业援助办法》。对无就业能力的大龄待业子女实施困难救助，符合困难救助政策的，纳入困难救助帮扶体系；对有就业愿望和就业能力的大龄待业子女（年龄满30周岁，不符合油田就业安置条件且有就业愿望和就业能力的大龄待业子女）实施就业援助。根据《劳动合同法》和管理局有关政策规定，大龄待业子女就业援助以胜利油田瑞祥电气有限责任公司、山东广域科技有限责任公司“劳务派遣”的方式进行，共录用13人。

二、再就业管理

结对帮扶 自2003年起，油田对二级单位再就业实行工作目标责任制，油田每年与总公司签订《再就业工作目标责任书》，总公司将再就业工作任务指标进行了层层分解，对各三级单位进行量化管理和考核。总公司在全公司范围内开展了党员干部与下岗失业人员“结对帮扶再就业”活动，并下发了《关于电力管理总公司下岗失业人员再就业的实施意见》，帮助下岗失业人员转变就业观念、提高就业技能，帮助解决实际困难和问题，自谋职业、自主创业。各三级单位党政主要领导与未就业人员中有就业愿望的人员进行“一帮一”结对子帮扶，与264名下岗失业人员建立了“帮扶”联系卡和“帮扶”连心卡。总公司采取多种形式和措施不断挖掘内部岗位，积极为下岗失业人员提供就业岗位。截至2012年底，总公司协解人员实现再就业人员155人、自谋职业（自主创业）10人、死亡10人、退休92人。

再就业管理 总公司在内部安置再就业人员上岗后，不断强化内部再就业人员用工规范管理。2003年9月，按照管理局《关于下岗失业人员在油田临时性岗位工作有关问题的通知》规定，下岗失业人员在油田内部再就业，实行非全日制用工方式，内部就业岗位限定在门卫、保洁、绿化等后勤服务性、季节性、轮换性等普通岗位，总公司根据要求及时进行了规范管理。2004年以来，根据《关于油田非全日制用工工伤保险有关问题的通知》、《胜利油田有关群体利益调整工作指导意见》和《关于做好未退休协解人员帮扶工作的意见》，总公司委托劳务派遣单位为再就业人员建立了工伤保险，对已退休的协解人员增加生活资助，实施困难群体帮扶，适度提高离退休人员待遇。根据油田关于小时工资标准的有关规定以及中石化集团公司关于群体利益调整的有关精神，先后7次对小时工资标准进行调整，逐步提高了内部再就业人员的收入。非全日制用工小时工资由2003年的2.9元/小时，提高到2012年的13.7元/小时。

再就业先进典型 为营造支持自主创业的浓厚氛围，发挥典型引路的作用，总公司选树了张凌震、张克良两位自主创业典型，以他们的创业事迹为素材，组织撰写的《泥窝窝里趟出创业路》报告文学在《中国石化报》发表，摄制的电视专题片《改革潮头唱大风》获管理局第十一次党员教育专题片评比一等奖，并在油田再就业创业事迹报告会上进行了典型经验发言。

第五章 经营监督

2003年以来，总公司根据经营形势的发展变化和内控制度的全面实施，不断加大经营管理力度，完善监督管理运行机制，强化审计监督、效能监察和财务监督，为规避法律风险、税务风险、财务风险，规范经营管理发挥了重要作用。

第一节 审计工作

总公司审计工作由审计科负责，主要负责对总公司所属各单位财务收支活动、基本建设工程、检维修项目、内部控制制度、风险管理、生产经营管理、经济效益、所属三级单位主要负责人履行经济责任情况等进行审计监督和评价。通过开展内部承包经营审计、内部控制独立审计评价、离任经济责任审计、在建工程跟踪审计、维修工程审计等审计项目，使监督的范围渗透到总公司生产经营的各个方面，充分发挥了内部审计“免疫系统”功能和建设性作用。2003～2012年，总公司共开展各类审计项目97个，审计计划完成率每年均为100%，促进了总公司经营管理水平的提高。2009～2012年，总公司连续四年获胜利油田审计工作先进单位称号。

一、制度建设

为提升审计工作整体运行质量，总公司注重加强审计制度体系建设。2011年，汇总编制了《电力管理公司内部审计管理制度》，对内部审计制度进行了修订和完善。2012年，以胜利油田新版审计制度为依据，整理下发了《“小金库”问题处理实施细则》、《内部审计工作实施细则》、《财务收支审计管理实施细则》、《地面设施维修工程审计管理实施细则》、《经济责任审计管理实施细则》、《固定资产投资项目审计管理实施细则》《内部控制审计评价管理实施细则》7个实施细则，有力地促进了审计工作规范运作。

二、财务审计

2003～2007年，总公司主要开展三级单位、三级单位兴办实体、多种经营单位承包经营审计等财务收支审计，规范了以上单位的财务收支活动和经济行为，为总公司承包兑现提供了依据。2008～2012年，随着多种经营单位改制的完成和适应油田新的审计管理体制要求，总公司开展了三级单位承包经营指标的审计。审计的主要内容包括承包指标的完成情况；国有资产的真实完整、保值增值情况；财经纪律执行情况；内部控制制度的执行情况等。为保证内部承包经营责任制的落实，严格按照“不经审计不予考核、不经考核不予兑现”的程序进行，并出具客观公正的审计报告。在油田组织的优秀审计项目评选中，《2009年度内部承包经营审计》获得优秀审计项目二等奖，《2010年度内部承包经营审计报告》获得优秀审计报告二等奖。

三、内部控制独立审计评价

为严格内控制度的执行，检查内控制度向基层延伸的效率和效果，规范经营行为，防范经营风险。2009～2012年，每年对所属单位进行内部控制独立审计评价。在评审过程中，采用“内控评审ABC分类法”，突出风险导向理念，把胜利油田内部控制手册与总公司内部管理制度结合起来，选取重点流程对各单位实施内部控制独立审计评价。为保证审计工作的顺利进行，事先编制电费收入核算、物资管理业务流程检查评价计分表，选取样本进行穿行测试，发现各单位执行不到位的控制点，促进各单位采取措施加强管理，防范风险，实现了内控工作向基层延伸。其中，《2012年度内部控制独立审计评价》获得胜利油田优秀审计项目三等奖。

四、经济责任审计

经济责任审计是对各单位负责人履行经济责任情况开展的审计监督和评价活动。2003～2012年，总公司对42名三级单位负责人进行了离任经济责任审计，重点审计了经营业绩、经营成果的真实性、财务收支核算及管理合规性等内容。2011年，《中国石化经济责任审计管理办法》下发后，总公司审计部门出具客观公正的《领导人员离任经济责任审计表》，经本人签字确认后，存入本人人事档案，促进了廉政建设，保证了交接工作的顺利进行。

五、基建工程审计

基建项目审计包括基建投资项目审计和维修工程审计。2003～2012年，总公司共开展基建项目审计13个，有效地促进了总公司工程项目管理水平的提高。

为落实“大审计”理念的要求，自2010年起开展了在建工程跟踪审计，通过建立《跟踪审计意见单》制度，坚持预防为主和“重点审计”与“全程跟踪”相结合，有效堵塞了管理漏洞。其中，《基东输变电工程跟踪审计》获2011年度胜利油田优秀审计项目二等奖。在维修工程审计中，制订并下发了《关于施工单位报送维修工程结算资料的有关规定》，以落实现场为重点，以“事前参与、事中监管、事后审计”为工作思路，加强与计划、基建、预算、财务等部门沟通，保证了维修工程资金使用的效率和效果。

六、外部迎审

2003～2012年，配合国家审计署、中石化集团公司审计局、管理局审计处、受托中介机构完成各类审计项目34个。在迎审配合过程中，总公司积极做好各项审计项目的配合协调工作，保证了各个审计项目的顺利完成。在管理局组织的小金库专项清理、与民营企业业务合作清理整顿、企业银行账户清理及核销情况专项审计调查工作中，积极做好牵头协调工作，保证了审计项目的按时完成。

第二节 效能监察

总公司效能监察工作紧紧围绕生产经营管理中心任务，以“挖潜增效、降本减费”为目标，选准制约公司发展、影响企业效益和品牌形象的关键环节积极开展工作，在堵塞管理漏洞、有效管控风险、提高项目质量和投资效益等方面发挥了积极的监督和保障作用。2003～2012年，共立项实施效能监察项目23个，组织重点领域、重点业务专项监督监察220余次，挽回经济损失2048万元，避免经济损失2587万元，为促进国有资产和人力资本的保值增值，推动总公司科学发展提供坚实保障。2009～2011年，总公司连续三年被评为油田效能监察工作先进单位。

一、重点工程效能监察

为了确保电网建设工程质量，由纪检监察部门牵头，组织计划、基建、合同、预算等部门，选取电网调整的重点工程立项开展效能监察：2003～2004年“胜利电厂二期工程接入系统”和“河口西区输变电工程（河阳变电站）”；2005～2006年“东辛110kV输变电工程”；2007年“坨三110kV输变电工程”和“孤东110kV输变电工程”；2008年“辛七110kV输变电工程”和“莱一110kV输变电工程”；2009年“基东110kV输变电工程”；2010年“辛安110kV输变电工程”；2011年“基地110kV输变电工程”；2012年“中区电网调整工程”、“电网调度及监控系统改造工程”和“机关大楼改造工程”。2011～2012年，配合管理局纪委派驻督察组对中区电网调整工程开展派驻督察。通过严把工程计划、建设施工、招标投标、设备采购、预算结算等各关口，实现对重点工程的全过程、全方位监督，累计发现工程质量、施工安全、物资采购等问题87处，提出整改建议和要求120余条，保障了工程质量和工程进度。

二、用电管理效能监察

用电管理是总公司经济效益的增长点，也是经营管理的重点和难点。为进一步降低网损，提高电费回收率，2003年以来，总公司每年将“用电管理”作为重点项目立项开展效能监察。由纪委监察科和电力客户服务中心牵头，通过开展线路承包、用电小指标竞赛、设立行业作风建设奖励基金、加大用电巡查力度、开展用电营业普查和欠费集中追缴会战等方式，不断提高总公司用电管理水平。2003～2012年用电管理效能监察效益统计见表5－15。

表5-15 2003～2012年用电管理效能监察效益统计

年度	查处违规用户(户/个)	挽回经济损失(万元)	避免经济损失(万元)	发放行风建设奖励基金人次/金额(人/元)
2003	146	310	313.28	6/8000
2004	156	255.49	185	4/7000
2005	41	74	296	5/6000
2006	14	93.47	146.8	6/8000
2007	37	400.38	540.97	4/8000
2008	42	143.88	260.75	7/20000
2009	55	135.7	293.75	6/12000
2010	49	140	68	5/10000
2011	174	204.8	213	4/8000
2012	163	290.79	270	2/4000

三、重要业务监督监察

加强对专项资金、房屋车辆租赁、废旧资产处置、薪酬奖金发放等重要业务的监督监察，完善规章制度，规范业务流程。2003年，组织内部市场情况检查，规范内部市场交易，整顿内部市场秩序，保证了各三产单位的健康发展。2006年，开展了清理呆坏账和不良资产工作，被管理局清理呆坏账不良资产工作小组评为优胜单位。2010年，组织开展了工程建设领域突出问题专项治理和社区专项维修改造资金、基层队建设专项资金、外委运输业务及车辆租赁管理专项检查，纠正违规问题2个，规范了与改制企业的业务往来和工程建设管理流程。2011年，组织了废旧资产处置、房屋租赁管理、外协队伍管理等专项检查，规范了资产处置、租赁和队伍引进程序。2012年，组织开展了运输设备管理、废旧资产处置、物资储备及库存管理、薪酬和奖金发放专项检查和外协队伍、工程建设挂靠借用资质投标违规出借资质专项清理。

加强招标投标、物资采购、干部选聘竞聘、职工住房分售等关键环节的日常监督，2003～2012年共参与招标投标、综合评议、市场考察等现场监督220余场次，清退违规供应商5家、不合格产品6批次，切实维护总公司合法权益。

第六章 HSE管理

总公司具有管理区域广、作业单位分散、危险因素多、危害程度高、专业类别复杂的生产特点。十年来，总公司牢固树立“以人为本，安全发展”的理念，坚持“安全第一，预防为主”，加强全员、全方位、全过程安全生产管理，落实HSE（健康、安全、环保）责任制，加大安全检查奖惩力度，强化安全教育培训，及时整改安全隐患，保持了安全生产的良好态势。

第一节 体系建设

总公司设立HSE管理委员会，主任由总公司经理担任，为总公司HSE最高管理者，经其授权，分管安全副经理为HSE管理者代表，副主任由总公司副处级以上领导担任，成员由安全总监、首席专家、副总师、机关科室负责人组成。HSE管理委员会下设办公室，办公室主任由安全环保科科长担任。各三级单位分别设立HSE管理委员会。2003年，生产一线的基层队设专职安全员，二、三线基层队设专职或兼职安全员。2009年，成立安全环保监督站，设立安全副总监岗位；在各区域性综合供电公司、电力建设公司、修试中心通过竞聘产生了11名三级专职安全员。2011年，设立安全总监岗位；在北区供电公司、东区供电公司、中区供电公司、孤岛供电公司、滨南供电公司、车辆管理中心、修试中心、安全环保科设立安全主任监督岗位（待遇等同主任师）。2012年，在南区供电公司、纯梁供电公司、河口供电公司、电力建设公司、滨海供电公司5个单位设立安全主任监督岗位。在3个220kV变电站、8个变电检修队、8个线路管理队、2个电力安装队、2个移动发电队设立安全责任监督岗位，总公司安全监管力量得到加强。

2003年，初步建立以“两书、一表、一本、一案”（HSE作业指导书、HSE作业计划书、HSE检查表、HSE活动记录本、应急预案）为核心内容的基层HSE文件体系，编制了安全性评价标准（试行），制定了“变电站、电力线路和电力施工安全性评价”计划，在全公司组织HSE管理体系试运行。

2004年，印发《健康、安全和环境管理体系实施方案》，全面运行HSE管理体系。推广“危险点控制工程”，使用“危险点控制检查表”对作业现场进行监控。在恒泰电力工程公司、胜利电器公司、恒源电气公司等多种经营单位进行HSE管理体系认证试点工作。

2005年，编写了变电运行、电力检修、线路维护、用电管理、电力建设等6个专业作业指导书、HSE检查表和应急预案的范本，在全公司推广。生产班组根据作业指导书的内容，组织风险辨识和危险点控制。各三级单位组织HSE体系内审，对HSE体系进行修订完善。

2006年，开展以“推进HSE管理体系，夯实安全管理基础”为主题的第81次岗位责任制大检查，坚持“事前控制”的工作理念，组织开展以“辨认、分析、控制、改进”为主要内容的风险辨识活动，修订了5个专业的现场作业文件。编制变电运行专业作业指导卡30个，检查表3个；线路管理专业作业指导卡18个；变电检修专业作业指导卡22个，检查表1个；电力施工建设专业作业指导卡25个，检查表1个；用电监察专业作业指导卡4个，检查表4个。

2007年，修订形成由1个总体预案和13个子预案为主要框架的二级应急体系，通过了管理局应急预案评审会的评审。6月20日，220kV九孤线因外力因素动作跳闸，新孤变2#主变跳闸，油田电网220kV系统正常运行方式被破坏，总公司启动电网事故应急预案，及时调整运行方式，保证了油田原油的正常生产，总公司应急体系通过了实战检验。

2008年，重点加强HSE体系中机关职能部门的运行管理和协调配合，在北区电网调整改造电力工程项目中，基建、生产、经营、财务等部门严格执行公司HSE管理程序，保证了项目的顺利实施。

2009年，强化安全环保责任落实，进一步明确责任追究主体。按照“谁主管，谁负责”的原则，明确全员安全职责，逐步推进由“要我安全”到“我要安全”的转变。

2010年，形成以“事先预防抓源头、过程控制抓流程、监督检查抓闭环、巩固提高抓创新”为主要内容的“四抓”管理模式，组织编制了简单、实用的新作业指导卡，并在全公司正式全面推行。强化HSE班组建设，开展了以创建“遵章守纪星”、“百问不倒星”、“操作标准星”、“管理标准星”和“千人一体星”为主要内容的“安全生产星级班组”创建活动。

2011年，进一步强化“四抓”闭环管理理念，推行了安全管理评价，确定了三级单位“三个一”（HSE管理指导书、HSE工作记录本、HSE检查表），四级单位“四个一”的管理体系模式（“一书一表一本一卡”，即HSE作业指导书、HSE检查表、HSE活动记录本、HSE作业指导卡），提高了HSE体系的实用性。

2012年，组织对HSE控制程序进行全面审核，明确了以二级程序控制文件、三级管理指导书、四级作业指导卡为主要执行要素的HSE体系管理内容，共修订程序文件30个，编制管理指导书11项、现场作业指导书192项。持续抓好组织流程和操作流程改造，领导层抓组织流程的建设，落实具体的责任人和职责；管理层按照最小工作单元编制好作业指导卡；操作层严格履行作业指导卡制度和“七想七不干”的要求，做好安全确认；安全监督管理人员抓好过程控制的监督与指导，做到闭环管理。

第二节　安全管理

一、制度建设

为抓好安全管理工作，总公司高度重视安全管理制度建设，细化责任分解，强化责任落实，逐步实现安全管理规范化、标准化、制度化。

从2004年开始，每年在全公司开展岗位责任制大检查。2004年开展了第79次岗位责任制大检查，建立完善了以安全生产为主要内容的岗位责任制，编制了《电力管理总公司制度汇编》，把安全生产纳入总公司发展战略和规划的整体布局，做到同步规划、同步实施、同步发展。

2005年，制定实施《电力管理总公司安全生产事故问责制度（试行）》，明确了发生生产事故单位领导和相关部门应承担的安全责任及责任追究管理程序，进一步深化了领导岗位责任制。

2006年，制定实施《电力管理总公司职能部门与人员HSE职责》、《电力管理总公司班组安全生产管理规定 》，进一步强化了四级安全管理，二级职能部门、三级、基层队、班组所承担的安全职责得以进一步落实。

2007年，制定实施《电力管理总公司电网检修、电力施工安全特别管理规定》、《电力管理总公司低压配电工作安全管理规定》、《电力管理总公司事故隐患管理规定（试行）》。

2008年，修订158个《电力管理总公司职能部门与人员HSE职责》。

2009年，制定实施了《电力管理总公司安全员管理办法》、《电力管理总公司安全教育培训管理规定》、《电力管理总公司安全生产违章行为处罚规定（试行）》、《电力管理总公司电力工器具管理暂行规定》、《运行中变电站施工安全管理规定》。

2010年，制定实施《电力管理总公司安全约谈工作制度》，对违章行为责任人和责任单位领导进行约谈诫勉，进一步丰富了安全管理体系。

2011年，按照中石化集团公司制度编制要求和管理局相关工作规范，制定实施《电力管理总公司变电站门禁管理规定》、《电力管理总公司安全管理评价标准》、《电力管理总公司安全事故管理办法》、《电力管理总公司HSE考核评比办法》，进一步强化了安全基础管理工作。

2012年，对安全制度进行全面梳理，修订HSE岗位责任制152个，制定完善《电力管理总公司安全承诺管理实施细则》、《电力管理总公司建设项目安全设施及职业卫生设施“三同时”监督管理实施细则》、《电力管理总公司民用燃气使用安全管理实施细则》。

二、安全培训教育

入厂教育 新入厂职工、转岗职工、再就业职工均进行总公司、三级单位、基层队、班组四级安全教育。总公司级安全教育由安全环保科、劳动工资科委托职工培训中心组织，采取集中培训、参观、座谈的方式进行。三级、基层队安全教育由三、四级组织，采取授课、导师带徒等方式进行。班组级安全教育由班组长组织实施，采取现场观摩、操作演练等方式进行。2003～2012年，总公司共组织四级安全教育110余次，培训900余人。

集中培训 总公司在每年春节前后，集中开展为期一个月安全培训工作，组织“电网职能人员培训班”、“职工安规培训班”、“安全管理人员培训班”等集中脱产培训班。在春检前组织全员安规考试，成绩不合格者禁止参加电网检修，人员按试岗处理。2003年，组织了“紧急触电救护”培训班。2004年，组织了全体驾驶员和车队长参加的《道路交通安全法》培训班，以及多种经营系统领导和安全管理人员参加的“职业安全健康管理体系”培训班。2005年，组织了变电站长和调度员参加的“安规、运规和调度规程”培训班。2006年，组织了三、四级安全管理人员培训班。2007年，组织了集团公司《安全生产十大禁令》和油田《电力专业安全生产禁令》的学习宣贯培训班。2008年，分6个区域对全体电网职能人员进行安全培训。2009年，组织了基层队长安全培训班。2010年，组织了一线职工“我要安全”培训班。2011年，组织了优秀班组长安全培训班。2012年，组织了技师案例高级研讨班。

岗位教育 总公司采取自学为主、集中学习为辅的岗位教育方式。2003年，组织开展了“安全教育月”活动，为基层单位配发了《发供电企业班组安全培训教材》。2007年，制作了《倒闸操作规范与分解》、《线路检修安全操作规范与分解》教学片，发放到基层队、变电站，开展自主教育培训。2009～2012年，每年编制《HSE学与练》系列安全教育丛书，通过岗位职工“一周一练”的形式，探索新形势下安全教育的新途径。2010年，组织拍摄了《电力专业岗位操作安全培训教材》，选取了线路维护、变电运行、变电检修、用电管理4个专业的常见作业项目，采用视频方式演示标准化操作步骤。该视频教材被指定为中石化集团公司电力专业安全培训教材。

资格培训 2003年以来，胜利油田实行认证上岗制度，总公司先后安排1043人次参加安全资格证、HSE管理证书取证及复审培训。根据国家《特种作业人员安全技术考核管理规则》，对电工、电气焊工、起重工、驾驶员、司炉工、化验工进行安全培训，共有17255人（次）参加专业培训，均取得安全作业证。

三、安全文化

作为管理局安全文化建设试点单位，总公司以“创建国家级安全文化示范企业”为引领，以“安全生产月”、岗位责任制大检查为载体，逐步培育了“安全为天、和谐发展”的安全价值观，弘扬了以“小站文化”为代表的安全家文化。

2003～2004年，开展“如何提高自我保护意识”大讨论，组织以“学法、用法、守法”为主题的安全生产法律法规知识竞赛活动，有4695人参加了安全知识答卷。

2005年，围绕“遵章守法，关爱生命”主题，组织全体干部职工签订了“自我保护承诺书”，填写“三不伤害”危险控制卡，有 4606人参加了“安全知识进万家”安全知识竞赛活动。

2006年，组织以班组“六项安康文化活动”为主要内容的安康文化活动，即开展“生命之歌大家唱”、“安全故事大家讲”、“安全监督我来当”、“标准作业我操作”、“安全知识我掌握”、“应急处理我会做”活动。

2007年，开展以“推行标准化操作，狠反习惯性违章”为主题的第82次岗位责任制大检查，组织“青年安全文化宣讲团”，开展以“安全文化送班组，科技知识进现场”为主要内容的巡回宣讲活动，先后组织讲演10余场次，受教育青年职工1800余人。

2008年，开展以“落实全员HSE责任，深化提升HSE管理”为主题的第83次岗位责任制大检查，围绕“治理隐患、防范事故”，开展了安全板报展评、全员安全科普知识答卷、应急预案演练以及“六•五”世界环境日宣传等11项专项活动。总结提炼出孤岛供电公司孤二变电站的“安全生产‘画与话’”、东区供电公司辛六变电站的“今天我当站长”等特色经验做法。南区供电公司变电运行八队获管理局“安全文化建设先进基层单位”称号。

图5-1 在九分场变电站组织大型应急事故演练

2009年，以“我要安全”主题活动为总抓手，组织开展了板报展评、演讲比赛、线路专业安全知识竞赛、全员安全知识答卷、应急预案演练等9项活动，由演讲比赛获奖选手组成的“青年绿色生产宣讲团”到基层巡回演讲17场。在操作控制室、作业值班室、主要生产装置区设置了以《安全生产禁令》为主要内容的1300余个制度牌和141个公告牌。

2010年，总公司团委组织了“安全用电进家园，亲情服务进小区”活动，党委宣传科组织开展了“我为安全进一言”活动，安全环保科组织“一封平安家书”活动，工会组织了全员安全生产法律法规知识答题，劳动工资科组织了专项安全教育和“标准化流程回头看”活动，并在《电力通讯》开设专栏，动员全公司干部职工立足本职岗位，积极为总公司安全生产建言献策。

2011年，编制了《安全警示录》、《安全风险与控制》、《亲情寄语与承诺》、《平安家书》等安全文化系列丛书，组织开展“宣传教育、技能培训、应急演练、隐患排查”四个主题活动周，开展了亲情寄语、领导讲安全课、组织案例分析、观看安全宣传片、安全讨论会、技能培训、安全生产知识答卷等8项活动。

2012年，开展“我能安全”主题活动，通过召开案例分析会、安全经验分享会，组织生产事故处置演练和触电急救演练对抗赛，强化源头建设，突出事前预防，优化过程控制，培育安康文化。

四、特种设备管理

总公司建立、健全特种设备安全管理制度和岗位安全责任制度，对特种设备作业人员进行特种设备安全教育和培训，制定了特种设备的事故应急措施和救援预案，并定期组织演练。对锅炉、压力容器（含气瓶）、电梯、起重机械、场内车辆等特种设备设施采取“分散管理、严格检查、定期检验”的管理模式。按照安全技术规范要求，在安全检验合格有效期届满前一个月向特种设备检验检测机构提出定期检验申请。对检验不合格和出现故障或者发生异常情况的特种设备，一律予以停用。对存在严重事故隐患或超过安全技术规范规定使用年限的特种设备，及时予以报废。2003～2012年，共检验特种设备设施183台次，报废特种设备设施14台。

五、隐患排查治理

按照“谁主管、谁负责”的原则，总公司对隐患进行分级管理，按照“四定”（即定整改方案、定资金来源、定项目负责人、定整改期限）原则进行治理。2005年，对变电站直流系统进行更新改装；对跨越城区道路的117余处电力线路悬挂标高警示牌；对仙河、胜中、胜北社区居民区内的40余台电力变压器设置安全护拦。2006年，改造了110kV广一变、孤三变防雷接地网，对110kV孤二变、35kV王岗变、六户变、河50变的保护电源进行了改造。2007年，更换352只变电站避雷器，治理了变电站防雷设备、直流系统、防火等方面存在的隐患。2008年，完成35kV线路出口避雷器改造项目；将6kV工业线、东库线等9条线路45档导线更换为绝缘导线；为滩海地区35kV垦三变、垦东六号变、孤东三号变、桩河变、雁西变5座变电站，建造了救生平台。2009年，治理35kV电力线路危杆、交叉跨越距离不符合标准等线路隐患66处。2010年，在10座110kV变电站安装SF_6气体泄漏监控报警系统；为9家区域性综合供电公司、修试中心配备绝缘液态升降架1套、刀闸检修架8套、快装检修架6套、柱式安全带挂架65套。2011年，更换九分场变、新孤变220kV隔离开关50组，消除了隔离开关支持瓷瓶易断裂、操作机构老化的隐患。2012年，对位于建筑物屋顶的配电变压器，统一制作钢制护栏，消除了屋顶配电变压器的触电隐患。2003～2012年，安全隐患治理和技术措施累计投入 5673.45万元。

六、交通安全管理

总公司认真落实“交通安全管理十八法”，加强对驾驶员的安全教育，严格控制调派长途车，实行“一支笔”签批制度，夜间、节假日对车辆实行“三交三定”管理（交车钥匙、行驶证、准驾证，定点停车、定时停车、定责任人）。

2003年，组织开展“加强教育、整顿纪律、反对违章、强化管理”整顿交通秩序活动，集中治理了非专职驾驶员开公车的问题。2004年，为驾驶员配发了《道路交通安全法》读本，建立了“准驶证”制度，组织车辆夜查。2005年，组织驾驶员观看公安部编制的以再现交通事故发生过程为主要内容的《平安出行》电子录像资料，为各车队配发了《机动车驾驶员考试常识》读本，并组织495人参加了专职驾驶员考试。2006年，建立了机动车“三交三定”信息管理系统，对机动车辆进行集中停放管理。在三级单位划定集中停车区域，设立停车泊位，对号入位，有序停车，禁止在家属区或居民点随意停放和过夜停放。2007年，邀请东营市交警支队专业人员授课，组织全体驾驶人员参加了集中交通安全知识培训。2008年，制定实施了《电力管理总公司长途车辆管理规定》、《网上办理总公司长途车辆申请与审批的管理规定》，进一步规范了长途车交通安全管理工作。2009年，重点加强驾驶员法制观念、安全行车知识教育和私家车驾驶人的教育引导。2010年，在18台重点车辆上加装GPS定位监控装置，采取远程监控方式加强车辆管理。2011年，在车辆上张贴安全提醒标志，强化了乘车人安全管理，要求乘车人正确使用安全带。向驾驶员发放“七想七不干”安全提示卡，组织驾驶员学习道路交通管理条例和驾驶知识，增强驾驶员的安全行车意识。2012年，组织对机动车辆路查、夜查和专项检查11次，对行车不系安全带等问题进行了重点检查和通报；发送交通安全提示短信426条、发放温馨提示卡408张，增强了驾驶员的交通安全意识。

七、承包商安全管理

总公司建立了承包商的分级审核体系，实行签订《承包商HSE监管承诺书》制度，承诺不引进无油田市场《队伍准入证》的承包商。项目管理部门负责承包商的施工资质、施工组织设计等审查；安全监督部门负责承包商HSE资质、管理人员安全资质的审核，并督促承包商完善HSE管理体系；项目所在单位重点抓好施工队伍人员信息核对，检验施工设备是否处于有效期和良好状态。2003年，实施《临时用电许可证》制度，规范了施工现场临时用电行为。2004年，总公司9家多种经营单位通过了管理局安全生产资格认证。2008年，印发了《关于加强外来施工队伍安全管理的通知》，进一步明确“谁主管、谁负责”、“谁引进、谁负责”、“谁雇用、谁负责”的原则。2010年，修订完善了《承包商安全监督管理规定》，制定承包商监管工作流程，明确承包商从入厂到竣工验收各环节的监管部门和监管职责。明确了外来人员进入总公司的登记制度，要求施工人员在开工前接受两级现场安全教育，管理单位讲解现场存在的风险和注意事项，对长期施工人员进行安全考试。实行安全风险抵押金制度，承包商在施工期间发生违章行为及事故的，由项目管理部门和安全监督管理部门依据合同和安全协议中约定的条款进行考核，对发生严重违章行为的承包商扣除其缴纳的安全风险抵押金。2011年，将承包商纳入内部HSE管理体系，采取强化监管责任、派驻安全总监等措施，使承包商的安全管理工作始终处于受控状态，提升了承包商安全管理水平。2012年，开展承包商安全“大排查、大审核、大提升”活动，对承包商资质进行了重新审核，对6家不合格分包商清理出了总公司市场。修订完善了《承包商安全环保监督管理实施细则》，利用《承包商开工确认书》进一步规范承包商监管工作流程和分级审核流程，落实管理职能，使承包商施工作业始终处于受控状态。

八、安全监督

2003年以来，总公司建立和完善了监督检查机制，建立安全监管队伍，规范安全监督检查工作流程，明确不同时期的监督检查内容、方法和步骤。按照“从严管理，强化监督”的安全工作要求，在坚持岗位巡检、班组日检、基层队周检的基础上，定期开展安全生产大检查活动。总公司在重大节日前后、上下半年和雷雨季节等重要时间节点上组织阶段性的安全大检查，领导和科室负责人每月到各自安全承包点检查1次，对发现问题和事故隐患，下发限期整改通知单，实行跟踪督促整改。每年组织对《电网检修安全管理规定》进行修订和完善，实行检修现场安全负责制，对电网检修工作进行规范，对查出的问题在每日生产例会、每周大型生产会以及“电网检修安全检查周报”上予以通报，形成了一套严格规范的管理体系。2009年起，定期发布“安全监督检查通报”，通过公开处罚违章行为，落实隐患整改的具体措施，使每个节点始终处于受控状态，形成闭环管理机制。从2010年起，推行安全管理评价。2011年，对 17个单位、2个改制企业的年度工作计划及目标分解落实情况进行评价，对评价得分低于80分的单位进行了重点帮扶和督导。2012年，对安全评价标准进一步修订和完善，全年组织评价3次，督导、整改问题1053项。同时，通过座谈交流等形式，将安全经验分享融入到安全评价中，促进了安全管理水平的整体提升。

第三节 职业健康管理

总公司认真贯彻落实中石化集团公司和管理局职业健康有关要求，着重强化事先预防和风险控制，在责任落实、教育培训、班组建设上下功夫。

一、职业卫生管理

每年定期组织职业卫生宣传周活动，通过宣传栏、板报、广播、网络等形式，开展了形式多样的宣传活动。2007年，对存在职业危害风险（噪声、烟尘和毒物）的3个三级单位、21个四级基层班组的214名人员进行了普查。2008年，建立健全了职业卫生档案、职工健康档案和个体防护品发放档案。委托胜利油田职业病防治所定期对尘毒作业场所工作人员进行健康查体；为噪声作业场所工作人员配置硅胶耳塞、颈带式耳塞。按照标准规范对中央空调冷水机房、部分变电站等场所进行了检测。对可能存在职业病危害因素的作业场所设置了警示标识及中文警示说明。

二、劳动保护

总公司高度重视劳动保护工作，致力于为职工创造安全、卫生、舒适的劳动工作条件，消除和预防劳动生产过程中可能发生的职业伤害。

劳保配备 2003～2004年，在安全部门监督下，劳保用品由供应部门根据生产需求计划用量发放。2005～2006年，由各单位根据本单位实际情况自主选择劳保产品类型。2007年以后，按照《胜利油田职工劳动防护用品管理规定》和《胜利油田职工个人劳动防护用品配备标准》管理和发放。2008年，为变电运行、用电管理人员统一制作了具有行业特点的毛料制服。2011年，全体职工配发了中石化集团公司统一工服。

防暑降温 总公司每年根据各工种的不同生产特点，购买分发防暑降温和医疗保健用品。2008年，按照《胜利油田关于调整职工防暑降温发放标准的通知》要求，防暑降温费用的75%以现金形式直接发放给职工。2008～2012年防暑降温费及物品发放统计见表5-16。

表5-16 2008～2012年防暑降温费及物品发放统计

项 目	2008年	2009年	2010年	2011年	2012年
物品金额（元）	551280	634664.62	600050	620000	620800
现 金（元）	1869200	1867080	1776120	1728360	1734600

工伤管理 根据国家法律和管理局相关的规章制度，认真落实工伤管理各项条款。在工伤等级鉴定中，严格执行《职工工伤与职业病致残程度鉴定标准》，保证职工在工作中遭受事故伤害或患职业病后能及时获得医疗救治、经济补偿，尽早得以康复，确保了职工队伍的稳定。

第四节 消防管理

总公司坚持“预防为主、防消结合”的方针，不断健全消防安全组织机构建设，完善制度体系，开展消防安全管理，强化消防安全宣传、灭火应急演练等工作。

一、消防体系建设

总公司设立防火安全委员会，主任由总公司经理担任，为总公司消防安全最高管理者，防火委副主任由总公司副处级及以上领导担任，成员由首席专家、副总师、机关科室负责人组成。委员会下设办公室，办公室主任由治安保卫中心主任兼任，下设消防专职管理人员1名，代表防火委员会行使日常消防安全管理权力。各三级单位设立防火领导小组，每年与三级单位签订《消防安全责任书》，形成完善的消防安全管理网络。总公司设立“电力管理总公司义务消防队”，2009年更名为“电力管理总公司消防志愿者服务队”。全公司共有重点要害部位4处，分别为总公司电调大楼、盐镇变电站、九分场变电站和新孤变电站。

二、消防基础管理

总公司将消防安全列为安全生产工作的一项重要考核标准，并将消防管理工作纳入全年综治安全工作的总体规划。制定消防安全考核细则，定期开展消防安全检查，加强消防重点部位巡查、消防器材检查，发现并消除火灾隐患。2003～2012年，组织消防安全检查50余次，整改率100%。

2010年修订完善了《安全疏散设施管理制度》、《防火检查、巡查制度》、《消防设施、器材维护管理制度》、《消防志愿者组织管理制度》，制定实施了

《变电站火灾自动报警系统维护保养特别管理规定》。2012年对《电力管理总公司消防安全管理实施细则》进行补充完善，细化了消防安全管理工作。

组织开展“11•9”消防宣传、消防安全培训和灭火演练，通过网络、板报、消防知识讲座等形式加强消防安全宣传。2003～2012年，举办消防知识讲座92场，开展消防培训400次，接受培训人数1500人，展出消防板报320期，消防宣传横幅160条，发放消防传单12000份，消防宣传手册600册。

每年定期组织开展消防应急演练。2009～2010年，连续两年组织了“电力管理总公司突发事件应急演练暨消防演习”大型治安消防综合演练，参演人数达300多人。

三、消防设施投入

总公司逐年加大资金投入力度，改善总公司防火安全条件。每年投资50余万元，对全公司的消防自动报警系统进行维护保养，对灭火器材进行维修、更换。2006年，对部分110kV变电站进行了电缆防火改造。2008年，投资40余万元对坨四变和电调中心办公楼层进行了消防设施改造。2009年，投资近60万元对110kV坨七变、坨八变等6座电站进行了消防设施改造，安装了消防自动报警系统和远程监控设备。2010年，投资30余万元对总公司办公大楼消防自动报警系统进行更新改造。2003～2012年，总公司未发生任何火灾事故。

第五节 民用气管理

2003～2011年，总公司设民用气安全管理委员会，办公室设在公共事业中心，具体负责总公司日常民用气安全管理工作。各三级单位成立民用气安全管理领导小组，配备兼职民用气安全员，负责各三级单位民用气日常管理工作。2012年6月，总公司将民用气管理纳入HSE管理体系，由HSE委员会统一管理。归口管理后，总公司组织开展了民用气清查治理，进一步完善了民用气管理机制，建立了民用气管理信息平台，加强了民用气的监督检查，使民用气管理更趋规范。

一、民用气承包责任制

每年年初召开民用气安全管理工作会议，与三级单位签订《安全承包责任书》，将民用气承包作为全年安全工作指标考核的一项重要内容实行奖惩兑现；按照“一级对一级负责”的原则，总公司与三级单位、三级单位与基层队层层签订《民用气安全管理承诺书》，并与每名职工签订《住户燃气安全使用承诺书》。建立了出租房户档案，要求职工外租房屋时与承租户签订《外租房安全用气责任书》，形成了“区区有人管，栋栋有人看，家家有人查”的全方位管理网络。

二、民用气基础管理

建立民用气管理制度，健全民用气安全管理网络，突出节前、节后、换季、入冬等重点时期检查，对重点区域专门设防，每次入户检查由检查人与住户签字确认，及时整改查出问题。2012年归口管理后，重新制定了民用气安全管理制度，明确了管理内容和要求，将民用气管理工作作为每月HSE工作会议的一项重要内容进行总结和部署。对职工住户的分布情况进行了全面摸底调查，重新建立了住户档案。建立详细的分层检查机制，基层队每月对管辖住户进行电话检查和入户抽查，全年覆盖全部管辖住户，重点加强对退休户、遗属户、外租户等特殊户的检查工作；三级单位每月利用电话检查和入户抽查掌握基层队检查情况；总公司每月利用电话检查和入户抽查掌握各三级单位检查情况。2012年10月，总公司开发了民用气安全管理信息系统并投入使用，利用系统动态管理全体管辖住户的信息档案，分级动态监控民用气安全检查情况，并借助录入系统的信息有针对性的开展对住户的检查工作，提高了民用气安全管理水平和工作效率。通过制作网络教育课件、出板报、张贴宣传材料、制作发放宣传册和警示标识等手段，全方位、多层次开展安全用气宣传教育，各三级单位利用检查、慰问、走访等机会上门宣传安全用气知识，切实提高了职工家属安全用气意识。

公用液化气瓶由总公司统一配置，由胜北液化气站负责托管。各单位建立液化气瓶使用台账，专人负责管理。单位配置气瓶，需经单位申请，总公司民用气安全管理委员会领导签字，方可领取。对超过使用年限和年检年限的容器，及时上交液化气站，统一处理。装满液化气的气瓶及时发放到各使用单位，不允许集中存放。

三、民用气设施投入

总公司为职工免费更换民用气管线及配件，定期为住户安装和更换报警器。2004年至2011年，总公司累计为住户安装和更换报警器7650套，更换燃气管线2500米、卡子800个、气阀门13个，安装热水器2450台、炉具2050台。排油烟机1450台。2012年，总公司对民用气设施配备进行了全面清查，为住户新安装和更换报警器1970套，更换管线5564米、卡子3040个、气阀门15个。

第六节 环境保护管理

总公司围绕“清洁生产”主线，坚持经济效益、社会效益和环境效益相统一的原则，逐步建立环境保护制度，使环保工作向制度化、规范化、科学化的方向发展。2003年以来，制订了《环境保护管理规定》，不断强化环境管理基础工作，逐年投资对生活区和办公区进行绿化改造，绿化覆盖率不断提高，各项环境指标均符合国家有关标准。

一、宣传教育

以创建“清洁无害化矿区”为主线，广泛开展环保宣传活动。利用职工大会、座谈会、黑板报、图片展、演讲会等形式宣传环境保护工作的重要意义。在每年“六•五”世界环境日期间，组织板报展、环保演讲比赛和摄影比赛等活动。定期组织党员干部和团员青年深入厂区、社区，清理环境卫生，发放各种宣传材料，组织环保宣讲、咨询活动，营造“共建生态文明，共享绿色未来”的良好氛围。

二、工业污染源控制

总公司工业污染源主要是孤北热电厂工业废水及工业废气。工业废水由循环水系统、化学水处理系统、原油处理系统、发电机冷却塔所产生的工业废水及废酸、废碱组成。工业废气是三台燃气轮机排放的烟气。电厂化验室对工业废水和废气进行检测，每月进行工业废水的全分析，共分析21个项目，包括颜色、气味、硫酸根、导电率、全硬度、碳酸盐硬度、负硬度、甲基橙碱度、酚酞碱度、PH值、化学耗氧量、全固形物、溶解固形物、悬浮物等。总公司采取主动控制措施，对工业废水进行集中水处理，并安装烟气除尘装置和脱硫装置，实现工业废水、废气的无害化。2010年孤北热电厂拆除，总公司自此无任何工业污染源。

三、环境监测评价

每季度委托管理局监测总站对总公司的工业污水、生活污水及固定源噪声、厂界噪声、水质进行监测，监测项目包括酸碱度、悬浮物、石油类、化学耗氧量、挥发酚、硫化物等。2005年7月，完成了山东省电磁辐射普查工作，全公司总计有110kV及以上的72条输电线路和31座变电站进行了申报登记。2003～2012年，总公司矿区内大气中的二氧化硫、氮氧化物等指标均低于国家二级标准，环境噪声基本符合国家一类标准，矿区饮用水符合国家的饮用水标准。

对新、改、扩建变电站及输电工程委托第三方进行环境评价。2006年起，委托山东波尔公司等环评机构对110kV孤东输变电工程、110kV坨三输变电工程进行环境评价。在施工前进行环境预评价，评估工程项目可能对周边环境产生的影响，评价结论不合格的不允许开工；在竣工后进行验收评价，评价不合格的勒令整改。2006～2012年主要环境评价项目见表5-17。

表5-17 2006～2012年主要环境评价项目表

序号	评价时间	项目名称	结论
1	2006年	110kV孤东输变电工程	合格
2	2006年	110kV坨三输变电工程	合格
3	2007年	110kV辛七输变电系统项目	合格
4	2008年	110kV坨四变电站改造工程	合格
5	2008年	110kV坨九输变电系统项目	合格
6	2008年	110kV坨八输变电系统项目	合格
7	2008年	110kV坨七输变电系统项目	合格
8	2009年	110kV辛八升压扩容输变电工程	合格
9	2012年	滩海地区产能建设供电系统配套工程	合格
10	2012年	新滩输变电建设工程	合格

第七章 物资供应

物资供应的主要工作内容是完成电网运行和电力建设物资的采购、验收、保管，确保应急抢险的特殊储备物资仓储充足、重要物资配送到位；回收管理废旧物资，实现降本增效。总公司结合电力行业特点，积极探索物资管理新思路，加强物资计划管理，完善质量监督体系，加大物资配送力度，逐步形成了具有电力特色的物资供应管理模式，为油田电网安全稳定运行提供了可靠物资保障。2003～2005年，由总公司物资供应公司承担物资供应职能，设党政办公室、器材供应部、物资管理部、中心仓库、油品管理队，编制73人。2005年6月，根据管理局《物资供应系统“撤改”工作实施意见》的要求，撤销原物资供应公司，成立物资供应科；成立物资配送队，设置为机关直属四级单位，挂靠物资供应科；三级单位设材料员，负责物资的领取、保管、发放，为生产经营建设提供物资保障。

第一节 管理模式

2003～2005年，物资供应管理上实行一级供应、二级集中管理，物资采购分局管（供应处统购统销）和下放（二级单位自行购置）两部分。物资储备管理推行“零库存”的方式，三级单位不设库房，推行“代储代销”的模式。2005年6月，成立物资供应科以后，按照中石化集团公司“统一管理、统一采购、统一储备、统一结算”的物资供应管理体制框架要求，在管理观念上，从注重采购向注重管理转变；在管理模式上，从粗放型向精细型转变；在管理职能上，从保障型向服务型转变。构建了“专业管理、统一采购、集中储备、区域配送”的物资供应管理体系，实现了电力生产物资供应由“领”到“送”的历史性转变。2010年，物资供应管理采取“单一领导、单一部门”负责、物资集中采购和统一储备的方式。在物资采购工作中，推行性能价格比最优、物资全生命周期总成本最低的科学理性采购理念，建立分工明确、协作高效、有效制衡、专业化分工、流程化操作的运行机制；优选供应商，签订一揽子协议的框架采购模式，采购业务由操作型向管理型转变；在改变库存资金占用上，将责任主体由物资供应部门调整为物资需求计划提报部门及审核管理部门，实现了对物资需求计划管理的硬约束，提高了物资需求计划及时性、准确性，杜绝了物资积压。

第二节 需求计划管理

2005年，为发挥需求计划在物资采购管理中的主导作用，全面运行物资计划管理系统，对各单位物资需求计划推行网上提报、汇总审批，实现了物资采购管理的网络化、规范化。通过与油田物资供应处ERP和“三流合一”系统对接，提高了需求计划准确率，规范了计划审批流程。2011年，建立了物资消耗数据信息库，规范了计划审批流程。

按照生产维修规模和年度电网工程建设投资计划，物资供应科与计划、基建、预算、财务、生产等相关部门共同编制下年度物资需求计划，经总公司资金预算委员会审核后，提报胜利油田物资供应处。结合每年春季电网检修、雨季安全生产、秋季设备大修、冬季电网改造等季节性用料特点，推行需求计划“季度提报、月度领料”的管理模式，重点抓好三、四级需求计划管理，使需求计划提报更具科学性、真实性。2005～2012年需求计划准确率均保持在95%以上。

根据油田内控制度的要求，逐步完善了总公司物资需求计划季度审核制度，每季度召开由分管领导主持的物资需求计划审核会，组织物资供应、生产、计划、技术、财务、纪检、经营等相关科室，共同审核各单位季度物资消耗数额、品种、规格、用途、价格，确定季度上报采购计划，按工作进度上报油田物资供应处，规范了各单位领、用料行为。

总公司资金预算委员会将材料、燃料、劳动保护预算费用分解下达到三级单位，物资供应科再将各项预算费用分解到每个季度，制定季度材料预算定额。三级单位依据年度材料预算，按季节编制季度材料预算定额，上报总公司资金预算委员会批准实施，总公司对各单位季度材料预算定额进行监控，以材料费支出占季度用料85%为警戒线。当达到警戒线时，会同财务资产管理中心共同发布超支预警，停发非生产用料，按生产工作完成情况相应减少辅助用料的发放，确保各单位材料成本控制在季度预算之内。每年第四季度按月核算各三级单位材料、油料费用，超预算及时预警。进入12月份，依据结算进度，每周核算各单位材料费用，防止超预算领料行为发生，确保了材料成本控制在预算之内。

第三节 物资采购

一、物资招标采购

总公司生产建设所需要的物资计划全部上报胜利油田物资供应处，由物资供应处统一组织实行招标采购；重点电力工程所需要的电力变压器、组合电器、电缆等大宗物资，由中石化集团公司直接招标采购。通过严格执行油田物资采购相关规定，降低采购成本，节约资金成本，集中采购率达到100%，价格合理率控制在95%以上。2012年物资采购额达2.38亿元，为历年最高。

二、采购物资质量管理

入库物资检验 建立完善物资质量监控体系，突出了监督重点环节及质量事故奖惩与考核，优化了检验模式。通过与主要供应商签订物资抽检、跳检、监控、免检协议，实行质量联合管理。严把进货质量关，对总公司不具备检验手段的物资，联系外协检验单位进行质量检验。对供应商资质不全，产品标识标注不清的一律按不合格物资进行退货处理。2003～2012年，入库物资检验合格率均为100%。

质量回访 加大物资质量监管力度，组织开展物资质量回访活动，在基层班组和施工现场与职工座谈，了解产品质量情况，听取基层意见、建议。对存在的问题，制订相应整改计划和整改措施，强化了物资质量监管，提升了物资管理水平。2003～2012年，用户服务满意率均在98%以上。

第四节 物资储备

一、库房标准化管理

总公司按照物资储备库房标准化管理要求，建立了分大类、分区、堆码存放的标准库房。库房统一配备货架、悬挂标牌，入库物资按“四号定位”、“五五摆放”、“四对口”存放管理，每批入库物资进行入库点件验收，检查标识标注齐全后上架存放，确保入库物资名称、规格、数量准确。

二、库存结构优化

认真执行管理局物资供应处下达的储备定额，降低储备资金占用，对重点关键物资保持合理储备规模。定期对入库物资总量、使用方向、消耗数量、周转以及实物库存等情况进行盘点。每季度组织计划、仓储及管理人员召开分析会，分析和查找影响储备的主要因素，及时调整储备规模和储备结构。把库存资金占用责任落实到需求计划提报和审核管理部门，建立对需求计划的硬约束措施。对用料单位提出的物资需求计划进行审核、平库、汇总，对需采购的物资平库后进行采购，从而在源头上控制了库存规模增长和积压物资产生，减少资金占用。2003～2012年，储备定额均控制在物资供应处下达的考核指标范围内。

三、应急抢险储备物资管理

各三级单位对应急抢险物资建账、配卡，做到了帐、卡、物一一对应，专人专库管理、分类存放、妥善保管。规范了各单位物资供应日常管理中的收发料单据、台账、消耗分析、材料计划提报、库房管理、材料帐册的管理，完善了三四级物资供应管理基础资料。落实应急抢险物资管理制度，对基层单位应急抢险物资和实物物资合并管理。三级单位建立了规范的应急抢险实物物资收发存台账和应急抢险实物物资明细表。

四、清仓查库

按照管理局物资供应处清仓查库专项检查工作要求，每年审计、纪检、财务等部门对库房进行清查，做到摸清家底，不留死角，实现了帐、卡、物、资金四对口，未发生物资盈亏、差错等问题。

第五节　物资配送

2005年6月，“撤站设科”以后，逐步健全完善了各项配送物资管理制度，组建了物资配送队，建立了“集中储备、区域配送”的物资供应管理新模式。针对总公司三级单位相对分散，点多、面广、配送距离远的实际，把相对比较集中的中区供电公司、南区供电公司、修试中心、车辆管理中心、电力客户服务中心、北区供电公司等单位纳入配送范围，搭建了区域配送框架。完善有关物资配送的制度、流程，逐步健全完善了总公司的物资配送体系，做好物资配送工作，实现了“仓储管理型”向“仓储配送型”转变，每年配送物资约4000万元。在2009～2012年油田电网调整改造过程中，北区升压改造、中区升压改造，220kV

新孤变、220kV九分场变、220kV盐镇变及新滩、滩海输变电工程等重点电力工程施工之前，物资供应部门提前介入工程设计、审核，深入现场施工各个环节，与物资供应处积极联系协调，及时将电力工程材料送到施工现场，确保工程进度。2003~2012年，统一配送率80%以上，物资供应及时率达到100%。

第六节 物资稽查

按照管理局物资供应处物资稽查管理要求，总公司物资供应部门每月组织配送队、三级单位材料人员共同对变电站、线路、配电室、维修班组、施工改造现场的电料、备品备件、配件、电气设备、电力工器具等重点物资进行稽查、核实，防止了物资的流失。规范各班组至四级队、四级至三级的材料管理流程，同时采取了按线路、变电站进行核算材料费用的管理方式，物资稽查到班组，按线路、变电站稽查物资使用情况。这些措施确保了领用的物资使用有计划、领用有手续、稽查有现场，杜绝物资因管理不善造成流失的现象发生，使用合理率达100%，流失率为零。

第七节 废旧物资管理

制定废旧物资管理规定，健全完善废旧物资管理体系。修订了“交旧领新”目录及各项规章制度，分解下达了废旧物资考核指标。落实各单位废旧物资集中存放地点，登记管理流程；明确各部门单位的责权利关系，使总公司闲置废旧物资充分盘活，降低了电网运行成本。2011年上交物资供应处废旧物资中心处置废钢铁10.93吨，2012年上交处置废钢铁69.35吨，废电表43998块，超额完成供应处下达废旧物资指标，为总公司创造了经济效益。2003~2012年物资管理经济指标统计见表5-18。

表5-18 2003～2012年物资管理经济指标统计

年度	需求计划准确率(%)>	需求计划及时率(%)>	期初库存(万元)	物资收入(万元)	物资消耗(万元)	期末库存(万元)	库存资金周转天数或次数		平均库存(万元)	
							指标	实际	指标	实际
2003	无	无	149.61	10282.6	10214.9	217.31	30天	4天	260.00	107.27
2004	无	无	217.31	7701.5	7828.5	90.29	25天	8天	200.00	172.86
2005	80	90	90.29	7862.4	77967	155.9	25天	6天	180.00	111.00
2006	95	90	155.9	11722	11801.8	76.04	25天	4天	160.00	108.81
2007	95	90	76.04	17028.4	17024.5	79.92	15天	2天	160.00	85.88
2008	95	90	79.92	7373.7	7350.7	102.89	15天	6天	120.00	118.84
2009	90	90	102.89	12491.6	12552.7	41.78	15天	6.5天	120.00	102.00
2010	95	90	41.78	17298.6	17274.3	66.12	>20次	180次	120.00	60.00
2011	95	90	66.12	23827.8	23856.9	37.06	>20次	360次	120.00	52.01
2012	85	90	37.06	37248.6	37219.4	28.93	>20次	180次	120.00	31.70

第八章 设备管理

总公司设备管理紧紧围绕电力安全生产，以提高设备运行质量和降低设备寿命周期费用为主线，克服电网一次设备老化严重、维修资金紧张等困难，依靠科技，精细管理，充分挖掘现有设备资源潜力，努力提高设备运行质量。在日常设备管理工作中，不断完善设备管理网络体系，健全设备管理制度，优化设备资源配置，加大设备更新和改造力度，层层落实设备管理岗位责任制，设备管理趋于规范化、制度化、标准化、信息化。2007年总公司被评为山东省设备管理一级企业，2008年总公司被评为山东省设备管理先进单位，2009年总公司获得山东省设备管理优秀单位。

第一节 综合管理

一、体制建设

总公司设有设备管理委员会，总公司经理任主任，主管设备副经理任副主任，设备管理委员会办公室设在设备管理科，科长任办公室主任，设备管理科具体负责总公司设备管理工作，各单位设有分管设备领导和专（兼）职设备管理员，总公司形成完整的设备管理网络体系。建立健全了设备档案、台帐以及设备维修、维护、改造、调剂、报废、事故处理等工作流程。根据电网运行实际，总公司的运输设备、移动发电设备、高压电力变压器大修、35kV SF_6断路器大修、部分仪器维修工作由设备管理科负责。

2003年以来，总公司不断修订完善设备管理制度标准和考核细则，健全完善考核验收机制。2012年，修订《电力管理总公司设备管理实施细则》、《电力管理总公司设备维修实施细则》。对分管设备领导和设备管理员实行风险抵押金制度，根据年度设备维修运行、设备有效利用率、按年度指标完成情况年底进行考核兑现。对所管辖的变电站主要设备按照设备缺陷分级分类管理方法，加大设备缺陷消除力度。制定了变压器大修程序和验收考核办法，明确了主变大修的工作程序。加强对基层单位监督检查工作的指导和督促，确保设备处于受控状态，保证设备安全经济运行。

二、设备创先争优活动

按照管理局设备创先争优活动要求，总公司每年组织“设备管理先进单位”、“红旗设备”、“长寿高效设备”、“设备操作能手”、“设备管理先进个人”等评选。设备管理实行全过程寿命管理。结合电网生产运行的实际，每年组织设备管理人员参加各类设备管理、设备操作、设备润滑培训班，系统学习设备管理规章制度，优化设备资源配置，实行设备“十字”管理法（优配、监测、润滑、安稳、高效），操作人员做到“四懂三会”（懂结构、懂原理、懂性能、懂用途，会使用、会维护保养、会排除故障），通过开展各类设备管理活动，使设备管理、使用、运行、维修维护水平有了较大提高。

设备年审工作是搞好现场设备管理行之有效的方法，是促进和推动设备管理上水平的重要手段。总公司每年召开设备年审动员会，加大宣传力度，使广大干部职工充分了解和掌握设备年审的目的和意义，认真开展设备的检查整改。按照“哪一级年审、哪一级负责”的原则，各级年审负责单位严格落实年审设备整改责任制。认真细致地排查缺陷，根据缺陷的性质及危害程度，将缺陷分为一类（严重）缺陷、二类（较大）缺陷，三类（一般）缺陷。坚持年审与整改相结合的原则，严格落实设备整修责任制，切实保证整修资金及时到位，确保整修进度和质量。

总公司坚持组织季度检查、三级月度检查、四级周检的设备检查办法，根据设备在生产过程中的重要程度，按照关键设备、主要设备、一般设备进行设备分级管理。充分发挥基层单位管好设备、用好设备的积极性和创造性，搞好设备维护管理，对在用设备进行检查评比。2003～2012年，总公司共有16台机动设备被评为管理局长寿高效设备，20人次被授予管理局设备操作能手荣誉称号。在管理局开展的设备“三化三零”（设备本质安全化、设备操作标准化、设备运行合理化，实现设备零缺陷、零故障、零事故）活动中，2010年有7个基层队获管理局设备管理优秀基层队荣誉称号，2011年度有5个基层队获管理局设备管理优秀基层队（站）荣誉称号。

第二节 设备维修改造

一、设备维护保养

2003年以来，总公司加强设备日常维护保养和大修等管理工作，认真落实设备维修管理规定、招标管理规定和设备维修送修、出厂验收管理规定，规范维修程序，合理控制设备维修费用，提高综合管理水平，确保设备长周期安全运行。针对电网设备运行状况和设备维修资金情况，按照电力变压器检修细则规定，总公司每年秋季安排存在严重缺陷的变压器大修。2008年开始，每年安排3台35kVSF_6断路器大修。加强变压器大修费用控制，维修单位大修前上报大修预算费用，设备管理部门会同所在三级单位设备管理人员现场逐项核实无误后实施大修。大修过程中设备管理部门与所在三级单位现场共同把关，控制项目费用，确保设备大修质量。

加强移动发电设备维护保养，严格执行设备的维护与保养标准、车辆安全十八法和发电设备的安全操作规程。2009年3月，总公司根据管理局生产应急保障需要，装备移动电站11台，每台电站包括了运输和发电双套设备。2009～2012年，共出动发电车1029台次，设备完好率达到100%，设备出勤率达到100%，应急发电任务完成率达到100%，用户满意率达到100%，设备事故发生率为0，人身伤害事故率为0，圆满完成了管理局交给的各项发电生产任务。

机动车辆大修由设备管理部门牵头，组织机动设备专家组定期对各单位提出的大修车辆及大修项目进行现场鉴定，确定大修项目和大修费用，修理厂家依据专家组鉴定单的要求进行大修。为了更加合理的使用车辆大修费，2012年总公司开发使用设备管理信息系统，车辆维修保养通过系统填报，及时统计每月的车辆大修费、保养费，规范设备维修费的使用管理。2003～2012年共完成机动设备大修814台。

总公司及各三级单位设有专（兼）职设备润滑管理人员，形成完善的设备润滑管理体系。总公司强化设备润滑和常规检查，提高了设备经济运行质量。2012年全年检测油品3400个，更换不合格油品350台次、冷却液110台次、柴油机油3200升、汽油机油900升、车辆齿轮油100升。2003~2012年来，没有因润滑问题发生设备故障，较好地保证了设备安全运行。

加强设备信息数据维护管理，确保设备信息系统有效运行。为规范设备信息管理工作，做到运转数据齐全、准确，总公司认真组织设备信息录入工作，每月按时把本月度的机动设备和电气设备运转情况录入到信息系统中，及时维护更新设备数据。针对设备运行情况、油料情况、维修情况进行经济技术分析，及时计算出设备综合完好率、综合利用率、故障停机率等设备指标数据。

二、设备租赁报废

2003年以来，总公司根据生产需要和设备技术状况，每年定期组织进行设备技术报废和更新改造，对使用年限已满、丧失使用效能、无修复价值、技术落后、国家明令淘汰和禁止使用的设备进行报废处理。同时，为了改善和提高技术装备水平，紧密围绕总公司生产经营和技术发展规划，有计划、有重点地进行设备更新改造。加强内部机动闲置设备调剂利用，最大限度地在总公司内部调剂使用闲置机动设备。由于总公司自有机动设备不能满足生产需要，每年总公司需租赁一定数量机动设备。租赁机动设备需填报管理局经营性租入资产申请表，总公司与设备出租单位签订设备租赁合同，确定年度租赁费，租赁车辆每年签订一次租赁合同。2003～2012年，总公司更新各类设备275台，原值4495.6万元。2003～2012年主要设备分类情况统计见表5-19，2003～2012年设备大修费用开支统计见表5-20，2003～2012年设备租赁情况见表5-21。

表5-19 2003～2012年主要设备分类情况统计

序号	设备名称	设备台数									
		2003年	2004年	2005年	2006年	2007年	2008年	2009年	2010年	2011年	2012年
	合计	614	606	618	598	575	548	592	637	654	668
1	起重搬运机械	4	4	5	5	5	4	4	1	1	1
2	运输车辆	326	316	323	308	283	255	292	334	346	360
3	辅助专用车辆	20	20	21	21	21	21	19	20	25	25
4	动力设备	5	5	5	5	5	5	16	16	11	1
5	电设备	259	261	264	259	261	263	262	266	271	271

表5-20 2003～2012年设备大修费用开支明细表

设备名称	2003年		2004年		2005年		2006年		2007年		2008年		2009年		2010年		2011年		2012年	
	台数	金额	台数	金额	台数	金额	台数	金额	台数	金额	台数	金额	台数	金额	台数	金额	台数	金额	台数	金额
合　计	122	3884512	124	3028420	97	3428520	87	4194207	106	4861205	75	2594400	73	4435472	69	4105943	61	3939326	60	3200000
起重机械			4	179022			3	311060	1	12300	1	34959	1	34954	1	136129				
运输车辆	102	2018924	102	1993893	86	2164186	68	1832678	80	2147686	65	1998049	56	2117026	53	1919017	49	1914517	50	1550000
辅助专用车	1	7765	2	31003	2	28362	4	109732	2	47775	4	144535	6	194177	5	187647	2	94349		

续表

设备名称	2003年		2004年		2005年		2006年		2007年		2008年		2009年		2010年		2011年		2012年	
	台数	金额	台数	金额	台数	金额	台数	金额	台数	金额	台数	金额	台数	金额	台数	金额	台数	金额	台数	金额
动力设备	1	152100																		
电气设备	8	642750	4	286000	7	1170000	8	1755055	15	2125229	2	358591	6	1788279	7	1752938	10	1930460	10	1650000
其他	10	1063873	12	538502	2	65972	4	185682	8	528215	3	58266	4	301036	3	110212				

表5-21 2003～2012年设备租赁情况明细表

设备名称	2003年		2004年		2005年		2006年		2007年		2008年		2009年		2010年		2011年		2012年	
	台数	租赁费（元）	台数	租赁费（元）	台数	租赁费（元）	台数	租赁费（元）	台数	租赁费（元）	台数	租赁费（元）	台数	租赁费（元）	台数	租赁费（元）	台数	租赁费（元）	台数	租赁费（元）
合计	25	1242038	63	2372467	63	1848291	63	1324117	63	799941	129	3901960	104	3409357	66	3219356	76	3054750	82	3238300
调剂中心	25	1242038	25	993630	25	794904	25	635923	25	508738	25	395553								
胜利租赁公司			38	1378837	38	1103069	38	882455	38	705964	38	275767	38	190000						
胜利瑞祥集团公司											66	3230640	66	3219357	66	3219356	76	3054750	82	3238300

第九章 信息与档案

总公司高度重视信息和档案工作，把信息化建设作为提高企业核心竞争力的战略举措，网络建设和信息技术快速发展。信息技术广泛应用于电力生产指挥、经营管理、档案管理等各个领域，从单项辅助管理工具提升为覆盖生产经营全过程的重要支撑平台。2003～2011年，总公司连续9年获得管理局信息工作先进单位荣誉称号。

第一节 信息管理

2003～2004年，在开创两个市场的大背景下，总公司在机制上将信息管理中心及其职能与广域公司合并，成立广域科技有限责任公司（信息中心），兼具管理及经营两项职能。在商业化的运作模式下，总公司的信息技术应用得到了快速发展，网络、自动化产品实行市场化运作，探索出一条为总公司生产经营管理服务的新途径，促进了信息化工作应用水平的提升。

一、信息技术应用

电力生产信息化 加强信息化与生产管理的融合，为创新生产指挥模式、精细生产管理提供支持。2004年，开发了电力生产运行实时查询系统。2008年，开发了生产指挥管理信息系统。通过实时掌握电网的生产运行信息，优化和调整电网的运行模式，及时处理异常情况，降低事故率，提高电能质量，从整体上提高电力生产的安全经济运行水平。2007～2009年，组织开发了图纸管理信息系统，将电力图纸统一纳入数据库管理。

经营管理信息化 梳理经营业务流程，推广实施了设备管理系统、人力资源管理系统、设备综合管理系统、基建项目管理系统、改善经营管理建议平台、中石化石油地面造价管理系统（定额、审计）、中石化资金集中管理信息系统、本地资金系统、中石化财务管理信息系统、油田结算管理系统等专业系统。开通了书记经理信箱，为职工建言献策搭建平台。2008年，一卡通、一号通等便民工程的建设与应用，为居民用电提供了便捷的途径，提高了用电服务水平。2011～2012年，按照管理局一体化联动收费的部署，实施电能表计改造工作，对8个社区185个小区6738栋楼房187400户居民15万块表计进行改造，通过电费预售推进水、电、暖、气、物业的五费联动收取。同时做好表计改造配套的一卡通收费售电系统的开发与应用，联名卡能够通过自助终端进行预付费表的联网售电，累计采集、制作、发放联名卡7554张，促进和提高了油田公共服务收费效率，2010年获得管理局“十一五”信息化示范工程“胜利油田一卡通系统建设”应用优秀单位荣誉称号。

基层信息化 围绕总公司基层单位的核心业务，建立基层单位数据采集平台和综合应用平台。通过基层信息化，从根本上减轻基层资料整理工作量，进一步提高基层管理水平。2004年，总公司开发了电力基层信息化系统。2005年，在总公司基层单位进行全面推广，现应用于变电运行、线路管理、用电服务、电力修试四个队种。2007年，按照油田基层资料新规范，建设并测试基层单位和用户105个，调试维护基层建设信息化网站105个。2011年按照油田统一部署，在基层队的基础数据数字化工程上取得新突破。一是基于GIS的基层队信息化工程实现了数据一次采集、共享应用，实现生产管理业务网上运行，基层队人、财、物的精细化管理；二是开发的调度信息管理系统将调度运行管理、运行方式管理、继电保护管理、自动化管理等各种工作进行信息集成，实现了全油田地区电力调度生产、运行、控制的高效、规范化管理；三是输配电线路智能巡检系统将巡线记录、电子地图导航和手持机终端操作在现有油田地理信息系统的基础上进行定位和管理，优化了线路巡检记录，提高了工作标准化程度；四是地理信息系统经过2009～2011年三次大范围的测量，将 35kV以上所有正式变电站、6kV及以上输配电线路相关的高压电缆、杆塔、变压器、线路穿跨越，以及三级单位所在驻地的大地坐标和静态技术资料等情况录入系统，更新丰富了内容和数据，统一规范了标准。

办公自动化 办公系统的建设为总公司的发展和生产经营管理提供决策支持，为总公司提供一个集收发文管理、日常生产、事务处理、信息资源共享于一体的综合办公业务平台，实现了总公司的日常业务、办公管理的网络化、流程化和自动化。2012年底，拥有用户数736人次，日在线量167人。

二、信息网络

局域网建设 2003以来，总公司对计算机网络实施了大规模的网络升级改造，管理局到总公司的主干网速率升为1000M，到用户桌面网络速率升为100M，优化了网络的物理结构并统一部署了防病毒系统和桌面管理系统。2005～2010年完成了所有四级单位、大部分班组及具备通道的变电站的联网。2008年初，完成了总公司办公楼信息自动化主机房的改造，建成了符合国家标准、技术先进、设计合理的信息机房。2010年，完成了油田部署的Symantec防病毒系统升级。2011年，东区供电公司和电力建设公司通过电力专用光缆联入总公司网络，实现了局域网和电力专用网的互为备用。2012年，总公司办公楼机房的核心交换机和光明苑地区核心交换机进行了升级。

网络应用 总公司电子邮件实现了从2000年管理局平台到2010年中石化平台的升级，通过对邮件用户管理与人力资源系统的对接和统一身份认证，使邮箱管理更加系统化、规范化。到2012年底，账号达到1905个、邮箱1148个，实现了中石化所有的推广应用系统统一成一个账号登陆的目的。网络应用管理规范有序，互联网内通外联实现了集中统一管理，到2012年总公司互联网用户达到528个，VPN用户达到65个。

三、生产管理信息化

电量远抄系统 胜利油田网上电量系统自2004年开始建设，截至2012年底已在1座发电厂、124座变电站中得到应用。总公司所属大用户；河口采油厂、孤东采油厂、孤岛采油厂、桩西采油厂、海洋开发公司及黄河以北部分管理局二级单位、地方大用户等，约3000个计量点的电表数据实现自动采集、远程传输。通过采集变电站、套扣点等计量表计的电量原始数据，实现电能量的分费率、分时段等全口径统计，电压合格率、功率因数合格率、电网线损实现分压、分区、分线统计分析。系统投产运行以来，解决了长期以来计量点电量数据人工抄表费工费时、统计滞后的问题，该系统已成为各采油厂、总公司电量查询、统计分析、用电监督工作有效的技术支持手段。

生产源头数据 总公司现有正式变电站135座，其中102座变电站接入电力专用通信网。截至2012年底，有92座变电站具备源头数据上传条件，220kV可实现数据上传1200个，110kV可实现数据上传1000个，35kV可实现数据上传800个。

调度自动化系统 电力中心调度自动化系统于2007年11月由总公司开始筹建，联合山东积成电子有限公司研发。系统由7台服务器（包括WEB服务器）、

10台工作站、1台磁盘阵列、12台网络交换机、2台防火墙、1台路由器以及正、反向物理隔离装置等主要设备构成。调度自动化系统在电网实时监控、预测分析、调度仿真培训等方面成功应用，在满足电网的实时监视和控制要求的基础上，通过实时的网络分析，形成了一套集监控、操作约束、操作流程控制于一体的具有智能报警、操作安全约束和优化电网运行等功能的监控系统。

信息研究成果 2008~2012年，组织总公司范围内信息论文进行征集评选，将优秀论文推荐到国家核心期刊《经济问题》杂志上发表，累计达87篇。2010年，开展“信息化工作标准化管理推进年”活动，强化信息规范化、标准化管理体系建设。2010年12月底，针对油田智能电网建设规划设想进行调查研究，形成了《胜利油田智能电网建设规划》，为油田电网智能化建设奠定了坚实的基础。

局域网网络 2000～2005年，总公司利用油田IT基础建设投资，完成了骨干网络建设、三级单位机关办公地点的网络建设以及部分基层单位的联网，形成了千兆上联油田网络，骨干网百兆，到达桌面百兆的网络格局。2011年底，网络交换机达到108台，光缆总长度达28730米。截至2012年底，总公司联网公用计算机1631台，网络设备150余台，服务器31台。

第二节 档案管理

总公司档案管理的主要内容是对文书、基建、会计、科研、实物等档案进行收集、整理、归档及开发利用。2003年以来，总公司认真贯彻实施《档案法》，加强档案制度化、规范化建设，档案管理工作不断完善和提高，为生产经营建设和改革发展发挥了重要的作用，逐步形成了具有胜利电力特色的以油田电力建设工程为主体，门类齐全、室藏丰富、科学规范的企业档案管理体系。2006～2009年连续四年获得管理局“档案工作先进单位”荣誉称号。

一、档案管理

2002年底，总公司档案室藏有各类档案8492卷。从2003年开始，在不断拓宽收集范围、丰富档案门类的基础上，编制了案卷全引目录、分类目录、文号目录、专题目录等多种检索，方便用户检索档案，提高了检索效率。为了充分挖掘和开发利用库存档案资源，根据档案利用情况，开展档案的编研工作，编写了公司大事记、输变电工程介绍、基建工程简介、档案利用实例汇编、合同简介、职代会文件汇编等，提供了综合性、系统性的档案信息。

截至2012年底，总公司室藏纸质案卷总数为10489卷，实物档案410件，照片档案1450张。2003～2012年，共提供查借利用档案4200卷（次）。

二、开发利用

总公司重视档案信息资源开发利用工作，利用室藏档案资源，编研开发利用档案成果，有效服务于油田电力生产经营、建设和科研工作。为《山东省志•石油工业志》、《山东省年鉴大全》、《胜利油田年鉴》、《东营区年鉴》等提供了有关电力管理总公司篇章内容。参加了山东省档案信息资源成果和管理局档案编研成果的申报评选工作，2005～2012年，共有11个项目获得山东省档案开发利用成果奖，其中《利用档案信息资源开展油田电力线路防雷方式研究》、《利用基建档案信息资源编写电力管理总公司输变电工程介绍》、《电力管理总公司专业技术职务确认情况汇编》3个项目获得二等奖，《利用档案资源开展胜利油田电网安全稳定研究》等8个项目获得三等奖。

三、信息化建设

档案信息化建设包括档案信息的数字化、档案网站建设。2011年4月开始运行中石化档案管理系统，顺利完成了所有库藏档案的案卷级和文件级目录的录入工作，共计录入条目3万条，同时做好电子档案的实时归档，不断提高档案管理系统的查询利用率。在加强纸质档案管理的同时，稳步推进历史档案的数字化，按照油田档案数字化建设的计划要求，逐步实施档案原文的扫描工作，不断提高档案信息化服务水平。

第六篇

党群工作

电力管理总公司党委紧紧围绕改革发展稳定大局，健全完善党群工作体系，积极构建党群一体化格局。全面推进党的组织、思想、制度、作风和队伍建设，各级党组织的创造力、凝聚力和战斗力不断增强。推动思想文化工作“融入中心，进入管理，推动生产，促进和谐”，大力弘扬“诚信求实、创新超越”的企业精神。以品牌建设为核心，通过培育、打造、提升、共融，发挥文化的导向引领作用，不断完善具有胜利电力特色的企业文化体系，胜利电力文化的价值理念成为职工的自觉追求和行为准则。坚持把基层建设作为战略性、基础性工程来抓，不断强化“三基”工作，完善基层创建机制，基层队伍先进面不断扩大，基层管理水平持续提升。落实“稳定是第一责任，是第一任务”的要求，坚持稳定时期抓稳定、群众工作群众做，推行信访首问责任制和稳定工作领导责任制。坚持“全心全意依靠职工群众办企业”的方针，深化民主管理和民主监督，充分发挥职工主力军作用，推进青年队伍建设，营造尊重人、信任人、关心人、理解人的氛围，让每个人带着热情、富有责任感地去创造，形成了心齐、气顺、劲足、家和的良好局面。

第一章 党的建设

总公司党建工作以邓小平理论、“三个代表”重要思想和科学发展观为统领，坚持“推动企业发展，服务职工群众”，健全完善各项党建制度，加强各级党组织建设和党员教育管理，广泛开展先进性教育和创先争优活动，持续推进党风廉政建设，为总公司科学和谐发展提供了坚强的政治和组织保证。

第一节 党组织建设

总公司设立党委，隶属胜利石油管理局党委领导。基层单位根据党员数量，分别设立基层党委、党总支、党支部。总公司党委对下属各基层党委、党总支和党支部行使领导权。根据管理局党委提出的“新建基层单位与成立基层党组织同步考虑，调整基层行政单位与调整党组织同步进行，配备行政干部与配备党务干部同步进行”的“三同步”方针，总公司在有3名以上正式党员的基层单位都建立了党支部，在有7名以上正式党员的基层单位都建立了党的支部委员会。截至2012年底，总公司共设立基层党委16个，党总支6个，党支部141个。2003～2012年基层党组织设置情况详见表6-1，2003～2012年党员队伍结构统计见表6-2。

表6-1 2003～2012年基层党组织设置情况

年度	基层党委（个）	党总支（个）	党支部（个）
2003	16	6	141
2004	13	12	146
2005	14	10	138
2006	15	8	139
2007	14	8	152
2008	17	6	149
2009	17	6	149

续 表

年度	基层党委（个）	党总支（个）	党支部（个）
2010	18	5	145
2011	16	6	140
2012	16	6	141

表6-2 2003～2012年党员队伍结构统计

年度	党员总数	正式	预备	性别		名族		管理干部	技术干部	工人	家属	其他
				男	女	汉族	少数民族					
2003	1897	1821	76	1531	366	1874	23	584	221	683	27	382
2004	1973	1897	76	1588	385	1949	24	473	156	497	29	818
2005	1983	1907	76	1593	390	1959	24	475	191	531	29	757
2006	1995	1919	76	1601	394	1971	24	475	217	561	29	713
2007	2091	2015	76	1685	406	2067	24	510	248	652	29	652
2008	1965	1862	103	1601	364	1942	23	523	263	698	29	452
2009	1973	1902	71	1604	369	1950	23	608	257	684	28	396
2010	2041	1962	79	1647	394	2018	23	628	285	712	28	388
2011	2126	2050	76	1705	421	2102	24	639	302	737	27	421
2012	2155	2083	72	1722	433	2130	25	632	304	736	27	456

按照“推动企业发展、服务职工群众”的要求，进一步加强基层党组织建设。坚持“三同步”原则，加强对新成立基层队和改制企业党组织建设，确保了基层党组织的全面覆盖。坚持开展争当优秀共产党员、优秀党员责任区和党员示范岗活动，发挥先进典型的示范带动作用，调动广大党员履职尽责、干事创业的责任意识。2009年，按照《新时期胜利油田党支部建设GOM（目标化管理）标准》，组织开展基层党建巡察工作，完善党支部、党员目标管理体系，健全“三会一课”制度，规范党委中心组学习制度，将党建工作纳入到“三基”考核中，进一步提高了基层党建科学化工作水平。2010年，组织开展“四强”（政治引领力强、推动发展力强、改革创新力强、凝聚保障力强）党组织、“四优”（政治素质优、岗位技能优、工作业绩优、群众评价优）共产党员评比活动，各级党组织和广大党员对照“四强、四优”标准进行公开承诺，所有党支部和在岗党员公开承诺率达100%。扎实推进学习型党组织建设，积极培育党员责任文化，落实党员责任区、党员示范岗挂牌明示制度，不断增强党员责任意识；推行党员“三

先”制度，以落实党员知情权、参与权、选举权、监督权为重点，充分发挥党员在党内生活中的主体作用。2011年，推进实施基层党组织带头人责任强化工程，落实党委领导班子成员抓党建联系点、基层党组织书记抓党建工作专项述职等制度，通过开展党支部书记拉力赛等活动，促进基层党组织负责人任职能力提升。2012年，开展“基层组织建设年”活动。实施以“党组织亮责任、党员亮身份，支部郑重承诺、党员庄重践诺”为主要内容的“双亮双诺”工程。在2011年、2012年油田组织的党支部书记拉力赛上，总公司分别获得团体二等奖、一等奖。截至2012年底，总公司三级党委（党总支）良好率达100%，基层党支部良好率达96%。

第二节 党员教育管理

一、党员教育

总公司坚持用中国特色社会主义理论武装广大党员，引导党员联系实际、学以致用，把增强党性与提高能力统一起来，讲党性、重品行、做表率，始终保持和发展共产党员的先进性。建立和完善党校、电教网络、党员活动室等教育基地，充分利用报刊、电视广播、黑板报、网络等手段，通过举办专题辅导讲座，开展理论研讨、知识竞赛、党支部书记拉力赛等活动，对党员进行理想信念教育和能力提升培训。2003年，为深入学习贯彻党的十六大精神，在全体党员、干部中开展了“学精神、转观念、谋发展、见成效”主题活动。2004年，实施基层党组织书记素质工程，有重点地培养选拔优秀青年党员干部充实党支部书记队伍，建立了党支部书记后备队伍。2005年，探索建立党支部工作动态评价机制，制定出台总公司《关于加强新时期党支部建设的规定》，开展“示范、优秀、良好、较差”分类评价，促进基层组织建设。2006年，在深入开展“思想作风建设深化年”主题活动中，加强“负责任”教育，开展“党员干部有正气才更有力量”大讨论活动。2007年，深化“五好党支部”创建活动，选树示范党支部。2008年，建立党组织“推动发展、服务群众、凝聚人心、促进和谐”责任制体系。同年5月12日，四川汶川发生特大地震灾害，总公司1734名党员缴纳“特殊党费”564819元。2010年，积极推进党务公开，制定实施总公司《党组织党务公开实施意见》，落实党委委员、纪委委员、党代表开展党内询问和质询工作暂行办法，营造党内民主讨论、民主监督环境。2011年，将“创先争优、比学赶帮超暨精细管理深化年”活动与纪念建党90周年有机结合起来，总结表彰、宣传基层党组织和共产党员的先进典型，营造学先进、赶先进、当先进的浓厚氛围。2012年，扎实开展“信仰、信念、信心”教育，以庆七一、迎接十八大为契机，组织开展庆“七一”大会、专题组织生活会等形式多样的党建活动，健全落实“窗口”带动机制，深入开展群众评议工作。

二、党员管理

党员管理主要包括党员登记、组织关系转移、党员发展、党费收缴等工作，由党委组织科具体负责，并按年度定期向管理局党委组织部上报《中国共产党党内统计报表》。根据管理局党委要求，落实民主评议党员制度。每两年开展一次民主评议党员活动。坚持把党员联系群众制度同党员目标管理制度结合起来，开展党员“结对子”、党员责任区承包等活动，加强党员先进性建设。党员发展工作遵循“坚持标准，保证质量，改善结构，慎重发展”的方针，按照入党自愿、个别吸收、成熟一个发展一个的原则，在坚持向生产一线和工作一线倾斜、向党员空白班组倾斜、向生产经营骨干倾斜、向青年和高知识群体倾斜的基础上，突出在生产一线和工作一线班组长中发展党员，同时积极关注在劳务派遣工和表现突出的非在职人员中发展党员。党员在考察期间和加入党组织后，定期口头或书面汇报自己的思想、工作和学习情况。2003～2012年党员发展情况统计见表6-3。

表6-3 2003～2012年党员发展情况统计

年度	发展党员数	性别		学历				年龄结构			
		男	女	大学	大专	中专	其他	25岁以下	26～35岁	36～45岁	46岁以上
2003	65	48	17	37	15	2	11	-	6	55	4
2004	65	48	17	16	25	5	19	-	56	9	-
2005	63	42	21	16	19	11	17	1	46	16	-
2006	67	46	21	23	21	7	16	-	40	27	-
2007	75	51	24	23	27	5	20	2	51	22	-
2008	71	51	20	27	28	7	9	1	48	21	1
2009	70	52	18	26	22	8	14	2	40	28	-
2010	76	51	25	30	25	11	10	-	49	26	1
2011	71	56	15	25	17	5	24	-	28	42	1
2012	72	50	22	21	22	4	25	-	24	47	1

第三节 党风廉政建设

总公司党风廉政建设始终坚持标本兼治、综合治理、惩防并举、注重预防的反腐倡廉工作方针，落实党风廉政建设责任制，推进惩治与预防腐败体系建设，建立了教育、制度、监督、惩处并重的党风廉政工作机制。2003年以来，总公司连续9年被评为管理局纪检监察工作先进单位，多次获得管理局效能监察工作先进单位和行风建设十佳单位称号。

一、党风廉政教育

总公司党风廉政教育坚持“以人为本，按需施教，贴近实际，注重实效”的原则，突出领导干部和重点岗位人员，加强理想信念、党性党风党纪、廉洁从业和示范警示教育，筑牢党员干部拒腐防变的思想道德防线。

图6-1 “知荣辱 铸清风”演讲比赛

理想信念教育 坚持党委理论中心组廉政专题学习，开展党的基本理论、基本路线、基本纲领、基本经验教育，深入学习实践科学发展观，引导领导干部牢固树立中国特色社会主义的坚定信念。开展社会主义核心价值体系教育，引导领导干部增强政治敏锐性和政治鉴别力，始终保持立场坚定、头脑清醒。开展世情国情党情教育，引导领导干部增强对改革开放和社会主义现代化建设的坚定信心，矢志不渝地为中国特色社会主义伟大事业而奋斗。2003年以来，先后开展了“保持共产党员先进性教育”、“纪律、作风、形象”、“抓源头、促清廉”、“自律树形象、正气作表率、廉勤促作为”等主题教育活动，组织党员干部观看了《为民书记郑培民》、《人民公仆汪洋湖》、《巴山红叶》、《血与火的嘱托》、《中国石化廉洁勤政先进典型》、《信仰》等电教专题片，用正面典型引领带动广大党员干部做廉洁勤政的模范。2011年，开展“唱红歌、颂清廉”、“寻访革命圣地，接受红色洗礼”教育活动，组织党员干部分批赴井冈山、延安、西柏坡等革命圣地开展红色教育，进一步坚定共产主义理想信念。

党性党风党纪教育 2003年以来，通过邀请东营市反贪局、检察院等领导开展“党风廉政法制讲座”，组织开展“治理商业贿赂有关法律法规”知识答卷，提高党员干部的法纪意识。从2009年开始，组织开展“廉政党课下基层”活动，通过开展法纪讲座，剖析油田和总公司发生的违纪违法案件，以案说法，用身边的案例教育干部职工，增强了教育的说服力。总公司领导班子成员率先垂范，带头讲廉政党课，累计授课68场次，听众达3500余人。给处科级干部发放《划清罪与非罪的界线》等法纪教育图书，让党员干部知法、懂法、守法。在总公司主页开辟“法纪教育”专栏，将《廉政中国》等警示教育片上传到网站供全公司干部职工观看，把廉政教育延伸到一线基层队、站和班组，增强了全员法纪观念和廉洁风险防控意识。

廉洁从业教育 以干部任用、党员发展、重要节日等为重要节点，探索建立了以“七个一”廉政套餐为主要内容的廉洁从业教育机制。把“不收不送”要求作为重要内容，在副科级以上干部中开展廉洁自律承诺活动。对新任职科级干部开展廉政教育，由总公司纪委书记亲自作预防职务犯罪专题廉政讲座，进行集体谈话。对计划、基建、物资供应、财务以及用电抄表等重点岗位人员通过听廉政讲座、参观廉政教育基地等形式，进行预防职务犯罪专题教育，明确法纪，震撼心灵。组织党员干部登陆东营区人民检察院网上警示教育基地，开辟了廉洁教育的新渠道。通过举办“廉洁从业，守望幸福”报告会，发放“家庭助廉”倡议书，共签“家庭助廉”承诺书，开展“家庭助廉”、“亲情寄语”等活动，将廉政教育延伸到家庭，扩展到8小时之外，共筑廉洁防线。

示范警示教育 组织领导干部观看《石化反腐警示录》、《廉政中国》系列警示教育片，引导领导干部引以为戒，提高廉洁防范意识。开展读书思廉活动，组织党员干部读《地狱门前的对话》、《人生核算》、《腐败泯灭亲情》等廉政书籍，谈体会，写心得。组织科级干部和重点岗位人员到油田廉政教育基地、鲁中监狱、滨海看守所及东营区人民检察院，接受警示教育。2003年以来，累计组织42批，受教育者达2000多人次。

廉洁文化建设 以廉洁文化“六进”为主线，积极推进廉洁文化进机关、进基层、进班组、进岗位、进社区、进家庭。2003年以来，先后组织开展了“知荣辱，铸清风”、“清风颂”、“双促、两讲、铸清廉”演讲比赛，“弘扬清风正气、促进电力发展”主题诗歌创作朗诵比赛，“弘扬清风正气、保持先进本色”廉政书画、摄影作品创作评选等活动。从2011年开始，以提炼一批廉洁文化理念、设立一条廉洁文化走廊、编印一本廉洁文化画册、制作一部廉洁文化专题片、梳理一系列廉洁文化制度、完善一套廉洁风险防控体系、建立一个廉洁文化宣教室“七个一”为主要内容，在东区供电公司用电服务三队开展基层廉洁教育示范点创建工作，探索基层重点岗位人员廉洁从业教育的新途径。2012年组织开展“我廉洁，我幸福”读书征文活动，发放《人生核算》、《腐败泯灭亲情》500余册，撰写读书心得近200篇；组织编印了《亲情寄语》、《廉政诗歌书画集》、《廉洁与幸福征文集》廉洁文化建设系列丛书，发挥了廉洁文化春风化雨、润物无声的作用。2003年以来，累计在《人民网东营•胜利视窗》、《胜利日报》、《胜利党风廉政网》等媒体上刊发通讯报道和信息300余篇，拍摄《两个市场谋发展，廉洁勤政铸辉煌》、《为官一任，廉洁一方》、《责任是永恒的主题》、《勤政务实的模范》、《廉政经纬》廉政教育电视专题片5部。

二、廉政制度建设

“三重一大”决策机制 总公司党委高度重视“三重一大”集体决策，不断完善“三重一大”制度体系，形成了会前充分酝酿、会议集体决策、会后严格执行、监督检查纠错的“三重一大”良性运行机制。2007年，制定了《电力管理总公司重大决策、重要人事任免、重大项目投资和大额度资金运作内容、程序及责任追究实施办法》和《电力管理总公司重大决策事项公示暂行办法》，明确了“三重一大”事项的决策范围、决策程序和责任追究制度。2012年，重新修订了《电力管理总公司“三重一大”决策制度实施办法》，建立了“三重一大”事项决策权限指引表，进一步规范了“三重一大”的决策范围和程序，完善了与“三重一大”决策相关的备案、回避、评估、纠错和责任追究等相关制度。

党风廉政建设责任制 总公司党委将党风廉政建设责任制作为加强党风建设、推进反腐倡廉的一项重要抓手，按照“一岗双责”要求，狠抓组织领导、责任分解、监督检查和考核考评等关键环节，不断增强党员干部党风廉政建设责任意识。每年根据人员变动和工作分工调整情况，对领导干部的党风廉政建设责任区进行调整，签订党风廉政建设责任书，印发考核手册。每半年对承包人履责情况进行一次考核，年终进行评比。2012年，修订了《电力管理总公司党风廉政建设责任制实施细则》，对责任主体、责任内容和责任追究进行了明确，把党风廉政建设责任分解到各个部门。

廉洁自律相关制度 2010年，制定完善《电力管理总公司公务用车管理办法》、《电力管理总公司公务接待管理实施办法》，对处、科级管理人员通讯费改革执行情况进行监督检查，规范了领导干部的职务消费行为。总公司领导班子成员带头严格执行《国有企业领导人员廉洁从业若干规定》、《关于严格禁止领导干部利用胜利油田资源和平台谋取私利的十条规定》等廉洁规定，签订廉洁自律承诺书，认真执行个人重大事项报告制度，按规定及时上报个人收入、房产和子女婚庆等个人重大事项，接受组织监督。

廉洁风险防控管理 以完善规章制度、落实防控措施为重点，积极推进惩防体系建设各项任务的落实，将岗位廉洁风险防控向基层单位和重点岗位延伸。制定下发了《建立健全惩治和预防腐败体系2008~2012年工作任务分工方案》，将工作任务分解到具体部门、单位，明确各部门、单位在惩防体系建设工作中的分工和职责，确保惩防体系各项工作任务的落实。建立健全惩防体系运行工作机制，形成了党委统一领导、党政齐抓共管、纪委牵头负责、部门各负其责的惩防体系建设工作格局。2010年，推进廉洁风险防控管理试点，从加强自我防控和完善组织防控两方面着手，针对查找出的风险点，抓住决策过程、执行过程和监督检查三个环节，制定严格的防控措施。处科两级领导班子和成员共查找廉洁风险点1800余条，制定整改措施2000余项。加强与地方检察机关的同创共建，2011～2012年积极参与东营市人民检察院开展的“争创预防职务犯罪先进单位”活动，有效预防和减少职务犯罪案件的发生。

三、执法监察

坚持关口前移，加大源头治理，围绕权、钱、物等重点领域，不断探索健全权力运行的监督约束机制。

重点岗位人员的管理和交流 制定《科级干部交流工作规定》，对从事财务管理、用电管理、物资供应、基建管理等重点岗位人员定期进行交流。将廉洁风险防控向基层单位和热点敏感岗位延伸，2012年制定了《基层单位热点敏感岗位人员交流暂行办法》，对重点岗位人员定期进行强制交流或轮岗，有效避免了岗位廉洁风险。

对外业务往来监管 制定实施了《招标投标管理办法》、《废旧物资管理规定》、《采购多元开发单位产品管理规定》等管理制度，对承包商和供应商实行严格的市场准入制度，规范对改制企业的扶持。开展外协队伍和外委运输工作量清查，摸清外协队伍的现状，规范外协队伍的管理。加强工程建设、物资设备采购、技改维修等重点业务招投标的日常监督，严格招投标程序和资质，维护公司和职工的利益。

“三务”公开 制定“三务”公开运行计划和实施方案，充分利用中石化集团公司重点业务公开信息系统、胜利油田重点业务公开信息系统和厂务公开信息系统三个平台，积极推进党务、业务和厂务公开，发挥不同监督群体的作用，形成监督合力。

四、信访和案件检查

总公司通过加强信访监督工作，严肃查处违纪违法案件，充分发挥了信访举报和案件检查工作的惩诫作用。进一步畅通信访渠道，加强信访举报办理和信访监督。开通书记经理信箱，坚持每月16日的领导接访日制度，面向社会公布举报电话和邮箱，做好反腐倡廉舆情收集、研判、处置工作，对违规违纪苗头性问题早发现、早防范、早治理，做到矛盾不上交、信访不上行，最大限度地减少职工队伍不稳定因素，杜绝了重复举报、重复上访等现象，信访量呈总体下降趋势。自2003年以来，共受理纪检监察信访举报103件，初步核实47件，立案32件，党纪处分10人，政纪处分25人，其他处理18人，信访举报处置率达到100%。2003～2012年信访举报、案件查处情况统计见表6–4。

表6–4 2003～2012年信访举报、案件查处情况统计

年度	来信来访（件）	初步核实（件）	了结		立案（件）	党纪处分（人）	政纪处分（人）	其他处理（人）
			失实	适当处理				
2003	11	5	1	2	2	0	2	1
2004	10	5	0	0	5	2	5	3
2005	11	11	3	2	6	2	4	4
2006	9	6	0	0	6	0	5	6
2007	15	7	0	0	7	0	7	0
2008	13	4	0	0	4	4	0	2
2009	12	2	0	2	0	0	0	0
2010	10	4	2	1	1	1	1	1
2011	8	2	0	2	0	0	0	0
2012	4	1	0	0	1	1	1	1
合计	103	47	6	9	32	10	25	18

五、纪检监察队伍建设

重视干部选配和力量整合，增强团队凝聚力。从干部岗位锻炼、工作经历、工作性质等方面考虑，按上级文件要求，配齐配强纪检监察干部。总公司有专职

纪检干部4人，兼职纪检干部17人，所有三级、科级单位都设立了纪检监察员。加强纪检干部能力建设，提升队伍战斗力。开展“创先争优”和“做党的忠诚卫士、当群众的贴心人”主题教育活动，组织向优秀纪检干部王瑛、汤杨同志学习活动，收看《石化好干部》、《忠诚与背叛》等，进一步提高纪检干部的使命感和责任感。加强纪检干部的业务学习和培训，2003年以来，先后选派18名纪检监察干部到中纪委北京、北戴河和杭州培训中心、中石化集团公司指定培训部门、胜利油田党校参加相关业务培训或参与上级重要案件查办工作，提高了执纪保障能力。有数十篇理论研究成果分别获得山东省监察学会、中石化集团公司监察分会和胜利监察分会优秀理论研究成果一、二、三等奖。

第二章　干部管理

总公司以打造“负责任，有能力、正气足、大作为”的领导班子和干部队伍为核心，坚持德才兼备、以德为先，深化干部人事制度改革，健全完善干部管理制度和公平、公正、公开的人才培养以及竞争性选拔任用机制，干部管理工作走上科学化、制度化、规范化轨道。

第一节　干部管理体制

总公司领导班子配备处级领导干部；机关科室、直属单位和三级单位配备科级领导干部；四级单位配备中队级干部。总公司干部实行两级管理体制。处级领导班子及成员由管理局党委管理，科级及科级以下干部由总公司党委管理。党委组织科主要负责对总公司管理的各类干部进行培养、考察、任免、调配、培训及考核。各三级单位配备专兼职组织干事。

根据总公司改革发展稳定形势，总公司党委坚持靠制度管人、管事、管权。2003年以来，制定实施干部管理规定、岗位竞聘、报告个人重大事项、科级干部交流等规章制度，严格落实职代会（职工大会）民主评议、测评领导班子和领导干部制度、谈话和诫勉制度，加强对干部的监督管理。2003～2012年干部情况统计见表6–5。

表6–5　2003～2012年干部情况统计

单位：人

年度	总数	其中		
		处级干部	科级干部	一般干部
2003	813	15	164	634
2004	843	15	165	663
2005	865	16	165	684
2006	879	16	165	698

续表

年度	总数	其中		
		处级干部	科级干部	一般干部
2007	961	16	169	776
2008	975	16	169	790
2009	985	16	169	800
2010	994	16	169	809
2011	1008	16	169	823
2012	1022	16	169	837

第二节 干部培养和使用

2003年以来，总公司党委高度重视干部的选拔、培养和管理工作，坚持德才兼备、以德为先的原则，落实民主、公开、竞争、择优的选拔制度，切实把“想干事、能干事、干成事、不出事”的优秀干部选拔上来。根据生产实际和发展的需要，不断从高校毕业生和优秀工人中培养选拔干部。工作中坚持教育与培养、考核与任用并重，不断提高干部队伍素质，改善干部队伍结构，为油田电力事业发展提供强有力的干部队伍保障。

干部培养 根据干部的培养方向和知识能力的主要不足，牢固树立按需培养理念，缺什么补什么，统筹安排理论学习、业务培训和实践锻炼。加强理论武装，不断提高干部的思想政治素质。注重加强理想信念教育和党性党风党纪教育，不断提高干部的党性修养、道德品质。充分发挥党校、培校在干部培训中的主渠道、主阵地作用，十年来累计举办各类干部培训班163期，培训干部8700余人次。加强实践锻炼，不断提高干部实际工作能力。坚持把多岗位锻炼、交流任职、挂职锻炼等作为实践锻炼的主要方式，让干部在不同岗位和不同环境经受磨练，丰富工作经验，增长才干。对每年新分配高校毕业生，制定见习计划，安排到不同岗位进行轮岗见习。对后备干部，建立健全考察档案，实行动态管理，制定培养计划，定期考察，定向培养，放到不同管理岗位进行锻炼。

干部提拔 总公司党委按照德才兼备、以德为先原则选拔任用干部。在干部选拔中，严格按照制定方案、发布公告、个人报名、资格审查、民主测评及民主推荐、陈述答辩、民主考评推荐、组织考察、公开公示、研究聘用等程序，培养选拔优秀干部充实到各级领导班子。同时，按照干部管理权限，向局党委组织部预审和备案，任免干部。2006年以来，按照管理局党委要求，对新配备副总师全部实行竞聘上岗。2008年以来，全面实行科级干部竞聘上岗制度，新提拔科级干部全部通过岗位竞聘方式产生。2003~2012年，共提拔处级干部7人，科级干部146人。

干部调配 干部调配主要包括干部调动、高校毕业生分配、军队转业干部接收安置和解决干部家庭困难等。干部调配坚持“先出后进，保持平衡”的原则，促进干部合理流动。2003年以来，总公司累计增加干部304人，减少358人，安置军转干部5人，接收高校毕业生167人，从工人中聘干21人。2003～2012年干部调配情况见统计表6-6。

表6-6 2003～2012年干部调配情况统计

单位：人

年度	增加					减少							
	合计	从工人中转入	学生分配	军队转业干部	调入	合计	调出	转当工人	离退休	死亡	开除	协解	辞职
2003	26		22	1	3	45	14	16		3	1		11
2004	43		30	2	11	32	14	3	6	2			7
2005	35		33		2	81	10	13	8	1		48	1
2006	18		16		2	27	16	2	3	1	4		1
2007	92		8		84	38	20	7	11				
2008	17		13	1	3	47	1		13	1		30	2
2009	11		9		2	24	5		14	1			4
2010	12		11		1	29	12		12	4			1
2011	36	21	12	1	2	16	9		6				1
2012	14		13		1	19	7		9				3

干部考核 处级干部由管理局党委组织部负责考核，科级及以下干部由总公司党委负责考核，党委组织科具体实施。2003年以来，总公司党委对全公司各类干部进行“德、能、勤、绩、廉”年度考核，考核小组定期或不定期对各类干部进行任期目标考核，每年对干部进行一次民主测评和考核。

第三节 专业技术干部管理

总公司党委高度重视对专业技术干部的管理和使用，坚持“人力资源是科学发展的第一资源、第一要素、第一推动力”的理念，实施人才战略，建立完善专业技术职位序列，配套薪酬激励制度，实行岗位动态管理、竞聘上岗。2005年以来，根据《胜利油田专业技术干部岗位设置和聘任管理指导意见》，按照“因需设置、精简效能、结构优化、竞聘上岗、以岗定薪、动态管理”原则，结合总公司实际，先后设置了包括首席专家（安全总监）、副总监、专家、主任师（安全主任监督）、主管师、责任师（安全责任监督）、专业技术一级师、专业技术二级师、专业技术三级师共9个层次的专业技术岗位。2011年，继续深化完善总公司人才成长通道建设和激励机制，扩展专业技术岗位设置领域和层次。截至2012年底，总公司聘任首席专家3人、安全总监1人、安全副总监1人、人力资源副总监1人、企业文化副总监2人、法律事务副总监1人、专家13人、主任师23人、安全主任监督13人、主管师30人、责任师63人、安全责任监督15人、专业技术一二三级师89人，建立了岗位设置完备、人员配备齐全的专业技术队伍。2003年以来，先后有3人被评为中国石油化工集团公司第三层次学术技术带头人；1人被评为东营市有突出贡献的中青年专家；19人次被评为油田学术技术带头人；8人被评为油田优秀青年知识分子。2003～2012年专业技术干部人员情况统计见表6-7，2003～2012年专家队伍统计见表6-8。

表6-7 2003～2012年专业技术干部人员情况统计

序号	姓名	性别	政治面貌	现学历	聘任职务	职务任职时间
1	刘　军	男	党员	硕研	胜利油田地面工程高级专家	2006.02～2007.08
2	刘仁臣	男	党员	大学	胜利油田地面工程高级专家	2008.12～
3	郑志华	男	党员	大学	用变电技术首席专家	2006.01～2007.08
4	孙会浩	男	党员	大学	电气运行技术首席专家	2006.01～2007.08
5	杜正旺	男	党员	大学	电力运行技术首席专家	2008.04—
6	刘文波	男	党员	大学	输配电技术首席专家	2008.04～
7	贾　杰	男	党员	大学	安全总监	2011.03～
8	刘玉林	男	党员	大学	电网调度技术首席专家	2012.05～
9	陈文民	男	党员	大学	安全副总监	2005.03～2006.02
10	贾　杰	男	党员	大学	安全副总监	2009.03～2011.03
11	靖　伟	男	党员	大学	安全副总监	2011.05～
12	尚长泉	男	党员	大学	人力资源副总监	2012.05～

续 表

序号	姓名	性别	政治面貌	现学历	聘任职务	职务任职时间
13	马玉岭	男	党员	大学	企业文化副总监	2012.05～
14	郭 雷	男	党员	大学	企业文化副总监	2012.05～
15	连胜利	男	党员	大学	法律事务副总监	2012.05～
16	杨晓东	男	党员	大学	变电运行技术专家	2008.08～
17	段辉文	男	党员	大学	变电运行技术专家	2011.05～
18	董纪国	男	党员	大学	输配电技术专家	2008.08～
19	邵江华	男	党员	大学	输配电技术专家	2011.05～
20	欧芳宁	男	党员	大学	电网调度技术专家	2011.05～
21	李 健	男	党员	大学	电力建设技术专家	2008.08～
22	张 利	男	党员	大学	修试技术专家	2008.08～2010.04
23	李新安	男	党员	大专	修试技术专家	2010.04～
24	刘桢林	男	党员	大学	用电技术专家	2008.08～
25	尉作鹏	男	党员	大学	电网运行分析专家	2008.08～
26	何盛忠	男	党员	大学	低压配电技术专家	2011.05～
27	张伟江	男	党员	大学	电网自动化技术专家	2011.05～
28	李沅罡	男	党员	大学	党务专家	2012.05～
29	李 峥	男	党员	大学	财务专家	2012.05～
30	仲崇山	男	党员	大学	主任师	2005.11～2006.02
31	刘洪卫	男	党员	大学	主任师	2005.11～2007.04
32	康传记	男	党员	大学	主任师	2005.11～2008.03
33	邵立群	男	党员	大学	主任师	2005.11～2008.09
34	邵江华	男	党员	大学	主任师	2005.11～2006.02
35	刘水清	女	党员	大学	主任师	2005.11～2011.08
36	尉作鹏	男	党员	大学	主任师	2005.11～2008.08
37	杨 鹏	男	党员	大学	主任师	2005.11～2011.05
38	郑晓霖	女	党员	大学	主任师	2009.12～
39	朱东升	男	党员	大学	主任师	2005.11～
40	雷海英	女	党员	大学	主任师	2005.11～
41	曾瑾文	男	党员	大学	主任师	2009.12～
42	李来鸿	男	党员	大学	主任师	2008.07～
43	王 涛	男	党员	大学	主任师	2009.12～
44	王学卫	女	党员	大学	主任师	2009.12～
45	郝照勇	男	党员	大学	主任师	2005.11～
46	徐 健	男	党员	大学	主任师	2005.11～
47	许永祥	男	党员	大学	主任师	2009.12～
48	王洪峰	男	党员	大学	主任师	2011.08～
49	王东海	男	党员	大学	主任师	2009.02～
50	侯伟杰	男	党员	大学	主任师	2009.12～

续 表

序号	姓名	性别	政治面貌	现学历	聘任职务	职务任职时间
51	王振兴	男	党员	大学	主任师	2005.11～
52	汤　蓉	女	群众	大学	主任师	2011.08～
53	连海慧	男	党员	大专	主任师	2009.12～
54	邓红梅	女	党员	大学	主任师	2011.08～
55	王夕明	男	党员	大学	主任师	2009.12～2010.10
56	高　萍	女	党员	大学	主任师	2012.02～
57	甘庆安	男	党员	大学	主任师	2012.06～
58	王文峰	男	党员	大学	主任师	2012.06～
59	于淑风	女	党员	大学	主任师	2012.06～
60	黄小平	女	党员	大学	主任师	2012.06～
61	刘东海	男	党员	大学	主任师	2012.06～
62	司品彦	男	党员	大学	安全主任监督	2011.08～
63	任智军	男	党员	大学	安全主任监督	2011.08～
64	刘永军	男	党员	大学	安全主任监督	2011.08～
65	景小双	女	党员	大学	安全主任监督	2011.08～
66	张红霞	女	党员	大学	安全主任监督	2011.08～
67	尹学军	男	党员	大学	安全主任监督	2011.08～
68	李　路	男	党员	大学	安全主任监督	2011.08～
69	王　震	男	党员	大学	安全主任监督	2011.08～
70	赵青山	男	党员	大学	安全主任监督	2012.02～
71	欧阳峰	男	党员	大专	安全主任监督	2012.02～
72	胡震亮	男	党员	大学	安全主任监督	2012.02～
73	李小川	男	党员	大学	安全主任监督	2012.02～
74	刘振学	男	党员	大学	安全主任监督	2012.02～

表6-8 2003～2012年专家队伍统计

年度	类别	技术专家姓名
2003	中石化集团公司第三层次学术技术带头人	刘　军、勾松波、倪承波
2006	油田优秀青年知识分子	刘洪卫、张伟江、林德概、徐西德
2008	油田学术技术带头人	刘　军、勾松波、刘仁臣、郑志华、孙会浩、杜正旺、刘文波、贾　杰、刘玉林、陈文民、郑春生、张伟江、仲崇山、孙玉国、尉作鹏、丰茂忠、徐　健、孙红祁、丛恒利
2010	油田优秀青年知识分子	富　豪、荆　峰、仲崇山、魏　岳
2012	东营市有突出贡献的中青年专家	杜正旺

总公司高度重视专业技术职务任职资格评审工作，成立总公司职称改革领导小组、工程技术职务中级评审委员会和思想政治工作人员专业职务初级评审委员会，下设职称改革领导小组办公室，负责职称评审、推荐工作。任职资格评审工作立足于为人才使用服务，为专业技术人员职位晋升和职业发展服务，为人才成长通道建设服务，坚持重能力、重业绩、重贡献的导向，营造有利于优秀人才脱颖而出的良好环境，引导和激励专业技术人员立足岗位成才。截至2012年底，共有1224人取得了专业技术职务任职资格，其中教授级高级职称9人，高级职称303人，中级职称607人，初级职称307人。2003～2012年专业技术职务晋升情况见表6-9；2012年高级职称在职人员情况统计见表6-10；2012年高级职称离退休人员情况统计见表6-11。

表6-9 2003～2012年专业技术职务晋升情况统计

年度	初级（人）	中级（人）	高级（人）	教授级（人）
2003	67	99	14	1
2004	58	93	16	1
2005	50	79	14	1
2006	25	—	—	—
2007	60	139	37	2
2008	30	49	37	1
2009	28	40	29	1
2010	27	37	41	1
2011	13	38	47	—
2012	77	28	47	1

表6-10 2012年高级职称在职人员情况统计

专业技术资格	姓名
教授级高级政工师	贾志毅
教授级高级工程师	刘　军、勾松波、刘仁臣、郑志华、孙会浩、杜正旺
高级政工师	王从军、张鹏程、陈宝寿、张玉华、穆美玲、崔富华、赵寿炜、郭　雷、徐丽华、杜　鹏、钱占涛、尚长泉、李沉罡、迟　影、颜世杰、马玉岭、苏红燕、李玉群、雷晓庆、翟化仁、闫晓华、王　欣、战宝丽、许雁飞、张金武、杨晓卿、丁志强、高景栋、张华良、马　军、赵春华、林　英、王加亮、肖和平、栾晓萍、廖　军、谢立珍、周逢玲、蔡高柱、曹长波、王　勇、王新强、张春峰、宋保国、赵　锐、岳向力、张学坤、王兆水、谢立荣、贾光辉、张怀奎、安丰家、李金荣、刘建锦、孙轶群、王纳新、李振华、王开国、王　庆、张文杰、娄立强、李爱国、韩爱军、项晓平、吴宗让、齐文杰、陈　国、樊　勇、方　毅、潘军伟、龚爱军、李计才、陈维国、毋矿莎、贾飞蛟、高明华、张海涛、刘　凯、徐美华、刘宝金、刘建国、逯少海、李从余、樊俊利、王海鹏、陈红韶、王树桐、杨华泽、马立岭、韩文春、陈文东、于曰祥、胡利平、王　瑛、高立琛、朱世昌、曹学印、穆敬军、李永威、孙登保、林红丽、纪云霞、孙泽光、李士强

续 表

专业技术资格	姓名
高级工程师	崔永谦、刘文波、刘玉林、王国民、陈文民、张　利、叶　涛、牛玉朕、庄兴元、靖　伟、杨　建、杨　鹏、刘　勇、王炳国、王文峰、丰茂忠、李　健、张玉奎、汤　蓉、周俊杰、张　军、梁莉荣、朱　滨、卢　燕、仲崇山、王　东、董纪国、刘东海、招　英、李怀岭、王殿臣、聂　洪、王东海、巴沾利、陈元平、董　梅、王　芹、张瑞梅、富　豪、尉作鹏、欧芳宁、张　涛、侯伟杰、曹　浩、吴　磊、韩群雁、周　军、白福海、杜方娟、孙义霞、高佩忠、刘桢林、王荣锋、郝玉芳、刘春燕、孟广力、石丽红、孙红祁、赵铁燕、王振兴、魏　岳、刘洪卫、林德概、郑晓霖、刘水清、李鹏展、宋子义、吴金民、杨　波、崔焕武、司品彦、朱东升、贾庆华、刘庆宝、张登顺、刘　涛、荆　峰、辛星志、郭　滨、雷海英、任智军、李继伟、余　波、王德才、邵江华、张伟江、李来鸿、赵　建、宋宝铁、张维进、刘继海、鲍永忠、张　蕾、吕官振、于克栋、况永峰、王夕明、高　萍、魏衍群、康传记、蒋忠江、王学卫、赵　宁、卢立杰、张祥洁、郑春生、杨晓东、何盛忠、陈学忠、秦子明、郝照勇、张延娟、朱永全、张卫军、薛　涛、马　红、单名山、徐　健、赵　敏、李兆军、王　军、温立新、李立江、赵　明、卢永生、王庆江、郭绍溪、张治彬、孙玉国、张　微、陈如柏、李世义、聂万庆、屈武第、汪菊娥、王学道、李建国、王洪峰、许永祥、张玉祥、栾国幸
高级经济师	章　胜、钱德强、孙青珍、于　海、陈国峰、黄兴民、邓红梅、孟瑞祥、杨洪涛、吴洪胜、苗　青、连胜利、林才川、薛　涛、胡宝霞、张晓云、张晓龙、王世俊、孙福涛、葛桂霞、郭光宇、王玉霞、李　娜、赵庆华、陈　强、谭　丽、王　英、寇筱颖、张翠华、金海燕、唐　明、辛　伟、刘克珂、殷　珺
高级会计师	马奎君、王　芸、党鸿鹰、李敏敏、曲凤波、高立群、李　峥、别　萍、程　云、胡　瑜、宋　玲、王　华、王　燕、王作涛
中学高级教师	于淑风、李　颖、单联波
中技高级讲师	陈清华、贾学仁、王文杰、徐西德、张雪梅、伊善东、呼士栋

表6-11 2012年高级职称离退休人员情况统计

专业技术资格	姓　名
教授级高级政工师	孙光普
教授级高级经济师	刘志华
高级工程师	邓锡龙、韩在朴、许荣生、刘振坤、余　力、邴贻勇、陈芝玉、姜澄远、蒋本权、刘文相、孟庆泽、吴兆岐、张榕林、钟锋先、刘梅莲、田禄光、侯江林、吴兆泉、李宪法、袁树勋、徐树清
高级政工师	梁金河、马　震、王利华、孙秀华、张爱玲、张树林
高级讲师	范文博、赵明忠、董相仁、李振仙
副主任医师	张桂林

第三章 思想文化工作

2003年以来，总公司思想文化工作紧紧围绕不同时期的工作重点，坚持贴近生产、贴近基层、贴近群众，不断创新工作方式方法，加强思想文化工作理论研究，持续开展群众性思想教育活动，加强基层建设和企业文化建设，发挥典型的榜样和示范作用，着力提升基层学习力、文化力和竞争力，构建具有电力特色的文化体系，为总公司科学和谐创新发展奠定坚实基础。2005~2011年，总公司连续七年被评为胜利油田思想政治工作先进单位。

第一节 理论学习和宣传教育

总公司党委坚持思想领先的方针，结合改革发展和队伍思想实际，采取党委中心组学习、宣讲会、培训班、知识竞赛、座谈讨论等多种形式，对总公司干部职工分层面、分系统进行广泛深入的思想政治理论教育、形势任务教育和宣传思想工作；利用《电力通讯》、《胜利日报》、胜利电视台、网络等新闻媒体，对总公司的工作成绩、特色亮点和先进典型等进行宣传报道。

理论学习 紧跟形势任务，明确学习重点，创新学习方法，丰富学习形式，不断增强理论学习的吸引力和感染力。坚持处科两级党委中心组、党员干部、职工群众三个层次的理论学习，做到学习计划、时间、人员、内容、场所“五落实”。采取书记经理讲党课、专家讲课、办班培训、专题研讨、论文交流、收看录像等形式，组织干部职工系统学习党的路线、方针、政策，十六大、十七大和十八大精神，中国特色社会主义理论体系和社会主义核心价值体系，经济法律法规等内容。对加强党的执政能力建设、树立社会主义荣辱观、学习实践科学发展观、构建社会主义和谐社会等内容进行广泛深入的学习教育。坚持依法治企与以德治企相结合，在全体职工中开展学习落实《公民道德建设实施纲要》活动，大力加强职业道德、社会公德、家庭美德和个人品德“四德”建设。

理论研究 结合单位实际，总公司党委持续加强新形势下职工思想文化工作的研究与创新，思想文化工作研究会紧跟总公司改革、发展、稳定的中心任务和干部职工群众的思想动态，把思想政治工作中的重点、难点、疑点作为重点研究课题，确定相关专题，增强研究的针对性和实效性，总结、交流、推广各单位的思想政治工作研究成果和实践经验。积极参加油田的各项政研活动，结合总公司各阶段工作重点开展创新活动，抓好感恩教育和幸福观教育，运用EAP加强人文关怀和心理疏导，完善党建思想文化工作一体化考评体系等重点课题的攻关研究。扎实开展思想政治工作创新活动，坚持常态化、动态化评选表彰推介思想政治工作创新奖、典型案例的办法，促进思想政治工作更加扎实有效开展。2003~2012年，有10项成果在油田思想政治工作研讨活动中获奖。其中，《探索实施“五心工作法”，确保思想政治工作沉到底、入人心、见实效》获油田思想政治工作创新奖二等奖；《开展“主题班会”，激发班组活力》被评为油田思想政治工作创新奖优秀典型案例；《四姐热线》获油田思想政治工作创新奖一等奖；有8个案例入选胜利油田《一人一事思想政治工作案例选编》。

形势任务教育 针对总公司不同阶段的重点工作，编制形势任务教育材料，鼓励基层队开通基层队博客和QQ群，加强正面教育引导，培育传递主流价值观念，使员工群众个人价值取向与企业共同价值观相统一，保持和引领健康向上的主流思想。2003~2004年，学习贯彻党的十六大精神，开展以“学精神、转观念、谋发展、见成效”为主要内容的思想解放大讨论活动。2005年，突出保持共产党员先进性教育这条主线，推进“思想作风建设年”深入开展。2006年，开展“想发展、谋发展、促发展”和“社会主义荣辱观”宣传教育活动，以“知荣辱、树新风”为主线，倡导“八荣八耻”的正确价值观。2007年，强化对“百年创新，百年胜利”宏伟愿景的宣传教育，引导职工队伍保持和谐奋进的精神风貌。2008年，学习贯彻党的十七大精神，弘扬石油工业优良传统，开展“讲工人伟大、劳动光荣，讲优良传统、胜利精神”教育活动，增强职工队伍的自豪感。2009年，深入学习实践科学发展观，准确把握科学发展观的深刻内涵。开展以“讲学习、讲政治、讲正气”为主要内容的教育活动，增强党员责任意识。2010年，以“建标、对标、追标、创标”为抓手，以“更有力量、更强根基、更大作为”为目标，在广大干部职工中开展“创先争优、比学赶帮超暨精细管理年”活动。2011年，以油田发现50周年产油10亿吨为契机，深入开展优良传统教育、胜利油田会战史教育，引导干部员工传承和弘扬优良传统，激发忠诚胜利、为油奉献、建功立业的责任感和使命感。隆重庆祝中国共产党建党90周年，组织开展纪念中国共产党成立90周年理论研讨成果交流，加深干部群众对党的历史、党的知识和党的路线方针政策的认识。2012年，以推进“打造世界一流，实现率先发展”为主线，以比学赶帮超为主抓手，以精细管理和为民服务为主载体，以岗位建功竞赛为手段，引导干部员工立足岗位、以电为业、拼搏奉献。

舆情引导 坚持“贴近实际、贴近生活、贴近群众”的原则，围绕改革、发展、稳定工作，正面宣传引导，充分发挥导向、鼓劲的作用。加强新闻宣传队伍建设，完善新闻宣传网络。宣传部门坚持制定每月新闻宣传工作要点，明确宣传重点。紧紧围绕总公司电网检修、用电经营、安全生产等重点工作加强舆论引导，及时宣传生产经营和改革发展的动态成果及经验，宣传总公司的典型人物和先进事迹，展示胜利电力人的风采。2003~2012年，出版《电力通讯》450期。2006年，《电力通讯》获2005~2006年度全国企业报刊优秀奖（集体）一等奖，多次被评为山东省优秀连续性内部资料出版物。加强网络舆论引导和舆情应对，成立总公司网络舆情信息研判项目组，完善网络舆情信息报送制度、监测预警机制，建立网络评论员队伍，利用微博、QQ群等新型网络媒体加强正面宣教和舆情监控，构建网络原创作品信息库，不断强化信息采集、分析研判和引导处理能力。学习研究突发事件、热点问题的媒体应对以及舆情研判处置知识，妥善做好研判处置工作，为总公司发展营造良好舆论环境。

第二节　主题活动

坚持把深入开展主题活动作为促进各项工作的总抓手，将党建思想文化工作融入到总公司的中心工作和生产经营建设实际工作中，建立健全主题活动领导小组和活动办公室，形成了由总公司党政主要领导任组长，其他领导任副组长，机关有关科室负责人为成员的组织体系和运行机制，把主题活动打造成促进科学和谐发展的“精品工程”，推进了总公司改革发展和生产经营各项工作的顺利进行。

2003年，组织开展“学精神、转观念、谋发展、见成效”主题活动。以党的十六大精神和“三个代表”重要思想为指导，巩固和延伸“观念与作风转变年”和“党员先进性教育”活动成果，从强化学习教育入手，引导广大党员干部进一步解放思想、转变观念、提高素质，科学谋划总公司今后整体发展的新思路、新举措，确保了总公司生产经营、深化改革和维护大局稳定各项任务的全面完成。

2004年，组织开展“学精神、转观念、谋发展、见成效，争做‘三个代表’忠实实践者”主题活动。围绕油田“三大发展目标”和总公司“两个市场”战略，巩固和深化“学转谋见”活动成果，强化基础管理，推进改革创新，以思想的大解放、观念的大转变，实现电力主业和多元开发两大市场同步推进，促进效益的大提高，开创总公司跨越式发展新局面。

2005年，组织开展以实践“三个代表”重要思想为主要内容的保持共产党员先进性教育活动。活动分集中学习教育、分析评议、整改提高三个阶段，通过广泛征求意见，深入剖析自我，开展谈心活动，认真进行评议，制定整改方案，进一步提升党员干部队伍的整体素质，探索建立总公司保持基层党组织和党员先进性的长效机制，提高总公司党建工作整体水平。根据局党委《关于进一步加强领导班子和领导干部思想作风建设的意见》，在党员干部中组织开展“思想作风建设年”活动，把解决职工群众反映的突出问题、促进思想作风建设、树立良好形象，作为加强思想作风建设的着力点，努力提高各级班子和领导干部的治企能力，按照“负责任、有能力、简而精、大作为”的要求，树立胜利电力勤政务实、廉洁自律、公道正派、业务精良的良好干部队伍形象。

2006年，按照局党委《关于加强和改进新形势下群众工作的决定》的部署要求，组织开展“思想作风建设深化年”活动。以“坚持以人为本，做好群众工作”为主题，以密切党群、干群关系为核心，以强化思想教育为基础，以改进作风为关键，以制度建设为保证，以解决突出问题为重点，通过开展“党员干部有正气才更有力量”大讨论，进一步提升思想作风建设水平，推进总公司持续有效发展。职工群众对思想作风建设深化年活动满意率达100%。

2007年，组织开展“思想作风建设提升年”活动。活动按照建设政治素质好、经营业绩好、团结协作好、作风形象好的“四好”班子要求，以建设“负责任、有能力、简而精、大作为”领导班子为目标，以“践行有正气、提升执行力”为主题，不断提升思想作风建设水平，从组织上保证和促进总公司各项目标任务的全面实现。

2008年，组织开展“深入群众促和谐，凝心聚力促发展”主题活动。活动以“强素质、正品行、作表率”为主题，以密切党群干群关系、解决突出问题为重点，以强化思想教育、深化制度建设为保证，大力加强群众工作，持续推动思想作风建设，努力形成“心齐、气顺、劲足、家和”的良好局面，为营造总公司和谐发展新局面提供坚强的思想保证和组织保证。

2009年，组织开展深入学习实践科学发展观活动。活动以“解放思想、科学发展、改善民生、提升素质”为实践载体，完成学习调研、分析检查、整改落实三个阶段各项任务，围绕生产、经营、市场、管理、安全、稳定等方面，确定了10个调研课题，领导班子成员带着课题深入活动联系点和基层一线开展调研活动，共查找出影响科学发展的问题154个，其中主要问题31个，撰写了高质量的调研报告12份，形成了《电力管理总公司领导班子贯彻落实科学发展观情况分析检查报告》、《电力管理总公司领导班子深入学习实践科学发展观活动整改落实方案》。群众对总公司深入学习实践科学发展观活动满意度测评为100%。

2010年，组织开展“创先争优、比学赶帮超暨精细管理年”主题活动。活动围绕“更大作为、更强根基、更上水平、更有力量、更聚民心”主题，以“建标、对标、追标、创标”为抓手，开展以“比学赶帮亮剑夺冠超一流，保油上产电网检修争先锋”为主题的“争杯、夺旗、摘星”立功竞赛，在三级层面设立“先锋堡垒、精细管理、安全生产、优质服务、和谐稳定”5个流动奖杯，在基层队层面分变电运行、用电服务、安装检修维修、线路管理、后勤服务等队种，设立10面流动红旗，在班组层面开展星级班组创建活动，营造形成了“见红旗就扛、有第一就争”的生动局面。

2011年，组织开展“创先争优、比学赶帮超暨精细管理深化年”主题活动。开展了“打造高度负责任、高度受尊敬企业”、“思想再解放、观念再转变、潜力再认识，推进科学发展”大讨论，组织开展了“为民服务创先争优”活动，突出以人为本、为民服务主题，以让用电客户、社会公众、基层单位、职工群众“四满意”为载体，认真履行“每一度电都是承诺”的社会责任，切实践行“每一项工作都是产品、每一个岗位都是窗口”的追求，打造电力优质服务群众满意工程，把为民服务创先争优活动作为服务广大客户的阵地、联系职工群众的桥梁、展示党员风采的窗口、实践创先争优的舞台，持续提升胜利电力品牌形象。

2012年，组织开展“创先争优促发展，打造一流立新功”主题活动。活动围绕“建设坚强智能电网”目标任务，以“比学赶帮超”活动为抓手，以精细管理、为民服务创先争优和“基层组织建设年”为载体，以“建功创一流”劳动竞赛为手段，以整治“低老坏”为推动，着力在为民服务、解决问题、务求实效、推动发展上下功夫。用电管理系统从降损增效、精细管理和优质服务三个方面入手，深入开展了“用电经营小指标竞赛”活动，着力提升用电管理和经济技术指标水平，促进总公司科学发展。

第三节 典型选树

坚持点面结合、强化引领，通过制定典型培养计划，建立典型培养梯队，精心策划宣传方案，形成典型选树、重点培养、宣传推广的长效机制。注重在点上选树宣传典型，发现和培养精细管理、科技创新、为民服务、爱岗敬业等各类典型，树立鲜明的工作导向、用人导向、道德导向。注重在面上发挥典型的鼓舞和带动作用，对典型资源进行系统整合，切实发挥典型的群体效应、社会效应。培育形成以基层建设标杆队、中石化金银牌队、星级班组为样板的集体典型梯队；以优秀基层干部、模范班组长为榜样的个人典型梯队，激励员工学赶先进、积极作为、争创一流。注重做好典型推广和深度宣传，充分利用报纸、电视、网络等各类媒体，加大宣传力度，挖掘宣传先进典型立足岗位、默默奉献的感人事迹，增强典型的感染力和影响力。2003～2012年，先后涌现出“全国青年文明号”电力客户服务中心，“山东省先进基层党组织”南区供电公司党委，“全国工人先锋号”东区供电公司线路管理队，中石化集团公司创先争优先进基层党组织、油田“小站文化建设的标杆”南区供电公司变电运行八队，“全国五一巾帼标兵岗”南区供电公司石化变电站，“全国用户满意服务明星班组”南区供电公司阳城班，“山东省工人先锋号”东区供电公司线路管理队外线一班，“全国用户满意服务明星班组”电力客户服务中心客户代表班等一大批先进集体；培养出“富民兴鲁”劳动奖章获得者马坤俊、孙秀峰，“山东省首席技师”范永涛，胜利油田技能大奖获得者刘明明、胡金海，“油田新时期优秀共产党员楷模”陈仁贤等一大批优秀个人典型，在全公司形成了“比奉献、学典型、超先进、争第一”的生动局面。

第四节 基层建设

2003年以来，总公司坚持把基层建设作为强基固本的系统工程，按照“规范建设、分步实施、典型引路、整体推进”的总体思路，把基层队全部纳入“达标、创优、争强、夺牌”活动中，实现了基层建设的全方位覆盖和全员参与。各级党政组织认真贯彻落实总公司基层建设规划，以建立完善全方位覆盖、全过程管理、全员参与的“三全”机制为主线，以“达标、创优、争强、夺牌”和“达标、创优、争银、夺金”活动为载体，从加强“三基”入手，着力提升基层的学习力、文化力和竞争力，为总公司科学和谐创新发展奠定了基础。2003年以来，总公司连续9年被评为油田基层建设先进单位。截至2012年底，总公司获油田名（金）牌基层队、行业一强（银牌基层队）和优秀基层队的数量占基层队总数的70%。

一、组织运行

总公司坚持将党政一把手作为基层建设的第一责任人，成立由党政主要领导亲自挂帅、机关科室长为成员的基层建设工作领导小组，由党委宣传部门负责基层创建的日常运行，各基层单位健全相应机构，具体抓好工作落实。

2003～2006年，总公司将创建基本条件和分队种经济技术指标作为基层创建标准，采取量化打分的方式对创建效果进行评价。2007~2012年，按照基层创建“433”标准体系，即4个层次（达标、优秀、一强、名牌）、3套指标（基层创建参评资格指标、综合管理指标和分队种经济技术指标）、3个档次（综合管理和经济技术指标各分Ⅰ、Ⅱ、Ⅲ类）开展基层创建，将创建指标层层分解，把基层建设实效作为考核、评价单位工作成效的重要依据。坚持实施四级单位月检，三级单位季度检，总公司半年检的“金字塔”型检查考核模式。建立实施了从领导到部门、从机关到基层的目标责任体系，坚持处科两级干部承包基层队、变电站，将基层建设、安全、综合治理等各项承包于一体，统一考核，严格奖惩。形成党政工团密切配合、齐抓共管的运行机制，保证了基层建设目标任务的实现。

认真做好基层建设与各项主题活动及生产经营的结合文章，分阶段制定4个基层建设三年规划。每年通过召开基层建设现场会、示范会等形式进行部署、提升，做到三年有规划、每年有计划。坚持“三基”创建与主题活动一体化运行。2010年，总公司“三基”工作办公室成员全部吸纳到主题活动办公室，开展“争杯、夺旗、摘星”立功竞赛载体活动，将“达标、创优、争银、夺金”工作季度检查和“争杯、夺旗、摘星”立功竞赛活动同时进行，实现两项工作的同步安排、同步考核。结合总公司实际和行业特点，将“三基”工作与日常生产经营管理、思想政治工作同安排、同部署、同落实。建立科学的检查考核评价体系，严格推行“量化考核排序、末位警示淘汰”的动态管理机制，坚持基层建设例会、检查考核、奖惩等制度，半年对基层单位创建工作进行督促检查，年底对基层建设工作进行总结部署和表彰。同时，每年在全公司开展“双十佳”（十佳指导员、十佳队长）评选活动。

二、基层创建

2003年以来，总公司基层创建工作经历3个阶段。

筑牢基础阶段（2003~2006年） 基层建设工作抓住基层队伍素质建设这个根本，以提高经济效益为中心，以强化“三基”（基层建设、基础工作、基本功训练）、提升“三力”（学习力、文化力、竞争力）、实现“三化”（标准化、规范化、信息化）为主线，利用“达标、创优、争强、夺牌”这一活动载体，组织实施第二、三个基层建设三年规划。每年投入基层建设专项资金100万元，以基层办公室、学习培训室、党团员活动室、技术练兵场、文体活动场所建设为重点，积极改善基层队的办公、生活条件。积极开展“对标、追标、创标”活动，2003年，把全国一流供电企业的有关标准条件纳入基层建设考核，实施创一流工作规划，提出争创全国一流供电企业标准的目标。2005年，对基层建设创优标准进行了修订完善，对基层必备的基础资料进行精简和统一，对主要工种的220种技术资料重新进行了修改、规范。2006年，在中石化集团公司首次开展的金银牌队评比中，创建中石化金牌队4个、银牌队5个。南区供电公司变电运行八队获油田“基层建设标杆队”荣誉称号。

巩固提高阶段（2007~2009年） 制定第四个基层建设三年规划，以基层创建“三全”工作机制为主线，“抓两头、带中间”，强化过程管理，推动“达标、创优、争强、夺牌”和“达标、创优、争银、夺金”活动向纵深发展，以基层党组织建设、职工队伍建设、管理创新和文化建设为基础，做好基层建设与岗位责任制大检查、生产经营、思想政治工作等结合文章，维护公司和谐稳定。对总公司12个工种的147个岗位责任制进行了重新修订完善。推广应用基层建设信息化系统，参与创建基层队全部实现了基层资料的信息化。2009年，总公司新组建的26个用电服务队纳入到“三基”创建范围，并列入油田基层硬件维修改造计划，分两年实施。

创新发展阶段（2010~2012年） 制定了第五个“三基”创建三年规划，以基层的软硬件改造提升为重点，深入推进“达标、创优、争银、夺金”活动，开展“争杯、夺旗、摘星”立功竞赛，实现“三基”工作与主题活动的有机融合。创新完善“3＋1联建联创”管理体系，进一步深化、拓展“三基”创建内涵，实现基层与机关创建的协调推进，软件与硬件建设水平的同步提升。优化“三基”创建，通过加强标准队、站建设，提升了基层整体的工作水平。在百队帮扶“1+1”

工作中，管理局生产管理部牵头对电力建设公司安装一队、综合维修公司发电队进行重点帮扶，两个基层队的软、硬件条件都得到明显改善，总公司基层创建层次显著提高。2011年，南区供电公司变电运行八队被授予“小站文化建设的标杆”荣誉称号。截至2012年底，总公司共获得油田金牌队11个、银牌队15个、优秀队41个、达标队28个，参与创建的95个基层队全部达标。

三、机关创建

2009年，启动总公司机关“三基”创建工作，在机关开展“创优、争银、夺金”活动，建立完善机关“三基”创建考核机制。加强机关规范化建设，推行“5S”管理，开展了“科室讲堂”活动，建立机关科室长行风建设窗口单位联系点制度，采取科室自查、集中检查、三级单位背对背评议三种方式量化考核，强化动态管理，努力建设学习型、服务型、廉洁型、高效型、和谐型机关。

截至2012年底，总公司共获得油田银牌科室1个、油田优秀科室9个。2003～2012年“三基”创建情况统计见表6-12。

表6-12 2003～2012年“三基”创建情况统计

年度	名（金）牌基层队	行业一强（银牌基层队）	银牌科室	优秀科室
2003	北区供电公司线路管理队 东区供电公司变电运行6队 中区供电公司变电运行4队	修试中心试验车间 东区供电公司九分场变电站 孤东供电大队线路管理队 电力调度中心中心调度室 北区供电公司变电运行1队 河口供电公司变电检修队 南区供电公司变电运行8队		
2004	北区供电公司线路管理队 中区供电公司变电运行4队 东区供电公司变电运行6队 南区供电公司变电运行8队	东区供电公司九分场变电站 修试中心试验车间 孤东供电大队线路管理队 电力调度中心中心调度室 北区供电公司变电运行1队 河口供电公司变电检修队 滨南供电大队变电运行2队 中区供电公司线路管理队 孤北热电厂运行车间		
2005	北区供电公司线路管理队 中区供电公司变电运行4队 东区供电公司变电运行6队 南区供电公司变电运行8队 东区供电公司九分场变电站	修试中心试验车间 滨海供电公司线路管理队 电力调度中心中心调度室 北区供电公司变电运行1队 滨南供电公司变电运行2队 中区供电公司线路管理队 河口供电公司变电检修队 孤北热电厂运行车间 纯梁供电公司变电检修队 孤岛供电公司电力检修队 南区供电公司线路管理队		

续 表

年度	名（金）牌基层队	行业一强（银牌基层队）	银牌科室	优秀科室
2006	北区供电公司线路管理队 中区供电公司变电运行4队 东区供电公司变电运行6队 南区供电公司变电运行8队 东区供电公司九分场变电站 孤岛供电公司电力检修队	修试中心试验车间 电力调度中心中心调度室 北区供电公司变电运行1队 滨海供电公司线路管理队 河口供电公司变电检修队 滨南供电公司变电运行2队 孤北热电厂运行车间 中区供电公司线路管理队 纯梁供电公司电力检修队 南区供电公司线路管理队 东区供电公司线路管理队 滨海供电公司新孤变电站		
2007	北区供电公司线路管理队 中区供电公司变电运行4队 东区供电公司变电运行6队 南区供电公司变电运行8队 孤岛供电公司电力检修队 滨海供电公司线路管理队 河口供电公司变电检修队	电力调度中心中心调度室 北区供电公司变电运行1队 修试中心试验车间 东区供电公司线路管理队 滨南供电公司变电运行2队 孤北热电厂运行车间 滨海供电公司新孤变电站 纯梁供电公司电力检修队 南区供电公司线路管理队 中区供电公司变电运行5队 孤岛供电公司变电运行1队 电力客户服务中心电力标准计量站 孤北热电厂新疆塔河发电二厂		
2008	北区供电公司线路管理队 中区供电公司变电运行4队 东区供电公司变电运行6队 南区供电公司变电运行8队 孤岛供电公司电力检修队 滨海供电公司线路管理队 河口供电公司变电检修队 电力调度中心中心调度室 修试中心试验车间	北区供电公司变电运行1队 东区供电公司线路管理队 滨南供电公司变电运行2队 孤北热电厂运行车间 滨海供电公司新孤变电站 纯梁供电大队电力检修队 南区供电公司线路管理队 中区供电公司变电运行5队 孤岛供电公司变电运行1队 电力客户服务中心电力标准计量站 孤北热电厂新疆塔河发电二厂 南区供电公司变电运行7队 滨海供电公司变电运行2队 孤岛供电公司线路管理队		
2009	南区供电公司变电运行8队 东区供电公司变电运行6队 中区供电公司变电运行4队 孤岛供电公司变电检修队 滨海供电公司线路管理队 河口供电公司变电检修队 电力调度中心中心调度室 修试中心试验车间 南区供电公司线路管理队 东区供电公司线路管理队	南区供电公司变电运行7队 滨南供电公司变电运行2队 电力客户服务中心电力标准计量站 孤北热电厂新疆塔河发电二厂 纯梁供电公司电力检修队 滨海供电公司新孤变电站 北区供电公司变电运行1队 孤岛供电公司线路管理队 孤岛供电公司变电运行1队 孤北热电厂运行车间（青岛炼化项目部） 滨海供电公司变电运行2队 中区供电公司用电服务4队 北区供电公司盐镇变电站 河口供电公司变电运行2队		党委办公室 安全环保科 规划计划科 劳动工资科 党委宣传科 公司办公室 党委组织科 生产管理科 工会 治安保卫办公室

续表

年度	名（金）牌基层队	行业一强（银牌基层队）	银牌科室	优秀科室
2010	南区供电公司变电运行8队 东区供电公司线路管理队 孤岛供电公司变电检修队 南区供电公司线路管理队 中区供电公司变电运行4队 东区供电公司变电运行6队 河口供电公司变电检修队 电力调度中心中心调度室 滨海供电公司线路管理队 修试中心试验车间 中区供电公司用电服务4队	孤岛供电公司线路管理队 北区供电公司盐镇变电站 滨南供电公司变电运行2队 电力客户服务中心电力标准计量站 孤北热电厂新疆塔河发电二厂 纯梁供电公司电力检修队 滨海供电公司变电运行2队 河口供电公司变电运行2队 南区供电公司变电运行7队 孤岛供电公司变电运行1队 滨海供电公司新孤变电站 北区供电公司变电运行1队 东区供电公司九分场变电站 北区供电公司用电服务1队	党委办公室	安全环保科 规划计划科 劳动工资科 党委宣传科 公司办公室 纪委监察科 党委组织科 生产管理科 工会
2011	东区供电公司线路管理队 孤岛供电公司变电检修队 中区供电公司用电服务4队 南区供电公司变电运行8队 东区供电公司变电运行6队 中区供电公司变电运行4队 南区供电公司线路管理队 滨海供电公司线路管理队 修试中心试验车间 电力调度中心中心调度室 河口供电公司变电运行2队	北区供电公司用电服务1队 河口供电公司变电检修队 纯梁供电公司电力检修队 滨海供电公司新孤变电站 滨南供电公司变电运行2队 电力客户服务中心电力标准计量站 南区供电公司变电运行7队 东区供电公司九分场变电站 北区供电公司盐镇变电站 孤岛供电公司变电运行1队 滨海供电公司变电运行2队 孤岛供电公司线路管理队 北区供电公司变电运行1队	党委办公室	安全环保科 规划计划科 劳动工资科 党委宣传科 公司办公室 纪委监察科 党委组织科 生产管理科 工会
2012	南区供电公司变电运行8队 东区供电公司线路管理队 孤岛供电公司变电检修队 河口供电公司变电运行2队 中区供电公司变电运行4队 南区供电公司线路管理队 滨海供电公司线路管理队 中区供电公司用电服务4队 东区供电公司变电运行6队 电力调度中心中心调度室 东区供电公司九分场变电站	南区供电公司变电运行7队 电力客户服务中心电力标准计量站 修试中心试验车间 纯梁供电公司电力检修队 滨海供电公司变电运行2队 滨海供电公司新孤变电站 孤岛供电公司线路管理队 孤岛供电公司变电运行1队 纯梁供电公司变电运行队 北区供电公司用电服务1队 河口供电公司变电检修队 南区供电公司用电服务1队 北区供电公司盐镇变电站 北区供电公司变电运行1队 滨南供电公司变电运行2队	党委办公室	安全环保科 规划计划科 劳动工资科 党委宣传科 公司办公室 纪委监察科 党委组织科 生产管理科 工会

第五节 企业文化

2003年以来，总公司大力推进企业文化建设，坚持文化向战略层面提升，向企业管理渗透，向专业化拓展，向品牌信誉转化，向班组岗位下沉，向社区大本营延伸，构建形成了以服务文化为品牌、以安全文化为支撑、以廉洁文化为保障、以班组文化为重点的电力文化体系，逐步渗透、融入到电力生产经营和各项管理工作之中，为推动总公司科学和谐发展发挥了导向作用。2005年，总公司获全国企业文化建设先进单位。

探索发展阶段（2003～2005年） 围绕企业文化建设第一个三年规划，以“企业文化建设年”、“胜利文化建设深化年”、“胜利品牌建设年”活动为载体，从观念形态文化、制度行为文化、物质形态文化三个层面上，有计划、有重点、分步骤地加强文化创建。培育提炼形成了“诚信求实、创新超越”的胜利电力精神；让客户满意、创最大效益的经营宗旨；以人为本，发展至上，成就未来的经营理念；人才成就企业，企业造就人才的人才理念；以制化人，以文化心的管理理念；“千金一诺的质量、一诺千金的服务”的服务理念以及行为规范等，形成了较为完善的胜利电力文化体系。同时，对电力制度行为文化和物质形态文化进行了整合创新，特别是建立和形成了包括基础办公用品、运输、广告、环境等一整套形象识别系统，并对企业标志、标准色、标准字、标准尺寸等基础要素作了详细规定，展现了胜利电力独具魅力的视觉形象。2005年，编发了《胜利电力文化手册》，总结基层单位文化建设经验，形成凝聚职工队伍特色鲜明的“团队精神”，从而推动胜利电力文化内涵深入人心，不断增强认知度，扩大影响度。2004年，“胜利电力”品牌被授予胜利油田“十佳服务品牌”称号。

全面建设阶段（2006～2008年） 围绕企业文化建设第二个三年规划，以“胜利品牌提升年”、“和谐文化建设年”等活动为契机，以宣传共建共享理念、推进和谐文化建设为主题，加大电力品牌建设和电力子系统文化研究创新的力度，着重对服务文化、安康文化、经营管理文化、廉洁文化等进行总结提炼，并加强教育宣传，形成指导本行业规范的理念依据。在基层推进“家文化”建设，倡导亲情管理。开展“团队精神集萃”征文和格言警句展示活动，总结提炼有个性特色的基层团队精神，建立催人奋进的共同愿景。组织开展故事理念化、理念故事化活动，把胜利电力文化的价值理念深入到基层职工心中，深化“胜利电力”服务品牌建设，加强品牌管理。以获得全国企业文化建设先进单位荣誉称号为契机，采取多种形式对“胜利电力”服务品牌进行策划宣传，利用有效的品牌传播途径和方式，促进“胜利电力”服务品牌的个性塑造、形象树立和价值传递。2008年，编辑出版《胜利电力文化系列丛书》，反映理论创新成果，展示实践创效成就。2006年，南区供电公司变电运行八队的“小站家文化”被授予“胜利基层文化品牌”称号，2008年又被管理局授予 “胜利基层家文化建设示范点”称号。

总结提升阶段（2009～2011年） 以组织实施企业文化第三个三年规划为契机，认真学习贯彻中国石化集团公司企业文化建设纲要，坚持以人为本，深入贯彻落实“共创百年胜利，共建和谐油田，共享美好生活”的共建共享理念，用共同愿景目标鼓舞人，用共同价值追求塑造人，遵守共同制度规范，培养共同行为习惯，精心打造以服务文化、安全文化及基层家文化为内容的电力行业特色文化，纵深推进胜利电力文化建设，不断创新发展胜利电力文化体系。2009年，以中石化集团公司《企业文化建设实施纲要》为指导，围绕电力生产经营管理需要，整合基层家文化、安全文化、服务文化等现有资源，统一规范编印了金牌基层队文化手册，着力构建凝聚人心、催人奋进的胜利电力文化。2010年，创新成果“培育小站家文化、凝心聚力促发展”获得山东省企业文化创新成果一等奖，专题片“小站就是我的家”获得油田企业文化优秀DV短片一等奖。2010年，南区供电公司变电运行八队被油田命名为“小站家文化建设的标杆”。2011年，东区供电公司线路管理队被管理局授予“胜利基层家文化建设示范点”称号。

持续提升阶段（2012年～） 组织实施企业文化建设第四个三年规划，继续深入学习贯彻落实中石化集团公司企业文化建设纲要，以“油田与心田共建，文化与文明共创”为主导，围绕“以价值主导心性，以愿景凝聚心力，以学习开启心智，以情感温润心灵，以调适平衡心态，以环境改善心境”的框架内容，不断加大心田工程的攻关力度和实践深度，从理论上探索规律，从实践上总结提升，综合集成心理学研究应用、“一人一事”思想政治工作和家文化建设等成功经验，建立完善人文关怀和心理疏导长效机制，探索形成科学高效的心田开发和文化管理模式，实现人企合一、人企共进。2012年，按照中石化集团公司对视觉识别系统的总体要求，全面导入并规范使用集团公司企业形象识别系统（Vi）。严格、规范地加以应用，重点是办公区、标语、牌板及生产现场标语等，增强全体员工对集团公司的认同感、归属感和自豪感。

第六节 心理健康教育

围绕“油田与心田共建，文化与文明共创”，总公司以“关注生命质量，提高心理健康意识，促进和谐电力建设”为目标，把握面临的发展形势和目标任务，大力推进实施“胜利心田工程”，在思想文化工作中引入员工心理健康教育，探索应用EAP（员工援助计划），实现心理学应用与总公司生产经营管理的深度融合，提高员工群众的幸福指数，建设具有强烈归属感和责任感的电力员工和谐幸福家园。2011年1月，成立心理学应用研究分会和彩虹工作室，开通彩虹热线，建设彩虹网站，发放有彩虹热线电话的挂件5000个。2012年6月，成立北区EAP工作站，实现了党建思想文化工作向社区拓展延伸。

心理疏导 结合职工思想动态分析、心理调查问卷及需求调研中暴露出来的共性问题，彩虹工作室的咨询师开展个体咨询和团体辅导。在热点问题和个别特殊事件中尝试吸纳心理专业人员介入处理程序，个案咨询、典型关注和特殊岗位开展的团体心理辅导收到良好效果，引导员工建立科学的心理健康理念，用正确的方式处理人际关系、表达利益诉求。2011～2012年，个体咨询9人累计20人次，团体辅导33场次2600余人次。2012年9月，东区供电公司一退休职工全家将一面绣有“授业一丝不苟，解惑无微不至”的锦旗送到彩虹工作室。

课题研究 电力行业是高危行业。总公司把心理学理念引入到安全生产管理中，坚持要安全，先安心。在南区供电公司变电运行八队石化变电站开展安全心理学教育试点，举办专题讲座6场次，听课人数累计240人次。团体辅导8次，危机干预2次，将心理咨询分析引入安全管理中。2011年，《要安全，先安心》在《胜利》杂志第8期发表。2012年，《实施安心计划，打造安康电力》在中石化集团公司EAP工作会议上做了典型经验交流。

队伍建设 2011年，彩虹工作室聘请4名咨询师值班，2012年增至10人。接听热线电话，预约面询，排演心理情景剧，开展心理健康知识大讲堂活动。2011年聘请专家组织心理学专题讲座26场次，听课人数总计1800人次。2012年组织EAP知识送课进基层宣讲活动，讲课16场次。在各三级单位设立心理联络员，基层干部技能培训课程中引入心理学知识和心理疏导技巧。2011~2012年，共选派10名咨询师6次外出学习EAP实务技能、沙盘游戏治疗、精神分析疗法、团体咨询技术培训，组织参加全国心理咨询师职业资格取证考试，逐步培养“本土化”的EAP专业人才和心理咨询志愿者。截至2012年底，总公司取得国家心理咨询师二、三级证书的心理咨询师共计37人，取得EAP项目资质5 人。

第七节 统战工作

自2003年以来，总公司认真落实党的统战政策，充分发挥统一战线的优势，实行统战工作分管领导负责制，把统战工作列入单位年度工作目标和年度目标考核范围，建立健全“大统战”工作机制，认真做好侨台属、少数民族、党外知识分子等统战对象的教育、培养和服务工作，努力构建团结和谐的政党关系、民族关系、宗教关系、阶层关系和海内外同胞关系，为推动总公司科学和谐稳定发展贡献力量。

2004年，组织开展统一战线“为加快实现油田三大目标建功立业”活动，成立“建功立业”活动领导小组，制定具体的活动计划和实施细则，激发了统战成员为加快总公司持续稳定发展做贡献的自觉性和主动性。2005年，组织开展宗教人士和侨务工作调研活动，对信教群众进行全面调查摸底，为17名信教群众和18名“三胞”眷属分别建立信息档案。2006年，认真学习全国第20次统战工作会议精神，组织开展统一战线知识竞赛活动。2007年，按照油田有关要求，组织开展党外知识分子基本情况调查，建立“党外后备干部人才库”，实施建档立卡动态管理，积极做好党外干部安排与使用。2008年，组织开展“学转谋见争”、“五个一”创新等活动，申报科研课题7项，建言献策课题3项，实现了统战成员建言献策工作的制度化、规范化。2009年，《放牧太阳的人》一书中收录了归侨陈仁贤的事迹，并制作成专题片《哦，心中红太阳》，在总公司集中宣传。2011年，贯彻落实统战工作条例、法规，组织参加油田举办的专题研究班、报告会、研讨会，围绕总公司工作重点，研究确定重点课题，开展统战理论研究。《运用新兴媒体，发挥网络优势，实现和谐统战新愿景》获油田统一战线工作优秀调研成果一等奖。2012年，深入开展“和谐宗教活动场所”创建活动。同年，卢燕当选东营市东营区委员会政协委员。

第四章 信访与保密

总公司高度重视和抓好信访稳定工作，建立健全群众接访制度和机制，畅通民意反映渠道，本着“事要解决”的原则，认真做好信访群众接待和答复，想方设法解决职工群众反映的难题，促进了职工队伍和谐，确保了总公司大局稳定，为总公司的生产经营建设创造了和谐发展的良好局面。2008～2011年，总公司连续四年被评为胜利油田信访稳定工作先进单位；2009年，总公司获得“山东省反邪教系统先进集体”称号。

第一节 信访工作

2003年以来，总公司认真贯彻落实国务院《信访条例》和上级有关规定，坚持“属地管理、分级负责，谁主管、谁负责”的原则，按照“稳定时期抓稳定”、“群众工作群众做”的思路，认真做好信访群众接待、信访事项的答复和办理工作，做到了“事事有结果，件件有回音”。扎实做好每年全国“两会”、北京奥运会、党的十七大和十八大期间等特殊敏感时期的维稳工作，确保了队伍和谐、大局稳定，保障了总公司和谐稳定发展。

信访组织体系 总公司信访工作领导小组组长由总公司党政主要领导兼任，下设信访办公室，挂靠总公司党委办公室。各三级单位设兼职信访干部。基层队信访工作由队干部和非在职办事员兼任。坚持稳定工作是第一责任，强化组织领导，实行信访工作领导责任制、稳定工作预警预防机制和稳定工作问责制，健全了信访工作组织体系。

日常接访工作 信访办公室坚持把日常接访作为联系职工群众、倾听群众呼声、解决群众难题的有效途径，在接访中解疑释惑、化解矛盾、增进和谐。负责编制信访工作计划和组织实施；负责职工群众来信、来访接待和处理工作；负责转办、催办、查办上级机关和总公司领导批转的信访案件；负责总公司信访工作的督查协调、检查考核工作。认真执行上级关于处理群众来信、来访工作规定，当场或收到转送信访事项之日起15日内确定是否受理，并及时告知信访人；一般信访事项自受理之日起30个工作日之内办结，情况复杂的，经总公司领导批准，适当延长办理期限，但延长办理期限一般不超过30天。

领导接访日制度 从1995年9月起，总公司实行领导接访日制度，接访时间定在每月16日，地点设在位于通明苑小区内的北区供电公司三楼会议室，由一名领导带队接访。接访领导认真接待来访群众，能够当场解决的当场解决；需协调解决的，召集有关部门负责人研究解决；暂时不能解决的，安排有关部门限期解决或提出具体意见，并按规定期限回复上访人员，做到了“有问必答、有访必复、有难必帮”。2008年4月份起，推行“网上接访”模式，在胜利电力信息网上开通“书记经理信箱”，搭建起总公司领导与基层职工群众交流沟通的“桥梁”；各三级单位公开领导班子成员的电子信箱、办公电话，畅通民意反映渠道，为基层职工群众反映信访事项、建言献策提供了方便。2003～2012年，总公司领导接访日共接待上访职工群众465批、1081人次，对所反映的607个问题都及时给予了政策解释、信访事项答复，信访事项答复及时率100%。

信访稳定机制建设 2005年7月，总公司印发了《电力管理总公司信访工作细则》，明确了信访工作应遵循的原则、制度和办理程序、步骤和要求等内容。2008年3月以来，推行“信访首问责任制”、“三必访、三必到”制度，党员干部对帮扶联系对象坚持做到了“中秋春节必访必到，生病住院必访必到，红白大事必访必到。”2009年以来，实行党群科室长碰头会制度，每季度召开一次，重点研判信访稳定工作形势，研究解决重点信访事项。2010年10月，印发了《关于进一步加强信访稳定工作的实施意见》、《电力管理总公司信访稳定工作考核细则（试行）》，构建了信访工作联动、信息预警和分析评估、矛盾纠纷排查化解、应急处置及控制、重点人员心理辅导教育、困难家庭帮扶联系等7项工作机制，形成了信访稳定工作长效机制。2011年以来，实行信访稳定工作例会制度，原则上每月召开一次，如遇特殊敏感时期、突发性事件、重大政策出台，可根据工作需要随时召开，通报信访稳定工作情况，安排部署阶段性信访稳定工作。

反邪教工作 认真遵守《胜利油田反邪教协会章程》和各项规章制度，以对社会稳定和政治稳定高度负责的态度，认真抓好反邪教工作制度建设和宣传教育，扎实做好原法轮功习练者的教育转化工作。2010年以来，按照局党委的部署要求，深入组织开展了三年教育转化攻坚和巩固整体仗，巩固和扩大反邪教工作和法轮功教育转化工作成果，为总公司科学和谐发展创造了良好的发展环境。

第二节 保密工作

2003～2012年，总公司保密委员会主任由总公司党委书记兼任。下设办公室，办公室主任由党办主任兼任，并配备一名专职保密员，主要负责总公司保密的日常工作。三级单位也相应成立了保密工作领导小组，设一名兼职保密员。基层队的保密工作由党支部书记兼管。保密工作主要包括保密教育、文书保密、科技保密、商业保密、涉外保密。

保密教育工作 总公司保密委员会结合工作实际，大力开展保密宣传教育，以增强广大干部职工的保密意识和保密能力。2010年，新的《中华人民共和国保守国家秘密法》修订实施后，把《保密法》列入年度培训计划和重要内容，分期分批进行培训，组织全体涉密工作人员开展保密知识竞赛活动，签订保密承诺书，进行保密知识试卷；党委理论中心组集体学习《保密技术防范常识》光盘，并在基层单位进行巡回播放。注重加强保密制度建设，2012年11月转发了《胜利油田保密工作管理办法》，认真做好宣传和学习工作。

文书保密工作 严格执行“三密”文件的收取、登记、传阅、督办、归档、交回（销毁）等规章制度。自2003年以来，未发生文件损坏和泄密事件。

科技保密工作。落实科技资料归档、借阅、保管、统计利用、安全保密、资料修复等有关规章制度，严格实施防火、防盗、防有害气体、防潮湿等措施。对油田、总公司内各级秘密资料实行专柜专人管理，并对科技资料管理情况进行定期检查。

商业秘密工作 2012年8月，修订《电力管理总公司商业秘密保护暂行规定》，对总公司商业秘密工作的分工与职责、管理内容与程序、保护措施及奖惩等内容做了明确规定。加强对商业秘密的日常管理工作进行指导、监督、检查，确保不泄密。

涉外保密工作 涉外活动均由保密委员会领导和组织部门对出国人员事先交代保密事项。对外商务洽谈及对外提供资料时，遵循“合理、合法、适度”的原则和基本程序，由上级业务主管部门和保密工作部门进行保密审查。

第五章 工会工作

总公司各级工会组织认真落实“党政靠得住、企业离不开、职工信得过、自身过得硬”的要求，坚持围绕总公司的中心工作，加强组织建设，落实依靠方针，充分发挥职工主力军作用，积极维护好职工群众合法权益，广泛开展创新创效工作，组织开展丰富多彩的文体活动，为总公司的改革发展稳定做出积极贡献。

第一节 组织建设

2003年以来，总公司始终坚持新建单位与成立工会组织同步的原则，依法建立健全各级工会组织。以建设一支适应社会主义市场经济要求，讲政治、懂经济、通法律、会管理、善维护的“复合型”工会干部队伍为目标，更新观念，拓宽思路，举办培训班，召开研讨会，强化实践锻炼，不断提升工会干部的实际工作能力。积极做好会员发展工作，使会员队伍随着总公司的发展和工会组织建设的加强不断发展壮大。截至2012年底，总公司有三级工会18个，四级工会111个，会员4957人。2003～2012年工会会员情况统计见表6–13。

表6–13 2003～2012年工会会员情况统计

年度	会员人数	年度	会员人数
2003	4777	2008	5063
2004	4734	2009	5040
2005	4658	2010	5014
2006	4694	2011	4997
2007	5263	2012	4957

第二节 民主管理

总公司工会认真贯彻落实全心全意依靠职工群众办企业的方针，坚持实施职工代表大会和厂务公开，逐步完善基层各项民主管理制度，拓展日常民主管理渠道，调动广大职工民主参与、民主管理、民主监督的积极性，在维护总公司的改革、发展、稳定大局中发挥了重要作用。

一、职工代表大会

职工代表大会作为民主管理的主渠道，在内容上不断深化，在形式上不断丰富，职工代表的审议通过权、审议建议权、审议决定权、民主评议权和民主选举权得到有效落实。

开展职代会星级创建活动，推进职代会制度化建设。认真贯彻执行新修订的《胜利油田职工代表大会制度实施办法》等7个实施办法，按照“建立制度、形成规范、落实职权、发挥作用”四项基本要求，从三级单位到四级单位健全完善了职代会和职工大会制度，使职代会形式上体现、要求上规范、内容上具体、制度上落实。在职代会闭会期间，坚持职代会代表团长联席会议制度，按程序及时召开代表团长联席会议，讨论审议总公司重大改革方案和重要事项，确保涉及职工切身利益的重要事项得到职工的理解和支持。认真答复落实职工代表提案。为了保证职代会提案的落实，每次职代会召开前，总公司都专门召开提案工作委员会议，对提案办理工作提出具体要求。总公司各有关部门按照职责范围和业务对口的原则，对职工代表的提案作认真的研究、解决和答复，提案答复和落实率达到100%。2006年，总公司荣获山东省职工代表大会优秀星单位称号；2009年，总公司荣获山东省全心全意依靠职工办企业先进单位称号。

五届四次职工代表大会 2003年1月15～17日召开。出席大会的正式代表246人。会议审议通过了《与时俱进，开拓创新，努力实现电力管理总公司跨越式发展》的工作报告及其他专项报告，签订2003年度集体合同，民主评议领导干部。征集职工代表提案91件，立案66件，全部落实和答复。

五届五次职工代表大会 2004年1月7～9日召开。出席大会的正式代表248人。会议审议通过了《凝心聚力，奋力开拓，继续谱写电力管理总公司跨越式发展的新篇章》的工作报告及其他专项报告，签订2004年度集体合同，民主评议领导干部。征集职工代表提案79件，立案75件，全部落实和答复。

六届一次职工代表大会 2005年1月19～21日召开。出席大会的正式代表235

人。会议审议通过了《以人为本，求真务实，科学创新，积极推进电力管理总公司持续稳定健康发展》的工作报告及其他专项报告，选举产生了6个专门工作委员会，签订2005年度集体合同，民主评议领导干部。征集职工代表提案87件，立案60件，全部落实和答复。

六届二次职工代表大会 2006年1月12～14日召开。出席大会的正式代表249人。会议审议通过了《坚持科学发展观，构建和谐电力，努力开创电力管理总公司持续稳定健康发展新局面》的工作报告及其他专项报告，签订2006年度集体合同，民主评议领导干部。征集职工代表提案113件，立案94件，全部落实和答复。

六届三次职工代表大会 2007年1月24～26日召开。出席大会的正式代表255人。会议审议通过了《认清形势，明确责任，坚定信心，和谐前进，继续谱写电力管理总公司持续稳定发展的新篇章》的工作报告及其他专项报告，签订2007年度集体合同和女职工权益保护专项集体合同，民主评议领导干部。征集职工代表提案83件，立案78件，全部落实和答复。

六届四次职工代表大会 2008年1月16～18日召开。出席大会的正式代表247人。会议审议通过了《凝心聚力，求实创新，努力开创电力管理总公司和谐发展新局面》的工作报告及其他专项报告，签订2008年度集体合同和女职工权益保护专项集体合同，民主评议领导干部。征集职工代表提案83件，立案83件，全部落实和答复。

六届五次职工代表大会 2009年1月7～9日召开。出席大会的正式代表252人。会议审议通过了《坚持科学发展，携手共创和谐，努力推动电力管理总公司又好又快发展》的工作报告及其他专项报告，签订2009年度集体合同和女职工权益保护专项集体合同，民主评议领导干部。征集职工代表提案87件，立案83件，全部落实和答复。

七届一次职工代表大会 2010年1月20～22日召开。出席大会的正式代表251人。会议审议通过了《众志成城，奋力开拓，全面提升电力管理总公司科学发展水平》的工作报告及其他专项报告，选举产生了5个专门工作委员会，签订2010年度集体合同和女职工权益保护专项集体合同，民主评议领导干部。征集职工代表提案94件，立案90件，全部落实和答复。

七届二次职工代表大会 2011年1月10～12日召开。出席大会的正式代表254人。会议审议通过了《推进精细化管理，当好强动力引擎，谱写总公司科学和谐发展新篇章》的工作报告及其他专项报告，签订2011年度集体合同和女职工权益保护专项集体合同，民主评议领导干部。征集职工代表提案81件，立案77件，全部落实和答复。

七届三次职工代表大会 2012年1月4～6日召开。出席大会的正式代表260人。会议审议通过了《电网管理创一流，打造胜利强动力，努力攀登总公司科学和谐发展新高峰》的工作报告及其他专项报告，签订2012年度集体合同和女职工权益保护专项集体合同，民主评议领导干部。征集职工代表提案73件，立案72件，全部落实和答复。

二、厂务公开

加强厂务公开工作的组织领导，建立完善厂务公开工作的长效机制。进一步完善厂务公开的领导机制、运行机制、考核机制和监督机制，对企业重大决策、生产经营管理、职工切身利益、领导班子和党风廉政建设这四个方面的问题，除了经营、技术等商业秘密外，都按照规定程序真实、及时地向职工公开，让职工知情、参与和监督。对厂务公开工作涉及到的部门和人员，进一步明确了相应的责任，在各自工作职责的范围内，密切配合，形成合力，充分发挥组织、指导、协调和督促作用，合力推进厂务公开工作。基层单位坚持“四会”（每月召开一次民主管理小组会、每月召开一次职工大会、每月召开一次班组民主管理会、每半年召开一次民主协商恳谈会）、“一评”（每半年评议一次基层干部）、“一公开”（经济公开）、“一活动”（合理化建议活动）为主要内容的基层队民主管理制度，职工参与民主管理的权利得到有效落实。

加强厂务公开工作的规范化建设，推动厂务公开工作不断深化。根据党政领导班子人员调整变动情况和机关有关部门人员变动情况，及时调整总公司厂务公开领导小组、协调办公室、监督办公室和实施小组。加强厂务公开标准化建设。编制了厂务公开控制程序，把厂务公开民主管理工作置于全员、全方位、全过程的程序控制中，有效避免了厂务公开工作的主观性和随意性，保证了公开的程序、标准和质量。同时，在工作中做好“三个延伸”：在形式上延伸，拓宽公开的渠道，以灵活多样的形式让职工了解更多的厂情，为职工知情、参与和监督创造有利条件；在内容上延伸，拓宽公开的范围，把厂务公开的内容延伸到职工关心的热点、焦点问题，把厂务公开向企业改革深层领域延伸，将体制改革、经营管理、班子建设、职工切身利益等内容作为厂务公开的重点，把厂务公开逐步融入公司生产经营管理的各个环节；在落实上延伸，确保公开纵向到底，三级单位、基层队、班组层层设立公开栏，把厂务公开工作延伸到班组，发动职工广泛参与，献计献策，提高广大职工参与管理的积极性。

第三节 劳动竞赛

2003～2012年，围绕电网安全可靠运行和电网检修等重点工作，各级工会组织开展不同形式劳动竞赛活动，激发干部职工的劳动热情，充分发挥干部职工在电网检修中的主力军作用。总公司劳动竞赛委员会对竞赛过程中涌现出的先进单位、集体、班组和个人给予表彰奖励，对表现突出的检修先进个人或优秀组织者，推荐到管理局立功受奖。

一、电网检修劳动竞赛

2003年，开展电网检修“创效杯”立功竞赛活动，有7个单位、17个集体、56个班组和320名职工受到表彰，有15人荣立个人三等功一次。

图6-2 电网检修庄严承诺

2004年，开展电网检修“创效杯”立功竞赛活动，有9个单位、15个集体、42个班组和328名职工受到表彰，有14人荣立个人三等功一次。

2005年，开展电网检修“创新增效杯”立功竞赛活动，有6个单位、15个集体、45个班组和366名职工受到表彰，有14人荣立个人三等功一次。

2006年，开展电网检修“三赛三比三创新”立功竞赛活动，有6个单位、24个集体、47个班组和381名职工受到表彰，有14人荣立个人三等功一次。

2007年，开展电网检修“三赛三比三创新”立功竞赛活动，有6个单位、24个集体、48个班组和382名职工受到表彰，有14人荣立个人三等功一次。

2008年，开展电网检修“和谐电力杯”立功竞赛活动，有7个单位、27个集体、55个班组和447名职工受到表彰，有14人荣立个人三等功一次。

2009年，开展电网检修“和谐电力杯”立功竞赛活动，有7个单位、25个集体、52个班组和489名职工受到表彰，有14人荣立个人三等功一次。

2010年，开展电网检修“精细检修杯”立功竞赛活动，有9个单位、21个集体、50个班组和376名职工受到表彰，有15人荣立个人三等功一次。

2011年，开展电网检修“精细检修杯”立功竞赛活动，有9个单位、27个集体、48个班组和383名职工受到表彰，有15人荣立个人三等功一次。

2012年，管理局劳动竞赛委员会首次在电网检修中组织开展了以“比安全、赛质量，创检修样板工程，争当检修能手”为主要内容的“创先争优杯”立功竞赛活动，将电网检修劳动竞赛上升到油田层面。有8个单位、27个集体、49个班组和384名职工受到表彰，有27名职工荣立个人三等功一次，有10人荣立个人二等功一次。

二、百日安全供电竞赛

结合油田上产会战活动，从2004年开始，每年自11月中旬至下一年2月底，开展以“精细管理，保油上产”为主要内容的百日安全供电竞赛活动，加强生产超前分析和负荷预测，严格事故考核，不断推进电网管理的精细化、标准化，确保冬季电网安全可靠运行。

三、职工创新创效

2003年以来，总公司职工经济技术创新创效活动蓬勃发展，特别是2009年以来，为了调动一线职工学技术、提素质的积极性和主动性，总公司率先在油田开展了“金牌工人1+1”活动，并出台《“金牌工人1+1”（暂行）管理办法》，成立工人技术创新协会。各三级单位相应成立了工人技术创新协会分会和12个以职工个人名字命名的创新工作室。2010年，在管理局第二届“为民技术创新奖”评审中，刘明明、胡金海、马广俊

图6-3 第一届职工技术创新成果展开幕现场

分获后勤保障板块金、银、铜奖；“刘明明创新工作室”被管理局命名为首批示范创新工作室。2010年11月，总公司召开了职工技术创新大会，在油田科技展览中心举办了第一届职工技术创新成果展，总公司职工创新示范基地在东区供电公司线路管理队揭牌。2011年5月，组织编印了职工技术创新成果汇编《创新成就未来》；同年9月，总公司开展第一届“光明技术创新奖”评审活动，有52名职工受到表彰奖励，4个工人创新分会和4个创新工作室受到表彰。

第四节 女工工作

总公司女职工委员会主要负责女职工劳动保护、妇幼保健、素质教育和巾帼建功竞赛活动。截至2012年底，总公司女职工委员会下设18个基层女职工委员会，有专（兼）职女工干部19人。

一、女职工素质教育

2003年以来，围绕维护女职工合法权益，采取以会代培、培训班、外出学习、座谈会、宣讲会、发放女职工工作相关书籍等形式，开展素质提升、巾帼建功系列活动，加强女职工综合素质提升教育。2004～2008年，先后开展“提高女职工自身素质，拓宽知识面，寻求自身增长点”和女职工工作理论研讨会以及“如何加强女职工队伍建设”征文活动，开展女职工“三个一”活动，即每年开展一项有意义的活动，每季举办一次有价值的讲座，每月读一本有影响力的好书。2009～2011年，组织参加管理局工会举办的“基层女工干部培训班”6期，“女子班组长培训班”6期。总公司开展“女工大讲堂”送课下基层10余次，共有600多名女职工参加培训学习。2012年，以推进落实《胜利油田女职工发展“十二五”规划》为重点，积极探索建立协调联动的女职工素质提升工作体系，加大对女性人才的培养力度，制定了女职工素质提升培训工作计划。建立总公司优秀女性人才库，培养选拔12名优秀女性人才。组织20名女干部赴青岛海尔集团等优秀企业学习先进经验和做法，首次在胜利油田高培中心党校举办基层女干部培训班4期，系统学习了沟通与人际关系、管理能力及领导技巧、工作礼仪和女性修养与魅力等课程，共培训基层女干部181人，占基层女干部总数的59%。

二、女职工劳动保护

2005年，总公司重新调整完善了女职工劳动保护领导小组，三、四级单位和班组均配备了兼职监督员，形成了自上而下的女职工保护工作网络。严格按照

《劳动法》、《女职工劳动保护规定》等法律法规，建立健全了女职工劳动保护制度。2012年7月，根据管理局工会《关于学习宣传贯彻〈女职工劳动保护特别规定〉的通知》，总公司女职工委员会通过网络、报纸、黑板报等形式进行了广泛宣传与学习，并在女职工中开展了以《女职工劳动保护特别规定》为主要内容的知识竞赛、答卷活动。

针对女职工的多重角色，总公司把关注女职工的心理健康和身体健康作为和谐建设的一项重要内容。开设了心灵关怀、心理援助电话咨询热线；每年组织全体女职工进行一次妇科查体，健全完善女职工体检档案，对患有疾病的女工及早提供咨询和医疗救助。同时根据女职工的生理特点，把女职工的“四期”（经期、孕期、产期、哺乳期）保护作为维护女职工合法权益的重点来抓，总公司每年拨专项资金，为女职工购买卫生纸等专用劳保用品。

三、女职工活动

2003年以来，围绕总公司生产经营中心任务，根据女职工的特点，每年组织开展巾帼建功、三八红旗手、文明家庭评选等形式多样的评比竞赛活动，为女职工搭建成长成才平台。组织动员女职工投身以“巾帼建新功，岗位争优秀”为主题的“争创巾帼示范岗，争当巾帼岗位标兵”竞赛活动。深入开展科技创新活动，推广和应用“女职工优秀技术服务创新成果”，开展女工班组创新创效成果评选和风采展示活动，引导女工岗位管理创新、技术创新，推动了学习型女职工、学习型女职工团队活动的开展。先后举办四届女职工健身操与时装表演比赛、三次“电力女工绣出你的风采”手工作品展；坚持每年开展“十佳文明家庭”、“十大孝顺好儿女”的评选工作，并组织了“感恩亲情”家书、短信大赛等活动。2010年，积极组织总公司女职工参加油田家庭素质挑战赛、女子班组长风采大赛，总公司被评为家庭建设工作先进单位。参加了局女工部组织的女职工工作项目流程分析案例征集活动，总公司女工委组织编写的《倒班女工带薪休假解决方案的构建与实施》获得基层热点难点类案例一等奖，并在管理局召开的工会女工工作论坛上进行了现场多媒体汇报。2011年，举办了女子班组长风采大赛和女职工理论研讨征文活动，共收到来自基层女工委的征文55篇。2012年，在管理局举办的“女职工队伍素质提升专题调研报告展评活动”中，南区供电公司工会女工委组织编写的《电力女职工队伍素质提升》专题调研报告获得一等奖。

第五节 集体合同与劳动关系和谐企业创建

2003年以来，按照《胜利石油管理局平等协商签订集体合同制度实施办法》的规定，总公司建立健全平等协商和集体合同制度，每年签订一次集体合同，形成了完善的覆盖所有单位和职工的集体合同维权体系，依法明确规范了劳资双方的权利和责任。从2007年开始，在集体合同中增加了《女职工权益保护专项集体合同》。从2011年开始，总公司召开平等协商会议，双方就协商议题充分发表意见，达成共识，会后根据大家的意见对集体合同作进一步修改和完善，最后提交总公司职代会审议通过，正式签订。通过协商，双方进一步明确了各自的权利和义务，为集体合同的履行奠定了基础。在签订集体合同的过程中，坚持“兼顾职工与企业双方的合法权益”原则，将职工群众关心的利益问题体现到合同中，逐步深化合同内容，使集体合同内容充实、针对性强、保障度高。2011年以来，每年把为职工办实事的内容写入集体合同，提高了集体合同执行的可信度和时效性，集体合同成为维护职工权益的“护身符”。签订集体合同工作中做到“三个坚持”，即坚持职工群众广泛参与的原则，坚持绝大多数职工同意的原则，坚持职代会通过的原则。总公司工会每年将履行集体合同情况向职工代表大会报告，接受职工群众的监督。

根据油田《关于创建“劳动关系和谐单位（企业）”活动的意见》，2006年起，总公司组织开展劳动关系和谐企业创建活动。围绕“以人为本、利益兼顾、共谋发展、共享成果”的指导思想，把解决企业经营者和职工密切关注的劳动就业、工资分配、社会保险、生活福利、安全生产等问题作为创建活动的重点，通过平等协商，签订集体合同。完善劳动关系预警机制，加强劳动争议预防和调处等工作，有效化解了一些影响劳动关系和谐的因素。2007年，着眼于建立规范有序、公正合理、互利共赢、和谐稳定的企业新型劳动关系，推动和谐电力建设，总公司下发了《关于深化创建“劳动关系和谐单位（企业）”活动的意见》，进一步扩大创建范围，细化创建工作。2006年，总公司获“山东省劳动关系和谐企业”荣誉称号，在全省创建劳动关系和谐企业经验交流暨表彰大会上作了典型发言。2007~2012年，总公司有6个三级单位被评为胜利油田“劳动关系和谐模范基层单位”，3个三级单位被评为胜利油田“劳动关系和谐基层单位”，1家改制企业被评为胜利油田“劳动关系和谐企业”。

第六节 文联工作

总公司文学艺术界联合会成立于2000年3月，下设文学艺术协会、书法美术协会、摄影艺术协会、集邮收藏协会、音乐曲艺协会，有会员1050人。2009年5月7日，总公司召开文联第二次代表大会，大会通过了《电力管理总公司文学艺术界联合会章程》，通过了文联第二届委员会委员建议名单、第二届委员会主席、副主席、秘书长、副秘书长名单，通过了各协会主席、副主席、秘书长名单。

总公司文联坚持把强化培训、扩大交流作为培养文艺人才、壮大文艺队伍的有效途径。2003年以来，先后邀请新华社、齐鲁晚报、山东画报社、省新闻出版局的编辑、记者、中央民族学院、山东省前卫歌舞团、淄博歌舞团、浙江美院、安徽美院的艺术家以及东营市、油田的30多位书画家来总公司传授技艺，有518人次参加了文学、书法美术、摄影、舞蹈等方面的培训班。坚持立足实际，面向基层。结合重大节日及主题活动，开展经常性的文化艺术活动，先后举办检修风采摄影展、“我与电力同发展”书法美术摄影展，举办了第二届“槐花艺术节”及“歌颂祖国，奉献电力”、“我与电力同发展”、“我的电力我的家”征文比赛，组织“感恩亲情”家书大赛，征集职业理念和格言警句并汇编成册，组织“庆元宵文艺汇演”、歌咏比赛、演讲比赛等活动；在基层单位建立了“知识快餐厅”，开展了“知识流畅、学习励志”读书活动；充分发挥退职、退休老干部、老职工特长，成立了“夕阳红创作室”，下基层、入一线进行创作。

坚持“二为”方向和“双百”方针，深入基层，贴近生活，潜心艺术实践，创作出一大批弘扬时代主旋律、讴歌电力精神的优秀作品。通过采风、征集等方式，创作460篇230多万字的综合性文学作品，分别编辑成《太阳神的后裔》、《光明的历程》、《流金的岁月》、《荒原今夜星光灿烂》、《胜利电力企业文化丛书》、《身边的故事》等专辑，丰富了总公司企业文化新内涵，其中张立群的《夏思秋诗集》、张宝岛的诗集《晴朗的天空》、樊俊利的纪实文学集《荒原作证》和《闪烁在银线上的青春弧光》等，成功塑造了一批热爱本职、立足岗位成才的新时期电力职工形象。

美术、书法、曲艺、摄影、集邮等方面成果显著。十年来，总公司书法、美术爱好者参加国家、中石化、省级各类书画展览作品140余幅，获奖作品41件，其中张义良的书法作品被东营市政府赠送外国友人，其作品《绸舞》被山东省文联入选，并参加东南亚国家联展；岳向力创作的《远瞩》书法作品参加“第二届吴道子美术基金会大展”暨第四届中国书画大奖赛并获银奖；张炳华创作的国画作品《红柳》、《山野清风》，王恒昌的书法作品等多次在国家级大奖赛中获奖。高杰创作的集邮作品《神舟飞船》、《走进场馆看奥运》参加全国集邮展览邀请赛，分别获一、二等奖；《神舟圆了国人梦》集邮作品，参加了全国石油系统集邮展并获银奖。

第六章　共青团工作

总公司各级团组织坚持围绕中心，服务企业、服务青年，加强团组织建设和团员青年教育培养，广泛开展青年志愿服务和生产实践活动，推进青年文化建设，发挥了广大团员青年的主力军和突击队作用。2012年，总公司团委获山东省“五四”红旗团委称号。连续七年被评为管理局“红旗团委”。

第一节　组织建设

总公司团委把组织建设作为开展工作的基础，坚持“党建带团建”原则，在服务总公司生产实践中实现了共青团组织的持续发展。

一、组织机构

总公司设立团委，三级单位根据45岁以下团员青年人数，分别设基层团委、团总支，四级单位设团青工作小组。截至2012年底，总公司共设立基层团委12个，团总支6个，团青工作小组86个。2003～2012年基层团组织设置情况见表6-14。

表6-14　2003～2012年基层团组织设置情况表

年度	基层团委（个）	团总支（个）	团支部（团青工作小组）
2003	10	7	93
2004	10	7	86
2005	10	7	74
2006	10	7	65
2007	10	7	63
2008	14	6	82
2009	14	6	85
2010	14	6	94
2011	13	6	92
2012	12	6	86

二、基层团组织建设

2003～2006年，以“结合实际、动态建团”为原则，及时建立、撤并或调整基层团组织，健全团组织网络管理体系。加强对多种经营单位团工作的管理和指导，理顺了部分单位团的组织关系。开通电力共青团网页，完善网络信息发布功能。制定下发了《共青团和青年工作目标管理责任制考核内容》、《共青团工作考核办法》及团工作宣传报道奖惩制度，逐步完善了基层团组织的管理机制、考核机制和激励机制，促进了团的管理工作规范化、制度化和科学化。

2008～2010年，推进“争四好、创特色、夺红旗”活动，制定实施《共青团2008~2010年基层建设规划》；推行青年工作理事会制度、共青团工作例会制度，加强对基层团干部的成长锻炼，增强工作的针对性和计划性。2009年，按照《关于进一步加强油田团的基层组织建设的实施意见》文件精神，探索建立团青工作小组模式。2010年，油田第一家“新经济组织团建示范基地”落户山东广域科技公司；电力客户服务中心营业室被评为管理局“红旗团青工作小组”，南区供电公司变电运行八队被评为管理局“特色团青工作小组”，河口供电公司线路管理队等16个团青工作小组被评为管理局“四好团青工作小组”。

2011～2012年，启动“活力在基层”团建创新工程，制定《电力共青团工作制度汇编》。实施完成“一团一品”项目 9项，“特色团青小组活动”31项；建立手机短信通平台，畅通交流渠道，推进信息化团建工作。南区供电公司变电运行八队、孤岛供电公司变电检修队被评为管理局“红旗团青工作小组”；东区供电公司线路管理队等21个团青工作小组分别被评为管理局“特色团青工作小组”和“四好团青工作小组”。总公司团委在油田纪念建团90周年暨基层党建带团建工作会议上作了《坚持党建带团建、服务大局当先锋，在推动企业发展中发挥共青团组织积极作用》典型发言，并获油田基层党建带团建工作先进单位称号。

三、团干部管理

2004年8月，举办基层团干部短期培训班 1 期，来自24个单位的30余名团干部参加培训。2006年6月，组织为期3天的团干部培训班，并到河口采油厂飞雁滩“科技示范园”参观学习。2009年，开展团干部读书活动。2011年，实施“312”团干部素质提升工程，即3年培训100名基层团干部，选派20名优秀基层团干部参加管理局团委培训、挂职锻炼等学习实践活动。同年，五四前夕，与胜北社区团委联合，组织三级青年团干部到华八井开展“追忆光荣足迹，传承胜利精神”主题教育活动。

第二节 教育培养

总公司团委高度重视青年教育培养，深化各项载体活动，做好青工技术提升，注重生产实践，积极促使青年人力资源向人才资源转变，为青年全面发展和公司科学发展做出积极的贡献。

一、青年教育培养

根据团员青年素质提升的需要，2004～2006年，举行“我与企业共发展”青年座谈会；开展“青年与企业共发展”主题征文比赛；制定2004～2008年青年人才战略发展规划，将青年人才工作作为新时期共青团工作的切入点和着眼点。结合油田改革的新形势，开展形势任务教育，引导青工树立正确的择业观和就业观。参加管理局第二届“激扬青春”主题辩论赛，闯入油田16强；开展以“学习实践‘三个代表’重要思想，做一名合格而光荣的共青团员”为主题的团员先进性学习教育活动；开展“学理论知团情”党团知识竞赛和“青春献祖国”主题团日活动。

2010～2012年，开展“学习•实践•成才”青年讲坛活动和读书活动，成立了电力青年求知学社，设立科技创新、心理学、文学写作与演讲口才、社会实践4个兴趣小组，吸纳并发展了首批会员169名。组织“百人培养计划”座谈会，开展“三争联动”青年建功竞赛和“科技人才手拉手”创新经验交流会，打造青年创新实践比学赶帮超平台。建立电力青年思想调研专题网站，及时掌握青工思想动态。

二、青工生产实践

总公司各级团组织围绕总公司各项中心工作，坚持切入生产、服务企业，搭建平台、服务青年，积极组织青年做好生产突击、创新创效等相关活动，在服务总公司生产经营建设中推动了青年人才队伍的培养和共青团事业的发展。

图6-4 电力青年检修突击队

2003以来，重点围绕春季电网检修工作，开展争当“优秀青年检修突击队”、争做“青年建功先进个人”及争创“共青团号检修示范站”活动，涌现出青年建功先进个人1600余名、优秀青年突击队200余支、“共青团号检修示范站”70余座、“青年绿色生产班组”24个，在生产实践中拓展了青年突击活动的内涵。每年开展争创“优秀青年攻关成果”评选活动，截止2012年，共开展评选活动十届，评选出500余项优秀攻关成果，激发了基层广大青工立足岗位、钻研技术、创先争优、矢志成才的热情，促进了青工创新创效能力的提升。以项目化运作为主抓手，结合企业、青年的特点和实际，制定切实可行的“项目化运作”工作目标，并予以量化分解。通过发放“青年项目书”等方式，发动青年职工立足本职岗位，以市场为导向，分析查找技术、管理、营销、服务等日常工作中存在的突出问题，申报创新课题。共有34名青年入选管理局“百人”培养计划，30名青年获管理局级以上荣誉称号。

2004年，举办“广域杯”青工计算机技能大赛。组织参加油田首届英语大赛，孤岛供电公司朱东升获得油田一等奖，信息管理中心卢燕进入中石化集团公司总决赛。

2008年，举办变电站值班员、送配电线路工、电工三个工种的“广域杯”青工技能拉力赛，促进了青工学技术、学业务的积极性。

2009～2011年，进一步拓宽导师带徒活动的范围，在管理局“青工技能月”活动中，共89人进入决赛，13名选手成绩优异受到表彰，4名青工荣立油田个人二等功，1名青工荣立油田个人三等功，为总公司进一步培养技能人才奠定了基础。

2012年，组织参加管理局“青工技能月”系列活动，有1名青工荣立油田个人二等功，3名青工荣立油田个人三等功，总公司获油田“青工技能月”优秀组织单位称号。涌现出了“山东省优秀共青团干部”许雁飞、油田第八届“十佳青年技术工人”胡金海等青年典型。

三、十大杰出青年评比

总公司为青年成长成才搭建平台，组织开展“十大杰出青年”评选活动，大力表彰、宣传先进青年典型，引领电力青年学习先进、赶超先进，立足岗位、成长成才，展示电力青年的时代风采。2003～2012年，李志宏、郑志华、徐美华、刘玉林4人分别当选第10届、第12届、第16届、第17届油田“十大杰出青年”；仲崇山、张维进分别被授予第三届、第六届“胜利青年五四奖章”；总公司共开展4届评选活动，40人当选总公司“十大杰出青年”，14人被授予“电力青年五四奖章”。2003～2012年青年先进典型统计见表6-15。

表6-15 2003～2012年青年先进典型统计

序号	年度	届次	奖项	获奖人员
1	2003	第九届	十大杰出青年	段辉文 高全军 王　震 郝照勇 徐美华 庄　严 王方亮 佟　明 夏东利 张　勇
2	2007	第十届	十大杰出青年	姚金贞 刘水清 孟凡虎 马　红 张维进 陈庆霞 王海鹏 孙　峰 贾飞蛟 付翔飞
3	2010	第十一届	十大杰出青年	于　海 孙黎新 张　涛 林才川 招　英 王治纲 王　冰 张福民 杨　波 秦子明
4	2010	第一届	电力青年五四奖章	史小斌 蔡大群 季本清 许永祥 王　欣 陈爱民
5	2012	第十二届	十大杰出青年	王嶙嶙 蒋　涛 闵　锐 钱占涛 魏　岳 李敏敏 孙　谦 袁鹏辉 潘支援 赵鸿霞
6	2012	第二届	电力青年五四奖章	田晓飞 朱东升 颜　齐 雷海英 王　松 白　洁 侯伟杰 宋宝铁

第三节 青年文化建设

青年文化是电力企业文化的重要组成部分，是总公司广大团员青年共同拥有的价值理念和行为准则，具有先进性、先锋性和前瞻性。总公司团委系统坚持“以服务塑造文化，以文化引领青年”的理念，推进基层青年文化建设，努力实现对广大团员青年的有效覆盖、无形渗透、道德管理和精神引领，为和谐电力建设做出新的贡献。

2004～2005年，开展《征集胜利青年文化理念用语》活动，组织参加管理局第二届“激扬青春”主题辩论赛，用鲜明的语言阐释胜利青年的使命、愿景、核心价值观。

2007～2009年，根据管理局团委《关于开展“青年绿色生产行动”的通知》，组织“青年安全文化宣讲团”进行巡回宣讲；启动争创“青年绿色生产示范班组”活动，开展青年绿色环保网上知识竞赛，宣传“绿色共建”理念，增强了使命感。

2010～2012年，在青工中开展“一封安全家书”主题演讲、征文，安全板报展评、安全警句征集、“安全用电进家园、亲情服务进小区”活动、安全动漫制作比赛、“安全亲情寄语”活动和安全经验分享交流会等青年安全文化活动。3年来，共举行安全演讲 10场次，组织安全经验交流会109场次，收到征文102篇，征集安全警句46条，发放安全用电知识传单7000余份，展出安全板报83块；编印了

《安全亲情寄语文化手册》，增强了青年安全意识，塑造青年绿色安全文化品牌。

第四节　青年志愿服务

总公司团委把青年志愿服务作为推动和谐电力建设的重要载体，坚持“一手抓活动，一手建机制，一手抓品牌”的工作方针，开展形式多样的“学雷锋义务奉献”活动，为总公司文明建设做出重要贡献。

图6-5 青年志愿服务活动启动仪式

2003～2007年，修改完善了注册青年志愿者制度，统一为青年志愿者办理注册手续。组织青年志愿者活动，参加管理局“社区大舞台、亲情大联欢”文化系列活动，开展对口帮助扶持有待业和失业青年的特困职工家庭，深入到特困户、遗属户、离退休职工家庭中，开展上门服务，以实际行动将党团组织的温暖带到困难家庭。在2005年，管理局组织的“救助少女张昕，交纳特殊团费”活动中，总公司捐助额名列全局第一名。培育了“电力小红帽”青年志愿者服务队，有1名青年获得油田“十佳百优青年志愿者”称号。

2008～2010年，成立“马坤俊便民工作室”，修订和完善《阳光助学基金管理办法》、《阳光助学帮扶联系实施意见》等制度，进一步健全了总公司阳光助学帮扶联系工作网络。“马坤俊便民工作室”获油田首届优秀青年志愿服务集体称号。马坤俊、张立英获“油田十佳青年志愿者”称号，6名青年获“百优青年志愿者”称号。

2011～2012年，联合成立胜东锦华团青服务社、胜南“葵花团青服务室”；深化开展阳光助学、情暖家庭、慈善扶孤等活动；资助26名困难学子，发放助学金66000元；以“学雷锋月”为契机，开展首届“电力胜北手拉手、爱心服务进万家”志愿服务联合行动。张海军便民小组获得油田“优秀青年志愿者集体”称号，6名青年获“油田百优青年志愿者”称号。

第七章 社会治安综合治理

2003年以来，总公司社会治安综合治理工作围绕生产经营建设，坚持预防为主，打防结合，加强人防、物防、技防投入，推进平安电力建设，配合公安机关开展严打整治专项行动，强化人民武装和普法工作，为改革发展发挥了保驾护航的作用。2003～2011年，连续9年获管理局“平安油田建设模范单位”、“基层武装部建设先进单位”、“人民防空工作先进单位”；2007年获“平安山东”建设先进单位称号。

第一节 组织运行

一、组织建设

2003年以来，总公司建立健全综治组织领导机制、协调配合机制、督导检查机制，实行风险抵押金、重大案件责任查纠和社会治安综合治理一票否决制度。实行领导承包责任制，总公司副总师以上领导干部对各三级单位和重点要害部位进行承包，三级单位班子成员对四级单位进行承包，承包责任人每月到承包单位检查指导综治工作并认真填写领导承包信息反馈卡。每年研究制定并下发《电力管理总公司社会治安综合治理暨平安单位建设工作要点》、《关于实行社会治安综合治理承包的通知》，逐级逐人签订社会治安综合治理责任书，明确职责分工，强化社会管理和服务职责，形成任务层层担、责任层层负，逐级抓落实的社会治安综合治理目标管理责任体系。2003年，建立《社会治安综合治理五部门联席会议制度》、《综治例会制度》、《综治保卫干事培训制度》、《护卫队员军事训练制度》。2003～2012年，共举办综治保卫干事培训班10期，接受培训1000人次；组织护卫队员军事训练10期，参加军训1800人次；组织警示教育10期，接受教育800人次。

二、治安管理

2003年4月，经济民警中队取消，更名为治安中队。2011年6月，更名为护卫中队，成立护卫一中队和护卫二中队，共有保卫人员86人。建立完善了《治安保卫责任制度》、《重点要害部位安全管理制度》、《重点人口管理制度》、《电力管理总公司预防和处置恐怖袭击事件应急预案》、《电力管理总公司办公大楼突发事件应急预案》，形成治保组织机构健全、职责明确、布局合理、群防群治、上下联动的立体式治安网络体系。配合东营市、油田统一行动，先后开展了“平安单位建设”活动、“零发案”活动、“排查调处矛盾纠纷、排查整治治安混乱区域和突出治安问题”活动、“春季油区治安秩序专项整治行动”、“严厉打击涉油违法犯罪专项行动”、“东营油区治安集中整治行动”等，维护油田稳定、内部治安。2003～2012年，共出警1000多人次，配合公安机关破获案件17起，发现、抓获违法嫌疑人21人。

三、“三防”建设

2003年以来，认真落实“打防结合、预防为主、专群结合、依靠群众”的工作方针，建立防控体系，完善源头防范。进一步深化“三防”措施。在人防建设上，至2012年底，总公司及各三级单位配备专（兼）职保卫干事30人，在重要基层单位设有护卫队（巡逻队）5个，共有队员200人。充分发挥基层五支队伍的作用，职工树立“人人都是治安员”的意识，实行生产、治安“一岗双责”制，细化“岗防、队防、专防、联防、心防”责任，提高全员参与意识，发展壮大群防群治力量。围绕电网安全可靠运行，总公司加强治安防范，合理调整线路巡视计划，加密巡线次数，将外力破坏给电网安全运行可能造成的影响降到最低。在物防建设上，各要害部位的档案室、财务室，重要库房均安装防盗门窗、明锁加固防护罩。对无人值守变电站加高围墙，对野外变压器等设备加固防盗笼、加装放油阀防盗油螺帽。有针对性地加大投入，改进电力线路的防破坏措施。在技防建设上，大力推广视频监控、红外报警技术，在重点要害部位共安装自动报警装备84套，总公司重点部位技防覆盖率达标。

四、专项治理

按照“党委领导、政府负责、油地联手、社会协同、群众参与”的原则，进一步规范用电治理工作。总公司成立用电治理集中整治活动领导小组，有针对性的对盗用电力资源和破坏电力设施设备频繁的区域进行重点排查、集中整治。

加强宣传 营造强大的舆论声势和浓厚的用电治理严打整治氛围，组织开展了“依法用电、打击窃电”宣传活动，各单位共出动宣传车100台次，入小区入村宣传150次，发放宣传单52000余份，解答用户咨询790余人次。

预防为主 采取“全面巡、局部查、重点打、集中治”的模式，对重点复杂的区域实行蹲点、驻点、潜伏、堵截等措施，进行全天候巡视控制，对不法分子形成高压态势。集中各级各部门力量，有序衔接工作各个环节，把握契机，高效运行，持续提高用电治理综合整治力度，形成上下治理、全员参与的格局。

集中整治 2003年以来，开展“严厉打击涉油违法犯罪专项行动”、“冬季用电集中整治行动”、“反窃电专项治理活动”等用电治理活动。2010年，编发《用电治理意见》、《用电治理实施方案》，确保用电治理的科学性、准确性、先进性。共组织胜凯小区8#箱式变用电治理、清苑小区5#配用电治理、通明苑小区路南公用变用电治理等专项整治行动50次，出警590人次，取缔非法窃电点65处，拆除、收缴电缆3000余米。

联防联治 树立“油地和谐共建、携手共同发展”的工作理念，推行油地联席会议制度，与地方政府、公安机关等部门签订联防联治责任书，明确权利和义务。2011年7月，与滨北公安分局结合，在通明苑电力工业区成立了滨北公安分局宏安派出所电力治安办。同年8月，与东营市相关部门沟通、结合，成立东营市电力行政执法西城办公室，加强油地电力执法队伍建设，构建完善电力行政执法监督体系。与东营市和油田公安部门签署联防联治协议，明确权利和义务，积极整合利用资源，建立群防群治、警企联合的长效机制。2003～2012年，共召开油地联席会议17次，加强工作调动和督导，做到“一个目标、一种声音、一致步伐”，形成强大的工作合力。

五、民事调处

为做好群众的纠纷调解工作，防止矛盾激化，避免民转刑案件的发生，总公司成立了人民调解委员会，各三、四级单位相应成立调解领导小组，截至2012年底，总公司有三级调委会19个，四级调解小组65个。建立党政统一领导，综治机构组织协调，各部门、各单位各负其责的矛盾纠纷排查调处网络。建立《重大信息报告制度》、《调解委员会工作制度》、《纠纷调解调查督办制度》等人民调解工作制度，逐步形成矛盾纠纷排查调处工作的长效机制。不断加强民事调解处理能力，规范民事调解处理方式方法。充分发挥基层调解组织和矛盾纠纷调解员的作用，组织基层单位对辖区内的矛盾纠纷定期开展排查，及时发现矛盾纠纷苗头，及早介入、控制和解决。加强对“法轮功”练习者的帮教转化工作。

2003～2012年，共举办调解培训班12期，接受教育3800人次，接受法律咨询270人次，印发宣传调解材料22000份。共调解纠纷50起，调处率100%。

六、户籍管理

总公司户籍管理采用属地管理与宏观控制管理相结合的方式，主要职能是为广大职工、家属办理户口的迁入、迁出、户口迁移、新生儿报出生、大学毕业生落户、死亡注销、身份证办理、户口项目变更、合户、分户等业务。2000年根据公安机关的统一要求，完成了居民身份证的升位工作，由原来的15位升为18位，共完成升位8239人。2004年，开展第二代居民身份证的办理准备工作，完成住址信息统计4123户，全部录入公安户籍管理系统。2005年，组织总公司职工家属办理了第二代居民身份证，共计办理第二代居民身份证5603人。2010年，按照国家统一要求，开展第六次人口普查工作。经普查，总公司共有人口8902人，其中男性4523人，女性4379人。2008年1月，实施以大病统筹为主的城镇居民基本医疗保险制度，为新增配偶、待业子女、投靠子女的父母办理城镇居民基本医疗保险的参保工作，并每年为参保人员办理续保。截至2012年底，共办理投保118人，停保15人，退保2人。

第二节　武装保卫和人民防空

总公司人民武装部设在治安保卫中心，下设一个民兵连（电力应急抢修分队）。按照管理局人武部的工作部署，相继开展了民兵预备役工作、征兵工作、拥军优属工作和人民防空等工作。

一、民兵预备役

2003年，总公司武装部设民兵连，在电力建设公司、河口供电公司各设一个民兵排，经济民警中队成立民兵应急分队。2007年，按照管理局人武部民兵组织整顿工作部署，围绕担负的任务，优化民兵组织结构，提高专业对口率，从各区域性综合供电公司和电力建设公司抽调业务熟练、素质过硬的民兵，成立了编制30人的电力应急抢修分队。每年结合实际组织开展民兵组织整顿工作，加强应急分队成员的政治审查，建立考核机制，抓好基干民兵的调配和出入转队工作，确保民兵组织的纯洁性。实行民兵全员国防教育，根据应急抢修分队任务和性质，组织开展包括基础科目和专业科目在内的军事训练，确保应急抢修分队组织健全、政治可靠、训练有素。

二、征兵工作

以《兵役法》、《征兵工作条例》、《征集各级各类学校应届毕业生工作暂行规定》、《山东省征兵工作若干规定》和《山东省兵役登记办法》的有关条款为依据，组织开展兵役登记和征兵工作。每年年初，对总公司适龄青年进行摸底统计，重点做好高中应届毕业生和普通高校应届毕业生的登记工作，使每名有参军意向的应届毕业生都能报名登记。严格把好审核关，通过审查将政治、身体双合格的青年选为预征对象，确保兵源质量。每年年底，按照管理局人武部的统一部署组织开展征兵工作，从当年预征对象中，经过政审、体检等程序确定入伍人员，2003～2012年，总公司共有58名青年应征入伍。

三、拥军优属

总公司重视拥军优属工作，认真落实双拥工作政策，加强双拥工作宣传力度，提高广大职工群众拥军爱国的自觉性。总公司与东营军分区、济军生产基地等单位建立长期联系，定期进行走访，帮助解决实际困难，以实际行动支持军队建设，巩固发展国防力量，维护军政军民团结的大好局面。每逢春节、“八一”建军节等重大节假日，对总公司的军属、革命伤残军人进行走访慰问，及时帮助解决他们生活中实际困难，严格落实各项优抚政策。2003～2012年，累计发放慰问金、优抚金30万元。

四、人防工作

总公司共有人防工程两处，一处设在永莘路通明苑小区内，建筑面积为134平方米，总投资2.5万元，防护等级为简易，战时可隐蔽人数80人。另一处设在综合维修公司地下，建筑面积为608平方米，总投资31万元，防护等级为5级，战时可隐蔽人数450人。总公司防空警报系统位于北区供电公司顶楼，始终保持了良好的技术性能，多次圆满完成胜利油田防空警报试鸣。

第三节 普法工作

“四五”普法（2001～2005年） 制定下发《电力管理总公司法制宣传教育第四个五年规划和依法治企规划》，本着“法制教育与法制实践相结合”的原则，密切联系电力生产及经营发展情况确定普法教育内容，把学习各种法律法规与总公司发展思路及建章立制等紧密结合起来，依据法律来指导、调整和规范生产经营实际。2005年，开展“平安油田”法制宣传月活动和“12•4”普法日宣传活动，在电力信息网及《电力通讯》开设法制专栏，对16种相关的法律法规进行宣传，并对基层法制教育活动中涌现出的经验性做法及时进行宣传。健全落实党委中心组学法日制度，通过组织一次理论中心组学习、开展一次有奖知识竞赛、设立一次法制宣传站、举办一次法制培训班等形式开展普法教育，先后为科级以上干部、一般干部、基层班组、普法领导小组成员、普法讲师团成员、普法办工作人员、培训学校授课老师、普法宣讲骨干购买15000余本普法学习材料，购买法律法规录像带1200多盒，投资完善了电教设施。“四五”普法期间，共印发宣传单8000余份，出动车辆860台次，人员785人次，与地方政府有关部门召开座谈会156次。

“五五”普法（2006~2010年） 制定《电力管理总公司法制宣传教育第五个五年规划和2006~2010年依法治企规划》，明确了工作目标、工作任务及措施方法。成立党委书记任组长，机关有关科室负责人为成员的普法依法治理工作领导小组，各三级单位配备1名到2名专职或兼职普法宣传员，形成职能辐射的普法教育工作网络。全面实施干部普法考核证制度，坚持把实施科级以上干部普法考核证制度作为普法工作的重中之重来抓，全面记录科级干部学法用法情况，对领导干部学法用法情况做到动态管理。落实科级干部任前考试制度，对新提拔的科级以上干部在试用期满时，把学法用法情况列为一个专题写入本人述职报告，由党委组织部门进行考核，作为其能否正式任职的重要依据之一。“五五”普法期间，开展建设“平安油田”法制宣传月活动和论文征集活动，组织科级以上干部年度普法考试3次，开展科级以上干部法律法规学习答题活动2次。

“六五”普法（2011年~2015年） 制定《电力管理总公司法制宣传教育第六个五年规划和2011~2015年依法治企规划》。建立了“电力普法网”，通过网页为员工群众提供常用的法律法规，方便员工下载学习，通过以案释法的形式普及常见的法律问题，及时对新出台和新修订的法律法规进行宣传，网络平台的搭建使法治教育延伸到了八小时以外、延伸到家庭成员。公司成立刑释解教人员协调机构，落实月报制度，认真做好刑释解教人员的安置帮教工作。强化领导干部廉洁自律教育，每年组织1至2次基层干部走进滨海公安局看守所接受警示教育，组织新提拔的科级干部到油田党风廉政教育基地参观学习。注重法治理论研究工作，每年确定一项法治理论研究专题，深入基层调研，撰写的《推进依法治企促进和谐社会建设》、《强化法治教育促进企业和谐发展》等多篇法治理论文章获得油田石油法治研究会奖项。依据法律、法规、规章、行业标准，共梳理完善制度文件183项，尤其是结合HSE管理体系，对公司各个岗位的159项HSE管理职责进行了修订完善，建立起无缝隙HSE责任制度体系。“六五”普法期间，共印发《电力法》、《山东省电力设施保护条例》宣传单8000余份，出动车辆130台次，人员285人次，与地方政府有关部门召开座谈会15次，扩大了受教育群众范围。

第八章 人口和计划生育

总公司人口和计划生育工作以科学发展观为统领，以稳定低生育水平、统筹解决好人口问题为目标，坚持“以人为本、优质服务”的理念，深化宣传教育，创新优质服务，提高出生人口素质，不断提升综合服务能力和管理水平。合法生育率、人口目标责任合同签定率、女职工四项病毒检查率、已婚育龄妇女环情孕情、生殖健康查体率均达100%，2003～2011年，连续9年获管理局“人口和计划生育红旗单位”称号。

第一节 宣传教育

2003~2012年，总公司认真落实计划生育政策，注重突击性宣传与经常性宣传相结合，因地制宜，开展形式多样的人口与计划生育宣传活动，逐步实现宣传教育工作的经常化、制度化、规范化，不断提高广大员工群众的人口理念和生育观念，形成了人人支持、人人关心计划生育工作的良好氛围。

法律法规宣传教育 通过开办讲座、板报展、知识竞赛等活动，宣讲我国人口多、底子薄、基础弱、人均水平低、发展不平衡的基本国情。2003年，结合“四五”普法教育，开展“一法三规一条例”宣传；配合计划生育“三为主”组织20周年纪念活动，举办征文比赛。2004年，开展新《婚姻登记条例》、山东省《关于加快全省新型生育文化建设的意见》、《关于认真落实科学发展观，进一步加强人口和计划生育工作的决定》等一系列法律法规、重要文件的宣讲。2006年，开展国家“关于全面加强人口和计划生育工作，统筹解决人口问题的决定”的普及性宣传；开展计划生育奖励优惠政策的宣传，让员工群众真正明白实行计划生育的权利和义务，以及办事程序等有关政策规定。

新理念、新举措宣传教育 2003年，开展以婚育新风进万家活动为主题的“宣传教育进基层、婚育新风进万家”、“建设新型生育文化、建设文明幸福家庭”活动。2005年，启动计划生育优质服务队“进家入户”宣传活动，举办“情系粉红丝带，关爱女性健康”知识讲座，组织500余人参加“关注男性健康，促进家庭和谐”为主题的“男性健康日”知识答题。2006年，组织“关爱女孩，行动起来”板报展；配合“男性健康日”、“健康与幸福同在，责任与和谐同行”的宣传主题，组织男职工100余人参加“上地数码杯”全国男性健康知识竞赛。2007年，开展“双进”、“双建”、“计划生育协会服务拓展年”活动，举办新婚常识、性保健、优生优育、孕产妇保健等科普知识学习班17期。2008年，开展生殖健康教育讲座5期；发放《婚育新风进万家服务传递卡》1500册；编辑发放计生简报10期；组织男性健康知识答卷2200份；发放男性健康知识手册和《致男性朋友的一封信》3000份。2009年，以婚育新风进万家活动为主要载体，推动群众性人口和计划生育宣传教育；开展“人口关爱——为了独生子女困难家庭”宣传服务活动。2010年，积极向职工传达男性健康知识，举办男性健康日板报展评；印制下发“男性健康知识答卷”300余份，鼓励职工通过学习获得健康科学知识，提高男性自我保健能力。2012年，结合生育关怀、“三大幸福工程”建设等内容，发挥基层计生协会组织的作用，利用检修间隙组织各基层单位女职工上一堂计生健康知识课、为育龄女职工送去一本好书、组织一次计生板报展等为主要内容的“三个一”系列活动。

成果及典型宣传教育 2004年，开展“关爱女孩行动”宣传模范人物的先进事迹，印制下发倡议书1000余份，促进新型婚育文化的形成。2009年，拨专款47.265万元，购买宣传材料，完善基层计生宣教室，发放计生岗位津贴等。2010年，组织开展“每个人都有贡献”计划生育成就展示；组织“人口科学新成果”和“《公开信》与我家故事”征文比赛，征集文章52篇；拨专款30余万元，购买宣传材料，完善基层宣教室，发放计生岗位津贴。2011年，开展“计生战线小故事、小散文、现场见闻”征文活动，共收集征文41份。

第二节 管理措施

总公司始终将人口和计划生育工作纳入总体规划和重要议事日程。2003年以来，总公司领导与各单位每年签订《人口和计划生育责任区承包书》，实施风险抵押金和“一票否决”制，做到一把手亲自抓、负总责，分管领导具体抓、促落实，各部门各负其责，齐抓共管，形成了人口与计生管理纵向到底、横向到边，一级抓一级、层层抓落实的管理网络。

“生育关怀”行动 从满足广大育龄群众的需求入手，围绕实施避孕节育知情选择、出生缺陷干预和生殖道感染预防为重点的“三大工程”，坚持每年结合优生优育咨询宣传、已婚育龄妇女环情、孕情、妇科病健康查体、节育措施知情选择指导、不孕不育治疗咨询等，开展优质服务；对残疾儿童家庭、困难女职工家庭和患大病独生子女家庭进行走访慰问。

常规计生审核把关 严格新生儿落户、独生子女光荣证申请、二胎申请、独生子女父母一次性养老补助金申请、转迁户口、子女招工、子女入学、办理房产登记等业务审批程序。

人口信息管理 2010年，根据管理局统一安排，集中开展了第六次人口普查工作。2012年，进一步加强计划生育网络化管理，核查人员信息，确保录入《油田计划生育综合管理信息系统》信息的准确性。

特殊人群的服务与管理 做好流动人口的摸底清理清查，签订特殊人群计划生育管理担保书。通过定期走访，跟踪服务，准确掌握特殊人群婚育以及变更情况，及时更新信息统计，做到“四清”，即底数清、婚育状况清、节育措施清、从事职业清。做好流动人口计划生育关爱帮扶，在特殊人群中开展“六进家”关怀活动，即：生育政策宣传进家，婚育知识传播进家，生殖保健服务进家，孕、产期随访进家，避孕药具发放进家，特困家庭救助进家。2003～2012年，共走访独生子女贫困家庭和困难女职工家庭80户，发放慰问金16万元。2003～2012年计划生育指标完成情况统计见表6-16。

表6-16 2003～2012年计划生育指标完成情况统计

年份	总人口（人）	已婚育龄妇女（人）	出生人数（人）	出生率（‰）	四项病毒检验率（%）	合法生育率（%）	独生子女领证率（%）	晚婚率（%）	节育措施落实率（%）
2003	8321	2456	132	15.86	100	100	100	100	100
2004	8238	2274	125	15.17	100	100	100	100	100
2005	7831	2235	106	13.54	100	100	100	100	100
2006	8463	2637	87	10.28	100	100	100	100	100
2007	9941	2849	79	9.95	100	100	100	100	100
2008	9967	2548	53	5.32	100	100	100	100	100
2009	10089	2208	38	3.77	100	100	100	100	100
2010	10132	2443	28	2.76	100	100	100	100	100
2011	10192	2824	31	3.04	100	100	100	100	100
2012	10237	2738	30	2.93	100	100	100	100	100

第七篇

科技工作与职工培训

电力管理总公司牢固树立“科学技术是第一生产力”的思想，以科技为先导，以创新为动力，深化科技管理，完善激励机制，不断壮大科技队伍，营造科技兴电的良好氛围。坚持把生产经营管理中的难点作为科技工作的重点，在生产中找项目、压担子、出成果，促进生产发展。注重跟踪电力科技前沿，坚持专业技术攻关和群众性技术革新相结合，不断提升科技创新创效水平，科技兴电能力不断提升。十年来，共开展科研（推广）项目249项，取得国家专利78项，各类科技成果187项。

高度重视人才开发与培养工作，大力实施“人才强企”战略。始终坚持把人才作为企业发展的源动力，不断完善人才成长激励机制，畅通经营管理、专业技术、技能操作“三支人才队伍”成长通道，为优秀人才岗位成才、施展才华提供了广阔舞台，建立健全具有电力特色的人才培养、成长、使用机制，促进了人才队伍能力素质的不断提升。

第一章 科 技

2003～2012年，总公司大力实施“科技兴电”战略和“人才强企”战略，积极开展科技攻关、技术创新活动，健全完善科技工作体制机制，不断加大科技资金投入和创新实践力度，科技创新能力持续增强，科技创新队伍不断壮大，为电网发展提供了强有力的支撑。

第一节 科技管理

2003年以来，总公司不断改进科技创新管理模式，深化群众性基层技术创新活动，逐步建立健全了科技进步组织管理体系，在全公司形成了尊重科技、尊重知识、尊重人才、尊重创新的良好氛围。

一、体系建设

总公司科学技术委员会负责全公司的科技工作，办公室设在电力科研所（生产技术科），各三级单位设专职科技管理人员，具体负责本单位的科技管理工作，并做好总公司科技工作在基层的组织实施和相关政策的落实。

制度建设 2010年，制定了《电力管理总公司科学技术研究开发项目管理及奖励办法》，从立项原则、立项申报、认证、计划下达、项目实施及验收评定奖励等多方面制定了详细的实施细则。立项申报采取“注册制”，项目论证后下达年度科技计划，承担单位成立项目组，按时向总公司科委汇报项目进展情况，总公司科委负责对各项目进行督导，为重点项目的顺利实施提供人才、技术、资金等保障。2012年，参照内控制度要求，进一步完善技术创新管理体系，强化科技管理部门的工作职能，印发了《电力管理总公司科学技术研究开发项目管理实施细则》，进一步规范细化了项目的管理办法。

人才培养 加强中青年科技人才的培养，选派人员参加高层次专业技术人才培训班、高级研修班；完善专家梯队体系，发挥专业优势、团队优势，开展重大课题攻关；加大科技项目和人才激励力度，充分调动科技工作者的积极性和创造性；抓好优秀青年知识分子、学术技术带头人评选等活动，把更多的人员凝聚到科技创新实践中来。

经费管理 每年下拨科技经费扶持总公司重点科技攻关项目，解决基层单位科研经费不足的问题，为总公司科技项目的顺利开展奠定了良好的基础。

二、科技攻关

总公司科技工作注重基础理论研究，与国内电力科研院所合作，深化和完善电网安全运行理论体系。针对制约电力发展的技术瓶颈，强化关键技术攻关，解决电网运行管理中的技术难题。积极引进新工艺、新技术、新设备，促进科技成果向现实生产力快速转化，提高技术创新对电力发展的贡献率，电网现代化、自动化、信息化建设迈上新台阶。

变电站综合自动化研究 2003~2004年，变电站综合自动化改造大面积展开。通过建立变电站改造模型，创建变电站改造研究实施体系；建立变电站改造基本方法，提出多样性改造框架，在改造中统一方式，规范标准程序，降低运行维护成本。对变电站的二次设备（包括测量仪表、信号系统、继电保护、自动装置和远动装置等）进行功能组合和优化，利用先进成熟的保护、测控技术，实现对变电站遥控功能。截至2004年底，总公司完成了50座35kV~110kV变电站的改造工作。配合综合自动化变电站的改造，通讯技术在油田电网中得到推广应用。针对油田高盐碱污秽区，克服高压强电场对光缆的电蚀影响，成功应用ADSS特种光缆通讯系统，实现基于SDH的多业务传送平台。光通信网络的建设为实现输电、变电、用电的自动化管理，建设一流的现代化电网提供了可靠的通信保障，为总公司实现“构筑数字化电网，打造信息化企业”的建设目标奠定了可靠基础。

无功补偿技术研究 2007年，总公司开展了无功补偿技术的研究，通过电压调节器来改变电容器端部输出电压，改变电容器组的输出容量，达到与系统无功需求相匹配的目的。2009~2010年，总公司在原有无功补偿研究的基础上，将电压无功优化与区域电网统一规划，对110kV变电站区域电网的无功补偿进行了优化，根据电网结构及负荷情况，采用固定补偿与动态补偿相结合的策略，合理确定固定补偿容量和需要调压器动态补偿的容量，降低调压器的投资成本。无功优化策略在辛四变电站、华建变电站进行了推广应用，平均电网功率因数达到0.95以上，电压合格率达到98.5%以上，无功优化效果明显，网络损耗显著降低，功率因数和电压质量显著提高。

中性点接地选择和主变运行方式选择研究 总公司加大对3座220kV枢纽变电站改造力度，对站内开关、刀闸等一次设备和保护、计量、控制等二次设备进行全面更新改造。2006～2007年，滨海地区电力负荷增长较快，新孤变电站由原来的二台主变扩容为三台主变。电力调度中心积极开展科技攻关，制定出220kV变电站调度运行方式策略表和中性点接地策略表，圆满解决了220kV变电站由两台主变扩建到三台主变需要解决的中性点接地选择和主变运行方式选择的难题。此项研究开辟了山东省网首次出现的一个变电站三台不同型号、不同参数主变并列运行的先河。2008年，对九分场变电站刀闸等一次设备和保护、计量、控制等二次设备进行了全面的更新改造，提高了供电可靠性。2010～2011年，盐镇变电站改造工作全面展开，技术人员开展科技攻关研究，使220kV线路保护和主变220kV侧保护第一次全面实现双重化配置，第一次实现了非全相保护的就地化配置，在油田第一次优质高效的自主完成剪刀式隔离开关安装，实现了安装施工能力的新突破。

无人值守和集控站建设研究 微机保护、光纤通信、监控系统硬件的不断完善，为变电站实行无人值守奠定了基础。2011年，对滨海供电公司桩西变电站、河口供电公司义一变电站进行改造，在“遥信、遥控、遥测”的基础上，完善远程通讯和视频监控，增加遥视、远程报警等功能，实现管理监控、环境监控、防火防盗监控和变电站无人值守。潍海地区无人值守改造的成功应用，为大面积实施无人值守改造和集控站建设进行了积极的尝试，同时在设备选型、技术方案的制定、施工过程、后续管理方面积累了宝贵经验。

电力线路防污闪、在线监测和智能巡检研究 2007年，总公司有针对性的在重点污秽区域的220kV线路安装绝缘子数据采集器，掌握了设备受污染状况和绝缘水平，建立绝缘子自然污秽数据库和绝缘子污秽监测信息网，根据实际测试结果指导220kV线路状态检修工作，有效减少了线路污闪事故的发生。2008～2010年，输配电线路故障在线监测系统的研究与应用，缩小了故障点查找范围，为线路抢修赢得了时间，最大限度地缩短了停电时间。2011～2012年，基于油田地面工程地理信息系统建设开发的线路智能巡检系统推广应用，实现线路巡检工作电子化、信息化、智能化，使线路巡检工作上了一个新台阶，为保证油田电网安全运行、可靠供电打下坚实的基础。

供电系统升压调整研究 2007年以来，总公司针对油田电网电压等级过多、网损偏大、电网结构不够合理等问题，通过对油田电网整体现状的分析和技术论证，开展了胜利油田供电系统升压调整研究，确定了油田电网优化调整的理论依据，同时开展了变电站布点调整和110kV系统建设统筹研究，并在北区供电系统中得以应用。总公司新建、改扩建的变电站中广泛应用了远程监测、全绝缘封闭、综合自动化等先进技术，采用了中置式开关柜、110kV干式互感器、110kV GIS、微机保护等先进设备，实现了开关设备无油化、保护装置微机化，电网技术水平和抗灾能力显著提高。

电力调度自动化研究 2009年，完成了电力调度自动化系统全面升级。将原有的电力调度系统更换升级为IES600自动化系统，实现了对电网实时数据采集和监控、状态估计、短路电流计算、负荷预报、调度员培训等功能，电网调度由经验型向科学型转变。

电网集控技术、数字化变电站技术研究 2010～2012年，结合电网升压改造的实施，重点开展了电网集控技术、数字化变电站技术在油田电网应用的可行性理论研究。从集控站和数字化变电站的技术特征、系统组成、网络结构、建设模式及应用中存在的问题等方面加强研究，调研分析了油田电网集控站和数字化变电站建设的可行性。

智能电网技术研究 2012年，总公司结合油田电网实际，启动了智能电网技术研究，确定智能电网定义概念、建设目标、技术路线等，明确电网的智能化技术特征，提升油田电网智能化技术的储备能力，指导下一步的电网规划和建设工作。

第二节 科技成果

2003～2012年，总公司共开展科研（推广）项目249项，2009～2011年连续三年获得管理局科技进步一等奖。在2011年胜利油田技术创新大会上，总公司首次获“胜利油田科技工作先进单位”称号，实现了历史性突破；陈文民获胜利油田第六届科技英才奖。

一、省部级成果

2007年，新型直驱式螺杆泵驱动系统研究项目获山东省科技进步三等奖。

2008年，复合绝缘子沿面微弱电晕带电检测技术项目获山东省科技进步三等奖。

2009年，有三个项目获得了中国石油和化工自动化行业科技进步奖，分别是油田电网升压及优化研究项目获一等奖，220kV电网继电保护与调度分析研究项目获二等奖，胜利油田电网调度自动化系统研究及应用项目获三等奖。

二、局级成果

2003～2012年，总公司共获得管理局科技成果奖33项，其中局科技进步奖（科研）19项，局科技进步奖（推广）14项。2003～2012年获局级科技进步奖统计见表7-1。

表7-1 2003～2012年获局级科技进步奖统计

项目名称	奖项类别	等级	年度
变电站“五防”技术的研究	管理局科技进步奖（科研）	二等奖	2004
油田电网电能质量监控研究	管理局科技进步奖（科研）	二等奖	2004
滨海电网孤网运行技术研究	管理局科技进步奖（科研）	三等奖	2004
孤北电厂MARKV系统的应用研究	管理局科技进步奖（科研）	三等奖	2004
城区配电网地理信息系统的推广应用	管理局科技进步奖（推广）	二等奖	2004
光通讯技术在胜利电网中的推广应用	管理局科技进步奖（推广）	二等奖	2004
胜利油田220kV输电网优化及数字平台式电能量交换技术实现	管理局科技进步奖（推广）	一等奖	2005
胜利油田网上电量电费系统研制开发	管理局科技进步奖（科研）	二等奖	2005
无人值守变电站集中监控技术研究	管理局科技进步奖（科研）	三等奖	2005
新型直驱式螺杆泵抽油机驱动系统研究	管理局科技进步奖（科研）	一等奖	2006
低场强新型复合绝缘子的研制	管理局科技进步奖（科研）	二等奖	2006
新型无功补偿技术在油田电网中的研究应用	管理局科技进步奖（科研）	三等奖	2006
自控技术在电力继电保护系统中的应用	管理局科技进步奖（推广）	一等奖	2006
电力调度信息系统应用推广	管理局科技进步奖（推广）	二等奖	2006
胜利油田配电网自动化系统开发与应用	管理局科技进步奖（推广）	二等奖	2006
电网继电保护与调度分析研究	管理局科技进步奖（科研）	二等奖	2007
油田电力线路防雷方式研究	管理局科技进步奖（科研）	三等奖	2007
新型无功补偿技术在变电站的推广应用	管理局科技进步奖（推广）	二等奖	2007
临时变变压器防盗技术的应用	管理局科技进步奖（推广）	三等奖	2007
输电线路绝缘子污秽泄漏电流信息实时管理系统的推广应用	管理局科技进步奖（推广）	三等奖	2007
电力监控技术推广应用	管理局科技进步奖（推广）	三等奖	2007
胜利油田电网安全稳定可靠性分析与稳控方案研究	管理局科技进步奖（科研）	二等奖	2008
胜利油田供电系统升压调整研究	管理局科技进步奖（科研）	三等奖	2008
电力调度自动化系统应用研究	管理局科技进步奖（科研）	一等奖	2009
输配电线路故障在线监测系统研究	管理局科技进步奖（科研）	三等奖	2009
胜利油田110kV变电站典型区域电网无功优化技术研究	管理局科技进步奖（科研）	一等奖	2010

续 表

项 目 名 称	奖项类别	等级	年度
油田电网电压互感器烧毁机理与对策研究	管理局科技进步奖（科研）	二等奖	2010
输配电线路故障在线监测系统推广应用	管理局科技进步奖（推广）	二等奖	2010
供电企业节约能力指标评价体系研究与应用	管理局科技进步奖（推广）	三等奖	2010
电力变压器风冷节能控制系统的研制	管理局科技进步奖（科研）	一等奖	2011
胜利油田电力系统优化技术研究与应用	管理局科技进步奖（科研）	三等奖	2012
变电站区域电网无功优化技术的推广应用	管理局科技进步奖（推广）	三等奖	2012
配电线路运行监控配套技术推广应用	管理局科技进步奖（推广）	三等奖	2012

三、知识产权保护

2003～2005年，总公司的专利申报工作刚刚起步，仅有2项技术申报国家专利。为了鼓励和保护广大职工发明创造的积极性，促进科学技术进步和创新，2005年管理局出台了《胜利石油管理局知识产权保护暂行规定》和《胜利石油管理局职务发明专利奖酬实施办法》，为总公司知识产权保护工作提供了依据。2006年以来，总公司持续完善知识产权管理体系，加强专利信息和服务系统建设，提升知识产权的创造、运用、保护和管理水平，增强创新成果转变为知识产权能力，加大专利申请力度，特别是加大发明专利申报力度，建立了职务发明、专利申请的申报与审查制度。截至2012年底，总公司申报并获得授权的专利共计78项，专利实施率达90%。

第三节　交流与协作

总公司在坚持自主创新的基础上，积极与中国电力科学研究院、武汉高压研究院、南京自动化研究院、清华大学等国内一流科研院校开展科研合作，围绕总公司重点科研项目开展联合攻关，锻炼培养总公司人才队伍，提高科研和实际应用水平。

一、技术交流

随着电力技术的飞速发展，新设备、新技术层出不穷，总公司采取走出去、请进来的办法，派出专业技术人员到厂家及相关单位学习，邀请科研机构及厂家专业技术人员来总公司进行技术交流。

2003年以来，为研究和解决电网运行中突出的矛盾和问题，掌握新技术、新设备的应用，总公司多次组织电力专业技术座谈会、科技大会等技术交流活动，邀请国内外知名专家举办新技术新成果学习交流讲座，组织开展公司内外各层次技术研讨会。先后邀请武汉大学、浙江大学、山东大学的教授和电力科学研究院、国电公司专家分别做了过电压防护和智能电网等方面的学术报告，让大家了解电力新技术、新设备的发展应用情况。对历年具有推广价值的科技成果进行汇编，开展创新成果展览，加大成果宣传交流力度。

2011年2月，总公司进一步加大技术交流力度，启动了“胜利电力技术讲坛”活动。制定了电力技术讲坛章程，由技术科每年定期组织开展讲坛活动，聘请油田电力各专业领域的领导、专家主讲，为从事专业技术及生产管理工作的人员答疑解惑。电力技术讲坛成为专业技术人员进行相互交流、共同提高的有效载体。2012年，开展了“送科技下基层”巡回讲座。由各单位主任师选取在电网生产中具有推广价值、现场应用效果明显的科技项目进行基层宣讲，达到成果共享的目的。

截至2012年底，总公司组织参与石油学会和电机工程学会开展的各种学术交流活动20余次，征集科技论文300余篇，为科技人员提供了跨专业学习交流的平台。

二、技术协作

总公司围绕科技发展需要，利用高等院校和科研院所在基础研究、应用研究及人才培养方面的优势，坚持产学研“一体化”，提升生产与科研院校合作水平，形成资源共享、共赢发展的良好局面。坚持“生产出题目，科研做文章，运行见成效”，通过定期召开电网运行分析会，发现生产运行中的难题，组建联合攻关小组，构建产学研互动、整体部署、协同作战、相互促进的“一体化”发展新模式。

2003～2004年，胜利电器厂与上海交通大学共同开发研制的油田抽油机柔性控制器，实现节能、增产、降耗和智能化控制的目的。

2004～2006年，总公司与清华大学深圳研究生院合作研究的复合绝缘子沿面微弱电晕在线监测技术，为判断复合绝缘子的运行状况提供判断依据。

2005～2006年，与清华大学共同开展的电力线路防雷方式研究，提出适应了油田电网线路特点的防雷措施和方案。

2006～2007年，与山东大学合作开展了油田电网安全稳定可靠性分析及稳控方案研究，对油田电网稳定机理、影响因素以及相应的预防控制策略进行了系统研究。

2008年，与中国石油大学（华东）共同开展了区域无功优化技术研究，通过此项攻关，实现区域电网的无功优化控制，尽可能降低网损，提高供电整体质量和水平。同年，与中国石油大学（华东）合作开展了油田电网电能质量监测与控制技术研究，掌握了油田电网电能质量现状，理清了治理思路。

2009年，与山东理工大学合作开展了电压互感器损坏事故机理及对策研究，对谐振原理进行了深层次的研究，为变电站保护措施的制定提供了理论依据。

2010年，与山东大学合作开展了胜利油田电力系统优化技术和变电站布点调整及110kV系统建设统筹研究，为电网优化调整提供了理论依据。

2011年，与中国石油大学（华东）合作开展了油田电网稳控技术的研究，系统地分析当前安全稳定控制策略的适应性，提高了油田电网安全稳定运行水平。

2012年，与山东大学合作开展了电力电缆故障预警及测距定位技术研究与应用，缩短了电缆事故查询时间，提高了电缆线路的运行维护管理水平。

第二章 技术监督

技术监督主要包括质量管理、质量监督、计量管理、标准化管理四项职能。2003年以来，总公司完善技术监督“一体化”管理运行机制，以提高质量为核心，以深化标准执行、准确计量为基础，以强化监督、严格检测为手段，全面完成技术监督考核目标，为总公司生产经营建设提供可靠保障。2003～2011年，总公司连续9年获管理局“技术监督先进单位”称号。

第一节 全面质量管理

质量管理的主要任务是认真贯彻国家颁布的有关质量管理的法律、法规，执行中石化集团公司以及油田质量管理相关制度，坚持“质量永远领先一步”的方针，抓好总公司生产经营建设各个环节的质量管理工作，提高物资采购、电力工程建设、电网运行维护、客户服务质量。总公司设立全面质量管理委员会，办公室设在生产技术科，各三级单位设专（兼）职质量管理员，逐步健全完善了全公司的质量管理网络。

2005年，总公司承担了起草石油系统电力用户满意度测评方法的任务，全面质量管理委员会组织专业人员，结合电力专业知识编写出了《用户满意调查表》及“测评计算方法”，为电力专业用户满意度测评提供了统一的标准。

2006年，结合“胜利油田推行全面质量管理20周年”活动的开展，认真宣传《产品质量法》，组织广大干部职工参加中国质量协会组织的全面质量管理基本知识竞赛答卷活动。

2007年，总公司推广开展“5S”活动，编制印发《“5S”活动宣传手册》，机关办公室及各个基层队形成了自觉维护环境、提高素养的良好氛围，提高了工作效率和工作水平。

2012年，根据总公司实际情况制定了《电力管理总公司质量管理实施细则》，基本实现了质量管理的标准化、制度化。

随着电力事业的发展，总公司开始将一些先进经验运用到公司的日常生产管理中。每年春季电网检修前修订下发《电网检修质量管理办法》及相关督查标准，成立电网检修质量监督组，每周出一份检修质量周报。每年定期开展质量管理小组活动，举办QC小组成果发布评审会，对评选出的优秀成果进行奖励和推广。2012年，成立了总公司“QC活动诊断专家小组”，对QC活动进行全面指导，提高了全公司整体QC小组活动水平。截至2012年底，全公司累计组建QC小组1852个，参加人数达一万余人次，98项成果获得管理局级优秀QC小组成果奖，4项成果获得省（部）级奖励。2009年，总公司被授予“石油工业QC小组活动优秀企业”称号，修试中心继电保护QC小组被授予“山东省优秀质量管理小组”称号。

第二节　质量监督

质量监督工作主要负责物资采购、电力工程建设、电网运行维护等生产经营建设各个环节的质量控制与监督工作。2003年以来，总公司质量监督工作通过制定质量监督制度，完善质量反馈系统，定期开展质量事故隐患排查和集中整治活动，逐步形成了较为完善的质量监督管理体系。

一、产品质量监督

产品质量监督遵循科学、公正、监督与服务相结合的原则，依据国家法律、法规和产品技术标准对产品质量及保证质量所具备的条件进行监督，主要监督手段是产品质量监督检验和监督抽检。按照电气设备、材料、安全工器具分类划分职责范围，对设备选型、物资采购入库验收与配送、不合格产品“后处理”，实施全过程监督排查，建立物资使用台帐，从源头上把住物资订货质量关，建立起从物资采购、检验、验收到使用全过程的质量监督管理体系。截至2012年底，累计抽查各类产品88批次，400台（件），查处不合格产品27 批次。

二、工程质量监督

依据国家有关法律法规、政府相关制度及强制性技术标准，根据工程建设流程，从设计执行标准到设备材料现场验收，从施工过程质量控制到竣工验收，严格执行工程监督工作程序。按照“三不放过”（即质量监控点没监督检查不放过，质量问题没整改不放过，问题整改没复查认可不放过）原则抓好现场监督，强化协作和质量回访。截至2012年底，工程质量监督3750余项，其中电力建设工程250项，工程维修3500项，实施工程质量监督检查10000余次，工程合格率100％。

三、检修质量监督

按照电网运行和检修工作流程，重点检查制度、规程及标准的执行、生产任务的组织、缺陷处理方案的设计、检修过程的质量控制、质量监督验收情况。每年电网检修期间，总公司质量监督组深入检修现场检查检修记录、被检设备和变电站缺陷处理记录，对检查出的问题及时通报并督促整改，及时对检修完成的变电站、线路进行抽查验收，每周对各单位检修质量情况进行通报，保障了电网检修的质量。

第三节　计量管理

计量管理工作的主要职责是管理总公司计量标准装置，配备计量器具和测试设备，组织计量器具的检定和校准，负责计量培训和计量人员的取证复核等工作。

2003年以来，总公司不断加大电力计量技术改造力度，提高计量装置运行质量，有效减少电量流失，使计量管理工作稳步提高，在历年的能源计量工作检查中多次受到管理局、市技术监督局及省技术监督局领导的好评。建立健全了计量管理基础资料和计量器具台帐，对全公司计量器具实现了微机化、网络化管理。建立了计量器具数据库管理系统，实现了对计量资产、仪表修校、计量器具标识等各项业务流程的信息化处理。开展公平、公正的计量服务，建立完善计量标准及运行记录、维护维修记录等，将计量器具管理纳入质量管理体系。

2006年，电力标准计量站正式获得了“中国实验室国家认可证资质”，被列入《国家认可实验室名录》，有效提高了总公司整体计量管理、服务水平，增强了市场竞争能力。

2008年，总公司开展计量台账审核校对工作，将所辖电能表的相关资料及时利用MIS数据库进行更新和完善，并在电网检修期间，将老式马蹄型计量箱更换成防盗性能高的FQX-1型玻璃钢配变防窃箱，并加装带电、带负荷测试盒，提高计量装置的防窃性能。同年，承办了东营市技术监督局计量人员取证培训班。

2011年，总公司按照计量性质将电能表重新划分为关口表和考核表两大类，其中关口表又分为输入关口表和输出关口表。各三级单位按步骤分阶段地完成了此次电能表的规范化管理工作。

2012年，全面梳理计量管理工作，迎接了管理局和山东省能源计量检查团的检查，总公司的计量管理工作得到了检查团的一致好评。

截至2012年底，总公司在用电能计量器具达20余万件、标准装置16台套、标准器78件，配备率达100%；有132人取得计量检定员证书，其中计量操作员24人，持证（有效）率100%。

第四节　标准化管理

标准化管理工作的主要任务和职责是宣传国家标准化法律、法规和各项方针政策，建立健全企业标准体系并使之有效运行，组织实施国家标准、行业标准和企业标准，组织完成上级下达的标准制修订和复审任务，制定并组织实施企业标准的制修订和复审计划，监督检查标准的贯彻实施。

2004年，“胜利石油管理局水电讯专业标准化委员会”改为“胜利石油管理局水电气暖专业标准化委员会”，秘书处继续设在电力管理总公司。

2005年，受管理局水电气暖专业标准化委员会的委托，电力管理总公司负责起草了管理局企业标准《标准配备规范 第13部分：供电》，此标准规定了供电企业的技术标准和技术管理标准的配备要求和内容。同年，电力管理总公司标准化委员会修订并发布了《标准体系表（第三版）》（Q/SGD 0000–2005），标准数由原来的374项增加到767项。

2006年，总公司标准化委员会组织专家、工程技术人员，结合油田电网生产和管理实际，编辑完成了一套《电力技术标准汇编2006》。此标准汇编按专业分为五部分，收录了最新出版的国家标准、电力行业标准共88项、近300万字，内容覆盖了油田电网安全、生产、运行、检修和施工等领域，满足了油田电网生产和管理需要，为油田电力生产、运行和管理人员专业技术学习、培训及考核提供了科学依据。

2007年以来，为提高基层广大干部职工的标准化意识，培养基层管理规范化、操作标准化的良好行为习惯，提升管理水平和基层队伍整体素质，按照管理局的统一部署和要求，在全公司范围内开展了“创建标准化良好行为基层（示范）队活动”。截至2012年底，共有20个基层队获“胜利石油管理局标准化良好行为基层队”称号；中区供电公司变电运行四队和东区供电公司线路管理队获“胜利石油管理局标准化良好行为标杆队”称号。

2010年，总公司标准化委员会修订并发布了《标准体系表（第四版）》（Q/SGD 0000–2010），标准数由原来的767项增加到1067项。2010～2012年，受中石化安全环保标准化委员会的委托，总公司负责起草中石化一级企业标准《电力安全工作规程（电力线路部分）》和《电力安全工作规程（变电站部分）》。截至2012年底，总公司制订完成了《变电站运行管理规程》、《优质变电站及输配电线路队管理规定》等39项管理局企业标准，制订完成了《110kV SF_6封闭式组合电器（GIS）检修规程》、《城区配电施工及验收技术规范》等58项企业标准，修订企业标准66项，累计复审标准540项。

第五节 节能工作

总公司节能工作的主要任务和职责是认真贯彻执行国家及上级部门有关节能方面的方针、政策、法令、法规；建立健全适合本单位的节能管理制度，组织编制中长期用能管理规划，并组织实施；制定年度用能指标管理计划、用能计量表计检验计划，整理各项用能管理台帐、报表，总结分析用能指标、数据，对合理用能实施监督、考核；开展节能四新项目和节能减排、低碳环保先导性试验项目，推广节能新技术、新工艺、新设备，制定节能技术项目方案并组织实施；开展用能管理、节能管理宣传教育，加强提高全员的节能意识，组织人员培训，对用能管理工作进行指导。

节能技改工作由生产管理科负责，用能节能统计分析、考核由经营管理科负责，日常用能抄表、线路巡视维护由公共事业中心负责。各三级单位设兼职节能员，负责本单位节能管理及能耗上报工作。

组织管理体系 总公司设立节能管理委员会，职能部门、专业管理部门、三级单位设专职和兼职人员，形成覆盖全公司的四级管理网络，并结合总公司节能工作的实际，明确各三级单位的工作目标，从组织领导、节能管理、经济运行和技术改造等方面推动节能工作的有序开展。

管理制度建设 认真贯彻落实国务院《节约能源管理暂行条例》、《国家电力公司电力网电能损耗管理规定》和山东省、管理局、总公司有关节能的管理规定，补充和修订《电力管理总公司节能管理办法》、《各项能耗指标考核管理办法》、《线损管理制度》等节能管理的规定和办法，从节能基础管理、能源合理利用、能源计量、节能技术改造等方面，健全完善节能工作标准，使总公司节能管理工作逐步制度化、规范化。

节能降耗 按照一流供电企业节能考核标准，突出重点抓降损，在抓节能计划落实和工作目标的同时，根据总公司电网实际和用能现状，加强电网升压改造、陈旧设备更新改造和电力网络优化改造，并在区域性无功优化、线路无功补偿等方面开展节能四新项目和节能先导性试验项目，提高电网运行可靠性，降低网络损耗。2008年，管理局进行指标考核以来，总公司电力网络损耗持续下降，较好地完成了管理局下达的节能指标。2008～2012年电力网络损耗完成情况见表7–2。

表7–2 2008～2012年电力网络损耗完成情况统计

时间	年转供电量（亿kWh）	网络损耗（%）	节约电能（万kWh）	节能情况（吨标煤）	备注
2008	59.99	7.96			基数
2009	62.2	7.44	3234.4	3975.08	
2010	64.1	7.41	192	236.34	
2011	64.5	7.29	774	951.25	
2012	67.26	6.96	2219.58	2727.86	

备注：节约标煤情况按照国家、管理局下达转化值每节约1万kWh电能=1.229吨标煤；节约电能=当年转供电量×（当年网损–上年网损）。

电能计量 按照计量规程要求，做好年度、月度电能表的周期校验、轮换工作，确保关口计量表计的计量准确性。在计量管理工作中，加强了对变电站关口表、大客户电能表的监测工作及母线电量的平衡计算工作，利用母线电量的平衡情况来监督计量回路的运行质量。加强用电检查和供用电稽查工作，对独立变压器用户计量表计和社区居民用电计量表计进行更新改造。

节能统计 逐步建立、健全完善各类能源消耗的原始记录、统计台帐、统计报表、人员岗位责任制，保证了节能统计信息的可追溯性和信息传递的畅通及准确性。重点审核统计报表的完整性和数据的准确性，进行分类汇总和统计分析。2008年，中石化集团公司组织开展节能达标工作以来，总公司结合电力行业的能耗特点，建立了节能达标指标体系，通过指标体系的实施、监督、考核，使总能耗、单耗、能源流向更加明晰，为挖掘节能潜力、实施节能措施奠定了坚实的基础。

第三章 职工培训

总公司职工培训工作以全面提高职工的思想政治和文化技术素质为目标，坚持“以人为本、学以致用、服务生产”的培训理念，通过开展高层次人才培养、职工继续教育、资质取证培训、岗位适应性培训和技能考核鉴定，加强三支人才队伍建设，为总公司各项事业的发展提供强有力的人才支撑和智力保证。总公司党校连续9年被评为管理局先进党校，2005年、2009年被评为山东省先进党校；总公司连续10年被评为管理局培训先进单位；2009年、2011年获胜利油田技能人才培育突出贡献奖。

第一节 培训管理

管理标准建设 全面落实ISO90015现代企业培训管理标准，提出了“围绕一个主题、把握四个环节、抓好三个重点、达到四个目的”的培训工作思路，即围绕突出电力特色、提高质量、培育品牌的主题，把握加强调研分析、完善培训计划、提升师资力量、搞好效果反馈四个环节，抓好培训创新、精品打造、市场拓展三个重点，达到促进学风、提高全员素质、服务企业发展、培养和选拔优秀人才的目的。逐步建立了“胜利电力”特色培训管理模式，培训工作走向了系统化、规范化、体系化、模块化的轨道。

管理网络建设 建立了总公司、三级培训干事、四级兼职培训员组成的纵向培训管理体系和总公司、三级单位、基层队、班组（站）、员工五级培训网络。

管理制度建设 逐步建立了科学的培训工作中长期规划和年度培训计划，出台了《职工培训管理规定》、《培训经费管理与使用办法》、《学历教育管理、认证办法》、《外出培训管理办法》、《师带徒管理规定》等一系列与员工激励、绩效体系相配套的培训管理制度。

师资队伍建设 积极开展培训师进现场、优秀技术人员（高技能人才）进课堂“双进工程”。建立了涵盖全公司电力专业的各类人才师资库，从安全生产管理、专业技术岗位、高技能人员中聘任60名兼职培训师，其中16人入选油田兼职培训师资库。专职培训师中18人具有山东省安全培训教师资质，11人取得了国家职业资格培训师、高级培训师资格证书。

教材体系建设 以电力相关工种理论与实训培训为特色，编写了16个电力技术工种的培训考核手册和技能训练项目。先后承担中石化集团公司和油田维修电工、送电线路架设工、监察抄表工、变电站值班员、发电工等10个电力工种的技术等级培训教材编写任务。自2005年7月开始，历时一年半时间，组织编录了电工、变电站值班员工种的标准化操作视频教程。2009年以来，按照“整体规划、分期实施、自主开发”的原则，组织编写了电工、变电站值班员、送配电线路工、变电检修工等工种的技师、高级技师培训教材。2011年7月，为中石化集团公司远程培训系统建设制作电工、送配电线路工等相关工种的视频操作课件，设置完善了《高电压技术》、《变电站微机保护》等8个特色专业课程，开发了电力技术仿真培训等5个特色精品培训项目。

教学设施建设 职工培训中心占地76亩，建筑面积1.47万平方米，分南北两个校区，现有学术报告厅1个，多媒体教室8个，微机室1个，图书阅览室1个，培训公寓楼1栋，培训餐厅1座。注重加强基础设施建设，开发了综合自动化变电站仿真培训系统，设立了送配电线路工、继电保护工、变电运行工等5个校外实训场地，建立了自动化控制、配盘接线、故障处理、触电急救等6个实训室，1个送配电线路工实训场地，1个电气模具仿真室。全公司所有三级单位、科级单位全部建立了用于基层职工培训的专业培训室（学习室），并建设了“职工书屋”。9个区域性综合供电公司和修试中心根据各自工种需要，相应建立了变电、线路、实验、保护等多个实训场地，孤岛供电公司、东区供电公司、修试中心等单位配备了与生产实际需要相一致的仿真模拟实训装置。在四级单位培训室建设中，总公司金牌队、行业一强队都相应建立培训室。

2003～2012年，围绕党员干部、管理人员、专业技术人员、高技能人才、操作人员开展了党的理论知识、“四新”技术、技能提升、安全技术、资质取证和岗位适应性培训，累计办班911期，培训51961余人次。2003～2012年培训工作统计见表7-3。

表7-3 2003～2012年培训工作统计

年度	培训期数	培训人次
2003	49	2685
2004	48	2578
2005	65	3264
2006	69	3406
2007	83	4988
2008	90	5547
2009	88	5768
2010	123	7652
2011	154	8199
2012	142	7874

第二节 人才开发与培养

总公司高度重视人才开发与培养工作，实施“人才强企”战略。坚持人才是企业发展第一资源，树立“人人是人才、人人可成才”的理念，把人才开发与培养工作纳入发展规划，明确各类人才开发培养的目标和相应措施，积极为人才成长进步搭建平台，建立良好的人才培养、成长、使用机制，让“想干事的人有机会、会干事的人有舞台、能干事的人有地位、干成事的人有实惠”。

一、技能人员培养

按照“工学结合、全员参与、重点培养、适度超前”的原则，采取人才培养合作交流机制，通过综合分析评估胜利电力发展对人才的需求，不断优化以“重点专业人才培养”与“复合型人才、一专多能型人才培养”为主的人才培养方案和实施计划，在重点人才培训方面探索实行小班制和导师制。在人才开发方面，打造开放式高素质技能型人才、管理型人才和复合型专业人才开发平台，发挥总公司技师协会和工人技术创新协会作用，建设12个技能人才“创新工作室”，探索和实施了“胜利电力”特色培训管理模式、“金牌工人1+1”、“电力技术讲坛”、“科室讲堂”、“以赛促培、赛训结合”、师带徒模式等多种人才培养培训模式，取得了丰硕的成果。2003年以来，先后选拔培养了中石化集团公司岗位练兵“标兵”1人、技术能手3人，山东省技术能手1人、首席技师1人、有突出贡献的技师1人，胜利油田技能大奖获得者3人、胜利油田标准化操作技术能手2人、胜利油田技术能手47人；培养技师286人，高级技师86人；共完成160多项技术创新成果，有51项成果取得国家专利，37项成果获得省部级、局级以上奖励。2003～2012年人才培养情况统计见表7-4，2012年高级技师在职人员情况统计见表7-5。

表7-4 2003～2012年人才培养情况统计

荣誉称号	姓 名
中石化集团公司岗位练兵“标兵”	王治纲
中石化集团公司技术能手	胡金海、刘明明、范永涛
山东省技术能手	秦 勇
山东省首席技师	范永涛
山东省有突出贡献技师	范永涛
胜利油田技能大奖	孙秀峰、刘明明、胡金海
胜利油田标准化操作技术能手	陈振兵、向 海
胜利油田技术能手	王咏芳、邢 峻、蔡大群、陈春青、李燕霞、王 波、王 刚 王海霞、谢 泳、范永涛、胡金海、焦传君、李洪镇、孙 杰 王 云、肖海霞、张 峰、邓文霞、李读亮、刘明明、宋中惠 李训强、满 春、潘东生、王治纲、许红燕、张永昌、代永胜 耿广新、梁 峰、刘晓燕、陈向明、李胜振、刘金刚、鲁 鹏 张文宇、曹天瑞、荆爱洁、李春义、李 刚、刘 静、刘吉明 马广俊、秦 勇、谭卫东、王晓梅、周国庆

表7-5 2012年高级技师在职人员情况统计

专业名称	姓 名
变电检修工	胡金海
变电站值班员	刘晓燕、王海霞、裴素新、宋立欣、许 杰、王建博、张桂霞、程国胜、王学卫、蔡大群、李红梅、王晓梅、陈友莉、单 峰、孙红芳、杨 丽、王建民、白东亮、邵志宏、闫向德、杨慧泉、孙秀峰、王 云、于海林、徐爱娟、陈延华、高秀芳、荆爱洁、王海利、谭 静、高本建、龚开良、于书云、唐晓琴、李占鸿、刘海霞、王红梅、许红燕、李燕霞、鲁 鹏、王淑芝、王咏芳、袁胜美、李 刚、吴增波、杨 军、丛志新、刘 艳、刘玉慧、邓文霞
电工	毕建华、王洪彬、孙太和、王 刚、秦 勇、杨志广、王治纲、何永忠、张忠清、张海军、毕永萍、闫有军、李洪镇、范永涛、陈家海、刘明明、闫向辉、夏东利、孙 杰、冯 军
继电保护工	张志刚
汽车维修工	王 彬
钳工	崔卫家
送配电线路工	张 峰、赵 鲁、宋新军、高 翔、李春义、宋伟民、肖军华、辛志强、谭佳荣、满 春、崔 健、谢 泳

二、技师协会

2008年4月，根据管理局《关于成立胜利油田技师协会的通知》文件要求，成立胜利油田技师协会电力管理总公司分会，石少君任会长，张玉华任名誉会长，协会秘书处设在职工培训中心。2009年3月，根据总公司技师协会工作需要，结合总公司机构人员变化，对总公司分会进行了调整。郑志华任会长，张鹏程任名誉会长，协会秘书处设在总公司职工培训中心技能鉴定站。技师协会成立以来，先后组织开展5届技能人才技术论文和合理化建议征集、评选活动，征集技能人才技术论文335篇、合理化建议535项，有154项合理化建议、136篇技术论文获胜利油田一、二、三等奖，为实现油田电力技能人才开发战略目标做出了重要贡献。2008～2011年，总公司技师分会连续4年获胜利油田优秀技师分会称号。

三、学历教育

2003年以来，总公司通过与山东大学联合办学，先后开展了专升本、在职研究生、高起专等函授学历教育。截至2012年底，总公司与山东大学联合举办了电力系统及其自动化专业高升专、专升本和在职研究生班4期，共有学员199人。2003～2012年总公司学历教育情况统计见表7-6。

表7-6 2003～2012年学历教育情况统计

序号	年度	合作院校	学历层次	人数	备注
1	2004	山东大学	本科	103	
2	2009	山东大学	硕士	44	
3	2011	山东大学	专科	21	
4	2011	山东大学	本科	31	

第三节 技能鉴定

胜利油田第八职业技能鉴定站行政上隶属于胜利石油管理局电力管理总公司，业务上接受胜利油田职业技能鉴定中心的指导。主要担负胜利石油管理局、胜利油田分公司2万余名职工和所属职业院校毕业生的电力专业职业技能鉴定以及胜利油田技师协会电力专业组、胜利油田技师协会电力分会相关工作。主要鉴定专业涵盖发电、供电、变电、配电、用电、修试等34个职业工种。鉴定级别有职业资格一级（高级技师）、职业资格二级（技师）、职业资格三级（高级）、职业资格四级（中级）、职业资格五级（初级）五个级别。截至2012年底，有在聘考评员194人，其中高级考评员93人，考评员101人；实际操作鉴定场点8 个，总面积达2.5万平方米。建有发电厂仿真模拟系统、变电所仿真模拟系统、综自站仿真装置、送配电线路工实训场地、送电线路架设工实训场地、电工实训场地、修试工种实训场地、电气仪表和监察抄表工实训场地，以及20余种常见电气控制仿真系统及模拟电子、数字电子设计组装、可编程序控制器、电动机调速系统、电气试验装置、变电站二次回路模拟装置等先进设备。

2006年，职业技能鉴定工作实施了在线报名考务系统和无纸化在线考试系统。这两套系统的开发应用，使鉴定工作从报名、照片录入、考场编排、准考证编制打印到理论考试实现了网络化操作和微机化管理，节省了命题、印刷、阅卷等大量人力物力开支，提高了工作效率和鉴定成绩的准确率，最大限度地降低了人为因素的干扰，确保了技能鉴定工作的公平、公正、公开。

2007年，技能鉴定工作严格按照国家职业技能鉴定质量管理体系执行，严格管理体系流程管理，在规范秩序、完善机制、提高质量等方面取得了实质性进展，鉴定服务能力日益增强。

2008年，在技能人才评价中建立了“N+Y”（“能力＋业绩”）评价模式，分理论知识、操作技能和工作业绩（含品德表现）3个模块对技师、高级技师任职资格进行评价。

2009年，进一步完善了技能操作考评题库，编制了34个工种1780份技能操作试题库，实现了考评操作试题库的标准化。制定了电力行业相关13个工种高级技师、26个工种技师、28个工种高级工、28个工种中级工的业绩评价标准。

2003～2012年，先后完成了初级、中级、高级、技师、高级技师技能鉴定累计28509人次，组织完成胜利油田十三届、十四届、十五届、十六届、十七届职业技能竞赛电力赛区、胜利发电厂赛区的竞赛组织工作，胜利油田第八职业技能鉴定站分别于2005年、2008年、2010年获胜利油田优秀职业技能鉴定站称号。

第八篇

民生保障

电力管理总公司把保障和改善民生作为构建和谐电力的大事来抓，建立完善惠民长效机制，努力实现好、维护好、发展好职工群众的根本利益。坚持发展成果由广大职工群众共享，量力而行，尽力而为，切实为职工群众办实事、办好事。真诚关心职工，共建美好家园，推进实施民生民心工程，营造顺心、舒心、开心的工作生活环境。建立子女就业援助机制，安置下岗失业人员再就业，建立健全困难家庭帮扶救助体系和非在职人员服务网络，多渠道收集职工心声，做到“真困难真帮助，特殊困难特殊帮助”。满足职工精神需求，丰富职工业余文化生活，构建与社区共建共享机制，开展“同创和谐环境、共建温馨家园”活动，在改善民生中赢得了民心、汇聚了民力。十年来，在发展生产、提高效益的基础上，实现了职工收入逐年递增，工作和生活条件明显改善，形成了以人为本、和谐发展的良好氛围。

第一章 职工权益

总公司始终把保障和改善民生作为构建和谐电力的大事来抓，坚持“量力而行、尽力而为”，在发展生产的同时不断完善劳动保险、生活保障、助残扶困、健康疗养、子女就业、住房等保障机制，推进基本公共服务，丰富职工文化生活，建立和谐劳动关系，切实维护职工权益，促进企业健康发展，努力使电力事业发展的成果惠及全体职工家属，增强职工家属的幸福感，不断满足职工群众对美好生活的向往。

第一节 社会保障

一、职工互助合作保险

2003年以来，总公司工会组织在职职工积极参加中国职工保险互助会胜利办事处开展的在职职工团体意外伤害互助计划、在职职工重大疾病互助计划、在职女职工特殊疾病互助计划和安康保险，其中在职职工团体意外伤害互助计划作为总公司为职工办的实事，由总公司出资，每年接续。2009年以来，总公司工会共为职工办理在职职工团体意外伤害互助计划理赔36人次，申请互助金66595元；办理在职职工重大疾病互助计划理赔13人次，申请互助金91700元；办理在职女职工特殊疾病互助计划理赔14人次，申请互助金276200元；办理补充保险理赔3人次，赔付金额6000元。2011年，按照管理局工会统一要求，安康保险更名为职工补充保险。截至2012年底，总公司共为412名职工办理职工补充保险，交纳保费430.5万元。

二、职工医疗救助

2003年开始，总公司工会组织在职职工、离退休职工、协解人员、退养劳动家属缴纳医疗救助金，标准为每人每年24元。2008年，退养劳动家属参加城镇居民医疗保险后，不再继续缴纳医疗救助金，并停止享受医疗救助金待遇。2010年，医疗救助金标准调整为36元/人.年。

三、劳动保险

劳动保险工作严格执行国家劳动保险条例及有关政策法规，并将其作为开展工作遵循的原则。职工因工或非因工死亡，坚持由二级单位工会提出处理意见、上级有关部门审批的程序。截至2012年底，总公司共有因工及非因工死亡职工遗属158户。2003年以来，油田抚恤金发放标准共进行4次调整：2003年（胜油局发【2003】148号文），抚恤金待遇调整为150元/月和180元/月（去世职工建国前参加工作），自2003年7月1日执行；2007年（胜油工发【2007】10号文），抚恤金待遇调整为280元/月和336元/月（去世职工建国前参加工作），自2007年1月1日执行；2009年（鲁人社【2009】57号文），抚恤金待遇调整为360元/月和432元/月（去世职工建国前参加工作），自2009年12月1日执行。2012年（鲁人社办【2012】74号文），抚恤金待遇调整为460元/月和552元/月（去世职工建国前参加工作），自2012年7月1日执行。

第二节 职工健康查体与疗养

一、健康查体

职工健康查体工作充分体现了总公司对职工身体健康的高度重视和关怀。2003～2010年，每年9月份，由总公司工会牵头负责，组织总公司年满45周岁男职工和年满40周岁女职工进行健康查体。2009年以后，为了更加方便职工查体，总公司工会根据三级单位驻地分布，安排多家医院供职工自愿选择。总公司副科级以上干部和主任师以上干部健康查体由党委组织科牵头负责。2011年开始，总公司将协解人员、劳动家属纳入健康查体范围，实现了健康查体全员覆盖。

二、职工疗养

职工疗养是工会坚持以人为本、关注民生，维护职工合法权益的重要举措。2003年以来，总公司的职工疗养由两部分组成，一是管理局统一组织的劳模、先进疗休养和从事有毒有害岗位职工到烟台、青岛疗养院体检、疗休养；二是总公司按照管理局关于职工疗休养的相关规定，每年按照在职职工比例的6%～8%

组织。本着“优化方案、合理调配、先模优先、面向一线”的原则，2003～2012年，总公司先后组织了1055人次职工短期疗养。2012年7月，管理局实施职工疗休养制度改革，以发放疗休养补贴代替过去的外出疗休养办法，总公司职工疗休养工作随之停止。

第三节　困难家庭帮扶救助

一、帮扶救助工作

做好对困难和弱势群体的帮扶救助工作，是工会组织的重要职责。2003年以来，总公司帮扶救助主要面向遗属家庭、职工残疾子女家庭、协解零就业家庭以及因病、因灾致困致贫家庭等群体。2007年11月，印发《电力管理总公司困难家庭帮扶联系实施办法（试行）》，标志着总公司帮扶救助工作长效机制的建立。截至2012年底，总公司纳入帮扶联系体系的困难家庭249户，帮扶党员志愿者309人。每年中秋节和元旦春节等重要节日前，帮扶党员志愿者都会带着慰问品和慰问金到结对帮扶的困难家庭走访慰问。落实低保家庭21户、低保边缘家庭4户；共有225名职工申请互助互济救助金378800元。2011年3月，开通北京就医“绿色通道”，免费为职工家属提供北京各大医院预约就诊服务。截至2012年底，共有121名职工家属通过“绿色通道”到北京就诊。

二、残疾人工作

2003年以来，总公司坚持每年开展扶残助残活动，总公司领导每年都会到特困残疾人家中走访慰问，送去慰问金；工会、团委组织青年志愿者到重度残疾人家中开展卫生清洁、电器维修、电路检查、燃气管线更换等志愿服务；请医院大夫到行动不便的重度残疾人家中上门义诊服务。2008年以来，管理局残联实施“爱心复明”工程，为患有白内障的职工家属免费实施手术；实施“肢残助行”工程，为行动不便的残疾人免费配送助行器械。截至2012年底，总公司共有37人通过手术恢复健康，89人次接受了轮椅、手杖、拐杖、假肢等助行器械。2009年开始，管理局残联开始对特困残疾人家庭实施生活补贴制度，总公司共有5户低保家庭残疾人享受此项补贴。2009年，总公司工会按照管理局残联和东营市残联的统一安排，组织残疾人统一更换第二代残疾人证，截至2012年底，总公司共有持第二代残疾人证的残疾人158人，其中在职残疾人85人。

三、慈善工作

2003年以来，总公司坚持开展“慈心一日捐”活动，累计捐款100余万元。2008年，组织干部职工为汶川地震灾区捐款70.87万元；2010年，组织干部职工为玉树地震灾区捐款30.03万元。2011年，总公司慈善联络处成立，开展慈善大病救助工作。截至2012年底，已救助42户患大病职工（家属）家庭，共发放救助资金43.6万元。

第二章 职工生活服务

总公司在发展生产的同时，坚持以人为本、全心全意依靠职工群众办好企业的经营理念，正确处理管理与依靠的关系。加强基础设施建设和后勤保障服务，重视改善职工的生活条件和工作环境，不断加大资金投入，强化公共事业管理，办好职工食堂，改善职工住房条件，努力为职工家属办实事，有效调动了职工工作积极性，为总公司科学和谐发展提供了有力保障。

第一节 文化生活与职工福利

总公司坚持用先进的文化引领广大职工群众，积极推进发展成果共享，培育职工群众“想胜利电力好，为胜利电力好”的主流价值观念，不断加强文化基础设施建设，开展形式多样的文体活动，丰富职工业余文化生活，搞好职工福利，为总公司和谐发展发挥了积极作用。

图8-1 激烈的职工篮球比赛

一、文体生活

2003年以来，坚持为职工群众创造条件，组织开展喜闻乐见、寓教于乐、丰富多彩、健康向上的群众文化广场活动。每年总公司组织歌舞晚会、歌咏比赛、消夏晚会、游园联欢、爱国电影放映周、卡拉OK大家唱、京剧票友演唱会以及篮球、乒乓球、羽毛球、扑克棋类、拔河、越野等比赛。2008年开始，每年与胜北社区联合开展“同创和谐环境、共建温馨家园”文化系列活动。2003～2012年参加油田和东营市文艺活动、体育赛事获奖情况统计见表8-1。

表8-1 2003～2012年参加油田和东营市文艺活动、体育赛事获奖情况统计

年度	参加演出、比赛名称	获奖情况
2003	专业化管理20周年大型文艺晚会	歌曲“辉煌时代”获优秀奖
2004	胜利油田职工乒乓球比赛	总公司获男子团体第二名
	胜利油田职工羽毛球比赛	总公司获男子团体第八名、女子团体第三名、女子单打第二名
	东营市第七届运动会	总公司获男子团体第五名
2005	胜利油田首届乒乓球俱乐部联赛	总公司获第四名
	胜利油田职工羽毛球比赛	总公司获男子团体第五名、女子团体第三名
2006	胜利油田五运会乒乓球比赛	总公司获男子团体第二名、男子单打第二名、男子双打第三名
	胜利油田五运会羽毛球比赛	总公司获女子团体第二名、女子单打第三名
	胜利油田五运会台球比赛	总公司获团体第三名
2007	胜利油田职工乒乓球比赛	总公司获团体第二名
2008	胜利油田职工乒乓球比赛	总公司获团体第二名
2009	胜利油田职工大合唱比赛	总公司获二等奖
	胜利油田拔河比赛	总公司获男子代表队第七名、女子代表队第六名
	胜利油田职工乒乓球比赛	总公司获男子团体第二名
2010	胜利油田第六届运动会乒乓球比赛	总公司获男子团体冠军、男子单打冠军、男子双打第五名
	胜利油田第六届职工运动会	总公司残疾人选手获乒乓球比赛下肢组亚军
2011	胜利油田“建党90周年暨油田发现50周年、产油10亿吨”职工小合唱比赛	总公司获小合唱三等奖
	胜利油田羽毛球锦标赛	总公司获混合团体第八名
	胜利油田残疾人乒乓球比赛	总公司获下肢组比赛冠军
2012	胜利油田职工乒乓球比赛	总公司获男子团体第三名
	胜利油田拔河比赛	总公司获第五名
	东营市第九届运动会乒乓球比赛	总公司获男子团体第二名
	胜利油田第九套广播体操比赛	总公司获三等奖
	胜利油田职工象棋邀请赛	总公司获团体亚军，个人总分第一名
	胜利油田“河采杯”职工围棋比赛	总公司获体育道德风尚奖

二、职工福利

根据职工的需求，总公司每年春节、中秋节给职工统一购置福利食品，供应花生油、熟食、面食等，丰富职工、家属的节日生活。另外，为了做好后勤保障工作，改善炊管人员和变电站生活生产条件，配备炊事用具、机械设备和操作用品1069台（件），减少了职工劳动强度，提高了劳动生产率。

三、职工食堂

总公司认真贯彻落实《食品卫生法》、《食品安全法》，依据食堂标准化实施细则，搞好食品采购、运输、保管、索证、登记工作，防止食物中毒，保障食品卫生及食品安全。2007年，总公司落实“最好一餐在食堂”的要求，加强食堂管理和服务，从环境、人员卫生、物品摆放、饭菜质量等方面制定细则，加强精细化管理，为职工创造一个清洁、舒适的就餐环境，食堂饭菜质量和服务水平不断提高。2012年，根据总公司七届三次职代会要求，进一步提高职工就餐补贴，增加饭菜花色品种，提高饭菜质量，得到干部职工的一致认可。电网检修及抢险人员需要在食堂就餐的可提前电话订餐，保证参检人员吃饱吃好，较好地解决了检修及抢险人员的就餐问题。同年，对机关食堂、中区食堂、北区食堂进行改造，改善职工就餐环境，食堂饭菜质量和服务水平不断提高。每年完成检修施工送餐1.8万余人次、正常工作餐5.7万余人次。

图8-2 为职工送餐到电网检修现场

第二节 房产与公积金管理

2003年以来，总公司房产与公积金实行专业化管理，主要包括职工分房、购售房准入证办理、减免证办理、产权证办理、住户采暖量化签认、公有房屋管理、住房公积金支取、住房公积金贷款、住房公积金缴存基数调整、职工住房公积金汇缴等工作。制订了《房产管理、公积金管理岗位责任制》，完善了各项规章制度；配备了专职房产管理人员、公积金管理人员，隶属公共事业中心；各三级单位配有房产管理员、公积金管理员，负责总公司房产的组织协调工作。2003～2011年，连续9年被评为管理局房产管理先进单位和公积金管理先进单位。

一、住房分配与销售

油田住房分售 十年来，总公司协助油田和相关社区共计分房12次1653套。2008年9月，分售锦苑一区油田限价商品房62套、锦华南区油田限价商品房100套；同年12月，分售仙河社区幸福三区油田限价商品房47套、分售胜南社区南苑小区油田限价商品房12套。2009年3月，分售锦苑二区油田限价商品房92套；同年8月，分售锦苑三区油田限价商品房46套；同年10月，分售龙口基地新建住房商品房26套、领秀天成团购住房商品房58套。2010年3月，分售锦绣龙轩C、D区油田限价商品房33套；同年11月，分售胜北社区景苑新区油田限价商品房 80套。2011年5月，分售总公司代建商品房952套。2012年4月，分售胜利花苑一期、锦绣龙轩三期油田限价商品房145套。

区域住房分售 总公司参与社区分房6次，其中：2009年12月，分售文登、金海城商品房；2010年10月，分售河口社区河阳新区二期限价商品房；2011年10月，分售仙河社区蓬莱花苑商品房；2011年11月，分售胜北社区锦霞南区新建限价商品房、瑞鑫花园商品房；2011年12月，分售滨南社区华滨新村限价商品房。2011～2012年，为锦苑一区62户、锦苑二区92户、锦苑三区46户第一批油田限价商品房住户办理产权登记证，录入住户个人产权办证信息20000余条。

合作筹建光明佳园 2011年开始，总公司实施合作建房项目，积极争取政策、克服困难，努力改善职工居住环境。截至2012年底，合作建房1012套，主体全部竣工，进入安装阶段。

二、住房公积金管理

2003年以前，住房公积金主要用于购买、建造、大修、翻修自住住房，2007年7月，胜利油田下发《关于修订<胜利油田职工住房公积金提取管理办法>的通知》和《关于修订<胜利油田住房公积金个人购房委托贷款暂行办法>的通知》，从此打破了只有购买油田住房才可提取住房公积金、公积金贷款的限制，职工患有九种重病、大病，造成家庭生活严重困难的也可提取住房公积金，住房公积金支取扩宽了限度，只要购买自住住房均可办理住房贷款。2009年 6 月，胜利油田下发《关于进一步加强职工住房公积金提取和贷款管理工作的通知》文件，对于直系亲属（仅限于父母、子女）之间的公积金提取做出了明确规定，并对住房公积金的担保方式进行了拓宽，增加了保证人的担保方式。2008年，住房公积金缴存比例由过去个人7%、单位15%调整为个人7%、单位12%，每年调整住房公积金缴存基数。截至2012年底，总公司公积金缴存余额2.22亿元，累计为475户办理了公积金贷款，发放贷款5248.7万元。

三、住房补贴

住房补贴在实行帐户管理期间参照住房公积金的方式进行管理，2000年完成了住房货币化分配工作，使不同来源的三项资金数据库做到了一一对应，设立了住房补贴个人帐户。2003年1月，住房补贴进入工资发放，个人帐户封存。2008年1月，住房补贴进行集中管理，重新启用个人帐户。截至2012年底，总公司住房补贴缴存余额4382.3万元。2003～2012年职工住房公积金及住房补贴情况统计见表8-2。

表8-2 2003～2012年职工住房公积金及住房补贴情况统计

单位：元

缴交年月	个人缴交比例	单位缴交比例	缴交人数	公积金缴交金额	改制企业缴交人数	改制企业公积金缴交金额	房贴单位缴交比例	缴交人数	按月房贴缴交金额	改制企业缴交人数	改制按月房贴缴交金额	资金利息
2003	7%	15%	5044	21485794								1562834.99
2004	7%	15%	5048	21396719								1854744.14
2005	7%	15%	5006	21339452								1827773.59
2006	7%	15%	4980	21128580								1971332.94
2007	7%	15%	5470	21941546								2586253.45
2008	7%	12%	5098	43987102	336	1928420	15%	5098	9909542	333	507019	4442830.22
2009	7%	12%	5027	49172056	343	2227853	15%	5027	9775764	340	514819	2623882.66
2010	7%	12%	4965	43675366	339	2383593	15%	4965	9629473	338	516658	3041544.83
2011	7%	12%	4922	50516777	314	2641136	15%	4922	9502735	313	492308	5748170.2
2012	7%	12%	4857	63003877	315	2859326	15%	4857	10964648	314	477020	6721255.64
合计			50417	357647269	1647	12040328		24869	49782162	1638	2507824	32380622.66

四、房屋清查与利用

2012年6月，根据管理局关于开展非住宅公有房屋清查工作的通知要求，总公司组织开展了公有房屋清查工作。对三级单位使用的986栋公有房屋数据逐条逐项进行清查核对，对清查后的927栋房屋数据进行核对并现场拍照，按照统一的模板将数据补充完善。其中：厂区房屋332栋；变电站124座，有房屋538栋；配电室86座，有房屋86栋。根据清查情况，对总公司144张房屋平面图进行了逐条、逐项修改，编制了公有房屋分栋明细表和房屋照片图册、非住宅公有房屋分栋清册和公有房屋平面图。为进一步盘活闲置资产，提高资产利用效益，避免资产的闲置和浪费，经油田相关部门同意，2012年10月29日将原电力技校院落、实习基地、发电大队西院共三处闲置资产及占地114.89亩土地使用权，整体移交胜利采油厂，作为胜利采油厂采油四矿机关和部分基层单位办公、生产使用。

第三节 爱国卫生

一、环境卫生

总公司爱卫会依据《电力管理总公司环境卫生管理实施细则》和《电力管理总公司爱国卫生检查量化评分标准》，坚持每季度进行一次卫生检查，并把检查结果作为文明建设考核评比的重要指标。

2003～2012年，深入开展群众性爱国卫生活动，积极参与东营市国家卫生城市、国家环境保护模范城市创建活动，重点抓了灭蚊、灭蝇、灭蟑、灭鼠工作和室内外环境的整治及四害孳生场所的治理工作。开展环境整治工作，落实门前三包责任制，加强办公楼、职工公寓和公共厕所的卫生保洁管理，有效保持了公共场所卫生整洁。

二、食品卫生

对饮食卫生，总公司爱卫会坚持“严”字当头，依法管理。从卫生的清扫到日常的消毒，从卫生知识培训到从业人员的健康体检，总公司都严格执行有关制度，对查出的从业禁忌者，全部调离原工作岗位。近几年从业人员查体率、五病人员调离率、持证上岗率始终保持100%。

对食堂、公寓等公共场所，严格执行卫生许可证制度，杜绝了食物中毒事件的发生。对职工食堂严格执行国家食品卫生的相关规定，全面贯彻《食品卫生法》、《餐饮业和集体用餐配送单位卫生规范》，实施食品卫生量化分级管理。认真履行好卫生监督职责，做好基层食品卫生管理员和兼职卫生员的培训工作，提高了食品卫生管理员和兼职卫生员的卫生和法规知识水平。

三、卫生防疫

2003年，开展群众性抗击“非典”工作，取得了防治“非典”工作的全面胜利。2005年11月，开展“禽流感”预防控制工作，总公司未出现“禽流感”病例。2006年，针对流行的甲型H1N1流感传染性疾病，总公司爱卫会结合非典型肺炎防治工作的经验和做法，积极做好预警和预防控制措施。同年，为方便一线职工防治疾病，为偏远变电所配备了小药箱。2010年总公司爱卫会与胜利医院积极配合给总公司1640名职工做了疑似结核病查体工作，对查出的部分强阳性反应职工做了详尽的医学说明，并提出了相关治疗及预防的措施方法，受到职工的普遍欢迎。

第四节 绿化管理

2003年以来，总公司积极开展义务植树活动，做好绿化苗木的维护和管理工作，及时开展病虫害防治，有效地保证了生产和生活环境的绿化、美化效果。总公司多方筹措资金，绿化改造绿地面积1.09公顷，新增绿化面积1.68公顷，硬化面积4.3公顷。在单位公共绿地设置绿地保护宣传标牌，利用办公网络平台积极开展绿化方针政策宣传和绿化基本知识普及。加强日常检查和养护管理，对苗木及时进行浇灌修护。坚持开展美国白蛾和蛀干害虫病虫害防治工作，积极开展绿化庭院创建，通过调整绿化设施布局，合理搭配花木品种，采取花卉、灌木相结合的种植结构，达到“三季有花，四季常绿”的目标。截至2012年底，总公司单位庭院绿化面积达3.82公顷，绿化覆盖率达到20.3%，庭院驻地人均绿化面积23.6平方米。

第三章 非在职人员管理

非在职人员主要是指离退休职工、家属和协议解除劳动合同人员三个群体。总公司老年管理中心为非在职工作的业务管理部门，按照“统一领导、分级管理、单位负责、区别待遇”的十六字工作方针，以落实“两项待遇”，维护非在职人员合法权益为宗旨，围绕“六个老有”（老有所为、老有所学、老有所养、老有所教、老有所乐、老有所医）开展非在职工作。2003~2012年总公司连续10年获油田“老年工作先进单位”称号；2007~2012年连续6年获油田“家属管理工作先进单位”称号。

第一节 管理组织

2003年以前，总公司老年管理中心负责全公司离退休人员的管理，三级单位设立兼职老年工作岗位。2003年8月，总公司成立退养家属工作领导小组，瑞祥电气集团公司办公室代行家属工作办公室职责，负责家属管理工作。2007年12月，总公司成立非在职人员服务中心，与老年管理中心合署办公，负责对离退休职工、家属及协解人员的管理。各三级单位成立非在职管理办公室，负责本单位非在职管理与服务工作。截至2012年底，三级及直属科级单位都成立了非在职管理办公室，三级非在职工作人员56人，四级非在职工作人员96人；非在职人员2127人，其中离退休人员847人，家属1026人，协解人员254人。

一、离退休职工管理

2003年以来，总公司党委、总公司贯彻执行党和国家有关老年工作的方针、政策，以“让党组织放心，让老同志满意”为工作目标，通过完善组织机构、健全规章制度、创新服务模式、拓展服务领域，统筹做好离退休人员信息管理、养老金发放以及文化活动、健康疗养和关心下一代等工作，管理服务水平逐年提高，为广大老同志安度晚年创造了良好条件。2003~2012年离退休人员统计见表

8-3。

表8-3 2003～2012年离退休人员统计

年度	当年离退休人员				去世人数	年末累计
	合计	退休干部	退休工人	内退工人		
2003	1	-	1	-	9	746
2004		-	-	-	9	737
2005	1	-	1	-	11	727
2006	5	4	1	-	10	722
2007	4	3	1	-	7	719
2008	4	4	-	-	4	719
2009	25	7	16	2	12	732
2010	43	9	34	-	14	761
2011	43	4	39	-	4	800
2012	56	10	46	-	9	847

二、家属管理

按照胜油局发【2006】48号和胜油局发【2008】90号文件精神，根据总公司家属工作特点，对总公司所属家属进行了分级分类管理。油田家属按享受待遇和劳动年限，分为退养家属、在胜利油田劳动满1年不满5年的家属和其他享受水电气暖减免的家属三类。

2003年，针对家属对一次性退养提出的异议，管理局、油田分公司根据最高人民法院的司法建议，印发胜油局发【2003】152号《关于补发和发放退养家属一次性退养金利息差的通知》，以退养家属在胜利油田实际劳动年限为依据，以核定的应发一次性退养金为基数，以1993年7月11日中国人民银行公布的5年期定期存款利率为基点，计算存款利息差额进行补发。

门诊医疗费、困难救助金 2006年2月16日，管理局印发《关于解决家属问题的指导意见》，凡按月计领利息差的退养家属实行门诊医疗费包干使用，每人每年700元，超支自负，结余可转入下年度使用。2008年3月，根据胜油保发【2008】9号《关于油田城镇居民医疗保险参保登记、缴费等有关问题的通知》精神，退养家属原每人每年700元门诊医疗补贴保留，在胜利油田劳动1～5年的家属每人每年300元门诊医疗补贴。2006年1月1日起，给享受利息差且年满55周岁的退养家属每人每月发放50元的困难救助金。

家属减免证待遇 2006年6月，管理局印发胜油局发[2006]48号《关于油田职工家属福利待遇问题的通知》。自2006年2月28日起，新增加的职工家属不再享受油田规定的相关福利待遇，原已享受油田家属待遇的不变。

劳动家属生活补助 2007年7月起，为劳动家属按劳动年限分五档发放生活补助。其标准为：劳动年限1～4年600元/人•年，5～10年912元/人•年，11～15年1008元/人•年，16～20年1104元/人•年，21年以上1200元/人•年。2012年1月，根据管理局《关于适度提高离退休人员待遇及进一步做好有关困难群体帮扶工作的意见》，每年春节前按劳动年限确定标准，一次性为劳动家属增发生活补助。

城镇居民基本医疗保险 2008年3月，管理局印发胜油保发【2008】9号《关于油田城镇居民基本医疗保险参保登记、缴费等有关问题的通知》，指导家属进行参保登记、缴费工作，为参保家属建立了个人医疗账户，按照比例报销住院医疗费用。

劳动家属养老保险 2010年12月，根据鲁人社发【2010】65号《关于中石化驻鲁企业劳动家属养老保险问题的通知》和油田《中石化驻鲁企业劳动家属养老保险实施方案》文件精神，为777名劳动家属办理了养老保险，共缴纳养老保险金2456万元。从2011年3月起，给年满55周岁的劳动家属按规定发放养老金，从根本上解决了劳动家属养老的问题。

2008～2012年家属基本情况统计见表8-4，劳动家属主要待遇发放情况统计见表8-5。

表8-4 2008～2012年家属基本情况统计

<table>
<tr><th rowspan="3">年度</th><th colspan="3" rowspan="2">家属合计</th><th colspan="9">其中</th></tr>
<tr><th colspan="3">退养家属</th><th colspan="3">劳动1—4年家属</th><th colspan="3">其他享受水电气减免家属</th></tr>
<tr><th>总人数</th><th>已办理减免证人数</th><th>已办理全民医保人数</th><th>总人数</th><th>已办理减免证人数</th><th>已办理全民医保人数</th><th>总人数</th><th>已办理减免证人数</th><th>已办理全民医保人数</th><th>总人数</th><th>已办理减免证人数</th><th>已办理全民医保人数</th></tr>
<tr><td>2008</td><td>1063</td><td>972</td><td>1040</td><td>736</td><td>706</td><td>733</td><td>74</td><td>63</td><td>72</td><td>253</td><td>203</td><td>235</td></tr>
<tr><td>2009</td><td>1058</td><td>980</td><td>1030</td><td>733</td><td>703</td><td>730</td><td>74</td><td>65</td><td>72</td><td>251</td><td>212</td><td>228</td></tr>
<tr><td>2010</td><td>1050</td><td>1035</td><td>1025</td><td>729</td><td>728</td><td>727</td><td>74</td><td>74</td><td>71</td><td>247</td><td>233</td><td>227</td></tr>
<tr><td>2011</td><td>1034</td><td>1019</td><td>1014</td><td>721</td><td>720</td><td>719</td><td>73</td><td>73</td><td>72</td><td>240</td><td>226</td><td>223</td></tr>
<tr><td>2012</td><td>1026</td><td>1011</td><td>1007</td><td>715</td><td>714</td><td>713</td><td>73</td><td>73</td><td>72</td><td>238</td><td>224</td><td>222</td></tr>
</table>

表8-5 2003～2012年劳动家属主要待遇发放情况统计

年限	退养家属发放利息差		困难救助金		生活补助		合计
	人数	金额	人数	金额	人数	金额	
至2003.07.31	744	4066992.9					4066992.9
2003.08.01-2003.12.31	728	298029.2					298029.2
2004.01.01-2004.06.30	727	356643.4					356643.4
2004.07.01-2004.12.31	725	355282.4					355282.4
2005.01.01-2005.06.30	724	354519.7					354519.7
2005.07.01-2005.12.31	724	354519.7					354519.7
2006.01.01-2006.06.30	723	353830.3	499	74650			428480.3
2006.07.01-2006.12.31	722	352695.1	512	150600			503295.1
2007.01.01-2007.06.30	719	351723.1	526	155250			506973.1
2007.07.01-2007.12.31	743	361026.2	544	160600	816	402212	923838.2
2008.01.01-2008.06.30	740	358732.3	557	165000	815	401782	925514.3
2008.07.01-2008.12.31	737	358867.6	567	168700	811	400280	927847.6
2009.01.01-2009.06.30	736	357669.3	576	171900	810	399284	928853.3
2009.07.01-2009.12.31	734	356388.4	585	174000	808	398060	928448.4
2010.01.01-2010.06.30	731	354783.7	588	175200	805	396696	926679.7
2010.07.01-2010.12.31	730	354161.8	601	178700	804	396160	929021.8
2011.01.01-2011.6.30	728	352667.1	606	180450	801	394476	927593.1
2011.07.01-2011.12.31	725	351023.2	612	181200	798	392652	924875.2
2012.01.01-2012.06.30	721	348782.9	612	182550	794	390640	921972.9
2012.7.1-2012.12.31	718	347525.4	617	183650	791	389100	920275.4
2011.07.03，50年大庆	798	398900					398900
2012.02.01增发生活补助	794	466500					466500
总 计		11263738.3		2118800		3972242	17354780.3

三、协解人员管理

非在职人员服务中心成立前，总公司协解人员由劳资部门负责管理。2007年12月，非在职人员服务中心成立后，协解人员日常管理服务（再就业及待遇由总公司劳动工资科管理）划归老年管理中心（非在职人员服务中心），实行总公司、三级单位分级管理，负责组织协调协解人员的管理和服务工作。2003～2012年协解人员情况统计见表8-6。

表8-6 2003～2012年协解人员情况统计

年份	协解人员			年末累计	
	去世	其他减少数	退休人数	年末累计	其中：退休人数
2003	2		16	263	16
2004	1			262	
2005	1			261	
2006	1			260	
2007		1		259	
2008			15	259	31
2009			5	259	36
2010	1		30	258	66
2011			9	258	75
2012	4		17	254	92

第二节 管理与服务

2003年以来，总公司根据非在职人员居住地点多、分布区域广、管理难度大的特点，适应老同志诉求多样化的新形势，围绕“让党组织放心，让老同志满意”的工作目标，以孝心理念为指导，认真落实政治、生活两项待遇，不断创新工作方式方法，提升管理和服务水平，使广大非在职人员共享改革发展成果，安享生活。

政治待遇 总公司根据非在职人员的居住地点和隶属单位，将所有非在职党员纳入了各级党组织的管理中，成立了老年（非在职）党支部。截至2012年底，设立非在职党支部14个，与在职党员合建党支部44个，管理447名非在职党员。老年党支部坚持政治学习制度、“三会一课”制度和离休干部阅文制度，为每一位离休干部订阅了“两报一刊”。坚持重大事项和重要会议邀请老同志参加，听取老同志的意见和建议。把形势任务教育和老年工作热点问题结合起来，注重做好一人一事思想工作。每年老人节前夕，召开总结表彰大会，表彰先进单位、先进工作者、敬老养老好儿女和先进离退休职工。2012年，按照管理局的统一部署，在非在职群体中开展了“纵比知足、横比知福”活动，“七一”前夕组织老党员到胜利油田党校教育基地参观学习。

生活待遇 总公司非在职人员和在职职工享受同等非生产性福利待遇。每年及时发放退休金、生活补助，对家属、协解人员按照政策享受的各项待遇做到及时足额发放；对有特殊困难的老同志重点照顾，上门服务。在实际工作中，做到“四个坚决不动摇”、“五个坚持”，即尊老敬老的思想观念坚决不动摇，支持老年部门工作的态度坚决不动摇，为老同志办实事的传统坚决不动摇，开创老年工作新局面的精神坚决不动摇；坚持重大节日走访慰问，坚持生病住院探望慰问，坚持老同志或其爱人去世由单位负责协助料理后事，坚持力所能及的帮助生活上有困难的家庭，坚持一年一度为老同志健康查体。2010年，制定了《电力管理总公司协解退休老同志健康疗养暂行办法》。按照管理局规定，每年安排符合条件的离退休人员外出疗养（包括内退职工）；离退休人员年满70周岁后，不再享受疗养待遇，离休干部享受护理费待遇。2003～2012年离退休职工疗养情况统计见表8–7。

表8–7 2003～2012年离退休职工疗养情况统计

年度	离退休职工总数	疗养人数
2003	746	36
2004	737	22
2005	727	15
2006	722	24
2007	719	26
2008	719	33
2009	732	66
2010	761	80
2011	800	24
2012	847	23

第三节　场所建设与文体活动

根据总公司非在职人员居住分散的特点，总公司采取了调剂、改建等方式逐步加强老年活动室的建设，丰富老年文体活动，使离退休职工老有所乐。

2008年，全面装修改造北站老年活动中心。2009年，建成滨海供电公司门球场。2010年，建成了新明苑老年活动室，先后改造了河口供电公司老年活动室、滨海供电公司老年活动室、孤岛供电公司老年活动室。2011年，在通明苑小区建成2个地掷球场。2012年，为北站老年活动中心铺设了200 平方米的乒乓球塑胶场地，投资30余万元改建了纯梁供电公司1600 平方米的活动场所和活动室，维修改造了蓝天活动室。截至2012年底，总公司共有活动室面积4400 平方米，活动室实物资产1200余项。2011年北站老年活动中心被评为“管理局示范活动室”。

图8-3 群众文化广场活动戏曲票友会

积极开展适合老同志身体状况的文体活动，做到年初有计划、月月有比赛、天天有活动，实现室内活动与室外活动相结合，节日活动与日常活动相结合，文体活动与教育活动相结合。

总公司成立老年文艺体育协会，下设合唱团、舞蹈、门球、台球、乒乓球、象棋、扑克、太极拳剑等8个分会。针对总公司老同志和单位分散的特点，从2010年起，开展了“一单位一特色”文体活动形式，河口供电公司成立了太极拳剑队，滨海供电公司成立了门球队，油田基地区域成立秧歌队，综合维修公司成立了地掷球队等，做到特色项目上水平，带动各项活动全面开展。每年“老人节”期间，坚持开展大型的文体娱乐活动，从2009年起，制定了黄河南北片分别组织活动的形式，增加老同志的参与度。建立了文体骨干人员队伍，做到通过比赛促活动开展，以活动开展提高竞技水平，总公司老年乒乓球、台球、围棋、跳绳、套圈、铅球等项目走在了管理局的前列。2010年，选派4名运动员代表管理局参加山东省第二届老年人运动会，在跳绳、套圈、铅球等项目上取得了3金、4银、1铜的骄人成绩，为油田和总公司争得了荣誉。建立孝心文化长廊，组织趣味游园活动，举办文艺演出等，方便了老同志的日常生活，丰富了老同志的精神食粮。2011年，总公司组织了劳动家属“十字绣”展示活动。2012年，总公司自编群声快板节目获管理局离退休职工文艺汇演优胜奖，总公司秧歌队参赛节目获得“油嫂情、和谐美”油田家属秧歌舞展演优胜奖；在通明苑小区举办了“相亲相伴一家人”非在职人员大联欢活动；开展了劳动家属手工展示活动，6件作品分获一等奖、二等奖和优秀奖。2003～2012年老年文体活动获奖情况见表8-8。

表8-8 2003～2012年老年文体活动获奖情况统计

获奖年份	获奖情况
2003	局老年文体工作先进单位
	胜利油田第九届离退休职工文艺汇演二等奖
2004	胜利油田离退休职工促康保健知识大赛优胜奖
	东营市第一届“鑫都盛佳杯”体育舞蹈大赛第一名
2005	东营市第二届体育舞蹈锦标赛一等奖
	“临海杯”纪念抗日战争暨世界反法西斯战争胜利60周年知识竞赛先进集体
2006	东营市第三届体育舞蹈比赛交谊舞慢四A组第一名
	纪念中国共产党成立85周年党史党建知识竞赛先进集体奖
2007	胜利油田第十一届离退休职工文艺汇演戏曲曲艺二等奖
2009	胜利油田第二届“胜利杯”离退休职工合唱大赛优秀组织奖
	胜利油田第二届“胜利杯”离退休职工合唱大赛铜奖
	胜利油田离退休职工健身秧歌比赛优秀奖
	胜利油田乒乓球比赛老年男子团体第三名
2010	胜利油田第六届运动会暨第三届全民体育大会健身球比赛体育道德风尚奖
	胜利油田第六届运动会暨第三届全民体育大会老年组3个第一名、2个第二名、2个第三名
	山东省第二届老年人运动会获3枚金牌、4枚银牌、1枚铜牌
	油田台球比赛老年组第一名
2012	获“油嫂情、和谐美”油田家属秧歌舞展演“优胜奖”
	管理局老年文体工作先进单位

第九篇

改制企业

2003年以来，总公司加大对多种经营企业的政策倾斜和扶持力度，实施机构重组和改制分流，理顺管理体制，优化资产结构，促进了多元经济的持续稳定发展。瑞祥电气（集团）有限公司及所属胜利电器公司、恒源电气公司、恒达电气公司、恒泰电力工程公司、恒悦移动发电公司、科恩工贸公司、东营东方塑业公司和广域科技公司积极拓展市场和业务，提升发展能力，先后安置主业富余分流人员和职工待业子女100余人，为总公司实现经济效益与社会效益的统一做出重要贡献。

随着中石化集团公司主辅分离政策的推进实施，2004年9月，广域科技有限责任公司与讯宇科技有限责任公司整合重组为山东广域科技有限责任公司。同年12月，山东广域科技有限责任公司改制正式挂牌成立，参与改制职工93人。2006年4月份以来，按照中石化集团公司和管理局开展对外投资和多种经营清理整顿工作的统一要求，总公司坚持“积极稳妥、加快推进、严谨规范、严格考核”的原则，先后对主业三级单位兴办的汇海电力科技有限公司、恒阳科技有限公司、恒宇科工贸有限公司、恒利工贸有限公司、依莱克电气有限公司、意斯达电力科技有限公司、源丰工贸有限公司、广源电力科技有限公司、中实电力科技开发有限公司、北恒科技有限公司、隆昌商贸有限公司、赛恩商贸有限公司、中州科技有限公司等13家经济实体，实施清算注销。2007年6月，将邦源电气有限公司转让给山东广域科技有限责任公司。2007年12月，按照管理局改制分流工作统一部署，根据现代企业制度的要求，胜利油田瑞祥电气（集团）公司及其控股的胜利电器公司、恒源电气公司、恒达电气公司、恒泰电力工程公司、恒悦移动发电公司整体改制为胜利油田瑞祥电气有限责任公司，有217名职工参加改制，标志着瑞祥电气有限责任公司迈入一个崭新的历史发展时期。

第一章 胜利油田瑞祥电气有限责任公司

胜利油田瑞祥电气有限责任公司主要业务包括电力建设安装、电气成套设备生产、油田工程技术服务、仪器仪表制造、旅游、餐饮等，同时积极拓展石油机电设备领域。机关设党群工作部、人力资源部、经营管理部、公共事业部、财务资产部、审计部6个部（室），下设胜利电器有限责任公司、恒源电气有限责任公司、恒达电气有限责任公司、恒泰电力工程有限责任公司、恒悦移动发电有限责任公司5家子公司和电力建设分公司。瑞祥电气有限责任公司拥有国家二级送变电工程施工资质以及承装（修、试）电力设施许可证，具备220kV及以下等级电力施工能力，其产品取得了国家强制性CCC认证，远销国内各大油田和地方电力系统。截至2012年底，共有员工521人，固定资产原值38260万元，净值6530万元。2010年被评为山东省承装修（试）电力设施行业安全生产先进单位，2012年被评为东营市第二届建筑业（专业承包）十强企业。

第一节 电力设备制造及维修企业

胜利电器有限责任公司 成立于1985年，为胜利油田最早从事电器产品开发制造的企业，是中国电器工业协会会员单位。历经二十多年的发展，公司业务涵盖变压器、变电站微机保护及直流电源、螺杆泵等石油成套产品制造等领域，产品远销加拿大等北美洲国家。公司自主研发的新型螺杆泵地面直驱系统，在北美、欧洲等地区取得专利，获得加拿大CSA（标准质量）认证。截至2012年底，公司有员工95人，固定资产原值1985万元，净值533万元。2011年被评为东营市重合同守信用企业。

恒源电气有限责任公司 成立于1998年5月，是一家高、低压成套电气设备研发、生产、安装和服务的专业化企业，拥有全套进口数控生产线，产品涵盖35kV及以下高、低压成套开关柜、箱式变电站、无功补偿装置、环网柜等四大类，是原机械工业部的定点企业，以品牌优势以及专业品质成为黄河三角洲地区电气成套产品制造领域的知名企业。公司以“科技塑造品质”为宗旨，在输配电、工业控制及自动化两大领域不断探索创新，产品应用遍布电力、基础设施、民用和工业领域。截至2012年底，公司有员工 112人，固定资产原值894万元，净值444万元。2010年被评为东营市重合同守信用企业。

恒达电气有限责任公司 成立于1993年，是一家专业研发、生产电子式电能表、远程监控及抄表系统的高新技术企业。公司始终坚持“以质量求生存，以科技促发展”的宗旨，电子式电能表、电力计量箱、自动化监测系统等产品保持行业先进水平。截至2012年底，公司有员工58人，固定资产原值690万元，净值195万元。2005年获东营市优秀企业称号；2008年、2009年产品成为胜利油田技术监督处推荐使用产品。

恒泰电力工程有限责任公司 成立于2002年2月，主要从事电力安装、铁塔制造和矿建维修工作。2007年12月改制后，其电力安装职能划归电力建设分公司，保留土建矿建施工和金具铁塔制造等职能。公司下属铁塔厂是胜利油田和东营市唯一一家从事输电线路铁塔、架空线路及通讯微波塔生产制造的专业厂家，具有220kV以下铁塔生产资质。截至2012年底，公司有员工145人，固定资产原值1544万元，净值1113 万元。

第二节 电力工程建设及发电企业

电力建设分公司 成立于2003年，主要从事电力安装建设，能够承担220kV及以下送变电工程施工。公司拥有一支作风顽强、素质过硬的职工队伍，被誉为“电力铁军”。多年来，公司在占稳油田内部市场基础上，积极开拓中石化、中石油等外部市场。截至2012年底，公司有员工87人，固定资产原值708万元，净值640万元。2009～2011年，承揽的“110kV坨九输变电工程”等多项工程被管理局评为地面建设样板（优质）工程。

恒悦移动发电有限责任公司 成立于2005年8月，是一家专业车载移动发电以及各类汽车的大修、小修、保养、整形、喷漆等业务的汽车维修企业。公司技术力量雄厚，厂房设备先进齐全，拥有《中华人民共和国道路交通运输经营许可证》二级资质，拥有高、中级汽修技师、技工20多人，年维修车辆1300台次，组织车辆二级维护180台次。截至2012年底，公司有员工 24人，固定资产原值378万元，净值261万元。

第二章 山东广域科技有限责任公司

山东广域科技有限责任公司是山东省科学技术厅重点扶持的高新技术企业，主要业务涵盖工业自动化、信息通讯和软件开发三大领域，包括系统设计、技术和产品开发，以及工程实施、运行维护等。拥有ISO9001：2000质量管理体系认证、计算机信息系统集成三级资质、通信信息网络系统集成、信息工程监理等资质。公司机关设行政办公室、财务部、经营管理部和规划发展部4个职能部室，下辖广域工程有限责任公司、南京广域同和科技有限责任公司、青岛广域同盛石油技术有限公司、济南广域软件有限公司，广域新疆分公司、胜利油田邦源电气有限责任公司、山东依正信息工程监理有限公司、青岛恒正科技有限公司、山东哲明企业策划咨询有限责任公司、山东利宝源节能环保技术有限责任公司等9家子公司和1家分公司，山东省采油生产信息化工程技术研究中心、山东省软件工程技术研究中心、胜利油田节能技术研究中心和南京研发中心4个研究中心，以及运维部、印务中心2个业务部室和北京办事处。公司秉承“卓越科技、诚信服务、和而不同、共铸久长”的发展理念，实施集团化管理、专业化经营、根据地主导、区域化扩张、多方式运作的经营战略，自主研发的《中国石化油田企业计划统计分析一体化管理信息系统》在中石化集团系统各油田被推广应用，与清华大学、国电南瑞自动化研究所联合开发的绝缘子在线监测装置、电量集中抄表装置、变电站后台监控系统达到国内同类产品的领先水平，已成功打入江苏、新疆、浙江、青海、陕西、贵州、安徽、湖北、河南等市场领域。截至2012年底，共有员工267人，累计完成产值10亿元。先后被评为山东省“优秀高新技术企业”、“优秀软件企业”、“优秀计算机信息系统集成企业”、“服务外包重点企业”。

第一节 信息技术及开发企业

广域工程有限责任公司 是集工业自动化产品的生产、集成和工程技术服务于一体的技术密集型企业，主要从事石油石化行业的电力自动化、油气自动化、通讯自动化系统的规划、设计、系统集成、运行维护等工作。先后承担了胜利油田调度自动化系统、胜利油田网上电费电量结算系统、胜利油田采油厂配电自动化系统、中石化西北局油井自动化系统、胜利油田分队计量系统等方案组织设计、系统集成，以及胜利油田电力自动化系统运行维护等工程技术服务。公司以打造石化行业一流自动化系统服务商为目标，先后与中国石油大学、山东大学、东南大学等高等院校建立战略合作伙伴关系。截至2012年底，公司有员工65人，其中高级职称5人，中级职称36人。

南京广域同和科技有限责任公司 成立于2005年12月，地处南京省级高科技创业园，是集软硬件设计、研发、生产、销售及系统集成、工程实施、技术服务为一体的高新技术企业，先后开发生产出一系列适用于政府、油田、电力、水利、矿山、军工等领域的产品。同时，与IBM、HP、SUN、CISCO等众多世界知名厂商建立了战略合作伙伴关系，在研发、设计、生产、销售等领域开展广泛合作。截至2012年底，公司有员工28人，累计创造产值3500万元。

济南广域软件有限公司 成立于2008年4月，位于济南市高新区齐鲁软件园内，主要从事石油、石化、电力行业以及政府部门办公自动化系统的设计、开发、集成和技术服务。公司产品已推广到中石化集团公司及其下属油田企业、地方政府部门，多项产品取得了山东省软件产品证书。2008年，公司通过了山东省信息产业厅“双软企业”资质认证、济南市高新区科技孵化企业认证。截至2012年底，公司有员工45人，累计创造产值5000万元。

第二节 生产服务及制造企业

广域运维部 设自动化室、通讯室、信息室和综合办公室，有员工36人。主要担负着电力管理总公司的通讯系统维护任务，负责维护光纤网1100多公里、光传输设备108套，程控行政电话交换机2000门、调度总机6套、录音系统6套、载波机52套、无线电台27套、80kVA UPS一套、配线架6千线等；承担着电网调度自动化主站系统、分站系统维护，承担胜利油田网上电量电费结算系统、油田电网购发电量计量管理系统的维护，以及总公司办公自动化设备及信息网络的维护任务

胜利油田邦源电气有限公司 成立于2003年，原属电力管理总公司经济实体，2007年6月由广域科技有限公司全资控股。主要生产各类复合绝缘子、氧化锌避雷器、熔断器、穿墙套管及井场节能设备等高电压等级电气设备。公司拥有完备的理化实验室和高压试验设备，取得ISO9001国际质量体系认证。截至2012年底，公司有员工6人，累计创造产值1308万元。

广域印务中心 成立于1999年4月。中心技术力量雄厚，实行强强联合运转机制，拥有四色、单色多台胶印设备，可承印各类彩色画册、联单（打码）、标书、文件、帐页、企业内部资料及各种宣传材料等。中心实行全天候24小时营业的工作模式，提供精细化、个性化优质服务，产值逐年呈递增发展，在同行业内以“质量好、效率高、信誉佳”著称，2005年获胜利石油管理局“十佳印刷企业”称号。截至2012年底，有员工17人，累计完成产值2176万元。

附 录

附录一

重要文献

关于电力管理总公司调整内部机构设置的批复

（2004年11月29日，中国石化集团胜利石油管理局
以胜油局发编字〔2004〕8号文件发布）

《关于报批<电力管理总公司深化劳动人事制度改革实施方案>的请求》（胜电司发〔2004〕60号）收悉。经审核，你公司的实施方案符合管理局、有限公司《关于胜利油田深化劳动人事制度改革工作的指导意见》（胜油局发〔2004〕198号）有关精神，原则同意实施。现就你公司调整内部机构设置有关事项批复如下：

一、机构设置与定员编制

1. 同意你公司机关设16个职能部门：党委办公室、党委组织科、党委宣传科、纪委监察科、工会、团委、公司办公室、生产管理科、基建工农科、设备管理科、安全环保科、物资供应科、规划计划科、劳动工资科、经营管理科（法律事务科）、审计科。公司机关定员(含总公司领导)控制在80人以内。

2. 同意你公司设6个机关直属科级单位：财务资产管理中心、公共事业中心、老年管理中心、治安保卫办公室、信息管理中心、电力科研所。机关直属科级单位管理人员定员（含单位负责人）控制在114人以内。

3. 同意你公司设置12个三级单位：孤东供电大队、孤岛供电大队、滨南供电大队、纯梁供电大队、河口供电公司、东区供电公司、中区供电公司、南区供电公司、北区供电公司、孤北热电厂、修试中心、电力建设公司。三级单位管理人员定员总数（含单位负责人）控制在181人以内。

4. 同意你公司设置4个科级单位：车辆管理中心、电力调度中心、职工培训中心、电力客户服务中心。

电力管理总公司科级干部职数（含多种经营单位）总数控制在158名以内。

二、有关要求

1. 你公司应按照油田深化劳动人事制度改革的有关要求，进一步细化深化改革实施方案，认真完善相关配套办法，扎实推进单位深化劳动人事制度改革工作。

2. 你公司应在理顺管理体制、科学定编定员基础上，切实做好管理人员竞聘上岗和富余人员分流安置工作，确保深化改革工作的顺利实施。

3. 作为油田改革试点单位，你公司要精心组织，周密安排，力争在2005年一季度全面完成深化劳动人事制度改革实施工作。

4. 具体实施运行计划应于2004年12月10日以前报送油田深化劳动人事制度改革办公室。

附录二

总公司历任领导班子成员简历

（2003～2012）

李中树　男，汉族，1954年10月12日出生，山东沾化人，中共党员，山东工学院电力系统及其自动化专业毕业，大学学历。1978年8月参加工作后，在胜利油田孤岛指挥部水电大队先后任技术员、助理工程师、队长、副大队长、大队长；1986年8月任供电公司孤岛分公司经理；1987年3月任滨海指挥部水电讯科科长；1989年12月任孤岛采油厂副总工程师；1990年9月任孤岛采油厂副厂长；1992年3月任供电公司副经理；1992年12月任电力管理总公司副经理；1995年8月任电力管理总公司经理、党委副书记；2004年10月任胜利石油管理局副局长；2006年起兼任东营市人民政府副市长；2007年10月起任胜利石油管理局党委常委、副局长。技术职称为教授级高级工程师。

孙光普　男，汉族，1948年11月4日出生，山东青岛人，中共党员，山东经济干部管理学院经济管理专业毕业，大学学历。1968年12月参加工作后，曾任九二三厂胜采指挥部二大队机关生产组技术员、政工组长兼组织干事；1983年10月起先后任油田党委组织部干部管理科干事、副科长、科长；1991年8月任管理局党委组织部副部长；1995年1月任管理局党委组织部副部长、正处级巡视员；1999年7月任电力管理总公司党委书记；2004年11月任电力管理总公司调研员（正处级）；2008年12月退休。技术职称为教授级高级政工师。

贾志毅　男，汉族，1958年5月25日出生，山东乐陵人，中共党员，山东省委党校经济管理专业毕业，研究生学历。1980年7月参加工作后，在胜利石油学校任团委干事；1984年2月起在胜利石油管理局团委先后任干事、学校部副部长、少工委副主任、学校部部长兼少年宫主任、组织宣传部部长、副书记职务；1994年5月任胜利油田青年联合会主席；1995年8月起任电力管理总公司党委副书记、纪委书记；2004年11月起任电力管理总公司党委书记。技术职称为教授级高级政工师。东营市第六届人大代表，东营区第十一届人大代表。

刘志华　男，汉族，1950年12月8日出生，山东沂源人，中共党员，山东工学院电力系统及其自动化专业毕业，大学学历。1975年8月参加工作后，在胜利油田水电指挥部变电车间任技术员；1978年10月起先后任胜利油田电力技工学校教师、教研组长、教务处主任、副校长、校长；1989年3月任供电公司计划科科长；1992年4月任管理局综合信息管理站站长（副处级）；1993年4月任电力管理总公司副经理；1998年8月任电力管理总公司党委常委、副经理；2004年11月任电力管理总公司经理、党委副书记；2007年8月任电力管理总公司调研员（正处级）；2011年1月退休。技术职称为教授级高级经济师。

刘 军 男，汉族，1963年7月2日出生，山东新泰人，中共党员，华中科技大学电气工程专业毕业，研究生学历，硕士学位。1983年8月参加工作后，在胜利油田供电公司变电运行一队任技术员；1984年11月起先后任供电公司电力调度所助理工程师、副主任；1993年2月起先后任电力管理总公司电力调度中心副主任、主任；1996年11月任电力管理总公司副总工程师兼电力调度中心主任；1997年6月任胜利石油管理局电力管理处副处长；1999年1月任胜利石油管理局生产管理部副主任兼电力办公室主任；2004年11月任电力管理总公司党委常委、副经理；2006年2月兼任胜利油田地面工程高级专家；2007年8月起任电力管理总公司经理、党委副书记。技术职称为教授级高级工程师。东营市第七届人大代表。

勾松波 男，汉族，1964年12月30日出生，河南方城人，中共党员，山东工业大学电力自动化专业毕业，研究生学历，硕士学位。1988年7月参加工作后，在胜利油田供电公司变电大队检修车间任助理工程师；1991年8月任供电公司电力调度中心运行室工程师；1994年9月任电力管理总公司电力调度中心副主任；1994年10月起先后任塔里木石油勘探开发指挥部总调度处工程师、水电科科长；1996年1月任电力管理总公司电力调度中心副主任；1996年3月任电力管理总公司线路管理公司副经理；1997年7月任电力管理总公司副总工程师；1998年2月起任电力管理总公司副经理；2007年8月起任电力管理总公司党委常委、副经理。技术职称为教授级高级工程师。

刘仁臣 男，汉族，1965年5月1日出生，山东莱州人，中共党员，西南石油大学油气田开发工程专业毕业，大学学历，博士学位。1989年7月参加工作后，在胜利油田供电公司电建队技术组任技术员；1996年1月任电力管理总公司电力建设公司副经理；1997年9月任电力管理总公司基建工农科副科长；1998年7月任电力管理总公司基建工农科科长；2001年4月任电力管理总公司电力建设公司经理、党总支副书记；2002年2月任电力管理总公司副总工程师兼电力建设公司经理、党委副书记；2004年11月任电力管理总公司副经理；2008年12月兼任胜利油田地面工程高级专家；2008年12月起任电力管理总公司党委常委、副经理。技术职称为教授级高级工程师。东营区第十二届、第十三届人大代表。

王从军　男，汉族，1968年1月5日出生，山东宁津人，中共党员，山东省委党校经济管理专业毕业，研究生学历。1989年9月参加工作后，在胜利油田滨海采油厂水电大队当工人；1990年1月起先后任桩西采油厂水电讯大队党政办公室干事、主任；1996年3月任桩西采油厂水电讯大队工会主席；1997年1月任电力管理总公司滨海供电公司党委委员、党政办公室主任；1998年2月任电力管理总公司办公室副主任；2000年2月任电力管理总公司办公室主任；2006年2月任电力管理总公司办公室主任兼车辆管理中心党委书记；2008年12月起任电力管理总公司党委常委、纪委书记。技术职称为高级政工师。

张鹏程　男，汉族，1968年4月5日出生，山东寿光人，中共党员，山东省委党校经济管理专业毕业，大学学历。1987年9月参加工作后，在胜利油田供电公司变电大队当工人；1989年12月任供电公司工会干事；1996年2月任电力管理总公司劳动争议调解办公室主任；1998年7月任电力管理总公司工会副主席兼劳动争议调解办公室主任；1999年7月任电力管理总公司工会副主席（正科级）；2008年12月起任电力管理总公司党委常委、工会主席。技术职称为高级政工师。

郑志华　男，汉族，1966年2月21日出生，山东诸城人，中共党员，山东工业大学电力系统继电保护专业毕业，大学学历，学士学位。1989年7月参加工作后，在胜利油田供电公司变电大队修试所任技术员；1992年11月任电力管理总公司生产管理部干事；1996年1月任电力管理总公司生产技术科副科长；1997年7月起先后任电力管理总公司用电管理科副科长、科长；2002年2月任电力管理总公司副总工程师兼电力客户服务中心主任、党总支副书记；2006年1月任电力管理总公司用变电技术首席专家、副总工程师兼电力客户服务中心主任、党总支副书记；2007年8月起任电力管理总公司副经理。技术职称为教授级高级工程师。

孙会浩　男，汉族，1963年1月5日出生，山东青州人，中共党员，浙江大学电气工程专业毕业，大学学历，硕士学位。1985年7月参加工作后，在胜利油田设计规划研究院五室任干事；1986年5月任孤东会战指挥部基建科干事；1987年1月任滨海采油厂设计室干事；1989年9月任滨海采油厂水电讯科助理工程师；1990年1月任桩西采油厂水电讯科助理工程师；1991年5月任胜利石油管理局电力管理处助理工程师；1993年1月起先后任电力管理总公司用电管理公司营业室工程师、监察队队长、营业室主任；1995年12月起先后任电力管理总公司用电管理公司副经理、经理、党总支副书记；2002年2月任电力管理总公司副总工程师兼电力调度中心主任、党总支副书记；2006年1月任电力管理总公司电气运行技术首席专家、副总工程师兼电力调度中心主任、党总支副书记；2007年8月起任电力管理总公司副经理。技术职称为教授级高级工程师。

章 胜 男，汉族，1970年8月18日出生，安徽绩溪人，中共党员，中国石油大学（华东）工业工程专业毕业，大学学历，硕士学位。1993年7月参加工作后，在胜利石油管理局电力管理总公司孤北热电厂见习；1993年10月任企业管理办公室干事；1997年9月任企业管理科副科长；1999年7月任企管合同科科长；2002年2月任电力管理总公司副总经济师兼企管合同科科长；2005年3月任电力管理总公司副总经济师兼经营管理科（法律事务科）科长；2008年12月起任电力管理总公司副经理。技术职称为高级经济师。

崔永谦 男，汉族，1961年6月1日出生，山东桓台人，中共党员，山东工业大学电力系统及其自动化专业毕业，大学学历，学士学位。1982年7月任胜利油田滨南采油厂水电大队技术员；1985年10月任无杆采油泵公司电泵厂技术员；1987年11月起，先后任河口采油厂生产办技术员、水电讯科工程师、高级工程师；1994年12月起先后任河口采油厂供电大队副大队长、大队长；1998年2月任电力管理总公司河口供电公司经理、党委副书记（副处级）；2001年1月任电力管理总公司滨纯供电公司经理、党委副书记（副处级）；2005年3月起任电力管理总公司副总工程师兼任孤岛供电公司经理、党委副书记（副处级）；2011年5月任电力管理总公司副总工程师（副处级），分管生产管理工作。技术职称为高级工程师。

刘克勤 男，汉族，1957年2月8日出生，山东海阳人，中共党员，山东省委党校经济管理专业毕业，大学学历。1974年12月作为知识青年上山下乡；1975年12月参加工作后，在胜利油田水电指挥部供应站当工人，1982年6月在胜利油田电力技工学校任教师；1983年2月在山东工业大学电力系继电保护专业学习；1984年7月在胜利油田电力技工学校先后任教师、教务处主任；1986年12月任供电公司计划科副科长；1988年9月起先后任供电公司变电大队副大队长、大队长；1992年12月任电力管理总公司副经理；2004年11月调中石化西北油田分公司供电管理中心任主任。技术职称为工程师。

陈宝寿 男，汉族，1953年10月30日出生，陕西汉中人，中共党员，中共中央党校经济管理专业毕业，大学学历。1972年12月参加工作后，在胜利油田水电指挥部电修车间当工人；1976年6月任水电指挥部团委干事；1984年9月任供电公司团委副书记；1988年1月任孤北热电厂政治教导员；1990年6月任供电公司党委组织科科长；1992年12月任电力管理总公司党委组织科科长；1995年8月任电力管理总公司党委副书记；2004年11月任电力管理总公司党委副书记、纪委书记；2008年12月起任电力管理总公司调研员（副处级）。技术职称为高级政工师。

石少君　男，汉族，1953年10月6日出生，山东淄博人，中共党员，山东省委党校经济管理专业毕业，大专学历。1969年2月为淄博市曹王乡西赵大队下乡知青，1971年3月参加工作后，在胜利油田油建一部电气大队先后当工人、班长、调度员；1988年3月起先后任供电公司电建队生产组组长、队长；1991年3月任供电公司电力建设大队副大队长；1993年2月任电力管理总公司电力建设公司经理、党总支副书记；1995年8月任电力管理总公司副经理；2007年8月任电力管理总公司党委常委、副经理；2008年12月起任电力管理总公司调研员（副处级）。技术职称为政工师。

张玉华　男，汉族，1953年4月9日出生，山东无棣人，中共党员，山东省委党校经济管理专业毕业，大学学历。1977年9月参加工作后，先后任胜利油田总调度室综合科技术员、工程师；1990年1月起先后任胜利油田总调度室办公室副主任、主任；1995年8月任电力管理总公司党委常委、工会主席；2008年6月起任电力管理总公司调研员（副处级）。技术职称为高级政工师。

梁金河　男，汉族，1946年4月20日出生，山东东营人，中共党员，山东广播电视大学法律专业毕业，大专学历。1964年12月入伍，先后任中国人民解放军步兵第230团班长、排长、政治指导员、组织干事、组织股长（正营级）、团政治处副主任、主任（副团级）；1981年7月为南京高级陆军学校政工队学员；1982年8月任中国人民解放军步兵第231团政治处主任（副团级）；1984年1月转业后先后任山东省检察院胜利油田分院、东营市人民检察院政治处主任（副处级）、副检察长（正处级）；1995年3月任经济法律政策研究院副院长（正处级）；1997年6月任电力管理总公司党委常委、副经理（正处级）；2003 年8月任电力管理总公司调研员（正处级）；2006年5月退休。技术职称为高级政工师。

许荣生　男，汉族，1946年2月19日出生，浙江上虞人，中共党员，浙江大学发电厂电力网及电力系统专业毕业，大学学历。1970年8月参加工作后，在九二三厂水电指挥部供电车间任实习员；1972年3月任胜利油田水电指挥部孤岛发电厂技术员；1978年3月在水电指挥部科技攻关队任工程师；1980年10月起先后任水电指挥部变电检修队工程师、车间主任；1986年12月起先后任供电公司生产技术科副科长、科长；1993年2月任电力管理总公司副总工程师兼技术科科长；1997年8月任电力管理总公司总工程师；2003年8月任电力管理总公司调研员（副处级）；2006年3月退休。技术职称为高级工程师。

胡西平　男，汉族，1958年2月23日出生，山东利津人，中共党员，中共中央党校政法专业毕业，大学学历。1980年7月参加工作后，在胜利油田水电指挥部财务科任会计；1983年9月起在供电公司财务科先后任主管会计、副科长、科长；1993年2月任电力管理总公司副总经济师兼财务科科长；1997年8月任电力管理总公司总会计师；2001年7月任电力管理总公司副经理兼总会计师；2007年5月调胜利发电厂任副厂长兼总会计师。技术职称为高级经济师。

张学明　男，汉族，1948年9月2日出生，山东青岛人，中共党员，山东省高等教育自学考试工业企业管理专业毕业，大专学历。1968年12月参加工作后，在九二三厂水电厂供应站当工人；1970年1月在九二三厂水电指挥部1211钻井队当工人；1972年7月任胜利油田水电指挥部孤岛发电厂政治指导员；1980年12月起先后任水电指挥部房建队副队长、队长；1986年12月任供电公司发电大队副大队长；1991年3月任供电公司电力建设大队副大队长；1993年2月起先后任电力管理总公司机动资产科副科长、科长；1995年12月任电力管理总公司机动科科长；1996年11月任电力管理总公司副总工程师兼机动科科长；1997年11月任电力管理总公司副总工程师；1998年2月任电力管理总公司总工程师；2004年11月任电力管理总公司调研员（副处级）；2008年10月退休。技术职称为工程师。

倪承波　男，汉族，1966年3月17日出生，山东临朐人。中共党员，华中科技大学电力系统自动化专业毕业，大学学历，硕士学位。1987年8月参加工作后，先后在胜利油田供电公司运行三队、四队见习；1988年8月起先后任供电公司电力调度中心助理工程师、中心调度室副主任；1996年1月起先后任电力调度中心副主任、主任；1998年11月任电力管理总公司副总工程师兼电力调度中心主任、党总支副书记；2002年2月任电力管理总公司副总工程师；2002年10月任电力管理总公司副经理；2004年11月调胜利石油管理局生产管理部任副主任；2012年8月起任胜利发电厂党委书记、副厂长。技术职称为教授级高级工程师。

牛爱民　男，汉族，1964年2月3日出生，山东定陶人，中共党员，对外经济贸易大学国际贸易学专业毕业，大学学历，硕士学位。1981年9月参加工作后，在胜利油田滨南会战指挥部采油七队当工人；1983年6月在胜利油田电视大学会计专业学习；1986年9月任滨南采油厂采油二矿会计；1986年11月任管理局财务处资金科会计；1987年11月起先后任油气集输公司财务科会计、副科长、科长；2001年5月任油气集输公司副总会计师兼财务科科长；2001年11月任油气集输公司副总会计师兼财务资产管理中心主任；2003年8月任油气集输公司总会计师；2004年11月任油气集输公司副经理兼总会计师；2006年2月任油气集输总厂副厂长兼总会计师；2007年5月任电力管理总公司副经理兼总会计师；2010年7月调北京博资投资顾问有限公司工作。技术职称为高级会计师。

张宝镜　男，汉族，1948年4月5日出生，山东高青人，中共党员，高中学历。1968年10月在高青县塘坊乡南杨村代教师；1970年6月在胜利油田井下作业处当工人；1975年4月起先后任胜利油田井下作业处办公室组织干事、秘书；1978年6月任水电指挥部党委组织科干事；1983年9月任通讯公司党委组织科副科长；1988年6月任通讯公司党委组织科科长；1996年4月任通讯公司副经理；2004年9月任电力管理总公司调研员（副处级）。2008年5月退休。技术职称为政工师。

马　震　男，汉族，1949年10月1日出生，山东青岛人，中共党员，山东省委党校经济管理专业毕业，大学学历。1968年12月参加工作后，在九二三厂胜采指挥部打捞队当工人；1975年11月任胜利油田胜采指挥部作业大队保卫干事；1979年3月任胜利油田胜利医院干事；1979年12月任胜利油田人民法院民事庭副庭长；1984年8月任胜利油田中级人民法院执行庭副庭长；1989年11月任胜利油田中级人民法院执行庭庭长；1995年3月任胜利石油管理局经济法律政策研究院保卫处处长（副处级）；1997年6月任通讯公司副经理；2004年9月任电力管理总公司调研员（副处级）；2009年11月退休。技术职称为高级政工师。

附录三

总公司副总师任职情况

（2003～2012）

一、副总工程师（副处级）

姓　名	任职时间
常新成	2004年11月～2008年6月
崔永谦	2004年11月～

二、副总经济师（副处级）

姓　名	任职时间
李浩军	2004年11月～2007年8月
杨同明	2004年11月～2006年2月
王国民	2004年11月～2010年4月

三、总法律顾问（副处级）

姓　名	任职时间
崔富华	2004年11月～2011年12月

四、副总师

职务	姓　名	任职时间
副总工程师	郑志华	2002年2月～2007年8月
	孙会浩	2002年2月～2007年8月
	刘仁臣	2002年2月～2004年11月
	赵良廷	2005年3月～2006年2月
	刘海辉	2005年 3月～2010年4月
	陈文民	2006年 2月～
	唐永建	2006年6月～2007年12月
	王炳国	2010年4月～
副总经济师	李金荣	1996年11月～2005年3月
	安丰家	2000年3月～2007年4月
	章　胜	2002年2月～2008年12月

	穆美玲	2002年2月～2011年5月
	李志宏	2004年9月～2004年12月
	孟瑞祥	2009年3月～
	孙福涛	2009年3月～
	贾光辉	2011年5月～
副总会计师	丁克建	2005年 6月～
副总政工师	赵寿炜	2009年 3月～
	贾光辉	2010年5月～2011年5月
	穆美玲	2011年5月～

附录四

总公司机关科室、直属单位及基层单位历任负责人任职情况

（2003～2012）

一、总公司机关科室、直属单位历任负责人

总公司机关科室、直属单位历任负责人，见附表3-1～附表3-29。

附表3-1 历年党委办公室（机关党委、信访办公室）负责人

职务	姓名	任职时间	备注
主任	赵寿炜	2003.01～2009.03	
		2009.03～	兼任
副主任	马玉岭	2003.01～2006.02	2005.06任610办公室主任（正科级）
	高全军	2009.03～2012.05	
	徐丽华	2010.04～	
机关党委副书记	陈维国	2003.01～2009.03	2005.06转为正科级
	高全军	2009.03～2012.05	2010.04转为正科级
	郭　雷	2012.05～	兼任
信访办公室主任	赵寿炜	2009.03～2010.04	
	孙青珍	2010.04～	
信访办公室副主任	高全军	2007.04～2010.04	
	徐丽华	2010.04～	
保密办公室主任	赵寿炜	2005.03～	

附表3-2 历年党委组织科负责人

职务	姓名	任职时间	备注
科长	穆美玲	2003.01～2005.08	副总师主持工作
	贾光辉	2005.08～2010.04	
	尚长泉	2010.04～2012.05	
		2012.05～	兼任
副科长	贾光辉	2003.01～2005.08	正科级
	高明华	2007.04～2011.05	
	李沅罡	2011.05～2012.05	
副科级组织员	高明华	2006.02～2007.04	
职称改革办公室副主任	李沅罡	2008.09～2011.05	

附表3-3 历年党委宣传科负责人

职务	姓名	任职时间	备注
科长	郭　雷	2003.01～2009.03	
	马玉岭	2009.03～2012.05	
		2012.05～	兼任
副科长	郑国锋	2003.01～2003.06	
	苏红燕	2009.03～	
	李玉群	2009.03～	
新闻工作站站长	苏红燕	2009.03～	

附表3-4 历年纪委监察科负责人

职务	姓名	任职时间	备注
副书记	王加亮	2003.01～2009.03	
	翟化仁	2009.03～	
科长	王加亮	2003.01～2009.03	
	王　芸	2009.03～2011.05	
	黄向东	2011.05～	
副科长	翟化仁	2003.01～2005.08	
	黄向东	2009.03～2011.05	
纪检监察员	翟化仁	2005.08～2009.03	正科级

附表3-5 历年工会负责人

职务	姓名	任职时间	备注
副主席	张鹏程	2003.01～2008.12	正科级
	栾晓萍	2006.02～2010.04	正科级
	樊俊利	2009.03～2012.05	正科级
	高全军	2012.05～	正科级
女工委主任	栾晓萍	2003.01～2010.04	正科级
	战宝丽	2011.05～	副科级
文联副主席	樊俊利	2009.03～2012.05	正科级
	高全军	2012.05～	正科级
劳动争议调解委员会办公室主任	王　欣	2009.03～	副科级

附表3-6 历年团委负责人

职务	姓名	任职时间	备注
书记	赵 锐	2003.01～2006.02	
	李振华	2008.09～2009.03	
	许雁飞	2011.05～	
副书记	李振华	2006.02～2008.09	
	许雁飞	2009.03～2011.05	

附表3-7 历年公司办公室负责人

职务	姓名	任职时间	备注
主任	王从军	2003.01～2008.12	
	钱德强	2008.12～	
副主任	钱德强	2003.01～2003.02	
	孙青珍	2006.02～2010.04	
		2010.04～	兼任（正科级）

附表3-8 历年生产管理科（生产管理办公室）负责人

职务	姓名	任职时间	备注
科长	吕孔贵	2003.01～2005.03	生产管理办公室
	郑春生	2005.03～2010.04	
	张 利	2010.04～	
副科长	郑春生	2003.01～2005.03	生产管理办公室
	张 利	2006.02～2008.08	
	陈胜波	2008.09～	
	叶 涛	2010.04～	

附表3-9 历年油地工作科负责人

职务	姓名	任职时间	备注
科长	张金武	2011.05～	

附表3-10 历年设备管理科负责人

职务	姓名	任职时间	备注
科长	王炳国	2003.02～2005.03	
	贾　杰	2005.03～2007.09	
	高立群	2007.09～2009.03	
	高明东	2009.03～2009.08	
	苗建忠	2009.08～	
副科长	王炳国	2003.01～2003.02	
	董　峰	2006.02～2009.03	
	马景波	2009.03～	正科级

附表3-11 历年安全环保科（安全技术科）负责人

职务	姓名	任职时间	备注
科长	贾　杰	2003.01～2005.03	安全技术科
	陈文民	2005.03～2006.02	兼任
	李永威	2006.02～2009.03	
	贾　杰	2009.03～2011.03	兼任
	靖　伟	2011.05～	兼任
副科长	董　峰	2003.01～2005.03	安全技术科
		2005.03～2006.02	安全环保科
	杨　建	2006.02～	
	杨　鹏	2011.05～	
安全环保监督站站长	杨　建	2010.04～	正科级

附表3-12 历年规划计划科（计划科）负责人

职务	姓名	任职时间	备注
科长	刘文波	2003.01～2005.03	计划科
	王炳国	2005.03～2010.04	
		2010.04～	兼任
副科长	富　豪	2003.01～2005.03	计划科
		2005.03～2006.02	
	刘克珂	2006.02～2010.04	
	黄兴民	2011.05～	

附表3-13 历年劳动工资科负责人

职务	姓名	任职时间	备注
科长	王新纯	2003.01～2008.03	
	孟瑞祥	2008.03～2009.03	
		2009.03～	兼任
副科长	杨洪涛	2003.01～	
	吴洪胜	2009.03～	

附表3-14 历年经营管理科（法律事务科）、（企管合同科）负责人

职务	姓名	任职时间	备注
科长	章　胜	2003.01～2005.03	企管合同科（兼任）
	章　胜	2005.03～2008.12	兼任
	连胜利	2008.12～2012.05	
		2012.05～	兼任
副科长	崔富华	2003.01～2003.11	正科级
	林　英	2005.03～2011.05	企管合同科（正科级）
	胡宝霞	2009.03～2011.05	
	林才川	2011.05～	
	薛　涛	2011.05～	
预算主任师	胡宝霞	2011.05～	副科级

附表3-15 历年审计科负责人

职务	姓名	任职时间	备注
科长	王　芸	2003.01～2009.03	
	高立群	2009.03～2011.05	
	马奎君	2011.05～	
副科长	高立群	2003.01～2007.09	
	张晓云	2008.01～2009.03	
审计主任师	杨晓卿	2011.05～	正科级
	王　芸	2011.05～	正科级

附表3-16 历年物资供应科负责人

职务	姓名	任职时间	备注
党支部书记	丁志强	2008.03～	
科长	苗建忠	2005.03～2009.08	
	高明东	2009.08～	
副科长	张华良	2005.03～2006.02	正科级
	丁志强	2008.03～	兼任
	孙　毅	2005.06～2011.05	
	高景栋	2011.05～	
纪检监察员	孙　毅	2010.04～2011.05	
	高景栋	2011.05～	

附表3-17 历年油田公用工程劳动定额定员站负责人

职务	姓名	任职时间	备注
站长	孟瑞祥	2008.12～2009.03	
	杨洪涛	2009.03～	
副站长	吴洪胜	2009.03～	

附表3-18 历年基建工程管理中心负责人

职务	姓名	任职时间	备注
党支部书记	张晓龙	2011.08～	
主任	丰茂忠	2011.05～	
副主任	张玉奎	2011.05～	

附表3-19 历年第八职业技能鉴定站负责人

职务	姓名	任职时间	备注
站长	王殿臣	2003.05～2008.03	
	杨洪涛	2008.03～2009.03	
	聂　洪	2009.03～	

附表3-20 历年财务资产管理中心负责人

职务	姓名	任职时间	备注
主任	杨晓卿	2003.01～2005.03	
	丁克建	2005.03～2005.08	
		2005.08～	兼任
党支部书记	杨晓卿	2005.03～2011.05	
	高立群	2011.05～	
党支部副书记	丁克建	2003.01～	
副主任	丁克建	2003.01～2005.03	
	马奎君	2003.01～2011.05	
	杨晓卿	2005.03～2011.05	
	李　峥	2009.03～2012.05	
	高立群	2011.05～	

附表3-21 历年老年管理中心负责人

职务	姓名	任职时间	备注
党总支书记	桂　林	2006.02～2009.03	
	王加亮	2009.03～2010.04	
	马　军	2010.04～	
主任	肖和平	2003.01～2008.03	
	桂　林	2008.03～2011.05	
	赵春华	2011.05～	
党总支副书记	马　军	2009.03～2010.04	正科级
	桂　林	2011.05～	正科级
	林　英	2011.05～	正科级
	王海峰	2010.04～	
副主任	桂　林	2003.01～2008.03	
	许建忠	2008.01～2011.05	正科级
	刘玉平	2008.01～	
	王　魁	2011.05～	

附表3-22 历年治安保卫中心（治安保卫办公室）负责人

职务	姓名	任职时间	备注
党总支（支部）书记	王学民	2003.01～2008.03	治安保卫办公室党支部
	王世俊	2010.04～2011.06	
		2011.06～	
主任	王新强	2003.01～2008.03	治安保卫办公室
	王向民	2008.09～2011.06	
		2011.06～	
党总支（支部）副书记	王新强	2003.01～2008.03	治安保卫办公室党支部
	王向民	2007.04～	
	曹长波	2011.06～	
副主任	戚　平	2003.01～2007.04	治安保卫办公室
	王学民	2003.01～2008.03	
	王向民	2007.04～2008.09	
	毋矿莎	2008.03～2010.04	治安保卫办公室，正科级
	曹长波	2011.06～	
	王　勇	2010.04～	

附表3-23 历年信息管理中心负责人

职务	姓名	任职时间	备注
党支部书记	宋保国	2011.08～	
主任	张　军	2004.09～	
副主任	梁莉荣	2010.04～	
	朱　滨	2010.04～	

附表3-24 历年电力科研所（生产技术科）负责人

职务	姓名	任职时间	备注
党支部书记	王　东	2006.02～2009.03	
	仲崇山	2009.03～	
所长	王　东	2003.01～2006.02	
	陈文民	2006.02～2009.03	兼任
	王　东	2009.03～	
副所长	韩卫东	2001.04～2004.10	
	董纪国	2005.06～2008.08	
	王　东	2006.02～2009.03	
	仲崇山	2009.03～	

附表3-25 公共事业中心（生活服务中心）历任领导班子

时间	政治教导员	党总支书记 党委书记	主任	党总支副书记 党委副书记	副主任	工会主席	纪检监察员	备注
2003.01～2005.03	林　宏	林　宏	孙福涛	孙福涛	王守军 杨盛举（内聘） 何盛忠			生活服务中心、党总支
2005.03～2006.02		林　宏	孙福涛	孙福涛	王瑞源（正科级） 王守军 何盛忠	王守军		公共事业中心党总支
2006.02～2008.03		王守军	孙福涛	孙福涛 赵春华（正科级）	赵春华（正科级） 何盛忠 贾现斌	赵春华 （正科级）		
2008.03～2009.03		王守军	孙福涛	孙福涛 赵春华（正科级）	赵春华（正科级） 袁敦生 贾现斌	赵春华 （正科级）		
2009.03～2011.05		王守军	孙福涛 （兼任）	孙福涛（兼任） 赵春华（正科级）	赵春华（正科级） 袁敦生 贾现斌	赵春华 （正科级）		
2011.05～		王守军	孙福涛 （兼任）	孙福涛（兼任）	贾现斌 袁敦生 招　英 朱相兴	招　英	招　英	公共事业中心党委

附表3-26 职工培训中心历任领导班子

时间	党总支书记	主任	党总支副书记	副主任	党校副校长	工会主席	纪检监察员
2003.01～2005.03	岳向力	孟瑞祥	孟瑞祥	王殿臣（正科级） 张成玉（正处级） 巴沾利	孟瑞祥		
2005.03～2006.02	岳向力	孟瑞祥	孟瑞祥	王殿臣（正科级） 巴沾利	孟瑞祥	王殿臣（正科级）	
2006.02～2008.03	赵　锐	孟瑞祥	孟瑞祥 黄向东	王殿臣（正科级） 巴沾利 安庆波	孟瑞祥	王殿臣（正科级）	
2008.03～2009.03	赵　锐	王殿臣	王殿臣 黄向东	孟瑞祥（兼任） 巴沾利 安庆波	赵　锐		
2009.03～2010.04	赵　锐	王殿臣	王殿臣	聂　洪（正科级） 巴沾利 安庆波 郭光宇	赵　锐	郭光宇	
2010.04～2011.05	赵　锐	王殿臣	王殿臣	聂　洪（正科级） 安庆波 郭光宇	赵　锐	郭光宇	
2011.05～	赵　锐	王殿臣	王殿臣	聂　洪（正科级） 安庆波 郭光宇	赵　锐	郭光宇	郭光宇

附表3-27 车辆管理中心历任领导班子

时间	党委书记	主任	党委副书记	副主任	工会主席	纪检监察员
2003.01～2003.02	魏学亮	魏学亮		万克庭 张　强（正科级）		
2003.02～2006.02	钱德强	钱德强		张　强（正科级） 万克庭	张　强 （正科级）	
2006.02～2008.12	王从军 （兼任）	钱德强	钱德强	张　强（正科级） 万克庭	张　强 （正科级）	
2008.12～2010.04	张　强	缪清辉	缪清辉	张　强 万克庭 高景栋	高景栋	高景栋
2010.04～2011.05	王新民	缪清辉	缪清辉	万克庭 高景栋	高景栋	高景栋
2011.05～	孙　毅	缪清辉	缪清辉 王新民（正科级）	万克庭		

附表3-28 电力调度中心历任领导班子

时间	党总支书记	主任	党总支副书记	副主任	工会主席	纪检监察员
2003.01～2005.03	穆敬军	孙会浩 （兼任）	孙会浩 孙秀华	王兆水 刘玉林		
2005.03～2006.02	付志广	孙会浩 （兼任）	孙会浩（兼任）	王兆水 刘玉林	王兆水	
2006.02～2007.09	付志广	孙会浩 （兼任）	孙会浩（兼任）	王兆水 刘玉林 富　豪	王兆水	
2007.09～2008.03	付志广	刘玉林	刘玉林	王兆水 富　豪	王兆水	
2008.03～2009.03	樊俊利	刘玉林	刘玉林	富　豪 欧芳宁 赵富胜	欧芳宁	
2009.03～2011.05	富　豪	刘玉林	刘玉林	富　豪 欧芳宁 赵富胜 佟　明	欧芳宁	
2011.05～2012.05	富　豪	刘玉林	刘玉林	富　豪 赵富胜 佟　明 张　涛	佟　明	佟　明
2012.05～	富　豪	刘玉林 （兼任）	刘玉林（兼任）	富　豪 赵富胜 佟　明 张　涛	佟　明	佟　明

附表3-29 电力客户服务中心历任领导班子

时间	党总支书记	主任	党总支副书记	副主任	工会主席	纪检监察员
2003.01～2005.03	丁志强	郑志华 （兼任）	郑志华	李　娜		
2005.03～2006.02	丁志强	郑志华 （兼任）	郑志华　聂　洪	聂　洪 李　娜	李　娜	聂　洪
2006.02～2007.09	丁志强	郑志华 （兼任）	郑志华　聂　洪	聂　洪　李　娜 高佩忠	李　娜	聂　洪
2007.09～2008.03	丁志强	贾　杰	贾　杰　聂　洪	聂　洪　李　娜 高佩忠	李　娜	聂　洪
2008.03～2009.03	尚长泉	贾　杰	贾　杰　聂　洪	聂　洪　李　娜 高佩忠	李　娜	聂　洪
2009.03～2010.04	尚长泉	高佩忠	高佩忠	尚长泉　张怀奎 王荣锋　杨大英	张怀奎	王荣锋
2010.04～2011.05	贾光辉 （兼任）	高佩忠	高佩忠	贾光辉　张怀奎　王荣锋 杨大英　姚金贞	张怀奎	王荣锋
2011.05～	贾光辉 （兼任）	高佩忠	高佩忠	张怀奎　王荣锋 杨大英　姚金贞	张怀奎	王荣锋

二、总公司基层单位历任领导班子成员

总公司基层单位历任领导班子成员见附表3–30~附表3–41。

附表3–30 滨海供电公司历任领导班子

时间	政治教导员	党委书记	经理	副政治教导员	党委副书记	副经理	工会主席	纪检监察员
2005.03～2006.02	王　庆	王　庆	刘文波		刘文波	曲才林（正科级） 于立明 孙雷兴	于立明	孙雷兴
2006.02～2007.04	王　庆	王　庆	刘文波	张文杰 （正科级）	刘文波 张文杰 （正科级）	曲才林（正科级） 于立明 孙雷兴	于立明	孙雷兴
2007.04～2008.03	陈　强	陈　强	刘文波	张文杰 （正科级）	刘文波 张文杰 （正科级）	曲才林（正科级） 于立明 孙雷兴 陈　冰 景建宁	于立明	孙雷兴
2008.03～2009.03	张文杰	张文杰	陈　强		陈　强	曲才林（正科级） 于立明 孙雷兴 陈　冰 景建宁 刘学锋（正科级）	于立明	孙雷兴
2009.03～2010.04	李振华	李振华	陈　强	孙雷兴	陈　强 孙雷兴	陈　冰 景建宁 刘学锋（正科级） 林德概	景建宁	孙雷兴
2010.04～2011.05	李振华	李振华	陈　强	孙雷兴	陈　强 孙雷兴	陈　冰 刘学锋（正科级） 林德概 邹卫国	孙雷兴	孙雷兴
2011.05～2011.08		李振华	陈　强		陈　强 孙雷兴	陈　冰 刘学锋（正科级） 林德概 邹卫国 张福民	孙雷兴	孙雷兴
2011.08～2012.05		李振华	陈　强		陈　强 孙雷兴	陈　冰 刘学锋（正科级） 王开国 林德概 邹卫国 张福民	王开国	孙雷兴
2012.05～		李振华	刘洪卫		刘洪卫 孙雷兴	陈　冰 刘学锋（正科级） 王开国 林德概 邹卫国 张福民	王开国	孙雷兴

附表3-31 孤岛供电公司历任领导班子

时间	政治教导员	党委书记	经理	副政治教导员	党委副书记	副经理	工会主席	纪检监察员
2005.03～2006.02	吴宗让	吴宗让	崔永谦 (兼任)	邢志刚	崔永谦 (兼任) 邢志刚	陈　强 高佩忠		邢志刚
2006.02～2007.04	邢志刚	邢志刚	崔永谦 (兼任)		崔永谦 (兼任)	陈　强 王兆岭	陈　强	陈　强
2007.04～2008.03	邢志刚	邢志刚	崔永谦 (兼任)		崔永谦 (兼任)	王兆岭 刘洪卫 李爱国	李爱国	
2008.03～2009.03	王兆岭	王兆岭	崔永谦 (兼任)		崔永谦 (兼任)	刘洪卫 李爱国 张玉新	李爱国	
2009.03～2010.04	王兆岭	王兆岭	崔永谦 (兼任)	张玉新	崔永谦 (兼任) 张玉新	刘洪卫 李爱国 时幸福	张玉新	张玉新
2010.04～2011.05	王兆岭	王兆岭	崔永谦 (兼任)	张玉新	崔永谦 (兼任) 张玉新	刘洪卫 李爱国 时幸福	李爱国	张玉新
2011.05～2012.05		王兆岭	刘洪卫		刘洪卫 张玉新	李爱国 时幸福 杨　波	李爱国	张玉新
2012.05～		陈　强	王兆岭		王兆岭 张玉新	李爱国 时幸福 杨　波	李爱国	张玉新

附表3-32 滨南供电公司历任领导班子

时间	政治教导员	党总支书记 党委书记	经理	副政治教导员	党总支副书记 党委副书记	副经理	工会主席	纪检监察员	备注
2005.03～2007.04	尚长泉	尚长泉	龚爱军		龚爱军	张继勇 薛海收	朱世昌	薛海收	滨南供电公司党总支
2007.04～2008.03	尚长泉	尚长泉	龚爱军		龚爱军	张继勇 薛海收	荆　峰	薛海收	
2008.03～2009.03	龚爱军	龚爱军	薛海收		薛海收	张继勇 荆　峰	潘军伟	荆　峰	滨南供电公司党委
2009.03～2009.08	樊　勇	樊　勇	薛海收		薛海收	荆　峰 孙　峰	潘军伟	荆　峰	
2009.08～2010.04	樊　勇	樊　勇	薛海收		薛海收	荆　峰	潘军伟	荆　峰	
2010.04～2011.05	樊　勇	樊　勇	薛海收	陈宝利	薛海收 陈宝利	荆　峰 郭　滨	潘军伟	陈宝利	
2011.05～2011.08		樊　勇	薛海收		薛海收 陈宝利	荆　峰 辛星志 郭　滨	潘军伟	陈宝利	
2011.08～		樊　勇	薛海收		薛海收 陈宝利 方　毅	方　毅 荆　峰 辛星志 郭　滨	潘军伟	陈宝利	

附表3-33 纯梁供电公司历任领导班子

时间	政治教导员	党总支书记 党委书记	经理	副政治教导员	党总支副书记 党委副书记	副经理	工会主席	纪检监察员	备注
2005.03～2006.02	王德才	王德才	樊　勇		樊　勇	潘军伟 陈宝利	陈宝利	潘军伟	纯梁供电公司党总支
2006.02～2008.03	王德才	王德才	樊　勇		樊　勇	潘军伟 陈宝利 邵江华	陈宝利	潘军伟	
2008.03～2009.03	王德才	王德才	樊　勇		樊　勇	陈宝利 邵江华	陈宝利		
2009.03～2010.04	陈维国	陈维国	王德才	陈宝利	王德才 陈宝利	邵江华 辛星志	陈宝利	陈宝利	纯梁供电公司党委
2010.04～2011.05	陈维国	陈维国	王德才	毋矿莎 (正科级)	王德才 毋矿莎 (正科级)	邵江华 辛星志	毋矿莎 (正科级)	毋矿莎 (正科级)	
2011.05～		陈维国	王德才		王德才 毋矿莎 (正科级)	刘观海 杨川江	毋矿莎 (正科级)	毋矿莎 (正科级)	

附表3-34 河口供电公司历任领导班子

时间	政治教导员	党委书记	经理	副政治教导员	党委副书记	副经理	工会主席	纪检监察员
2005.03～2006.02	宋学田	宋学田	唐永建	樊俊利	唐永建 樊俊利	陈湘利 李立江 张伟江	樊俊利	陈湘利
2006.02～2007.04	宋学田	宋学田	李立江	樊俊利	李立江 樊俊利	陈湘利 张伟江 杨江平	樊俊利	陈湘利
2007.04～2008.03	樊俊利	樊俊利	李立江		李立江	陈湘利 张伟江 杨江平	陈湘利	陈湘利
2008.03～2009.03	王新民	王新民	李立江		李立江	陈湘利 张伟江 杨江平 耿　辉	侯建良	陈湘利
2009.03～2010.04	王新民	王新民	李立江		李立江	陈湘利 张伟江 杨江平 耿　辉 唐金生	侯建良	陈湘利
2010.04～2011.05	侯建良	侯建良	李立江		李立江	陈湘利 张伟江 杨江平 耿　辉 唐金生 景建宁	景建宁	陈湘利
2011.05～		侯建良	刘文波 (兼任)		刘文波 (兼任) 陈湘利	杨江平 耿　辉 唐金生 景建宁	景建宁	陈湘利

附表3-35 东区供电公司历任领导班子

时间	政治教导员	党委书记	经理	副政治教导员	党委副书记	副经理	工会主席	纪检监察员
2003.01～2003.02	刘　凯	刘　凯	陈文民		陈文民	张海涛 赵连峰（正科级） 刘宝金	高金桥 （正科级）	
2003.02～2005.03	刘　凯	刘　凯	陈文民		陈文民	张海涛 刘宝金	张海涛	
2005.03～2005.06	刘　凯	刘　凯	张海涛		张海涛	刘宝金 欧芳宁	欧芳宁	刘宝金
2005.06～2006.02	刘　凯	刘　凯	张海涛	韩宝贵	张海涛 韩宝贵	刘宝金 欧芳宁	欧芳宁	刘宝金
2006.02～2007.04	刘　凯	刘　凯	张海涛	韩宝贵	张海涛 韩宝贵	刘宝金 欧芳宁 段辉文	欧芳宁	刘宝金
2007.04～2008.03	刘　凯	刘　凯	张海涛		张海涛	刘宝金 欧芳宁 段辉文 仲崇山	马云龙	刘宝金
2008.03～2009.03	刘　凯	刘　凯	张海涛		张海涛	刘宝金 段辉文 仲崇山	马云龙	刘宝金
2009.03～2010.04	刘　凯	刘　凯	张海涛		张海涛	刘宝金 段辉文 张维进 陈志锋	马云龙	刘宝金
2010.04～2011.05	张海涛	张海涛	张维进		张维进	刘宝金 段辉文 陈志锋 李长杰	马云龙	刘宝金
2011.05～		高明华	张维进		张维进 张海涛 （正科级）	许建忠（正科级） 陈志锋 李长杰 马云龙 鲁统华	许建忠 （正科级）	马云龙

附表3-36 南区供电公司历任领导班子

时间	政治教导员	党委书记	经理	副政治教导员	党委副书记	副经理	工会主席	纪检监察员
2003.01～2005.03	李从余	李从余	杜正旺	郑元忠 （正科级）	杜正旺 郑元忠	许建忠（正科级） 王德才 王海峰	袁敦生	
2005.03～2006.02	穆敬军	穆敬军	杜正旺		杜正旺	王兆岭 王海峰	袁敦生	王海峰
2006.02～2007.04	穆敬军	穆敬军	杜正旺	徐美华	杜正旺 徐美华	王海峰	袁敦生	王海峰
2007.04～2008.03	穆敬军	穆敬军	杜正旺	徐美华	杜正旺 徐美华	王海峰 刘建国	袁敦生	王海峰
2008.03～2009.03	徐美华	徐美华	吕官振		吕官振	王海峰 刘建国	逯少海 （正科级）	王海峰
2009.03～2010.04	徐美华	徐美华	吕官振		吕官振	王海峰 刘建国 于克栋	逯少海 （正科级）	王海峰
2010.04～2011.05	徐美华	徐美华	吕官振		吕官振	刘建国 于克栋 况永峰	逯少海 （正科级）	况永峰
2011.05～		徐美华	吕官振		吕官振	刘宝金 刘建国 于克栋 况永峰	逯少海 （正科级）	刘宝金

附表3-37 北区供电公司历任领导班子

时间	政治教导员	党委书记	经理	副政治教导员	党委副书记	副经理	工会主席	纪检监察员
2003.01～2005.03	苗万福	苗万福	付志广	王树桐（正科级）	付志广 王树桐（正科级）	张治彬（正科级） 吕官振 孙泽光	王树桐	
2005.03～2006.02	苗万福	苗万福	魏衍群	王树桐（正科级）	魏衍群 王树桐（正科级）	吕官振 孙泽光	王树桐	吕官振
2006.02～2008.03	苗万福	苗万福	魏衍群	王树桐（正科级）	魏衍群 王树桐（正科级）	吕官振 孙泽光 蒋忠江	王树桐	吕官振
2008.03～2009.03	薛　涛	薛　涛	魏衍群		魏衍群	薛　涛 孙泽光 蒋忠江 窦海波	蒋忠江	窦海波
2009.03～2009.08	郭　雷	郭　雷	魏衍群		魏衍群	蒋忠江 康传记	王海鹏	王海鹏
2009.08～2010.04	郭　雷	郭　雷	魏衍群		魏衍群	康传记 孙　峰	王海鹏	王海鹏
2010.04～2011.05	郭　雷	郭　雷	魏衍群		魏衍群	康传记 孙　峰	王海鹏	王海鹏
2011.05～2012.05		郭　雷	魏衍群		魏衍群	康传记 孙　峰 张丰莉 蒋忠江	王海鹏	王海鹏
2012.05～		樊俊利	魏衍群		魏衍群	康传记 孙　峰 张丰莉 蒋忠江	王海鹏	王海鹏

附表3-38 中区供电公司历任领导班子

时间	政治教导员	党委书记	经理	副政治教导员	党委副书记	副经理	工会主席	纪检监察员
2003.01～2005.03	于曰祥	于曰祥	高明东		高明东	张守军 聂　洪 安庆波	柳金枝	
2005.03～2006.02	马立岭	马立岭	高明东		高明东	刘桢林（正科级） 张守军 安庆波	柳金枝	刘桢林（正科级）
2006.02～2008.03	马立岭	马立岭	高明东	宁志刚（正科级）	高明东 宁志刚（正科级）	宁志刚（正科级） 刘桢林（正科级） 柳金枝 陈学忠	宁志刚（正科级）	刘桢林（正科级）
2008.03～2008.08	马立岭	马立岭	高明东	宁志刚（正科级）	高明东 宁志刚（正科级）	宁志刚（正科级） 刘桢林（正科级） 陈学忠 何盛忠	宁志刚（正科级）	刘桢林（正科级）
2008.08～2009.03	马立岭	马立岭	高明东	宁志刚（正科级）	高明东 宁志刚（正科级）	宁志刚（正科级） 陈学忠 何盛忠	宁志刚（正科级）	
2009.03～2010.04	马立岭	马立岭	陈文东	苗　辉（正科级）	陈文东 苗　辉（正科级）	陈学忠 何盛忠 窦海波 刘　森	苗　辉（正科级）	苗　辉（正科级）
2010.04～2011.05	马立岭	马立岭	郑春生	苗　辉（正科级）	郑春生 苗　辉（正科级）	陈学忠 何盛忠 窦海波 刘　森	苗　辉（正科级）	苗　辉（正科级）
2011.05～		马立岭	郑春生		郑春生 苗　辉（正科级）	陈学忠 窦海波 刘　森 秦子明	苗　辉（正科级）	苗　辉（正科级）

附表3-39 修试中心历任领导班子

时间	政治教导员	党总支书记 党委书记	主任	副政治教导员	党总支副书记 党委副书记	副主任	工会主席	纪检监察员	备注
2003.01～2004.09	李永威	李永威	陈文东	王玉明	陈文东 王玉明	李永威 李新安 杨海巍	王玉明		修试中心党总支
2004.09～2004.12	李文祥	李文祥	陈文东	王玉明	陈文东 王玉明	李新安 杨海巍	王玉明		
2004.12～2005.03	李文祥	李文祥	陈文东	王玉明	陈文东 王玉明	李新安	王玉明		
2005.03～2006.02	李文祥	李文祥	陈文东	王玉明	陈文东 王玉明	薛　涛（正科级） 李新安	王玉明		
2006.02～2008.01	李文祥	李文祥	陈文东	王玉明	陈文东 王玉明	李新安 张玉奎	王玉明		
2008.01～2008.03	李文祥	李文祥	陈文东	王玉明	薛　涛 （正科级） 陈文东 王玉明	薛　涛（正科级） 李新安 张玉奎	王玉明		
2008.03～2008.09	穆敬军	穆敬军	陈文东	王玉明	陈文东 王玉明	李新安 张玉奎	庄　严		修试中心党委
2008.09～2009.03	穆敬军	穆敬军	陈文东	王玉明	陈文东 王玉明	李新安 张玉奎 邵立群	庄　严		
2009.03～2010.04	穆敬军	穆敬军	薛　涛	庄　严	薛　涛 庄　严	李新安 张玉奎 邵立群 马　红	庄　严	庄　严	
2010.04～2011.05	穆敬军	穆敬军	薛　涛	庄　严	薛　涛 庄　严	张玉奎 邵立群 马　红	庄　严	庄　严	
2011.05～		穆敬军	薛　涛		薛　涛 庄　严	邵立群 马　红 季本清	庄　严	庄　严	

附表3-40 综合维修公司历任领导班子

时间	政治教导员	党委书记	经理	党委副书记	副经理	工会主席	纪检监察员
2008.12～2011.05	张治彬	张治彬	李　健	李　健	赵　明 张　微	张　微	张　微
2011.05～2011.06		张治彬	李　健	李　健	张　微 殷　珺	张　微	张　微
2011.06～2011.08		张治彬	李　健	李　健 张晓龙（正科级） 宋保国（正科级）	张晓龙（正科级） 宋保国（正科级） 张　微 殷　珺	张　微	张　微
2011.08～		张治彬	李　健	李　健 孙玉国（正科级） 孙泽光（正科级）	孙玉国（正科级） 孙泽光（正科级） 张　微 殷　珺	张　微	张　微

附表3-41 电力建设公司（电力维修公司）历任领导班子

时间	政治教导员	党委书记	经理	副政治教导员	党委副书记	副主任	工会主席	纪检监察员	备注
2003.01～2005.03	马立岭	马立岭	刘仁臣 (兼任)		刘仁臣 (兼任)	张志平 丰茂忠	戈吉刚		电力建设公司
2005.03～2007.12	丰茂忠	丰茂忠	王新民		王新民	戈吉刚	戈吉刚		
2007.12～2008.01	丰茂忠	丰茂忠	王新民		王新民				
2008.01～2008.03	丰茂忠	丰茂忠	刘海辉 (兼任)		刘海辉 (兼任) 王新民 (正职待遇)	王新民（正职待遇） 王世俊（正科级） 田茂利	王世俊 (正科级)	王世俊 (正科级)	电力维修公司
2008.03～2009.03	丰茂忠	丰茂忠	刘海辉 (兼任)		刘海辉 (兼任)	王世俊（正科级） 田茂利 叶 涛	王世俊 (正科级)	王世俊 (正科级)	
2009.03～2010.04	丰茂忠	丰茂忠	刘海辉 (兼任)	王世俊 (正科级)	刘海辉 (兼任) 王世俊 (正科级)	田茂利 叶 涛 陈海军	王世俊 (正科级)	王世俊 (正科级)	
2010.04～2011.05	丰茂忠	丰茂忠	刘克珂		刘克珂	田茂利 陈海军	田茂利		
2011.05～		李立江	刘克珂		刘克珂	田茂利 陈海军 赵 明	田茂利	田茂利	电力建设公司

三、已撤销、合并、划转、改制的科室、单位历任负责人

已撤销、合并、划转、改制的科室、单位历任负责人，见附表3–42～附表3–69。

附表3–42 历年基建工农科负责人

职务	姓名	任职时间	备注
科长	靖　伟	2003.01～2011.05	
副科长	李　健	2003.01～2008.08	
	周广森	2003.01～2008.03	
	张金武	2008.09～2011.05	正科级

附表3–43 历年定额预算站负责人

职务	姓名	任职时间	备注
定额预算站站长	孙建伟	2003.01～2005.03	

附表3–44 历年计划生育办公室负责人

职务	姓名	任职时间	备注
主任	林　英	2003.01～2005.03	

附表3–45 滨海供电公司（副处级）历任领导班子

时间	党委书记	经理	党委副书记	备注
2003.01～2004.11	李浩军	常新成	常新成	

附表3–46 滨纯供电公司（副处级）历任领导班子

时间	党委书记	经理	党委副书记	副经理
2003.01～2004.11	王国民	崔永谦	崔永谦	王国民

附表3-47 河口供电公司（副处级）历任领导班子

时间	党委书记	副经理	工会主席
2003.01～2004.11	杨同明	刘桢林（正科级） 陈湘利（副科级） 景建宁（副科级） 于维建（副科级） 李立江（副科级）	樊俊利（副科级）
2004.11～2005.03	杨同明（兼任）	刘桢林（正科级） 陈湘利（副科级） 景建宁（副科级） 于维建（副科级） 李立江（副科级）	樊俊利（副科级）

附表3-48 孤岛供电大队历任领导班子

时间	政治教导员	党委书记	大队长	副政治教导员	党委副书记	副大队长	工会主席
2003.01～2005.03	马　军	马　军	吴宗让	邢志刚	吴宗让 邢志刚	王兆岭 陈　强 高佩忠	邢志刚

附表3-49 孤东供电大队历任领导班子

时间	政治教导员	党委书记	大队长	党委副书记	副大队长	工会主席
2003.01～2004.11	王　庆	王　庆	王新民	王新民	曲才林（正科级） 左　沛 马远月 孙雷兴	于立明
2004.11～2005.03	王　庆	王　庆	王新民	王新民	曲才林（正科级） 马远月 孙雷兴	于立明

附表3-50 滨南供电大队历任领导班子

时间	政治教导员	党委书记	大队长	党委副书记	副大队长	工会主席
2003.01～2005.03	尚长泉	尚长泉	龚爱军	龚爱军	张继勇 薛海收 陈宝利	朱世昌

附表3-51 纯梁供电大队历任领导班子

时间	政治教导员	党总支书记	大队长	党总支副书记	副大队长	工会主席
2003.01～2005.03	樊　勇	樊　勇	魏衍群	魏衍群	潘军伟	李计才

附表3-52 孤北热电厂历任领导班子

时间	政治教导员	党委书记	厂长	副政治教导员	党委副书记	副厂长	工会主席	纪检监察员
2003.01～2005.03	张文杰	张文杰	赵良廷		赵良廷	孙玉国 张伟江 张怀奎	方　毅	
2005.03～2005.08	张文杰	张文杰	赵良廷 (兼任)		赵良廷 (兼任)	孙玉国 张怀奎	方　毅	
2005.08～2006.02	张文杰	张文杰	赵良廷 (兼任)	马　军 (正科级)	赵良廷 (兼任) 马　军 (正科级)	孙玉国 张怀奎	方　毅	
2006.02～2009.03	马玉岭	马玉岭	孙玉国	马　军 (正科级)	孙玉国 马　军 (正科级)	张怀奎 孟　勇	方　毅	
2009.03～2011.05	孙泽光	孙泽光	孙玉国	方　毅	孙玉国 方　毅	孟　勇 王开国	王开国	方　毅
2011.05～2011.08		孙泽光	孙玉国		孙玉国 方　毅	王开国	王开国	方　毅

附表3-53 物资供应公司历任领导班子

时间	政治教导员	经理	副政治教导员	副经理
2003.01～2005.03	宋学田	薛　涛	张华良（正科级）	苗建忠

附表3-54 护厂大队历任领导班子

时间	政治教导员	党委书记	大队长	党委副书记	副大队长	工会主席	纪检监察员	主任经济师
2008.01～2008.09	连胜利	连胜利	张金武	张金武	张晓龙（正科级） 宋保国（正科级） 苗　辉（正科级） 马景波（正科级）	宋保国 (正科级)	宋保国 (正科级)	殷　珺 (副科级)
2008.09～2008.12	连胜利	连胜利	宋保国	宋保国	张晓龙（正科级） 苗　辉（正科级） 马景波（正科级）	张晓龙 (正科级)	苗　辉 (正科级)	殷　珺 (副科级)
2008.12～2009.03	张晓龙	张晓龙	宋保国	宋保国	苗　辉（正科级） 马景波（正科级） 殷　珺	苗　辉 (正科级)	苗　辉 (正科级)	
2009.03～2011.05	张晓龙	张晓龙	宋保国	宋保国	殷　珺 曹长波	殷　珺	曹长波	
2011.05～2011.06		张晓龙	宋保国	宋保国	曹长波		曹长波	

附表3-55 外部市场项目部历任领导班子

时间	政治教导员	党委书记	经理	党委副书记	副经理	工会主席	纪检监察员	主任工程师
2008.01～2008.08	张治彬	张治彬	李　健	李　健	缪清辉（正科级） 杨晓东	高景栋	高景栋	赵　明（副科级） 张　微（副科级）
2008.08～2008.12	张治彬	张治彬	李　健	李　健	缪清辉（正科级）	高景栋	高景栋	赵　明（副科级） 张　微（副科级）

附表3-56 胜利油田瑞祥电气（集团）有限责任公司历任领导班子

时间	董事长	党委书记	总经理	党委副书记	副总经理	工会主席	科长（主任）
2003.01～2004.10	李中树	刘克勤（兼任）	安丰家（兼任）	安丰家	孙登保（正科级） 朱德峰（正科级）	刘玉平	安丰家（兼任）
2004.10～2004.11		刘克勤（兼任）	安丰家（兼任）	安丰家	孙登保（正科级） 朱德峰（正科级） 李永威（正科级）	刘玉平	安丰家（兼任）
2004.11～2005.03			安丰家（兼任）	安丰家	孙登保（正科级） 朱德峰（正科级） 李永威（正科级）	刘玉平	安丰家（兼任）
2005.03～2006.02	刘仁臣（兼任）	安丰家（兼任）	刘仁臣（兼任）		安丰家（兼任） 孙登保（正科级） 朱德峰（正科级） 李永威（正科级）	刘玉平	
2006.02～2007.04	刘仁臣（兼任）	安丰家（兼任）	刘仁臣（兼任）	孙登保（正科级）	安丰家（兼任） 孙登保（正科级） 朱德峰（正科级） 薛　涛（正科级）	刘玉平	
2007.04～2007.12	刘仁臣（兼任）		刘仁臣（兼任）	孙登保（正科级）	孙登保（正科级） 薛　涛（正科级）	刘玉平	

附表3-57 胜利恒源总公司历任领导班子

时间	政治教导员	党委书记	经理	副政治教导员	党委副书记	副经理	工会主席
2006.09～2008.01	李　健	李　健	唐永建（兼任）	张治彬（正科级）	唐永建（兼任） 张治彬（正科级）	张治彬（正科级） 马景波（正科级） 丛恒利 杨　喆	张治彬（正科级）

附表3-58 胜利油田胜利电器有限责任公司历任领导班子

时间	政治教导员	党委书记	党总支书记	经理	副政治教导员	党委副书记	党总支副书记	副经理	工会主席
2003.01～2005.03	李　健		李　健	唐永建			唐永建	马景波 丛恒利	李　健
2005.03～2006.02	李　健		李　健	马景波			马景波	丛恒利	李　健
2006.02～2006.09	李　健	李　健		唐永建	张治彬（正科级）	唐永建 张治彬（正科级）		张治彬（正科级） 马景波（正科级） 丛恒利 杨　喆	张治彬（正科级）

附表3-59 胜利油田恒源电气有限责任公司历任领导班子

时间	党总支书记	经理	党总支副书记	副经理	工会主席
2003.01～2005.03	王瑞源	王学群	王学群	王瑞源 任　政 欧芳宁	
2005.03～2006.02	张治彬	王学群	王学群	张治彬 张伟浩（正科级） 任　政	张伟浩（正科级）

附表3-60 胜利油田恒达电气有限责任公司（电力仪表厂）历任领导班子

时间	政治教导员	党支部书记	经理	党支部副书记	副经理	工会主席	备注
2003.01～2003.02	连胜利	连胜利	赵和平		连胜利 盛长江 吴智峰	连胜利	电力仪表厂
2003.02～2005.03			连胜利	连胜利	盛长江 吴智峰		
2005.03～2006.02		吴智峰	连胜利	连胜利	吴智峰 盛长江	盛长江	
2006.02～2008.01		吴智峰	连胜利	连胜利	吴智峰 盛长江 张　微	盛长江	

附表3-61 胜利油田恒泰电力工程有限责任公司历任领导班子

时间	政治教导员	党委书记	经理	党委副书记	副政治教导员	副经理	纪检监察员	工会主席
2003.01～2005.03	宁志刚	宁志刚	刘海辉	刘海辉	宋保国	苗 辉 李根才 （正科级）		宋保国
2005.03～2005.06	宁志刚	宁志刚	刘海辉 （兼任）	刘海辉 （兼任） 宋保国	宋保国	苗 辉 李根才 （正科级）	苗 辉	宋保国
2005.06～2006.02	宁志刚	宁志刚	刘海辉 （兼任）	刘海辉 （兼任）		苗 辉 李根才 （正科级）	苗 辉	
2006.02～2007.04	张守军	张守军	刘海辉 （兼任）	刘海辉 （兼任）		张守军 李根才 （正科级） 赵 明		
2007.04～2008.01	张守军	张守军	刘海辉 （兼任）	刘海辉 （兼任）		张守军 李根才 （正科级） 赵 明		张守军

附表3-62 东营东方塑业有限责任公司历任领导班子

时间	政治教导员	党支部书记	经理	党支部副书记	副经理	工会主席
2003.01～2003.05	鲍俊杰	鲍俊杰	张晓龙	张晓龙	鲍俊杰 缪清辉 董硕平（正科级） 王世俊（正科级）	王 瑛
2003.05～2005.03	鲍俊杰	鲍俊杰	张晓龙	张晓龙	鲍俊杰 缪清辉 董硕平（正科级） 王世俊（正科级）	王 瑛
2005.03～2005.06	张晓龙	张晓龙			张晓龙 缪清辉 王世俊（正科级）	王 瑛
2005.06～2006.02	张晓龙	张晓龙	缪清辉	缪清辉	张晓龙 王世俊（正科级）	王 瑛
2006.02～2007.04	张晓龙	张晓龙	缪清辉	缪清辉	张晓龙 王世俊（正科级） 殷 珺	
2007.04～2008.01	张晓龙	张晓龙	缪清辉	缪清辉	张晓龙 王世俊（正科级） 殷 珺	张晓龙

附表3-63 农副业公司历任领导班子

时间	政治教导员	党总支书记	经理	党总支副书记	副经理
2003.01～2003.08	赵春华	赵春华	张金武	张金武	杨晓东

附表3-64 科恩工贸有限公司历任领导班子

时间	政治教导员	党总支书记	经理	党总支副书记	副经理	工会主席
2003.08～2005.03	赵春华	赵春华	张金武	张金武	杨晓东	
2005.03～2006.02	赵春华	赵春华	张金武	张金武	杨晓东	赵春华
2006.02～2008.01	苗　辉	苗　辉	张金武	张金武	杨晓东	苗　辉

附表3-65 山东广域科技有限责任公司历任领导班子

时间	经理	党总支书记	副政治教导员	党总支副书记	副经理	工会主席
2003.01～2004.09	李志宏		张　军		王景泉 赵　慧	张　军
2004.09～2004.12	李志宏（兼任）	李志宏（兼任）		孙双春	孙双春 王景泉 赵　慧	

附表3-66 胜利油田讯宇科技开发有限责任公司历任领导班子

时间	党支部书记	经理	副经理	工会主席
2003.01～2004.09	李文祥	李文祥	孙双春	

附表3-67 胜利油田新星动力有限责任公司历任领导班子

时间	党支部书记	经理	党支部副书记	副经理	工会主席
2003.01～2005.03	韩宝贵			韩宝贵 岳永坤	韩宝贵
2005.03～2005.06	韩宝贵	鲍俊杰	鲍俊杰	韩宝贵 岳永坤	韩宝贵

附表3-68 隆昌工贸有限责任公司历任领导班子

时间	党支部书记	经理	党支部副书记	副经理	工会主席
2005.06～2006.07	宋保国	鲍俊杰	鲍俊杰	宋保国 高景栋	高景栋

附表3-69 恒悦移动有限责任公司历任领导班子

时间	党支部书记	经 理	副经理	工会主席
2006.07 ~ 2007.04	宋保国		宋保国 高景栋	高景栋
2007.04 ~ 2008.01	宋保国	宋保国	高景栋	高景栋

附录五

先进集体和模范人物

附表4-1 2003～2012年总公司获国家、省（部）级荣誉称号

年度	荣誉称号
2003	山东省省级文明单位
	山东省设备管理先进单位
	山东省设备管理二级标准单位
	山东省重合同守信用企业
2004	山东省“巾帼建功”竞赛活动先进单位
	山东省重合同守信用企业
2005	全国企业文化建设先进单位
	山东省省级文明单位
	山东省设备管理先进单位
	山东省民兵预备役基层建设标兵
	山东省“富民兴鲁”劳动奖状
	山东省职工代表大会优秀星单位
	山东省第一次经济普查先进集体
2006	山东省省级文明单位
	山东省管理创新十佳企业
	山东省重合同守信用企业
	山东省劳动关系和谐企业
	山东省设备管理先进单位
2007	山东省重合同守信用企业
	山东省设备管理一级企业
	山东省设备管理先进单位
2008	山东省设备管理先进单位
	山东省重合同守信用企业
	中国石化集团“深入群众促和谐，凝心聚力促发展”活动先进集体
2009	山东省设备管理先进单位
	石油工业用户满意服务企业
	山东省反邪教系统先进集体
	山东省依靠职工办企业先进单位
2010	石油工业用户满意服务企业
	山东省价格诚信单位
2011	石油工业QC小组活动优秀企业
	全国工会系统“五五”普法先进单位
2012	全国“五一”劳动奖状
	山东省省级文明单位

附表4-2 2003～2012年机关部门、基层单位获省（部）级荣誉称号

年度	荣誉称号	单位
2004	山东省“青年文明号”	电力客户服务中心营业部
	全国用户满意服务明星班组	电力客户服务中心客户代表班
2005	山东省“青年文明号”	电力客户服务中心营业部
	纪念抗日战争暨世界反法西斯战争胜利60周年知识竞赛先进集体	老年管理中心
	山东省职工职业道德建设先进单位	电力客户服务中心
	山东省三八红旗集体	南区供电公司变电运行8队
2006	山东省“青年文明号”	电力客户服务中心营业部
	山东省女职工建功立业标兵岗	南区供电公司变电运行8队石化变电站
	山东省先进基层党组织	南区供电公司
	先进离退休职工党支部	中区供电公司
2007	山东省一级档案室	公司办公室档案室
	全国三八红旗集体	南区供电公司变电运行8队
	山东省“青年文明号”	电力客户服务中心营业部
	全国用户满意服务明星班组	电力客户服务中心客户代表班
2008	国家级青年文明号	电力客户服务中心
	山东省青年安全生产示范岗	东区供电公司九分场变电站
	山东省设备管理先进科室	设备管理科
	中石化油田企业石油工程金牌队	南区供电公司变电运行8队 中区供电公司变电运行4队 东区供电公司变电运行6队 滨海供电公司线路管理队 北区供电公司线路管理队
	中石化油田企业石油工程银牌队	孤岛供电公司变电检修队 修试中心试验车间 滨南供电公司变电运行2队 纯梁供电公司电力检修队 河口供电公司变电检修队 东区供电公司线路管理队
2009	山东省设备管理先进部门	设备管理科
	石油工业用户满意服务明星班组	电力客户服务中心客户代表班
	山东省先进党校	电力管理总公司党校

年度	荣誉称号	单位
2010	全国五一巾帼标兵岗	南区供电公司石化变电站
	全国“安康杯”竞赛优胜班组	东区供电公司线路管理队外线一班
	山东省优秀连续性内部资料出版物	新闻工作站
	山东省工人先锋号	东区供电公司线路管理队外线一班
	山东省非煤矿山安全生产优秀班组	南区供电公司石化变电站
	山东省优秀质量管理小组	修试中心继电保护QC小组
	石油工业优秀QC小组	电力管理总公司七色光QC小组
	石油工业用户满意服务明星班组	南区供电公司用电服务1队阳城班
	中石化油田企业石油工程金牌队	南区供电公司变电运行8队 中区供电公司变电运行4队 东区供电公司变电运行6队 滨海供电公司线路管理队 东区供电公司线路管理队
	中石化油田企业石油工程银牌队	孤岛供电公司变电检修队 修试中心试验车间 滨南供电公司变电运行2队 纯梁供电公司电力检修队 河口供电公司变电检修队 南区供电公司线路管理队
2011	山东省油田优秀内部资料性报刊	《电力通讯》
	全国工人先锋号	东区供电公司线路管理队
	全国五一巾帼标兵岗	南区供电公司石化变电站
2012	中石化油田企业石油工程金牌队	南区供电公司变电运行8队 东区供电公司线路管理队 滨海供电公司线路管理队 东区供电公司变电运行6队 中区供电公司变电运行4队
	中石化油田企业石油工程银牌队	南区供电公司线路管理队 孤岛供电公司变电检修队 河口供电公司变电运行2队 纯梁供电公司电力检修队 滨南供电公司变电运行2队
	中石化创先争优先进基层党组织	南区供电公司变电运行8队党支部
	山东省普通密码使用管理先进单位	党委办公室

附表4-3 2003～2012年管理局文明建设先进单位（科室）

年度	荣誉称号	单位
2003	文明建设先进三级单位	电力客户服务中心 南区供电公司 恒泰电力工程有限责任公司 孤北热电厂
	文明建设先进科室	党委组织科 劳动工资科
2004	文明建设先进三级单位	南区供电公司 电力客户服务中心 恒泰电力工程有限责任公司 孤北热电厂
	文明建设先进科室	党委组织科 劳动工资科
2005	文明建设先进三级单位	南区供电公司 孤岛供电公司 电力客户服务中心 恒泰电力工程有限责任公司
	文明建设先进科室	党委组织科 生产管理科
2006	文明建设先进三级单位	南区供电公司 孤岛供电公司 电力客户服务中心 恒泰电力工程有限责任公司
2007	文明建设先进三级单位	南区供电公司 滨海供电公司 河口供电公司 北区供电公司 恒泰电力工程有限责任公司
2008	文明建设先进三级单位	南区供电公司 电力客户服务中心 滨海供电公司 中区供电公司 孤岛供电公司
2009	文明建设先进三级单位	电力客户服务中心 孤岛供电公司 南区供电公司 滨海供电公司 东区供电公司

续表

年度	荣誉称号	单位
2010	文明建设先进三级单位	南区供电公司 滨海供电公司 纯梁供电公司 电力客户服务中心 电力调度中心
2011	文明建设先进三级单位	滨南供电公司 纯梁供电公司 东区供电公司 南区供电公司 中区供电公司
2012	文明建设先进三级单位	滨南供电公司 河口供电公司 东区供电公司 南区供电公司 中区供电公司 电力客户服务中心

附表4-4 2003～2012年管理局先进基层党组织、优秀党员责任区

年度	荣誉称号	单位
2003	先进基层党组织	东区供电公司党委 河口供电公司党委 北区供电公司线路管理队党支部 东区供电公司变电运行6队党支部 河口供电公司检修队党支部 中区供电公司变电运行4队党支部
	优秀党员责任区	北区供电公司变电运行1队坨五变电站党员责任区 中区供电公司变电运行5队城西变电站党员责任区
2004	党的基层组织建设示范单位	南区供电公司党委 南区供电公司变电运行8队党支部
	先进基层党组织	南区供电公司党委 电力建设公司党委 东区供电公司变电运行6队党支部 南区供电公司变电运行8队党支部 北区供电公司线路管理队党支部 中区供电公司变电运行4队党支部
	优秀党员责任区	东区供电公司变电运行6队田庄变电站党员责任区 中区供电公司变电运行5队城西变电站党员责任区
2005	先进基层党组织	南区供电公司党委 孤北热电厂党委 东区供电公司变电运行6队党支部 河口供电公司检修队党支部 南区供电变电运行8队党支部 中区供电公司变电运行4队党支部
	优秀党员责任区	北区供电公司变电运行1队坨五变电站党员责任区 电力客户服务中心信息部客户代表班党员责任区
	油田十佳党员责任区	电力客户服务中心信息部客户代表班党员责任区
2006	先进基层党组织	南区供电公司党委 滨南供电公司党委 南区供电公司变电运行8队党支部 东区供电公司变电运行6队党支部 中区供电公司变电运行4队党支部 北区供电公司线路管理队党支部
	优秀党员责任区	南区供电公司变电运行8队石化变电站党员责任区
2007	基层党建工作示范点	南区供电公司党委
	先进基层党组织	南区供电公司党委 孤北热电厂党委 南区供电公司变电运行8队党支部 东区供电公司变电运行6队党支部 中区供电公司变电运行4队党支部 北区供电公司线路管理队党支部

续 表

年度	荣誉称号	单位
2008	先进基层党组织	南区供电公司党委 孤北热电厂党委 南区供电公司变电运行8队党支部 东区供电公司变电运行6队党支部 中区供电公司变电运行4队党支部 北区供电公司线路管理队党支部
	党建工作示范点	南区供电公司党委
2009	先进基层党组织	孤岛供电公司党委 南区供电公司党委 中区供电公司党委 电力客户服务中心党总支 南区供电公司变电运行8队党支部 北区供电公司线路管理队党支部 孤北热电厂新疆塔河发电二厂党支部 护厂大队非在职党支部
	新时期示范堡垒	南区供电公司党委
2010	先进基层党组织	纯梁供电公司党委 南区供电公司党委 中区供电公司党委 电力客户服务中心党总支 孤岛供电公司检修队党支部 东区供电公司线路管理队党支部 南区供电公司变电运行8队党支部 护厂大队非在职党支部
2011	先进基层党组织	滨海供电公司党委 纯梁供电公司党委 南区供电公司党委 中区供电公司党委 电力客户服务中心党总支 南区供电公司变电运行8队党支部 东区供电公司线路管理队党支部 山东广域科技有限责任公司第二党支部
2012	先进基层党组织	滨海供电公司党委 河口供电公司党委 南区供电公司党委 中区供电公司党委 修试中心党委 老年管理中心党总支 滨南供电公司变电运行2队党支部 东区供电公司线路管理队党支部

附表4-5 2003～2012年全国、省（部）级先进个人

年度	荣誉称号	姓名
2003	中石化纪检监察系统先进工作者	贾志毅
	中石化安全生产先进职工	徐美华
	山东省设备管理先进个人	王炳国
	山东省劳动模范	从恒利
2004	中石化劳动模范	孙光普、刘仁臣
	中石化安全生产先进职工	勾松波
	山东省"富民兴鲁"劳动奖章	马坤俊
	山东省设备管理先进个人	连海慧
2005	中石化安全生产先进职工	杨　建
	全省工会系统"四五"普法先进个人	张鹏程
	山东省民兵预备役基层建设标兵	王向民
	中石化审计工作先进个人	王　芸
	山东省公安厅二等功	王新强
	石油工业用户满意服务明星	郑志华
2006	山东省十佳经营管理者	刘志华
	中石化安全生产先进职工	杨　建
	山东省厂务公开民主管理工作先进个人	刘志华
	山东省设备管理专家	贾　杰
	山东省"富民兴鲁"劳动奖章、山东省青年岗位能手	范永涛
	山东省"富民兴鲁"劳动奖章	刘志华、陈文民
	山东省计划生育协会先进志愿者	王海英
	中石化优秀离退休职工党支部书记	郭海清
2007	中石化安全生产先进职工	杜正旺
	山东省设备管理先进个人	勾松波
	中石化安全卫士	陈　国
	中石化老有所为模范	陈仁贤
	山东省优秀青年工作者	李振华
	山东省设备管理专家	杨　鹏、董　峰、连海慧
	山东省巾帼建功活动先进工作者	栾晓萍
2008	中石化安全生产先进职工	孙会浩
	中石化劳动模范	郑志华
	中石化青年岗位能手	刘明明
	中石化技术能手	胡金海
	山东省优秀共青团员	王　浩

续 表

年度	荣誉称号	姓名
2008	山东省优秀工会工作者	张鹏程
	山东省设备管理先进个人	勾松波、高立群、杨 鹏
	山东省优秀质量管理工作者	勾松波
	山东省公安厅个人二等功	王向民
2009	全国企业文化建设优秀管理者	王从军
	中石化青年岗位能手	仲崇山
	山东省电力安全技术专家	杜正旺
	山东省“富民兴鲁”劳动奖章	杜正旺、王治纲
	中石化安全卫士	杨 建
	山东省设备管理先进个人	孙会浩
	山东省依靠职工办企业先进个人	刘 军
	石油工业用户满意服务杰出管理者	刘 军
2010	全国用户满意服务明星	郑志华
	全国工会系统“五五”普法先进个人	张鹏程
	中石化优秀基层管理者	王从军
	山东省设备管理专家	孙会浩、贾 杰、苗建忠
	山东省工会系统“五五”普法先进个人	杜 娟
	中石化安全生产先进职工	贾 杰
	山东省非煤矿山安全生产优秀班组长	黄海涛
	中石化安全卫士	杨 鹏、尹学军、张建强、王学道
	山东省设备管理优秀工作者	孙会浩、苗建忠
	中石化技术能手	刘明明
2011	全国优秀职工互助保障干部	王维国
	山东省“富民兴鲁”劳动奖章	孙秀峰
	山东省油田优秀内部资料性报刊编辑	雷晓庆
	中石化安全生产先进职工	杜正旺
	山东省人口普查工作先进个人	王海鹏
2012	中石化安全生产先进职工	刘文波
	山东省“富民兴鲁”劳动奖章	唐永建
	山东省优秀共青团干部	许雁飞
	山东省“书香家庭”	张建丽、马坤俊家庭
	中石化优秀基层管理者	王夕明

附表4-6 2003～2012年管理局劳动模范、文明建设先进职工

年度	荣誉称号	姓名
2003	劳动模范	刘仁臣、丛恒利、马坤俊、陈文民
2003	文明建设先进职工	孟宪花、常建爱、李贤、张福民、林德概、陈进军、王英、郭滨、李春义、潘军伟、杨力威、刘维德、荆银林、陈向明、于书云、孙秀峰、黄海涛、焦丽、张守军、丛志新、王永海、孙琪、徐美华、尹良太、许国辉、张桂霞、王志刚、刘跃生、孙会浩、赵良廷、刘保国、刘燕、赵敏、耿广鑫、张玉奎、张永民、宋恩旺、高景栋、李娜、孙福涛、朱相兴、巴沾利、王学群、曲永波、龙东林、刘华波、葛卫东、张洪成、张如贵、谢秀英、陈海龙、孙文清、宋兆庆、孙双春、孙青珍、孙毅、阚艳秋
2004	劳动模范	刘仁臣、郑志华、丛恒利、陈文民、马坤俊
2004	文明建设先进职工	曲才林、慈学卫、邹卫国、钟力、伊善平、李秋明、高淑荣、尚长泉、杜建平、潘军伟、陈长翔、于书云、谭佳荣、曹承华、闫瑞江、孙秀峰、仲崇山、焦丽、代永胜、于曰祥、张守军、丛志新、陈庆霞、谢泳、杨军、李从余、杜正旺、徐美华、尹良太、张智彬、门新华、张丰莉、孙会浩、张怀奎、许华忠、王雪莉、赵敏、李训强、耿广鑫、王栋、宋恩旺、苗建忠、王守军、李光恩、孟瑞祥、梁振江、安宝祥、刘军、石磊、张金武、张洪成、王增来、师领弟、庞爱华、刘克兵、宋兆庆、李金荣、吕孔贵、孙建伟、李振华、高省兴、郭金花
2005	劳动模范	郑志华、陈文民、杜正旺、孙秀峰、张洪成
2005	文明建设先进职工	刘文波、申国民、钟力、李华增、崔永谦、刘涛、王波、高淑荣、尚长泉、李春义、樊勇、张宝宏、丁俊红、于书云、谭佳荣、杨江平、焦丽、刘永军、彭涛、鲁统华、杨军、李艳军、孙琪、陈学忠、蒋情文、徐美华、孙培亮、马坤俊、孙泽光、张双英、高翔、刘玉林、赵建军、张映京、张文国、季本清、陈建军、张永昌、宋恩旺、何盛忠、李淑菊、王晓宁、丰茂忠、陈利民、陈海军、崔卫家、张海峰、丛恒利、程雷、石磊、杨晓东、宁志刚、姜朋、张双河、梁华、杨云雁、韦良君、马玉岭、于克栋、高立群
2006	劳动模范	郑志华、杜正旺、孙秀峰、张洪成
2006	文明建设先进职工	刘文波、付翔飞、杨东川、钟力、崔永谦、崔焕武、高淑荣、尚长泉、李春义、潘军伟、肖忠财、于书云、丁俊红、陈向明、王欣、王涛、苏建明、段吉山、王永海、李艳军、王洪波、李晓鹏、牛峰、刘建国、王咏芳、李照红、张桂霞、李晓安、景小双、孙玉国、于俊生、李鹏展、王玉明、马红、李讯强、丰茂忠、宋卫民、宋恩旺、孙会浩、王晓宁、马树学、王松、孟凡虎、李殿彬、安宝祥、董洪江、连胜利、王飞、王治纲、梁华、张春峰、鲍俊杰、王从军、王向民、阚艳秋

续 表

年度	荣誉称号	姓 名
2007	劳动模范	郑志华、杜正旺、孙秀峰、唐永建
	文明建设先进职工	刘文波、王海英、王建红、邹卫国、张福民、崔永谦、王 东、李 华、高淑荣、尚长泉、李春义、韩红柳、王德才、欧阳峰、李立江、曹承华、罗丽华、于书云、罗风云、笪树斌、张维进、吴建祥、王 涛、李艳军、王洪霞、秦子明、付增军、朱广华、李富祥、张 栋、王夕明、徐秀平、魏衍群、王海鹏、徐宁江、张丰莉、张桂霞、马德强、宋子义、孟庆喜、陈文东、李民永、战宝丽、程云峰、丰茂忠、陈利民、宋 彦、刘玉林、姚金贞、王晓宁、赵春华、肖群力、孟凡虎、沙 敏、雷 萌、张海峰、连胜利、葛卫东、张守军、赵长省、李根才、高希滨、王春国、贾光辉、杨 建、张克勤、崔吉洲
2008	劳动模范	杜正旺、孙秀峰、唐永建、贾 杰、陈文东、崔永谦
	文明建设先进职工	王润平、李 勇、王长城、钟 力、崔永谦、韩爱军、司品彦、孙 燕、龚爱军、荣 亮、付应敬、王德才、陈长翔、张伟江、唐金生、宋宝铁、于书云、孙秀峰、韩红芸、丁文涛、代永胜、罗凤云、李其华、杨 军、陈庆霞、张黎明、俞朝晖、刘 森、石卫枝、牛 峰、李小川、高 萍、贾 涛、王建国、孙泽光、马坤俊、王 震、张金良、张丰莉、陈文东、单名山、温立新、林红丽、刘秉国、靖传利、汪菊娥、冯 军、刘海辉、陈海军、曾传国、陈 刚、贾维席、连胜利、葛卫东、刘玉林、贾 杰、王殿臣、袁敦生、马树学、钱德强、杜正旺、赵寿炜、郭金花、孙青珍、唐永建、郑明群、赵庆华
2009	劳动模范	贾 杰、唐永建、孙秀峰、马立岭、刘玉林、陈 强
	文明建设先进职工	张福民、代学信、刘占军、李红梅、于 军、周登芝、杜永源、时幸福、潘军伟、余 波、张 虎、刘观海、曾瑾文、贾飞蛟、杨 勍、朱 勇、罗丽华、刘 凯、苏建明、贾学素、张维进、孙黎新、张元胜、陈文东、杨川江、刘玉慧、王永海、袁耀文、谢国会、赵永华、余 宽、徐美华、于延安、李占鸿、王建纲、田明和、杨华泽、张丰莉、蔡大群、李文翔、邵立群、李民永、张永昌、娄立强、王洪峰、陈 黎、陈海军、张洪成、卢永生、陈如柏、陈 刚、张春峰、葛卫东、尚长泉、王殿臣、巴沾利、赵春华、张 强、王晓刚、马玉岭、王加亮、桂 林、栾晓萍、李运梅、陈利民、缪秀华、马 燕
2010	劳动模范	贾 杰、马立岭、刘玉林、薛 涛、孙秀峰、刘明明
	文明建设先进职工	李 勇、张美光、王道峰、周秀英、崔永谦、聂万庆、陈江波、刘江敏、陈宝利、付应敬、任智军、王德才、胡 淋、韩忠顺、王 欣、陈 利、阎瑞江、陈 强、孙黎新、张元胜、张 蕾、高佩忠、苏 涛、王太刚、郑春生、王永海、田晓飞、王 强、余 宽、杜红梅、李艳军、张 栋、王 冰、张松梅、贺俊峰、孙 峰、张祥洁、张丰莉、李照红、闫林松、颜 齐、柯 岩、周俊杰、徐美华、王贵林、黄金龙、刘克珂、刘振学、贾维席、李士强、宋仁奇、薄遵平、杨大英、聂 洪、朱相兴、高景栋、王 东、李 峥、李敏敏、沙 敏、陈利民、于海凤

续 表

年度	荣誉称号	姓 名
2011	劳动模范	贾 杰、马立岭、刘玉林、徐美华、王德才、胡金海
	文明建设先进职工	郭 滨、田超云、王兆岭、陈 国、王建刚、庞云海、张铁军、赵长安、王建民、王百仓、曹承华、杨 勍、张元胜、张俊岭、史 锋、孙黎新、郑春生、田晓飞、李 刚、张军波、宋 波、满 春、耿在伟、康传记、张 峰、潘支援、薛 涛、王 军、刘克珂、孙 谦、李东进、李新建、王殿臣、王新民、贾光辉、马树学、仲崇山、王世俊、于 海、戈吉刚、刘 军、赵 鹏、张文政、康立智、富 豪、王海英、孟晓玲、张正云、郭东霞、高淑荣、邵云燕、孙秀峰、刘平平、潘治红、肖海霞、丛志新、张 惠、杨 静、张双英、刘晓燕、宋海波、杜 娟
2012	劳动模范	刘玉林、马立岭、徐美华、胡金海、孙黎新、张维进
	文明建设先进职工	娄立强、王兆岭、李继军、刘 涛、孙 伟、董秀华、荆 峰、韩治国、杨江平、刘吉明、葛 磊、杜玉凤、陈志峰、吕咸文、岳建光、郑春生、佐铁军、周秀英、袁耀文、张树军、田晓飞、王胜东、王 冰、庞青英、张 勇、孙 峰、苏 静、马贵燕、邵立群、孙 燕、刘喜军、张永昌、刘克珂、戴新文、贾维席、顾兆荣、时子勇、赛 强、佟 明、高佩忠、王殿臣、白 洁、杭成军、王炳国、王向民、陈胜波、杨 鹏、阚艳秋、陈利民、张海峰、吴保强、孟 斌、罗丽华、张 蕾、徐爱娟、单 鑫、孙晓霞、韩丽娟、孙 琳、孔凡英、刘晓燕、丁 丽、王洪艳

附表4-7 2003~2012年管理局优秀党务工作者、优秀共产党员

年度	荣誉称号	姓　名
2003	优秀共产党员	陈文民、高明东、刘仁臣、徐美华、郑志华
	优秀党务工作者	李从余、王加亮、张文杰、张红霞
2004	优秀共产党员	孙秀峰、刘仁臣、马玉岭、高明东、徐美华
	优秀党务工作者	李从余、张红霞、张文杰、郭　雷
2005	优秀共产党员	丛恒利、杜正旺、孙秀峰、肖和平、于书云
	优秀党务工作者	郭　雷、荆　峰、张红霞、张文杰
	先进性教育活动先进个人	庄　严、徐美华、李振华
2006	优秀共产党员	丛恒利、郑志华、杜正旺、陈胜波、王从华
	优秀党务工作者	贾光辉、尚长泉、马　红、辛惠贤
	党员示范岗	于书云
2007	优秀共产党员	唐永建、李志宏、齐文杰、曹天瑞、陈仁贤、孟　勇
	优秀党务工作者	穆敬军、郭　雷、王玉金、曹渠波
2008	优秀共产党员	孙玉国、单名山、王荣峰、蔡大群、陈仁贤
	优秀党务工作者	桂　林、连胜利、王海鹏、马　红
2009	优秀共产党员	薛　涛、郑春生、张福民、张　涛、孙秀峰、蔡大群
	优秀党务工作者	马立岭、徐美华、赵　锐、丁志强、李继伟、孟凡昌
	新时期优秀共产党员楷模	陈仁贤
	模范非在职党员	陈仁贤、苏金章
2010	优秀共产党员	陈海军、刘永军、陈象农、李继伟、周　军、赵　敏
	优秀党务工作者	李振华、贾飞蛟、陈庆霞、娄立强、马玉岭、高明华
	模范非在职党员	陈仁贤、苏金章
	党员示范岗	高淑荣、李春义、陈传峰、吴建勇、刘俊贤、潘大伟
2011	新时期优秀共产党员楷模	孙秀峰
	优秀共产党员	刘玉林、付翔飞、赵　海、孙秀峰、程国胜、赵　敏
	优秀党务工作者	尚长泉、徐美华、丰茂忠、韩爱军、付应敬、陈庆霞
	模范非在职党员	陈仁贤、苏金章、李炳森
2012	优秀共产党员	郭学文、李德文、高正和、白福海、马树学、陈胜波
	优秀党务工作者	杨　波、白　洁、马立岭、贾光辉、赵寿炜、翟化仁
	模范非在职党员	陈仁贤、孙茂东、李炳森、苏金章

附录六

省（部）级、油田劳动模范简介

丛恒利　男，汉族，1960年8月出生，山东海阳人，大学学历，中共党员，高级工程师。1982年7月参加工作，先后任供电公司电机维修车间副主任，胜利电器厂技术总工、副经理，瑞祥电气（集团）公司副经理等职。多年来，他扎根基层，开拓创新，带领科技人员先后研制开发出了变电站自动化系统、220kV变电站油循环冷却风机保护系统、风力发电系统、通讯直流模拟屏、永磁电机等3大系列14种电气自动化新产品，取得重大的经济效益和社会效益。其成果先后获得管理局科技进步奖2项、电力管理总公司科技进步奖10项。2001～2004年连续4年获胜利油田劳动模范称号，2003年获山东省劳动模范称号。

马坤俊　男，汉族，1965年11月出生，江苏六合人，大专学历，中共党员。1988年10月参加工作，先后担任供电劳动服务公司办公室干事、北区供电公司运行一队值班员，北区供电公司运行一队坨五变电站站长等职务。他扎根基层、爱站如家，工作中处处以身作则、率先垂范，先后参加各种急难险重任务达30多次。他利用业余时间20年如一日坚持为民服务，成立“马坤俊便民工作室”，设立固定服务场所，并吸纳15名青年志愿者，每月开展服务日活动，为小区居民提供家电维修、配钥匙、磨刀等各类义务服务，是大家心中的“活雷锋”，其工作室被居民称为小区“亲情服务站”。2001～2004年连续4年获胜利油田劳动模范称号，2004年获山东省“富民兴鲁”劳动奖章。

陈文民　男，汉族，1964年2月出生，福建安溪人，大学学历，中共党员，高级工程师。1983年7月参加工作，先后担任供电公司供电队技术员，供电公司技术科科员，东区供电公司经理等职，现任电力管理总公司副总工程师。多年来他立足本职、倾心科研，先后有8项成果在油田获奖，30多项成果获得公司表彰，有效提高了电网的经济运行质量。他组织编写了变电运行、电力检修、线路维护、用电管理、电力建设等6个专业作业指导书、HSE检查表、应急预案的范本，有效地提高了安全管理水平。2002～2005年连续4年获胜利油田劳动模范称号，2006年获山东省“富民兴鲁”劳动奖章。

刘仁臣 （简历见附录二）积极推进生产经营机制创新，提出并实施《调整生产组织机构和职工队伍结构，提高工作效率和经济效益》改革方案，劳动生产率提高了40%以上。他运用自己精湛的专业技术，在九分场220kV主变拖运施工中，解决了大型起吊车辆无法装车的问题，圆满完成220kV主变充油运输工作，填补了管理局复杂地形运输超大容量变压器的空白；在220kV胜九线改线工程中，组织采用光缆牵引张力放线方法跨越大水库和采取钢芯接线二次爆压成型的接续方法，开创了油田使用大截面导线爆压接续技术和220kV光缆牵引张力放线跨越大距离新技术。先后取得专利4件，在国家核心期刊发表论文5篇。2003～2004年连续2年获胜利油田劳动模范称号，2004年获中石化集团公司劳动模范称号。

孙光普 （简历见附录二）长期从事组织工作和党务工作，具有较强的政治理论水平和决策能力，创造性开展工作，将党组织的政治核心作用有机地融合、渗透到生产经营管理的全过程，探索实行了企业思想政治工作“三个延伸”新模式，使思想政治工作切实进家入户，覆盖全员，为总公司改革发展创造了和谐稳定的发展环境。组织实施总公司“4221”人才培养工程，实现了“班班有绝活、队队有强项、单位有拔尖”的人才培养目标。以抓好困难家庭帮扶联系为切入点，加强改善民生和群众工作长效机制建设，在凝心聚力中实现了总公司和谐发展目标。撰写的《强化文化建设对企业核心竞争力之作用》等3篇论文发表在国家核心期刊上。曾被评为全国先进女职工之友、油田第二批拔尖人才。2004年获中石化集团公司劳动模范称号。

郑志华 （简历见附录二）先后出版专业书籍3部，编写《PXH-43A距离保护装置校验标准》等管理局技术标准4项，在核心期刊及国家一级刊物发表论文6篇，参与完成的《胜利油田实施IRP方法与DSM技术试点示范的研究》获中石化科技进步一等奖。他提出的“关于BZGN直流系统改进方案”在全国石油系统全天候电网技术研讨会上作为优秀项目进行了交流。他设计的“高压双电源自动检压投切联锁装置”，将间断停电时间控制在0.14秒以内。他提出了“始于客户需求、终于客户满意”的服务理念，推进服务创新，提升了“胜利电力”品牌形象，电力客户代表班被授予“全国用户满意服务明星班组”称号。2004～2007年连续4年获胜利油田劳动模范称号，2008年获中石化集团公司劳动模范称号。

杜正旺 男，汉族，1965年7月出生，山东茌平人，中共党员，大学学历，工程硕士学位，教授级高级工程师。1988年工作以来，历任变电公司九分场运行队技术员，新孤运行队技术员、队长，生产技术办主任，电力技能鉴定站站长、电力处办公室主任、科研所所长（生产技术科长）、南区供电公司经理，现任电力管理总公司电力技术首席专家。曾获局级技术成果奖22项，获省部级技术成果奖8项。在国家级杂志发表技术论文21篇，合著专业书籍一部《油田电网规划与设计》，编写的《110kV SF_6组合电器（GIS）检修规程》及《GIS组合电器运行规程》填补了油田电网技术空白，取得专利20项。2005～2008年连续4年被评为管理局劳动模范，2009年获山东省“富民兴鲁”劳动奖章。

孙秀峰　女，汉族，1966年4月出生，山东武城人，大专学历，中共党员。1985年8月参加工作，先后担任广南、辛二变电站站长，东区供电公司主任技师。她从一名普通职工逐渐成长为一名优秀的高级技师，先后正确处理变电站各类事故30多起，查出各类设备缺陷150处，将隐患及时解决在萌芽状态。在“导师带徒”活动中，先后培养出局级技术能手5人，总公司技术能手18人，技师38人。2005～2010年连续6年获胜利油田劳动模范称号，2011年获山东省“富民兴鲁”劳动奖章。东营区第十二届人大代表。

张洪成　男，汉族，1972年10月生，山东沾化人，大学学历，中共党员。1992年8月参加工作，先后担任恒泰电力工程公司施工二队队长、施工三队队长，电力维修公司维修三队指导员，北区供电公司线路队队长。他带领职工克服困难，发扬电力人攻坚啃硬、顽强拚搏的优良作风，安全、优质完成了220kV万九Ⅰ、Ⅱ线双回线路改造、110kV安广、九广线双回线路改造、新堪油区线路施工等多项施工任务。他主持的“采用新型无功补偿技术实现节能，提高电压质量”项目获总公司科技进步一等奖。他所带的施工队连续六年获总公司优秀基层队称号。2005～2006年连续2年获胜利油田劳动模范称号。

刘志华　（简历见附录二）坚持以人为本，围绕“安全供电、经济运行”中心任务，提出“持续、稳定、规范、创新、发展”的主题，全力组织好生产经营工作，主持建立了企业电网安全经济型的电力调度模式，实现了电网长周期安全稳定运行，连续多年超额完成上级下达经营承包任务。稳妥推进内部改革和管理创新，组织在油田率先实施供电服务承诺，创建培育了独特领先的“胜利电力”服务品牌；主持了研发油田用电管理信息MIS系统，实现了用电管理由单纯管理型向综合服务型的转变。认真落实“依靠”方针，积极改善民生，凝聚职工队伍，在改革发展中保持了企业和谐稳定。研究课题《和谐电力企业的构建与管理》获山东省企业管理现代化创新成果特等奖。2006年获山东省“富民兴鲁”劳动奖章。

范永涛　男，汉族，1976年8月生，山东东营人，大专学历，中共党员。1996年7月参加工作，先后担任电力管理总公司南区供电公司运行八队物探变电站站长、南区供电公司调度员等职。作为新时期的技术工人，多年来，他扎根电力生产一线，认真钻研业务知识，积极开展技术革新、发明创造，43项成果获总公司级及以上奖项，其中《多功能智能型低压断路器》、《高压预付费电能质量计量远程监控装置》等多项成果取得国家实用新型专利。2006年，获“山东省首届电工安全技术大赛”第一名、山东省“青年岗位能手”、山东省“有突出贡献的技师”、山东省“富民兴鲁”劳动奖章。

唐永建　男，汉族，1966年2月出生，山东泰安人，大学学历，中共党员，高级工程师。1985年9月参加工作，先后任胜利电器公司经理，河口供电公司经理、党委副书记，电力管理总公司副总工程师兼胜利油田恒源电气总公司总经理，胜利油田瑞祥电气有限责任公司董事长兼总经理等职。他组织实施科技兴企战略，产品在外部市场上的占有率逐年提高；组织编写提供“胜利一卡通”项目CPU智能卡及水电气表的技术要求；新型直驱螺杆泵在加拿大获产品CSA认证，2009年打入北美市场；35kV组合式移动变电站成功出口蒙古共和国，创造产值400多万元。2007～2009年连续3年获胜利油田劳动模范称号，2012年获山东省“富民兴鲁”劳动奖章。

崔永谦　（简历见附录二）从电网管理、队伍管理的基础性工作抓起，优化生产组织运行，全面完成了总公司下达的网损、回收率等指标，电网实现长周期安全生产无事故。积极推进创新，加大电网技术改造力度，获得局级科技创新成果10项、总公司级13项，其中《临时变变压器防盗技术的应用》、《社区配电系统标准化管理》、《关于加强无功补偿管理提高电网经济运行水平的建议》三项成果分别获得管理局科技进步、QC成果、企业管理合理化建议一等奖。推行标准化管理，基层建设取得长足进步。建立起非在职人员逐级承包联系网络，及时了解掌握各群体人员的思想动态，超前化解矛盾纠纷，营造了和谐稳定的发展氛围。2008年获胜利油田劳动模范称号。

贾　杰　男，汉族，1963年8月出生，河北广平人，大学学历，中共党员，国家注册安全工程师。1980年参加工作，先后担任线路管理公司队长、指导员、副经理，总公司安全技术科副科长、科长，设备科科长，电力客户服务中心主任，总公司安全副总监、安全总监等职。在线路管理公司工作期间，他加大线路管理力度，创新管理模式，不断提高线路本体和基础资料的管理水平。在电力客户服务中心工作期间，电力客户服务中心先后获管理局“胜利服务品牌”、“全国青年文明号”等荣誉称号。在安全管理工作中，他推行安全管理评价，探索创建了“事先预防抓源头，过程控制抓流程，整改完善抓落实，巩固提高抓创新”的长效安全管理模式，安全生产朝着良性发展的轨道运行。2008～2011年连续4年获胜利油田劳动模范称号。

陈文东 男，汉族，1958年5月出生，山东昌邑人，大学学历，中共党员，高级政工师。1975年3月参加工作，先后任变电公司副经理、变电一公司副经理，综合维修公司政治教导员、党总支书记，修试中心主任、党委副书记，中区供电公司经理、党委副书记等职。多年来，他发扬艰苦奋斗优良传统，锐意改革，大胆创新，推行精细检修理念，在生产中组织开展“十比十看”活动，引领广大职工学有先进，赶有目标，圆满完成电网检修任务，确保了检修安全和质量。他强调以人为本，带头搞革新创造活动，引领职工创新创效，《低场强新型复合绝缘子的研制开发》等4项科研成果获得专利，有7篇论文在国家级刊物上发表。2008年获胜利油田劳动模范称号。

刘玉林 男，汉族，1970年5月出生，山东东营人，大学学历，工程硕士学位，中共党员，高级工程师。1991年7月参加工作，先后担任电力调度中心副主任、主任，总公司首席专家等职。他依靠科技创新不断优化电网运行模式，积极探索发供电一体化机制，每年为管理局节约外购电费一千多万元。主持编制了《胜利油田电力调度专业管理手册》，进一步规范了电力调度专业管理，夯实了胜利油田电力调度安全生产工作基础。大力实施科技创新，先后解决了四角环网、九分场主变运行和保护配置等诸多技术难题，并制定出相应的应对措施，确保油田电网的可靠运行。发表论文10多篇，获管理局以上科技成果30多项。2009～2012年连续4年获胜利油田劳动模范称号。

马立岭 男，汉族，1963年4月出生，山东武城人，大学学历，中共党员，高级政工师。1980年9月参加工作，先后担任纪检监察办公室副科级纪检员，综合维修公司经理，电力建设公司政治教导员、党委书记，中区供电公司政治教导员、党委书记等职。在工作中，他创新工作方法，积极探索基层创建、思想政治工作的新载体、新思路，实施党员干部“七个一目标工作法”、以“自律教育、自我管理、自主参与”为内容的“三自”管理模式，实现了职工队伍的和谐稳定。他积极推进服务创新，采取“光明直通车”、“预约服务”等方式，满足居民差异化、个性化的服务需求，居民满意率持续提升。2009～2012年连续4年获胜利油田劳动模范称号。

陈 强 男，汉族，1962年12月出生，江苏宿迁人，大学学历，中共党员，高级经济师。1979年12月参加工作，先后担任孤岛供电大队副大队长，孤岛供电公司副经理，滨海供电公司经理、党委副书记，孤岛供电公司党委书记等职。他积极为职工搭建素质提升平台，筹建了“张美光创新工作室”，全年取得各类创新成果52项，获二级以上奖项11个。他带领党员干部深入基层和现场，查找出制约公司发展的问题60条，制定整改措施82项，落实职代会提案22条，通过《网上信箱》及时答复和解决职工群众提出的疑难问题500余个，所在单位被评为管理局劳动关系和谐模范基层单位。2009年获胜利油田劳动模范称号。

薛 涛 男，汉族，1962年7月出生，四川南充人，大学学历，中共党员，高级工程师。1981年9月参加工作。先后担任变电一公司副经理，自动化仪表厂厂长，物资供应公司经理、党总支副书记，修试中心副主任，瑞祥电气集团公司副总经理，修试中心党总支副书记、副主任，北区供电公司政治教导员、副经理，修试中心主任、党委副书记等职。多年来，他在工作中尽职尽责，精心筹划，优化运行，组织职工安全高效地完成了电网检修及应急抢险任务，检修合格率达100%，为保油保供做出了重要贡献。积极推进技术创新，先后取得创新成果20项，其中《电力变压器冷却器控制器的研制》等4项成果获得管理局科技进步一、二等奖。2010年获胜利油田劳动模范称号。

王治纲 男，汉族，1977年6月出生，山东青州人，大专学历，中共党员。1995年7月参加工作，现任电力建设公司安装一队副班长。他利用业余时间刻苦钻研业务技术，自学了大量电子、电工类的专业书籍，很快成为一名技术骨干。2007年，他代表油田参加山东省第二届特种作业人员安全技能大赛，获电工组比赛个人三等奖；2008年，他获得油田第15届技能大赛电工比赛金奖，同年10月，代表油田参加山东省团委在兖州举办的“振兴杯”工人技术比武取得优异成绩，被破格晋升为高级技师。2009年，他代表油田参加了山东省第三届职工职业技能大赛并获电工组比赛个人第三名。2009年获山东省“富民兴鲁”劳动奖章。

刘明明 男，汉族，1976年9月出生，山东胶南人，大学学历，群众。1993年7月参加工作，先后在变电一公司、修试中心从事检修工作。他扎根生产一线，立足岗位成才，先后主持完成60余项技术革新成果，累计为油田创经济效益1000余万元。其中15项成果获得国家实用新型专利，1项成果获得国家发明专利，1项成果获山东省优秀QC成果奖，1项获胜利油田技能人才创新成果突出贡献奖。“刘明明创新工作室”被选树为胜利油田“十佳技术创新模范示范工作室”。2008年获“中国石化集团青年岗位能手”称号，2009年获“胜利油田技能大奖”、“胜利油田十佳青年技术工人”称号。2010年获管理局第二届“为民技术创新奖”金奖。2010年获胜利油田劳动模范称号。

徐美华　女，汉族，1968年5月出生，山东乳山人，研究生学历，中共党员，高级政工师。1987年9月参加工作，先后任南区供电公司运行八队政治指导员，南区供电公司副政治教导员、党委副书记，南区供电公司政治教导员、党委书记等职。她探索实施小站“家”文化、党员责任文化、安康文化、亲情管理法等特色管理办法70余项，开展党员“请岗承诺”、“双学双培”、“五结五帮”、“三进”等活动，实现经济效益、基层创建水平“两个提升”，生产运行安全、职工队伍、非在职群体“三个稳定”。取得实用新型专利4项，局级以上管理成果20余项，《基层细节规范化管理的建立与实施》获第二十四届山东省企业管理现代化创新及优秀应用成果特等奖。2011～2012年连续2年获胜利油田劳动模范称号。

王德才　男，汉族，1964年3月出生，山东蓬莱人，大学学历，中共党员，高级工程师。1985年8月参加工作，先后担任南区供电公司副经理，纯梁供电公司政治教导员、党总支书记、党委书记、经理、党委副书记等职。他发明了“多功能电网检修综合测试仪”、“变压器分接开关紧固工具”等仪器工具，获得多项国家实用新型专利。在线路管理上积极推行“归级巡线法”和“交叉巡线法”，在变电设备管理方面采用了“双向三定巡检卡”等巡视方法，提高了电网运行效率。开展了“创建学习型团队、争做学习型职工”及“定标杆、明目标、学技师、比奉献”活动，激发了职工的学习和赶超热情，促进了职工队伍整体素质的提升。2011年获胜利油田劳动模范称号。

胡金海　男，汉族，1971年11月出生，黑龙江伊春人，大学学历，中共党员。1991年7月参加工作，先后在供电公司变电大队、变电公司、变电一公司、修试中心从事变电检修工作。他立足岗位创新创效，完成了60余项技术革新成果，其中1项成果获国家发明专利，12项成果获国家实用新型专利，在核心期刊发表论文3篇，制定标准3项，多次获总公司本专业技术比赛第一名。2008年获“中石化集团公司技术能手”称号，2010年获管理局第二届“为民技术创新奖”银奖，2011年获“胜利油田技能大奖”。2011～2012年连续2年获胜利油田劳动模范称号。

张维进　男，汉族，1974年11月出生，山东安丘人，大学学历，中共党员，高级工程师。1997年7月参加工作，先后担任东区供电公司生产办副主任、用电管理队队长、生产办主任、九分场变电站站长以及东区供电公司副经理、经理等职。多年来，他扎根基层，敬业奉献，刻苦钻研，不断推进生产管理创新，实现了电网安全可靠运行。在用电管理中突出流程式标准化管理，推行“抄表、核算、收费、监察维修”四位一体监督管理模式，组织研发应用《440生产信息管理系统》，成为油田首个实现居民用电管理网络化实时运行和监控的单位。完成科技成果17项，获专利4项，《提高供电可靠率的油田电力线路精细化管理》获第二十五届山东省企业管理创新成果一等奖。2012年获胜利油田劳动模范称号。

孙黎新 男，汉族，1966年9月出生，辽宁大连人，大学学历，中共党员，工程师。1984年12月参加工作，先后担任东区供电公司线路队副队长、政治指导员等职。他二十余年扎根电力线路维护管理一线，锤炼作风，刻苦钻研，团结带领线路管理队全体职工融入创新创效工作中，三年时间就创出43项实用新型专利，3项发明专利。他以“四聚”理念为核心，探索实施了“三必须”工作法，引领和激励职工顽强拼搏，创先争优，营造舒适温馨和谐的团队氛围，将一个普通的基层团队带成中石化金牌队，并被授予“全国工人先锋号”。2012年获胜利油田劳动模范称号。

附录七

胜利电力之歌

拥抱明天的辉煌

——胜利电力工人之歌

1=C $\frac{2}{4}$

集　体词
秦咏诚曲

进行速度　激情地

1.（女）巍巍铁塔是挺直的脊梁，条条银线是坚强的臂膀；
2.（女）层层电网是编织的理想，座座电站是寄托的向往；

（男）我们是胜利能源的大军，我们是油城光明的力量。
（男）我们是百业之兴的春光，我们是万家灯火的领航。

（合）托起星河，擎起太阳，顶着烈日，迎着星光；
（合）弹奏未来，收获希望，情系万家，团结开创；

用滚滚动力为石油插上腾飞的翅膀，
用拼搏奉献为油田谱写灿烂的华章，

让电力彩虹在黄河南北激情飘荡。
让胜利凯歌在渤海之滨尽情奔

放。啊！奋进吧！电力工人；闪耀吧！胜利之光。我们用春春和活力拥抱新世纪的辉煌，拥抱新世纪的辉煌。

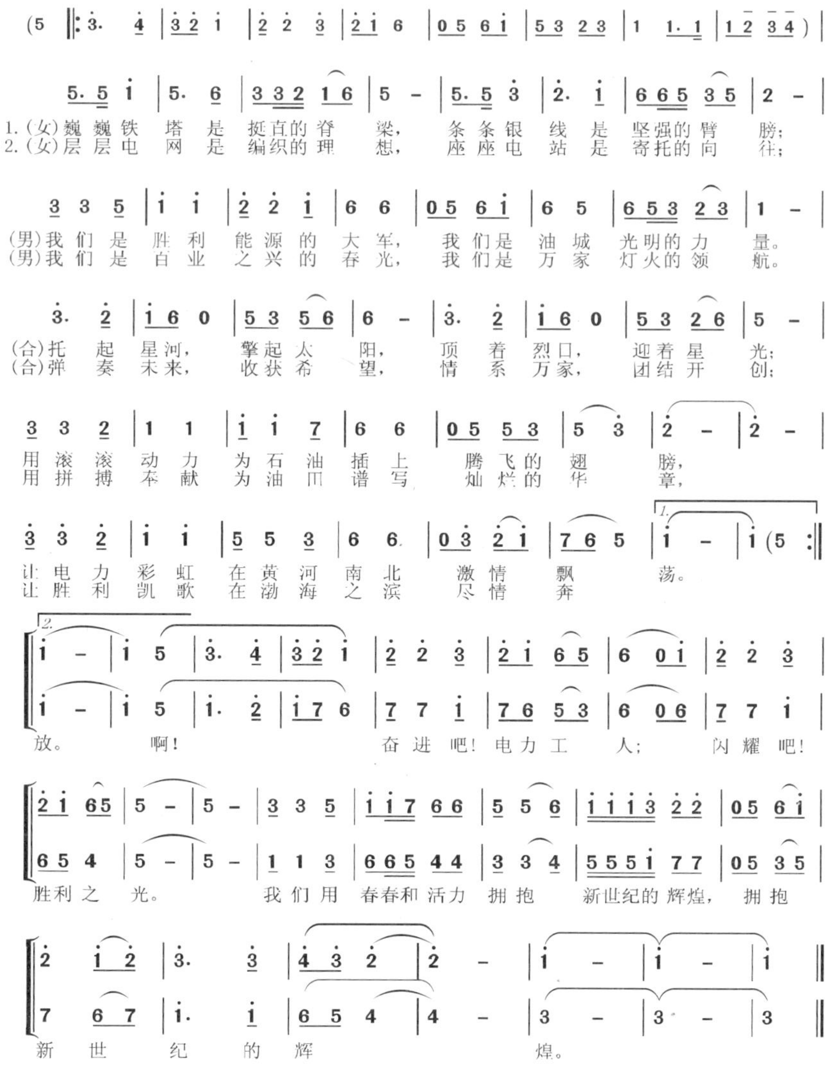

编后记

《胜利油田电力管理总公司志（2003~2012）》是在胜利油田电力专业化管理30周年之际续修的第三部志书。编纂工作始于2012年9月，2013年7月定稿付梓。全书总计37万字。

2012年6月，总公司成立《胜利油田电力管理总公司志（2003~2012）》编审委员会，由贾志毅、刘军任主任。设《胜利油田电力管理总公司志（2003~2012）》编辑办公室，王从军任主编；穆美玲、马玉岭、郭雷、连胜利任副主编，孙青珍、黄向东任执行副主编。办公室成员由李沅罡、李峥、董继国、宋保国、徐丽华、苏红燕、李玉群、王欣、杨建、吴洪胜、林才川、叶涛、雷晓庆、王纳新、颜世杰、于海、王福刚组成，史志办公室设在总公司办公室，联系人为孙青珍、于海，负责编纂过程中的综合协调工作。该志编纂工作经历了拟定篇目、征集资料、分撰初稿、总纂合成、修改评审等5个阶段。其间四易其稿，直接参与资料提供和征集工作的百余人，共征集资料110余万字。总公司上下广泛参与，众手成志。

该志第一篇，第五篇第四章，第六篇第一、二、五、六章，第八篇以及附录，由穆美玲、苏红燕、李沅罡、王欣、吴洪胜、颜世杰、迟影负责编写；领导视察、重大成就图片，第五篇第九、十章，第六篇第三、四、七、八章，第七篇第三章，由马玉岭、宋保国、黄向东、徐丽华、李玉群、雷晓庆、焦守铭负责编写；序言、凡例、概述、大事记，第二篇，第四篇，第七篇第一、二章以及后记，由郭雷、孙青珍、董继国、叶涛、于海、朴秀兰负责编写；第三篇，第五篇第一、二、三、五、六、七、八章，第九篇，由连胜利、杨建、李峥、林才川、王纳新、阚艳秋、石磊负责编写。焦守铭负责图片资料的提供。韩文春、宋振英、潘丽、王福刚、何海民、张德红参与部分篇章的修改。王从军、郭雷、孙青珍、黄向东、林才川、雷晓庆、赵军负责全部内容的修改审核，总纂合成。

总公司党委和总公司对续修《胜利油田电力管理总公司志（2003~2012）》给予了高度重视，为志书编纂创造了良好的工作环境条件。总公司各部门、各单位为志书编纂提供了大量资料，给予了大力支持。在本志编纂过程中，胜利石油管理局史志编纂委员会、管理局办公室、管理局党委办公室给予了关心、支持和帮助。管理局办公室副主任、油田史志编纂委员会办公室主任阮德茂，管理局办公室史志科宋占魁、赵文清多次来总公司指导、授课、审稿。在此，表示衷心地感谢。

续修社会主义企业新志是一项继承和创新的开拓性工作。由于该志时间跨度大，历史资料尚有欠缺；又由于编纂时间所限和我们的水平有限，疏漏错讹之处在所难免，敬请读者指正。

编 者

2013年7月

为本志提供资料主要人员名单

（排名不分先后）

谭丽春　韩爱军　张铁军　白　洁　冯靖靖　刘金萍
宋振英　陈红韶　韩文春　颜　齐　许　强　马艳芳
徐丽华　颜世杰　黄向东　苏红燕　雷晓庆　王　欣
王　浩　王福刚　庄兴元　杨　建　李　健　王东飞
吴洪胜　林才川　李　峥　高景栋　董纪国　李敏敏
李　海　刘继海　周逢玲　鞠振严　卢　燕　马树学
任　强　王纳新　刘俊贤　谢立荣　徐　冰　李　波